王炳华 著

瀚海行脚

西域考古60年手记

生活·讀書·新知 三联书店

Copyright ⓒ 2024 by SDX Joint Publishing Company.
All Rights Reserved.

本作品版权由生活·读书·新知三联书店所有。
未经许可，不得翻印。

图书在版编目（CIP）数据

瀚海行脚：西域考古 60 年手记 / 王炳华著 . —北京：生活·读书·新知三联书店, 2024.5
ISBN 978-7-108-07654-0

Ⅰ.①瀚… Ⅱ.①王… Ⅲ.①西域－考古－文集 Ⅳ.① K872.4-53

中国国家版本馆 CIP 数据核字 (2023) 第 079830 号

责任编辑	丁立松
装帧设计	康　健
责任校对	张　睿
责任印制	宋　家
出版发行	生活·讀書·新知 三联书店
	（北京市东城区美术馆东街 22 号 100010）
网　　址	www.sdxjpc.com
经　　销	新华书店
印　　刷	天津裕同印刷有限公司
版　　次	2024 年 5 月北京第 1 版
	2024 年 5 月北京第 1 次印刷
开　　本	889 毫米 ×1194 毫米　1/32　印张 14.5
字　　数	325 千字　图 158 幅
印　　数	0,001－5,000 册
定　　价	89.00 元

（印装查询：01064002715；邮购查询：01084010542）

目 录

前言：难忘新疆考古 / 1

沙尘掩覆下的西域烟云 / 15
深藏在阿勒泰山中的远古文明 / 81
马革裹尸在盐湖 / 91
登葱岭：觅求先贤步入西、南亚洲之路 / 105
天山阿拉沟谷道觅史 / 135
吐鲁番古代文明碎片 / 153
交河城历史文化故实 / 190
青石黄土写辉煌——哈密访古纪事 / 217
天山东部的石雕人像 / 232
呼图壁康家石门子生殖崇拜岩刻 / 244
精绝服饰中的时代精神 / 290
楼兰故城研究及其他 / 322
探寻"小河" / 358
小河：凝聚原始文化精神的殿堂 / 379
天山行 / 402

附录：王炳华西域考古撰著一览 / 453

前言：难忘新疆考古

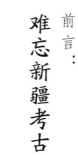

在将《瀚海行脚》奉呈在读者面前时，简单说一点推出它的背景，以及与其关联的初衷。

诸多因素交集，使我与新疆文物考古工作结缘达60多年。前40年，工作的基本特点，是行脚在新疆的戈壁、荒漠，到过许多人想到而难能及的高山、深谷和沙漠中废弃的绿洲，直接体察、感悟到新疆大地的沧桑变化；后20年，因退休离开了虽仍情有所系，但却不能不离开的需要更好体力支撑的野外舞台，我将主要精力转向了深一步思考田野工作资料的研究、教学，也是与同行的切磋、交流。虽然工作方式有所改变，但认识、思考新疆历史文化精神内核的灵魂依旧。感谢时代的惠赐，在这20年的"退休"中，又得机会步入了国内外多所大学西域历史文化研究的讲坛，迫我将行脚体验升华、熔铸。不少国内外友人，既有感于新疆历史文化独具的个性——我又有幸在此中沉淀过40年,也愿提供条件,邀约展开相关交流,让我又跨入了一个更大的空间,到了许多与古代新疆多有关联,或虽不多直接关联,但内心关注古代新疆、关注亚欧文明发展的国家、地区,行踪及于亚、欧、美洲不少大学、研究机构。一次次的访学、交流中,面对各方面有价值的问题,我自己也日有新知,对新疆古代历史文化的认识不断拓展、深化。不只站在新疆看新疆,还能从更广阔的世界认识新疆的历史存在,这无疑是十分重要又难能可贵的一环。

《沙尘掩覆下的西域烟云》这一篇,曾以"西域考古写春秋"为题初刊于《甘肃文史资料选辑》(第五十一辑,2000年)中,是应甘肃文史资料编辑组之约完成的,他们组织编辑的相关一辑多涉考古。当年新见"悬泉置",发现汉简万件以上,惊动海内外,而简文与新疆还有不少具体联系,因而编辑组嘱我介绍当年刚刚进行了的楼兰、尼雅等处考察收获,既满足关心西北文史的读者们的愿望,也望由此可期的认识深化。文稿虽因收入选辑而保存不失,但发行面窄,读者获见比较困难,所以收在了这本小书之中。

有了行脚罗布淖尔、古墓沟、尼雅的文字,索性又将在交河、伊犁河谷、哈密、阿尔泰、帕米尔、小河、丹丹乌里克等处考察过程中的几篇散记,放了进来。虽然部分遗址斯文·赫定、马尔克·奥莱尔·斯坦因等曾有涉及,但多处古址都是我们在考古工作中新发掘的。这些文字,可以多少助益读者进一步认识新疆考古文化,关注近半个世纪觅求新疆考古文化工作的新疆考古人的真实足迹,并稍多了解20世纪30年代后,中国考古学者在西域大地上曾经有过的努力——它们很大程度上,改变了西方学者在这片地区考察、掘取文物而形成的诸多相当不准确的概念。比如，哈密五堡青铜时代遗存、伊犁河流域的乌孙古冢、天山峡谷可以交通东西的路线等，开拓了新的历史研究空间，具有恒久的价值，是值得关注的新疆古代民族历史、亚欧文明交流历史的新篇页。我相信这也会是新疆内外不少读者所期待的。如是背景，如是初衷，为三联出版人的慧眼关注，并倾力相助，终得有这么一册小书问世，作为作者，内心之欣慰，真是难以形之于今天之笔端的。

我曾在不少时间、地点说过大概同样的话：今天我在新疆考古舞台上的收获、成果、奉献，确是多种机缘汇聚带给我的幸运，这确非矫情之词，而是真实的心境。

我能在1960年进入新疆大地，并在这广阔、浑厚，且处于亚欧文明交流之核心地段的考古舞台上，行脚、思考60多年，实在是难得的幸事。在当年，知道我要去新疆，不少师友曾为我步入生存、工作环境远较内地寒苦，且交通艰难、信息不畅、学习研究资料贫乏，甚至遇上问题会讨教无门、切磋无人的境地，而同情我，甚至为我抱屈。实事求是地说，去新疆确实是我自愿报名"到祖国最需要的地方去"，且并未为此感到受屈的。毕竟，我学习的专业就是考古，而在20世纪50年代前，中国考古学人对祖国西部大地，尤其是新疆，确还是知之甚少，这自然是更值得考古人进入的天地。另外，当时我也十分厌倦了无止无休、少有实质内容的"批判"。如是氛围，内心自然十分渴望离开。因此，分配通知一到手，未稍停息，我就立即登上了西行的列车，奔向了还没有什么具体概念的"西部世界"。这一走，若弹指一挥，竟就用去了生命历程中最宝贵的40年！

现在，坐在书案前，思考着应该如何写给读者介绍这本小书的"前言"，我的脑海中又迅捷展开了进入新疆考古后一幕又一幕鲜活、难忘的画面，真可以说是风景万千！这40年中，有过遗憾，但更多的还是种种无法尽说的愉悦与欢乐。撇开无法具体细说、详尽展开的诸多细节，冷静总结，60多年（包括了田野考古40年和后来20年相关研究）的新疆考古生涯，其实还真十分简单：前40年比较艰难，踯躅、跋涉在新疆的戈壁、荒漠，以觅求古迹、古址为务，工作虽不易，但更多却是收获新知后的开心；后20年，则主要是反思、消化，力求从不同时空、不同民族，粗看性格殊异，实质却都富含西域历史精神的物质遗存中，萃取其丰富多样的营养。60年，两个阶段，野外、室内，大都可以在这本小书中，觅见其消息。

关于前40年的野外考古，认真说收获真不是一般的差强人意，而是脚下随处见莲花：步履所及之处，随时都可见到新遗址、新文物，有不少更是远远超出预期的，甚至引发过国内外的轰动。

我这里说到新疆考古行脚有40年，但其实，20世纪80年代以前，要想在连续的火热"革命"中，脱离"运动"去进行一点考古工作，是十分困难的。但我也真以人们少见的真诚，努力争取到首肯。就在如是的节奏中，在不足到难以想象的物质条件下，即使一个人单枪匹马，我也愿意投入到田野考古生涯之中。

就这样，跌跌撞撞，我们在1979年觅见了楼兰，寻到了被沙尘掩埋的古墓沟，还有引人关注过的阿拉沟、康家石门子、东天山白杨沟畔的五堡，以及人们没有想过，也想不到的小河……收获应该说是相当丰硕的。这就是前面说的，实在应该感谢新疆大地厚积的考古沃土。这里有十分干燥、利于保存古代文物的环境,又是一个本该有,但实际少有考古专业人员,尤其是中国考古人员的舞台;尤其,终于等到了20世纪80年代改革开放的春风,强烈的时代召唤,天时、地利、人和——借着这些条件,我有幸"走"到了诸多重要遗存的面前。不少既往难为人知的历史画面,因之得以浮现于考古舞台,被国人所知,为世界所晓,确确实实打开了许多人认识古代新疆的视窗。从事考古,能得这样的机遇,是该满足的。但40年的考古行脚,有时一年得出去10个月,紧张又忙碌,亏欠亲人的实在太多太多。

后20年的生涯,与不少友人的帮助存在关联。其中,值得多说几句的是冯其庸先生。其庸先生高瞻远瞩,曾多次进入新疆,具体感受过它的博大和多姿多彩,也努力探求过它独具的文明。晚年,老人愈发明确:研究、认识祖国的历史文化,一定不能止于中原大地,而必须看到新疆这片广阔的西部世界,才能更完整更深刻地了解、认识祖国重要而辉煌的历史文明。于是,老人不止于坐而论道,而是全力行动,终于在与季羡林先生的共同努力下,在中国人民大学办起了新的国学院,成立了西域历史语言研究所[1],满怀激情要将西域研究推进到全新的境界。还记得2005年岁末,在罗布淖尔楼兰古城郊外的一座大帐篷内,夜深了,北京传来了好消息:冯其庸先生的这一宏伟计划,获得中央批准。老人十分激动,真可以说豪情万丈,立即向大家报告,并畅想从此开始,西部研究伟业可望腾飞。老人的忧国忧民之心,难忘匹夫之责的炽热情怀,还有那个激情燃烧、难以入眠的夜晚,至今想起,仍让人感动。

其庸先生嘱我应该放下手中的事,将毕生在新疆田野考古所收所获、所想所思，带到学校，带上讲台，为西域历史文化教学与研究加添几块砖瓦。

我将在多所学校开设的新疆考古课程，起名为"新疆考古与西域文明"。"新疆考古"，是认识和总结100多年来，尤其是与我关系密切的40多年的考古实践；"西域文明"，则是努力将已经收获的考古碎片认真消化，进一步萃取它们背后的历史精神。野外、室内前后两段，互相渗透，密切关联。舞台曾不断转换，但精神却一贯其中，力求将这些考古所得更准确地置放在新疆大地历史发展进程中——这实际已成了我今天退而难休晚年生活中最重要的篇页。凌晨、深夜，活跃的大脑中，不时还会抓取到西域历史文化的点滴闪光，带来难以言说的愉悦。这一熔炼、萃取的考古文化工程，至今仍未见穷期。大概总得到不能思考的那天，才能最后止息吧。这本小书中，就留存着我60多年在新疆考古、西域研究中行脚和思考的记录。这是我自己十分乐意去践行、绝不以其为苦的一件事。

道及前40年在新疆的考古生涯，我总用"踯躅""跋涉"这些词语。它不是形容，而是比较贴切的记述。现在回想，因着前面所叙的机缘，我得以行走在富含历史文化遗存的西域沃土上，自己确实是应该感恩的。但新疆考古之路，走得也确实难说平坦。我1960年夏进入的"新疆哲学社会科学学组考古研究所"，当时，还只能说是一个字面上、精神世界里的存在。报纸、文件上确实说过：1958年，成立了新疆考古研究所，是当年新疆成立的8个哲学社会科学研究所之一。但1958年，毕竟是"大跃进"的年代，人们充满理想，胸中激荡着变革、追求的热情，但有时竟也把热情、畅想当成了现实。1958年成立的新疆考古研究所，就是一个实例。当年决定成立考古研究所，让可数的几位博物馆筹备组人员作为考古所的研究人员，同时，紧急请求北京大学历史系分配学生从事这一工作。可直到1960年夏，我满怀激情到了乌鲁木齐，找"新疆考古研究所"报到时，它还是一个既没有办公处所，也没有一个实际在职人员的研究机构。这样一个机构，研究人员要进入地广人稀、戈壁沙漠纵横的野外，面对的困难是可想而知的。但当年，我还真没有被这些难以尽说的困难浇灭工作的激情：到乌鲁木齐不几天，我就应命到文化厅办的"文物干部培训班"执教，旋又带着各县调来的学员，进入吐鲁番阿斯塔那墓地进行考古实习。我们不仅行脚来去，还要自己动手发掘遗址、墓葬，让大家熟悉考古工作全过程。实习结束，我又开始了单枪匹马的交河故城调查。没有经费，就借住在吐鲁番交河故城脚下一位维吾尔老人的草屋中。早出晚归，天天入古城，我走遍了城中大路、巷道和数不清的院落、居室。这相当辛苦的行脚，让我对交河故城，也是吐鲁番"遗址博物馆"一处典型遗存有了一些初步感受。我的新疆考古生涯第一步，就是这样展开的。考古行脚，交河故城只是小试牛刀。之后的各种实践，还真有不少无法设想的艰难，及与之共生的欢乐。聊举几个实例，可为当年的工作留存几个画面，或许也可能引发考古以外的一些思考。

1972年，利用筹备一个展览的机会，我又请命到了喀什。通过逻辑判断，自喀什到伽师，沿克孜尔河，虽目前已是一片荒漠，现代交通实现前却是人们来去的坦途，自然有可能觅见不少古代遗址、废墟。它还是20世纪30年代前一批又一批外国考察者基本没有光顾过的考古处女地。于是，我热切向各级领导求援，推销这一计划，期求可以派一台越野车，实现这一美好愿景。只是当时"文化大革命"势头仍殷，难能支持我们去做这件事。最后，我们只租到一驾马车，带上馕、西瓜、甜瓜，用了最原始的考察装备，就毅然决然地进入荒漠之中。一路行进，还真觅得不止一处古烽、废城，也觅得不少文物。其中一件人物饮酒图青石浮雕，曾在不少展览上露过脸，就是在这次调查中采获的，它显露了犍陀罗文明的消息。但毕竟只有马车，不到3天，没有走完全程，给养告尽，只好悄无声息地打道回了喀什。这次考察，没有必需的测绘仪器，行脚笔记上的草图无法准确记录。从考古业务看，自然是很不成功的。有友人虽毫无怨尤地同行3天，后来还是没有得到他们希望的步入考古工作的机会。这段踟蹰、跋涉，总有点难以言说的艰难、落寞，但做自己想做的事，还是觉得很充实、快乐，而且有成就感。

与这次相当粗疏的克孜尔河流域考古比较，1979年11月在孔雀河谷台地寻觅远古罗布淖尔人遗存的活动，就显得十分辉煌、十分不一般了。这是20世纪30年代西方学者再无可能在新疆大地随意来去后，中国考古学家第一次进入罗布淖尔大地的壮举。只是这一点，就值得被深深铭记。能成功进入罗布淖尔，是因为中国中央电视台同意了与日本广播协会（NHK）合作，拍摄沟通过古代亚欧经济文化交流的"丝绸之路"。我的任务是帮助选点，率队找到斯文·赫定、斯坦因当年曾工作的楼兰故城；请出当年他们向西方介绍过、给人留有印象、面容姣好的白种人女尸。楼兰所在的LA古城[2]，从20世纪30年代后，已长期失落在人们的视野之外了。

有了新的装备，觅见楼兰古城废址，并未遇到困难。我们从连越野车也没有,一下子就变到可以调动直升机,鸟枪换了炮。直升机飞1小时,进入罗布泊上空,很快就清楚看到楼兰城仍然安然屹立在罗布荒原上,放下了一个悬念;但要找到一处可以发掘的早期墓地,还要出土能让观众在电视中一见的女尸,就不是随便可以完成的任务了。但君子一诺,绝不能食言。为此,我们硬是在孔雀河北岸台地上,徒步拉网式踏查了整整7天!上天不负辛苦人,第7天近晚,终于看到古墓沟墓地出露在沙碛地表的立木尖端。在当地解放军战士的大力支持下,我们也找到了日本媒体所称的"楼兰美少女",如愿实现了计划,完成了任务。所有曾经的疲惫、饥渴,全部抛在了脑后,期望可得圆满成功的欢喜,还真难落笔在今天的纸面。

2000年,我65岁,将要告别新疆田野考古,但仍难忘朝思暮想却一直未能进入的小河墓地。找到小河的朴素愿望中饱含着中国考古学者内心深沉的伤痛,我不愿将找不见它的遗憾带入21世纪。最后,这个愿望是在友人的慷慨解囊下得以实现的。12月6日,我们同道10人,在即将告别20世纪的最后几天,不畏零下20℃的严寒,基本靠步行(因年龄,我可以有一峰骆驼代步),硬是从库鲁克山脚,直插其南方的荒漠、沙漠。凭借着斯文·赫定当年1/200万的地图,我们行走了4天,遇到过冬天很难出现的沙尘暴,露宿在单层帐篷之中,历经诸多难以尽说的辛苦,终还是找到了当年的瑞典青年考古学者F.贝格曼在1934年发掘、旋又消失无踪达66年的神秘小河!这直接催生了今天仍在"发烧"的"小河"研究热。我们为孔雀河水系青铜时代文明研究,揭开了全新的、科学的一页![3]

离开田野后的20年,虽转换了空间,但思考、认识西域文明的工作未曾稍息。在前半个世纪接触的大大小小考古碎片中,我渐渐审悟到了它们之间不少看似无涉,其实却有关联的线索:我看到了在气候大灾变下高加索人南下,甚至东入罗布淖尔的身影;看到了除《汉书》有录的天山、昆仑山交通东西的路线外,还有重要性一点不次于它们的穿越天山峡谷来去东西的径路;感受到了远古先祖们面对生存的危机行巫术、树神祇,求人口增殖的非凡努力;感受到了原始宗教初生的思维,原始哲学呈现、行进的轨迹;看到了古老亚欧大陆上不同特色的人群,在实际需要驱动下,一步一步展开、完成的物质与精神文化交流;还有,在生态环境相对艰难的塔克拉玛干沙漠周缘,人类寻求生存发展的努力与环境的矛盾、冲突……这些西域文明中随处可见的文化现象,无止、无息,对它们的认识总在随个人知识增长而不断发展,随着采掘能力的增进,一个又一个知识的矿藏不断有新的闪光点呈现在我们的面前,为我们探索欧亚古文明的交往进程拓展新的视野。这些无法尽说的收获,也多少留痕在这本小书中了。

  回想在新疆考古的 40 年风风雨雨,因我而起的小波微澜,也是时不时可遇。但我所追求的毕竟不是个人私利,而是亚欧文明行进中的真实,所以,最后总还是收获了成功。

  在这不算短的几十年新疆考古行脚中,我有了真切的、十分具体的感受:新疆,确实是祖国的西部边陲,但又绝不只是祖国的西部边隅;它还是华夏文明走向世界,步入欧、非的西大门,是与广大西部世界文明接触、联系的主要径道;在这一宏伟事业中,不同种族、不同民族的人群,都曾做出过不可轻估的历史奉献!

  行文至此,还应该交代一下我为什么以如是文字介绍、书写考古,尤其是人们比较陌生的新疆考古。实事求是地讲,这还真与翦伯赞先生存在关联。在北大历史系学习3年后，面临进一步细分专业方向时，翦老曾不少于两次找我谈话，嘱我进入考古专业。他还很动情地面告，在向社会介绍考古成果时，不能只是八股式铺陈、条列资料，要在真正认识、完全消化了自己经手的考古实物后，用朴实且力争优美的文字，将相关考古资料背后的历史文化知识展示给养育了我们的广大人民群众，使大家爱看、爱读，这才算是最好地尽了一个考古工作者的社会责任。原话、措辞已经慢慢淡去，但这一精神，以及他说话时眼中流泻的热情，还清晰刻印在我的记忆中。

20世纪80年代后，楼兰、古墓沟、"丝绸之路"带动起来的新疆旅游热潮，使吐鲁番也成为了一处更易进入，又相当吸引人的旅游热点地区，出版界友人再再要求，抽时间写写吐鲁番的考古、人文，以应社会之需。盛情难却，我也挤时间完成了《吐鲁番的古代文明》。出乎意料的是，小书问世不久即销售罄尽，与少人问津的考古报告之命运截然有别，并且很快再版，又一再重版，甘肃的出版社重印过，甚至台湾也有出版商提出过出版要求，这确是我始料不及的。自然，这不是说书写得怎么好，而是具体表明了人们确实还是希望有这类文字比较平顺、有可读性、朴素介绍新疆历史考古的文化类出版物的。记得那本小书手稿完成，请当年的新疆社会科学院院长谷苞教授审读、赐序时，他很认真地说："你这本书，特点之一，就是不是常见的从书本中出新书，而是从考古、文物遗存出发完成的新著。"他表示，这是一个值得，也应该坚持的方向，因为文献中记录的古代新疆很少，涉及底层社会人民生产、生活的文字更少，坚持这一方向，确实可以助益于人们更具体地认识和了解新疆。师友们的这些告诚、《吐鲁番的古代文明》的启示，成为了我愿意再做这件事的主要动力。

古代新疆，与中原大地看似相去遥远，实际却是地域毗邻、文明相通、命运与共，同属一家人，关系是相当密切的。由于种族多源、民族复杂，这片广袤的土地粗看似乎颇与中原异趣，但考古资料揭示，这片土地上很早就有"秦人""羌人""汉人""唐人""蒙古人""满人"等居住、活动，他们在开发、建设这片土地时，同样奉献过无尽智慧与诸多牺牲。文明是有差异的。不同的文明，蕴涵着不同特色的创造的智慧。彼此尊重、互相了解，实际也可能成为建设一个新的、有特色的多彩世界的土壤。在古代西域历史发展的进程中，这样的例子其实是并不少见的。

1999年，在我应约与刘文锁兄合作完成的《新疆历史文物》一书中，我曾真诚地写过：

> 文化，在交流中发展，
> 民族，在融合中繁荣；
> 懂得过去，才能更好理解今天，
> 今天的一切，正铸造我们的未来！

现将这几句话，挪至此处。这是我60多年新疆生活中，最重要的灵魂感悟，愿与大家共享！

新疆土地辽阔，她当之无愧是祖国西部、地及中亚的一颗璀璨的明珠。多姿多彩的文明、特色独具的文化，富含历史的营养。十分希望这本主要得之于个人体验、工作，植根在新疆广阔考古舞台上的小书，在助益人们认识古代新疆、构建祖国多民族文化殿堂的宏伟事业中，能奉献一点小小的力量。

是为前言。

2020 年 7 月 28 日，于上海淀山湖畔

[1] 中国人民大学国学院成立于 2005 年；2007 年 7 月，国学院西域历史语言研究所正式成立。——编注

[2] LA 古城：斯文·赫定 1900 年发现楼兰古城后，将此处遗址编号为 LA，L 是"楼"字的拼音首字母，A 表示第一个古城或最重要的古城。——编注

[3] 当年搜寻小河，不论从哪个角度分析，对新疆文物考古都算得上是好事，是奉献精神的闪光，是值得褒扬的壮举。但就这么一件事，却始终受到当年新疆文化部门"管"文物的一位"领导"莫名其妙的作难，先是组织人阻拦，无理罚款，又曾想用"批判"压下它的影响。但面对全国上下如潮的赞誉，最后无法实施，只好悄悄作罢。当年新疆考古已很艰难，还要面对没有起码历史文化知识，却能"领导"文物考古事业的管理者，这实在是值得认真检视、分析、总结的现象。吸取教训，改善选用人制度，于相关事业是有大功德的。

1962年阎文儒教授在乌鲁木齐与新疆考古所全体同人合影
左起：任冠志、穆舜英、王明哲、阎文儒、易漫白、王炳华

2012年在青岛

沙尘掩覆下的西域烟云

西域大地，流沙漫漫。极度干燥的环境，使沉落在沙漠深处的点点废墟，不知埋藏着多少鲜为人知的历史文化信息！自19世纪中叶起，不少西方学者，与其母国的殖民扩张政策同步，闯入了这块当年还十分闭塞、落后得近乎原始的辽阔内陆，并进入茫茫沙海之中。热瓦克、丹丹乌里克、喀拉墩、尼雅、安迪尔、楼兰……一个又一个使世人为之惊愕、难以置信的古代王国城镇、聚落，遍地遗珍的考古消息，在欧洲的学术殿堂中发布。处身在积贫积弱的祖国怀抱里的中华学子，眼看着一批又一批沙漠遗珍到了伦敦、柏林、东京。西域史地研究，必须在一卷卷新问世的英、德、日文考古报告中寻觅消息，却丝毫没有力量阻抑事物的发展进程，只能哀惋："神物去国，恻焉疚怀！"[1]这后面，究竟是一股怎样的滋味！

新中国成立，百废待兴。直到20世纪50年代末，中国考古学者才得可能慢慢步入这片心灵向往之神秘沙漠；进入20世纪80年代，塔克拉玛干沙漠深处同样响起了建设者的脚步声，这片沙漠上的考古工作也得以真正开始了全新的篇章！抚今忆昔，难止翩翩联想：一次次艰难的沙漠征程，一个个令人精神振奋的发现，不论是楼兰、尼雅，还是沙漠腹地的喀拉墩、丹丹乌里克，以至新见的、过去从不为人所知的圆沙古城，西方学者曾经步入的禁区，我们都走到了；他们没有见过的遗址、文物，经过更细致、科学的工作，我们得到了新的、更大的收获。塔克拉玛干沙漠考古，中国学者终于以更高大伟岸的形象，站立在了这一令人向往的舞台之上。

静夜沉思，40年的新疆考古生涯，似在弹指一挥间。作为楼兰、尼雅、丹丹乌里克、克里雅河等多处重大考古工地的设计者、主持者、参与者，我应该也确有责任将这些鲜为人知的经历，真实地记述下来，介绍给大家。

走进楼兰

考古，一般人都觉得它们离现实生活很远，其实考古工作的脉动，是与现实生活十分密切地联系在一起的。我们进入楼兰，又一次真切地体验到了这一点。

1960年，离开母校北大，我满怀激情地到了新疆。当时，十分向往的工作地点之一，就是楼兰。记得是到新疆四五年后，我曾以十分随便，但却是准备甚久的方式向当时的中国科学院新疆分院领导人谷苞提出了去楼兰工作的要求，谷苞同志当时很平静地说："那里是军事禁区，目前还不能进入工作。"那时候，我还根本不知道那一带有与中国人民命运息息相关的原子弹试验基地，只是觉得既然不可能进入，就把这个念头老老实实放在心里吧。

再一次提起楼兰，已经到了20世纪70年代末。1978年中国中央电视台国际部与日本NHK准备合作拍摄"丝绸之路"系列电视纪录片。中央台先遣组的同志到新疆找到了我，请我帮助介绍丝路概况及进行踩点，为可能的拍摄做准备。拍摄"丝绸之路"，实在没有办法撇开楼兰，但进入楼兰，在当时还是一般人不敢设想的奢望。想不到摄制组却是一口应承，他们有办法，可以联络有关部门并争取到支持。只是如果计划批准，我们就必须承担找到古城楼兰的义务！罗布淖尔荒原，浩渺无涯，面积数万平方公里，而小小的楼兰城，面积还不到1平方公里。距20世纪初西方学者在这里工作，时间也已过去半个多世纪。这片地区，这期间又发生过多少人世的、自然的沧桑？在这样的情况下，要把楼兰古城顺利找到，并进行适当工作，真是谈何容易！但去楼兰，是我深埋在心底多少年的一个宿愿，是一个想起来就让人心跳不止的工作地点，它的吸引力实在太大了。机缘就在眼前，无论怎样也不能把它放过去。于是，我一点没有犹豫地就接受了摄制组的条件：他们办手续，我们找楼兰。

此后经过近20年的工作，蒙在楼兰身上的厚重帐幕已经彻底揭开了！继我们步入楼兰，做过工作后，一批又一批相关学科的学者、国内外的旅游者、记者、作家，都曾进入过楼兰，关于楼兰的报道可以说已经是连篇累牍，屡见不鲜。楼兰，已经从远在天边变得近在身旁。但是，在1979年冬天，我和考古研究所的一批先行者进入罗布淖尔荒原探路时，可真没有这样轻松。我们的心里没有一点把握，不知道进入罗布淖尔荒漠后，会遇到什么情况，又会有些怎样意想不到的问题迎接我们。

计划实施时间定在1979年11月。经过十分认真的准备，带上了考古研究所唯一一辆八座吉普车,我们踏上了自乌鲁木齐至楼兰的征程。

我们从乌鲁木齐过天山,进入吐鲁番盆地西缘的托克逊,穿干沟,抵达天山南麓和硕县境内乌什塔拉近旁的马兰镇。马兰,当年还是地图上根本找不见的一个地名,是原子弹试验基地的后勤供应中心。长久的历史时期内,这里始终是一片没有人烟,只有马兰花在风中摇曳的荒漠。20世纪70年代,这里已被解放军战士开拓建设成了绿树成荫、田连阡陌、人烟稠密的一处不小的城镇。但因为多少和原子弹试验有联系,这里虽是一片静谧、安适的绿洲,却总带有浓重的神秘味道,神秘得连"马兰"这个名字,都不好随便提起。

进入马兰,休息、准备几天后,我们在解放军战士的帮助下,斜向东南穿越库鲁克塔格山,进抵孔雀河下游谷地。因为在马兰,我们听人介绍说,孔雀河下游北岸,库鲁克塔格山前一处不知名的沟谷内,曾经发现过古代墓地,数量不少,保存也好。一条没有人迹的无名沟谷,无法标志,战士们随便称呼它为"古墓沟"。得到这一信息后,我们决定先进入古墓沟,既可发掘古楼兰人的遗迹,也可以"古墓沟"工地为依托,进一步走向楼兰城。

库鲁克塔格,维吾尔语意为"干山",是东西走向、海拔2000米上下的一道低山,实际是天山的前山地带,地理上应为天山山脉的一部分。在库鲁克塔格地区,震旦系沉积发育十分完整,在更早的寒武纪地层中还发现,这里的寒武纪生物群与四川城口—陕西紫阳一带很是相似,它可以说明:当时的库鲁克塔格山区地带是一道海槽,而且与扬子海盆相连通。这真是沧海桑田！一亿年前的海槽变成了今天难见一点绿色的干山秃岭。当然，那个时期人类还远远没有出现在这个世界；现在，人类已凭借自己的智慧掌握了前人根本无法想象的科学技术及改造自然的巨大能力。如何使用这智慧、这能力，变干枯为绿色，使这个世界变得更加美好，真是值得认真去思考的事情。

为了寻找战士们曾经听说过或见过的古墓沟，我们扎营在库鲁克塔格山下一个地势稍平缓的所在，每天以我们那台北京牌八座越野吉普代步，循着孔雀河谷东行，在库鲁克塔格山前搜求已经干涸的小河沟，寻觅适宜于古代人类活动的处所。大量的历史文献记录证明，汉晋之世，我们所在的孔雀河谷，曾是丝路北道自敦煌西行，循天山南麓西走中亚大道的重要路段。在库鲁克塔格山中，我们曾经路过一处"破城子"；驻地西去不远，有营盘城遗迹；兴地山沟中，有古代岩画；山脊处还可以追寻到汉代的"列亭"；加上黄文弼、瑞典学者F.贝格曼当年在这片地区曾经发现过的细石器、古代墓冢、保存完好的古尸，说实在话，我们对自己很快就可以找到古墓沟遗迹，真是满怀信心。

计划、思想是容易的：在孔雀河边有一道沟壑，有人曾在沟壑台地上见过古墓，故那里叫古墓沟，去发掘就可以了，这多简单。但实际会遇到什么问题，却往往出乎人们的意料。进入现场一看：老天啊！这是怎样的地形！到哪里去寻找所谓古墓沟？类似的沟壑一条又一条，条条似断若连，地形十分复杂。用地理学的概念讲，这里实际是一片正在发育中的雅丹地貌，要在这样的一处土台地上寻得一小区古墓葬，真好像大海捞针！

我们有限的几个人，撒在极目无际的土丘林中，上上下下，求索方寸之地的古楼兰人的"天国"，真不知如何下手。但我们已经脚踏在古楼兰的土地上，再难也绝不能不访问一下古楼兰人的神居之所就掉头他去。就这样，我们在所谓古墓沟中五进五出，最后终于在距驻地40公里外的一片沙地上，发现了一处结构极具特色的古代墓地。当时，我们那种兴奋、激动的心情真难现之于现在的笔墨。

在无边的荒漠中，搜索、寻求这弹丸之地的古墓，单调、乏味、辛苦，但工作、探索着，也总有意想不到的乐趣。每天早晨，从驻地出发，迎着太阳，沿孔雀河谷东行。清冷的空气总是那么新鲜，沁人肺腑。迎面奔来的每座土垄，每棵枯杨，似乎都给人以希望，激发你更快地投入它们的怀抱，做新的探寻。近晚，带着一天的疲劳，赶着落日，奔回我们的临时营地。我记不起哪里还有这样美好的黄昏：在无限开阔、辽远的平野，看着红彤彤的太阳缓缓下降，暮色慢慢笼罩大地。红柳堆、雅丹地貌、干枯的胡杨、近处的芦苇……远远近近，交叠一起，形成一种变化不定，使人充满遐想的景色。前面汽车扬起的尘灰，在路边形成一层薄薄的雾霭，缓缓飘移。这一切，每每使你忘记了时空的界限。荒漠变成了恬静的村野，远处似乎来了一群牛羊，在头戴尖顶毡帽的古楼兰牧者的轻声吆喝下，正缓缓向孔雀河边的村庄走去。至于中午，每处土丘垄脊间的小谷，都可以是我们理想的休憩地：不远不近的枯杨，不费大气力就可采来一大堆。燃起野火，打开罐头，吃的、喝的就什么都有了。在这里工作，吉普车穿行其间，许多是千百年来从未有人走过的路。而我们可如天马行空，不论是盐谷、戈壁，还是相邻土丘间的小谷道，只要吉普车闯得过去，就会一次次留下我们新鲜的轮迹。待我们最后结束工作，不少地段就出现了一条完全是我们新踩出来的路。

这种劳苦别有意趣,它使我们对天天来去必须经过的孔雀河,对闻名中外的雅丹地理景观,都有了较深的切身体会,有感触,有情思。直到许多年后的今天,写这样的回忆,还禁不住涌起强烈的感情冲动。翻检当年的日记,里面记录着一个有趣的统计数字。吉普车在一处比较典型的雅丹地带寻路前进,盘旋曲折,似处迷谷中。车行两小时后,一位有心人看了看里程表,吉普车总共才前进了11公里!而在这11公里的途程中,却拐了186个急弯!请你想想看,这里是一种怎样复杂的地理地貌!

在亲历了这一切之后,伏案沉思,想一想为开拓举世闻名的丝绸之路,曾在罗布淖尔荒漠中探路前进的无数不知名的先行者,他们付出的牺牲一定是很大的;没有这无数先行者的开拓之功,后来的张骞、班超、法显、玄奘以至马可波罗,在敦煌到楼兰间这一"上无飞鸟,下无走兽,遍望极目,欲求度处,则莫知所拟"的茫茫荒漠之中,找出一条"唯以死人枯骨为标识"[2]的径道来,也是难有可能的。张骞、法显们为事业而舍生忘死的奋斗精神,今天仍然值得人们铭记不忘;而在他们前面倒下去的无名勇士们,其献身精神至少也是同样的崇高。正是在这样的开拓者们脚下,历史才得以不断前进。在罗布淖尔地区永世长存的壮观的雅丹地貌,可算是纪念他们历史功绩的一座座丰碑!

我们在古墓沟的挖掘持续近一个月。墓地周围是一片寂静无人的世界,墓地40公里外的驻军给了我们巨大的支持。数十名战士,每天和我们一道进入墓地,用手推车把沙土运走。我们眼前出现了繁星似的立木。由细而粗、密密实实围出七层圆圈,外面是呈辐射状向周围铺展开去的木桩,井然有序,蔚为壮观,让人产生奇妙的神秘联想。它们就是古楼兰人为身后安排的理想的"休息地",是他们构想中的天国?立木,直接的效果是固定了沙土,但那种奇妙的结构,是不是还凝聚着一种信念、一种理想?

就在这片墓地中,一些浅葬的小墓内,我们清理出了几具保存完好的古代女尸。

古罗布荒原上的居民形象是很美的。我们看20世纪初斯坦因、斯文·赫定发表的古楼兰地区女尸照片,就已留下了这样的深刻印象。这次,亲手清理了不少时日,天天面对她们似处安睡中的尸体,又更深地感受到了这一点。她们面庞不大,尖圆的下颌、大大的双眼,似乎还可以看到明亮双眸中清澈喜人的目光。眼睫毛那么长,至今还历历可数。高高的鼻梁颇具特点,有力地增加了整个脸庞的造型美。黄褐色、微微卷起的浓密长发,散披肩后,顶发则卷压在尖尖的毡帽中。为增加这褐色尖顶毡帽的美观,不仅毡帽的边缘饰有耀眼的红色彩线,而且帽上左右分别有致地插着几支色彩斑斓的翎羽。有的颈部还围拥着一条毛茸茸的裘皮,既保暖,又美观。真是不仅有着一副天然的楚楚可人的美好形象,而且有着一颗爱美的、追求美好生活的心灵。这一切,真能唤起人们对她们已经逝去的生活的亲切怀念。

古楼兰人,入葬时均裸体,通身包裹在一件毛线毯中。毛毯以精制的骨针或木针连缀,唯双脚外露,穿着皮鞋。皮鞋矮帮或为短腰靴,样式别致,个别的还在鞋帮上插几根禽类绒毛。在包覆尸体的毛毯靠近人体颈下的边缘,往往有利用毯边束出的一个小囊,内装细碎麻黄枝。据说,在一些地区的古代民族中,也有这种以麻黄枝随葬的习俗。

除随身衣物外,给死者陪葬的往往还有一件草编小篓,利用芨芨草之类的茎秆编制成器，并借茎秆的用料不同、色泽差异而显示"之"字、菱形等图案，工巧美观。草篓不大，内盛少量小麦粒。麦粒外形饱满完整，不变不朽。这有数的麦粒，当是死者在天国享用之粮食的象征。与之相对照的，还有棺木上部覆盖的羊皮及大量的随葬羊角，确切说明了羊，尤其绵羊是墓葬主人当时饲养的主要牲畜，而狩猎库鲁克塔格山常见的大角羊，也是他们肉食来源的一个重要补充——它们的大角，也杂列在显示主人生前财富的大堆羊角之中。

这一批古楼兰人墓葬距今究竟有多少年？从考古文化角度分析，其时代是十分古老的。整个墓区的发掘，未见到一件陶器。在墓地内发现一具男尸，腹部遗留着一件修琢精细的三角形细石镞，镞尖直抵髋骨。看来，它是这位勇士告别这个世界的主要原因，也标志着他们生活的年代十分原始的生产水平。统观整个墓地，不见一件汉式文物，而自汉代开通丝路，在罗布淖尔地区汉代遗址、墓葬中，黄河流域生产的丝绸、漆器、铜镜等，是随处可见的。因此，墓葬主人生活的年代，应该远早于汉代。我们曾取墓地内出土的木材、皮张，甚至人骨，分别进行碳十四测年，结论相当一致，大都在去今4000—3800年，与出土文物所显示的原始风格可以统一。

在那十分古远的过去，古代罗布淖尔居民的社会生产力水平是十分低下的，他们为求得自身的生存发展，必须付出十分艰辛的劳动。根据墓地出土人骨资料分析，他们的死亡年龄一般都不高。

在罗布泊东北铁板河出土的又一具年轻女尸，浑身包覆在褴褛、粗疏的毛毯内，牛皮鞋底破了补，补了破，从生前穿到了死后。她们的形象是美的,但她们的生活充满了困难艰辛。这种艰辛的生活,使她们过早地耗尽了自身的精力,生命的道路开始不久就走到了尽头。就在这具青年女尸的金色长发内,出土时还满藏着已经死去的虱子,身上还发现了干瘪的臭虫。它们可算是女主人生前艰苦生活的形象写照。

"数千年前的虱子、臭虫!"这对寄生虫学的研究者来说,当然又是十分难得的标本。从显微镜下观察,这些虱子、臭虫形态完整,体内的细小吸管都历历可见。奇怪的是这类趋温性寄生虫,本来应该在人死时就随即逸去的,怎么在人死后还寄生其上,成了铁板河女尸随葬物?这对国内外寄生虫学界公认的"趋温性"特点提出了挑战。

的确,在这处荒凉、寂寞得几乎没有生命的沙漠世界里,谁也难说清楚究竟埋藏着多少值得人们探索、研究的问题!

关于楼兰,汉文史籍中留下过大量的记录,但最早不过汉代,主要都是公元以后的资料。而有关楼兰王国境内土著居民开拓、建设这片地区的历史,文献中是一片空白。古墓沟墓地最大的意义在于,这批实物资料揭示了4000年前罗布淖尔地区居民及其社会物质生产、文化观念的情况,填补了人们十分关注的楼兰大地历史上空白的一页。

《汉书》中关于古楼兰地区地理、资源、物产的概要介绍,与古墓沟所见、发掘所得,大都相符。文献记述的是2000年前的大概情况,而与近4000年前原始社会阶段的生产、生活面貌,并无大的差别,古代历史的脚步是迈得十分缓慢的。

就在古墓沟墓地发掘期间,我们派出的一支小分队,根据当年斯文·赫定、斯坦因报道的古楼兰城的地理位置,由孔雀河尾间地段折向南，在盐碱荒漠上步行18公里，终于觅得了倾慕已久的古楼兰城，见到了城里的佛塔，和作为古城标志物的三间房！它的经纬位置是东经80°55′22″，北纬40°29′55″。找到了楼兰，我们实现了预期的考察目标！

楼兰大地，曾有人评价，在公元初始的几个世纪中是一座"紧张的世界史纪念碑"。涉及欧亚旧大陆历史命运的许多重大事件，曾经在这里展开。匈奴、汉帝国的征骑，丝路上的客使、商旅不绝于途。五彩缤纷的丝绸与闪着寒光的刀剑，在古楼兰城的巷陌中随处可见。汉使王恢曾经在楼兰城下受辱，汉将赵破奴曾以700名骑兵孤军深入，勇虏楼兰王。傅介子刺杀"遮杀汉使"的楼兰王安归，班超率36名勇士智取匈奴使臣的故事，都曾发生在楼兰、扜泥城内的官邸、客舍之中。刀光血影，箭雨纷飞。两汉之世，曾有多少牵动西域全局的大事，展开在楼兰城的历史舞台之上。而晋朝以后，楼兰却再不见于文献记录，似乎永远消失在了历史之中。自1900年斯文·赫定在沙漠中发现楼兰城，也已过去了一个多世纪，今天的楼兰，会是一个什么样的景象呢？

我们踯躅在古楼兰城沟壑纵横、满目疮痍的大地上，无情的大自然力量，100年来的人为破坏，已经严重地改变了这里的一切。颓垣残壁，虽还可以追寻出土城的轮廓，倾斜的柱梁、破败的屋宇，也可多少指示当日建筑的风貌，但要在这遗址遗迹中看出2000多年前丝绸之路南道之要冲——古楼兰的风采，已是十分困难了。

汉代楼兰，是一个人口只有1.4万多人的小小城邦，自然环境相当恶劣。2000多年前的汉文记录说它"地沙卤，少田，寄田仰谷旁国。国出玉,多葭苇、柽柳、胡桐、白草。民随畜牧逐水草,有驴马,多橐它(骆驼)"(《汉书·西域传》),人民的经济生活是很困难的。但由于它重要的历史位置,"最在东垂,近汉,当白龙堆,乏水草,常主发导负水担粮,送迎汉使"(《资治通鉴·汉纪十五》)。而自汉代开始,丝绸之路又是古代中国和国外联系的主要通道,自楼兰折向西南,沿昆仑山北麓西去,经且末、民丰、和田、莎车,翻帕米尔,可达今印度、巴基斯坦、阿富汗、伊朗等地;自楼兰沿孔雀河西北走,依天山南麓而西,经焉耆、轮台、库车、阿克苏、喀什,过帕米尔,进入中亚地区,与南道会合,最后也可通达地中海沿岸和欧洲地区。楼兰,是丝绸之路自长安出发,进入新疆后的第一站,是南北道路线的会合点、枢纽地。这一历史形势,自然把它推到了历史舞台的重要一角,使这个沙漠环绕、与外界联系至为不便的小小绿洲,成了使臣、商旅往来不绝的交通要冲。提供向导、给养,不仅"担粮",还要"负水",成了楼兰人民身上的沉重负担,也使楼兰成了汉代丝绸之路上不可替代的边塞咽喉。

楼兰,在丝绸之路上活跃过五六百年,5世纪中叶以后逐渐从历史舞台上消失。当玄奘于7世纪中叶路过鄯善国这片地区时,面对的已是一片死寂的世界。究竟是什么样的造物力量导致了这一严酷变化,让绿洲成了沙漠,让商旅往来不绝于途的通衢成了今天考古学家们用心搜寻才能觅得踪迹的古址?历史上没有留下记录。

1980年,新疆考古所派出的一支考古队,对古楼兰城进行了详细的测量、调查,并在古城东北郊外清理、发掘了两处汉代古墓。人们现在面对的所谓古楼兰城,已没有什么完整城墙。实

1980年新疆考古所考察队徒步进入楼兰城

测或断或续的堆土残墙,可以看出,土城当时基本为方形,每边约330米,城周约1公里,面积不过10万平方米,规模是很小的。城墙断断续续,并不加夯。墙外壕沟最宽2—3米,依稀可辨。南北城墙中段,各有一个相当大的缺口,可能与古代城门有关。环顾古城,可以说是城廓依然,但王宫、官邸已难觅见完整面目,建筑物残存无几。较突出的一处是后来的土筑三间房,居古城中部而稍偏南,算得古城内最引人注目的一处遗迹,然而除孑然兀立的几堵土墙外,也是房顶无存、门窗已失,断梁残柱,狼藉于旁近地面。仔细观察,在这三间土垣稍东、西、南面,见有大片建筑遗迹,屋、室宽敞,粗大的方形木枋平铺于地面,构成房基,其上榫立木柱,直径近50厘米的圆柱,倾侧一旁。它的宏大规模,只能与汉晋时期楼兰城内最高贵的建筑相联系:汉代的楼兰王宫,魏晋时期的西域长史府,大概就在于此了。斯文·赫定、斯坦因,当年主要在这片地区取得汉文文书、简牍数百件。我们在清理工作中,又发现汉晋时期的断简60多片。城内西南部残存的又一片建筑，和南疆广大农村土房构筑方法近同，它们以红柳为墙，外部敷泥，可避风沙。部分屋宇，门窗可见，建筑内大小室宇分列。这类建筑在无雨、干燥的塔里木盆地，也不失为因地制宜的形式之一。这些建筑大概是城内一般居民的住所。古城东部，残存一座高大的佛塔，现存高度仍在10米左右，荒漠中远远可见，是古楼兰城一个显著的标志。斯文·赫定初至楼兰时，对佛塔进行过发掘，发掘时尘土飞扬的照片曾广为刊布，给人留下深刻印象。经过这番破坏，佛塔虽仍高耸于古城之中，但表面已绝对看不出当年佛教的痕迹了。古代楼兰地区，东汉以后佛教势力颇盛，区区有数的人口中，据法显行经当地时的统计，"可有四千余僧"，"国王奉法"，势力不同一般。人们在城内漫步，遍地破陶，汉五铢钱也随处可觅。强烈的风蚀作用使古城地面凸凹不平，斯文·赫定、斯坦因、橘瑞超等当年破坏性的挖掘现场，也都在大自然的修复下消失了痕迹。

在古楼兰城的调查中，除采集到大量陶器、箭镞、丝毛织物及两汉时期的五铢钱外，还见到了一枚印度贵霜王朝时期的钱币。钱币一面为骑驼人像，一面有佉卢文。它们是当日丝绸之路上贸易往来的细节呈现。尤为珍贵的是调查中新获得60多片汉文木简及一片佉卢文简。汉文简牍的时代可确定为晋，木简虽残损严重，但还是透露了不少重要的历史信息，反映了当时楼兰地区实行屯田的情况。斯文·赫定、斯坦因等在楼兰取走的数百件汉晋时期的汉文简牍、文书，内容丰富。当年西域长史府的组织建制、邮传，戍边吏士们对家乡、亲人寄托怀念之情的书函，古代汉文典籍如《战国策》残篇及反映屯田生产的资料均有所见。西汉自进一步开拓丝绸之路以来，为保证沿途给养、维护交通安全，在新疆地区大规模开展过屯田。自此，屯垦戍边，成了我国历代中央政权推进、发展西北边疆地区建设事业的一项重要政策。楼兰，两汉时期就是丝绸之路上的一处重要屯田基地，随之在这里开发水利，推广牛耕，使用新的农业生产技术，对新疆地区古代经济事业的发展功不可没。出土简牍及文献，曾提供过不少生动有趣的史话。我们在古城周围，曾着意寻找这些在历史上有过大贡献的屯田遗迹，但却未能觅得踪影。只是在古城内，见到一条在厉风吹蚀下已严重变形了的古代河道，自西北向东南，U形河床贯穿古城。顺着这条古代河道上下走一走，当会得到一些新的历史信息，但当年却因种种局限，未能深入踏查。

谈到楼兰出土文物，不能不想起前几年日本、中国史学界又一次讨论得很是热闹的"李柏文书"。李柏是晋朝前凉属下的西域长史，当年驻节在楼兰。他上呈张骏的表文及三件书稿，为继斯坦因之后进入楼兰的橘瑞超所获。这几件文书，与西域、楼兰历史研究关系重大。文书中李柏说明当时他身在"海头"。海头是今天的什么地方，成了一件公案。而橘瑞超对他所获这件文书，竟没有留下一个出土地点的具体说明。争论多年，莫衷一是。最后从所留出土遗址照片上，看到了有显著特征的楼兰佛塔，晋海头就是汉楼兰，这才算有了一个可以让人信服的结论。

在1980年对古楼兰城调查的过程中，还有一个重要的收获，是发掘了古城东北郊两处汉代墓地，清理了9座汉代墓葬。出土人骨经过体质人类学分析，既见白种人种型，又见黄种人种型。种族不同、民族各异的居民在这里共生共长。而为死者送殉的文物，除有地方风格的陶罐、木盆、毛布外，多见汉代锦、绢、绮、刺绣、铜镜、漆器、五铢钱，十分强烈地显示了汉王朝与楼兰—鄯善王国紧密的政治、经济联系。更有意思的是，在一座于20世纪初曾被斯坦因发掘过的汉墓内，竟清理出土了50多件汉代锦、绮、绢、毛织物、地毯、棉织品等，如色彩仍然鲜艳的"延年益寿"锦、"延年益寿大宜子孙"锦、"延年益寿长葆子孙"锦、"长乐明光"锦、"长寿明光"锦、"望四海贵富寿为国庆"锦、"永昌"锦、"登高富贵"锦、"续世"锦、"广山"锦等。锦纹图案风格鲜明：各种瑞兽奔走、穿行在云气与蔓草之中，汉文隶书的吉祥词语穿插在花草、走兽之间，气氛祥和而信心十足。使人吃惊的不仅是它们色彩仍然鲜丽，国内少见，文物价值不能轻估；更在于这座墓葬，确就是1914年斯坦因在这里发掘过的标号为LC的墓地，我们清理所得的劫余，不少可以与斯坦因刊布的资料互相并合！原来，斯坦因当年所雇农民工只是在墓穴中部掏洞，取得文物，人为扰乱了人骨架与随葬情况，刊布的资料也只能是一座墓葬中的局部。过去，我们不知究竟，曾为他在《亚洲腹地》(Innermost Asia，牛津，1928）中所刊布的资料倾倒。经过这番清理，对于应该如何读他们那些大部头报告，又多少增加了一点题外的知识。

1979年，中国考古学者首次进入罗布淖尔，不仅揭开了楼兰考古的新页，也为静寂的楼兰大地带来了新的生命活力。1980年，新疆考古所在楼兰的考古工作，通过中央电视台摄制组的电波，被形象地介绍给了全世界，一股新的楼兰及丝绸之路研究热潮随即在荒凉的罗布淖尔大地上涌动，不同学科的研究者、探险者，对楼兰、对西域、对古代中亚、对独具特色的丝绸之路文明怀有诚挚感情的人们，一批又一批来到这块神秘的土地。今天，进入楼兰，再也不是什么困难的事情，普通旅游都可以实

1989年从库尔勒市沿孔雀河谷直飞楼兰，俯视楼兰王国的母亲河——孔雀河

现。步入这座古城，既可以从敦煌西走，也可以由米兰北行，还可以从托克逊穿过库鲁克塔格山南进；可以通过越野车、沙漠车从地面走，也可以用直升机自库尔勒空中直飞古城，一个小时即可实现探访楼兰的梦想。

1989年11月底，也就是我第一次进入罗布淖尔10年以后，我再一次徜徉在了楼兰古城的黄土地上。这次，是应邀陪同日本知名画家、日中友好协会时任会长平山郁夫先生夫妇访问楼兰。平山先生自进入古楼兰城那一刻起，几乎立刻就沉入了描绘楼兰的激情之中。他静静地坐在一个小马扎上，凝神不语，随后在画夹上奋笔素描。从晨曦欲露到冷月西悬，他那种对楼兰无限虔诚、纯净的感情，至今还深深印在我心中。后来，我看到了平山先生发表的"楼兰三题"。三幅画，是同样的一队队满载的骆驼，伴着晨曦、晚霞、月夜，缓缓从兀立着的楼兰佛塔、民居前走过，有西去，有东来；经过长途跋涉的旅人，沉沉地骑坐在驼背上。平山先生命名他这三幅画为《楼兰之晨》《楼兰之夕》《楼兰之月》。看着这些画，脑海里猛然浮现当年艾青先生在新疆时的低低的吟唱：

> 虽然仅仅是
> 　　驼马的往来啊，
> 却也驮送过古老的文明
> 　　一代强盛。

至此，我多少领悟了一点古楼兰城在平山先生心中激起的波澜：他把楼兰与人类曾经有过的崇高的文化交流联系在了一起。

这一点，大概正代表着不少寻找楼兰、朝拜楼兰，认真研究、探索楼兰的人们的心。

楼兰，已不再神秘，它距离我们也并不遥远。但是，保护好现存的楼兰遗迹，透彻而充分地揭示凝聚在楼兰故址上无比丰富的历史文化信息，还有大量紧迫的工作要做，全世界关注、热爱楼兰的人们，还要认真努力。

剖析精绝

与斯文·赫定初访楼兰古城差不多同时，1901年1月29日，英国学者斯坦因进入了塔克拉玛干沙漠深处的精绝故址——尼雅。

远离现代绿洲120公里，深处沙漠之中、隐没在沙丘后面的尼雅废墟，怎么突然引起了斯坦因的注意？19世纪后期，英、俄驻喀什、和田的领事馆官员，除政治、经济任务外，重要活动之一就是搜罗新疆文物。地处沙漠边缘的荒僻农村慢慢也有了风闻：来自沙漠中的古物，可以在洋人处卖钱。这刺激了一个名叫易卜拉辛的维吾尔族磨坊主，他只身闯入尼雅废墟之中，翻过一些宅院内的积沙，但根本不见什么金银财宝。唯一有点奇怪的东西，是一些写着字的小木板。他随手拿了6块，返回途中，丢了两块在大麻扎附近的小路上，其他4块带回家中做了小孩的玩具。丢掉的两块小木板，鬼使神差，竟被另一人捡拾卖给了斯坦因。斯坦因早年曾经攻读过古代印度文字，小木板上书写的佉卢文，他当时虽不能立即识读，但那曲折的字体，淡淡的墨迹，使用着一种古老的印度文字体，还是很清楚的。他意识到这看似平常的木牍，凝聚着还不为人所知的古代西域文明的消息，于是当即下定决心，奔向木牍出土的所在地——沙漠深处的尼雅。

1901年的尼雅废墟，大概还基本保持着1600年前精绝王国废弃时的面貌——大大小小的民居、规模宏大的官署、冶炼作坊、储水涝坝及佛寺、果园、林带、篱墙拱围之中的小路，都还可以清楚辨析。这该是多好的考古、历史研究的宝地！

这一次，斯坦因在尼雅工作了两个星期，雇用民工50人，放手在遗址中挖掘。只要能挖到文字资料或斯坦因认为珍贵的文物，工资外另有赏金。金钱刺激之下，群情踊跃。两个星期后，斯坦因带着掘获的佉卢文书764件，汉晋时期汉文木简58件，其他如汉式铜镜、金耳饰、戒指、铜印章、丝毛织物及玻璃器、木器、古钱币、漆器等，装了12个大箱子，运回了伦敦。斯坦因的发掘，使西方学术界为之震惊，过去人们从未想到在塔克拉玛干沙漠中，还有保存如此完好的古代文明遗珍。

1901年成功以后，1906年和1913年，斯坦因又两次进入尼雅，同样满载而归。1931年，美国哈佛大学福格艺术博物馆提供经费，委托他到新疆挖掘搜求文物。但时代终是有了一点变化，经过中国学术界的揭露、抗议，国民党政府严令金树仁将当时已经在新疆野外工作了半年的斯坦因驱逐出境，所获文物予以扣留，为斯坦因在新疆延续30年的工作画上了句号。

自1901年斯坦因第一次进尼雅，尼雅遗址即为国际学术界所关注。1905年，美国学者亨廷顿在美国地理学会的资助下进入新疆，他从印度越喀喇昆仑山口到和田，沿昆仑山北麓东行，其间进入尼雅，报道了这里出土的佉卢文文物。1911年12月上旬，日本僧人橘瑞超到了尼雅。

尼雅遗址工作的第一页，就是这样在西方学者的手中翻开的。新中国成立后，中国学术界没有忘记尼雅遗址在30年代前曾有的种种劫难，并在百废待兴、物质条件相当困难的情况下，逐步开展了对尼雅的调查、发掘工作。

1959年2月，中国历史博物馆学者史树青一行深入尼雅，对遗址进行了考察。他们调查了佛塔遗存，并对部分遗存进行了简单清理，发现了一处冶炼遗址，采集了相当数量的文物，还收集到一枚"司禾府印"，再次引发了人们对尼雅遗存发掘工作的关注。

同年10月，新疆博物馆学者李遇春率考古队员10人，在遗址地区工作了9天，共清理了10区房址，一座墓葬，获陶器、纺轮、毛棉丝织物、竹木器、五铢钱、铜铁器物、海贝、角杯、磨石等，以及象牙、玛瑙、珊瑚、玉石、玻璃等质料的珠饰。在出土的东汉夫妇合葬墓中,男女主人尸体保存完好,穿着丝绸锦绣,棺上覆印花棉布,随葬藤奁、木筒、碗、盘、杯及弓箭、铜镞、铜镜、铜戒指、铁刀、金饰、纸片等。为深入分析、认识精绝王国社会上层人物的物质文化生活、人种特征,精绝王国在丝绸之路南道上的地位等,提供了第一批相对完整的发掘资料。

我在20世纪90年代深入进行尼雅相关工作,以断续6年之时间组织对尼雅遗址进行全面调查、择点发掘,有两个方面的原因。

其一,1983年中国石油勘探队伍在塔克拉玛干沙漠中进行油气勘探,初战告捷:沙漠深处蕴藏有丰富的油气资源。1987年6月,有关中央领导提出利用油气勘探有利条件,组织对塔克拉玛干沙漠进行多学科综合考察。第一年,这一综合考察项目中没有考古。当时任国家科学技术委员会主任的宋健同志听取工作汇报后指出:研究塔克拉玛干南缘历史时期环境变化不能没有考古。实在是受惠于宋健同志的关心,塔克拉玛干沙漠考古迈上了一个新台阶。同年底,应综合考察队之邀,我负责组织考古课题组,对塔克拉玛干沙漠南缘进行考古调查、研究,时间为三年。为完成这一课题,我又从新疆考古所约请了刘文锁、肖小勇、张铁男等同志一道进行工作。三年努力,课题组虽交出了一个考察报告,但距比较深入的研究还相差甚远。其后我投身其中的克里雅河考古、尼雅考古,与我承担的这一研究课题也密切相关:我希望通过一些典型遗址的剖析,使相关课题研究更深入一步。

其二,这期间出现了新疆文化厅与日本净土宗僧侣小岛康誉合作进行尼雅考察的事。1988年、1990年,小岛先生在新疆文化厅文物处、外事处官员的陪同下,两次进入尼雅参观。两年中,在遗址内考察虽不到一个星期,但却有了双方合作进一步进行尼雅调查的计划。小岛出资,共同调查。我时任新疆文物考古研究所所长,受命为中日尼雅调查队中方学术队长,承担学术调查任务。这对我进一步研究尼雅,自然是一个更好的机会。

自1991年参与尼雅工作至1996年,先后持续6年的时间。作为尼雅调查队中方学术队长,我做的第一件事,是推动、决定每年在遗址工作的时间不得少于3个星期。不能兴师动众、浩浩荡荡,进入遗址后停两三天即行外撤。更重要的事是:我决定把尼雅河流域作为一个相对独立的地理单元,对这一单元内古代人类遗迹进行全面调查、深入剖析,好比解剖一只小麻雀,希望能对其递变轨迹有一个初步的认识,以助分析塔克拉玛干沙漠南缘历史时期人类活动环境的变化,并探求其内在制因。为此,我们对尼雅河全流域进行了比较详细的调查,但主要力量还是放在对精绝的踏查、测量、绘图,并选择一些典型遗址、墓地进行发掘。

在尼雅工作的6年中,我与出资进行这一活动,且实际也处于尼雅工作关键地位的小岛先生有过相当多的接触,不少次也真切感受到他的友好情意。当然,工作过程中也发生过不少矛盾。近年,见到不少写尼雅的文章,许多都对小岛先生在尼雅考察中的奉献做了褒扬,我手头还有最近发表在《中国旅游》的一篇文章,说他为新疆文物保护事业"挥金如土","堪称外国企业家无偿赞助中国文物保护事业的'标王'",等等。这些话已经说得太多,我不想再在这方面添文增墨。在我的印象中,小岛先生是极度聪明的人,更是极度精明的企业家。他十分知道怎样花他来之不易的每一分钱。按法规,省一级文物考古研究所是承担本地文物保护、考古发掘研究的业务机构。但是，关心新疆文物事业的小岛先生真是没有一次为这类文物方面的事情找过文物考古研究所。他从不以这类学术研究机构为联系对象，找的都是文化厅、文物局、自治区人民政府等各级政府单位的主要负责人。他资助的大量用费，过考古所之手的只是野外调查费。而我们每年野外调查、发掘归来后，必要的文物分析、保护、研究费用则一直是十分困难的，也没有得到过什么资助。这些问题，我曾十分坦率地向小岛先生当面提出过：文物出土了，就必须分析、保护，这些工作，如不是更重要，起码也是同等重要的。每次，他也总有办法让我这个考古所所长无可奈何。这是一些题外话，但谈这些年的尼雅考古，无法避开小岛先生，所以我也附带说了一点个人印象。不过无论怎么说，我对这些年因他的支持才得完成的尼雅考察、发掘，内心还是非常感谢的。作为一个企业家，将个人收益的很大部分用于古代文物保护、古代文化研究事业，或许只是他的个人追求；但从新疆文物保护、考古研究的角度看，他的慷慨仍是值得称许的义举。对古代文明的研究、认识过程，是十分清冷而艰苦的。在物欲横流的现实世界，能寄情于此的人不多，小岛先生用自己可能的力量，帮助寂寞的、面向古远过去的文物保护及考古研究事业，应该受到肯定。

这些年的尼雅考古工作，重要的一个收获是脱离了只以觅求文物为目的的狭隘思路。进遗址，求文物，不仅是为了分析一个时段的历史，而且还关注一个时段内人类活动与地理环境的关系。

为了更好地认识尼雅，我们首先关注的是它的生命之源——尼雅河。

1600多年前的尼雅,与今天的民丰绿洲,自然地理环境大略相类,都处于源自昆仑山的尼雅河上,享受河水的恩泽。

民丰县,背依莽莽昆仑,面向无垠沙漠,是塔里木盆地南缘的一个小小绿洲。全境沙丘连绵,地势南高北低,自西向东倾斜。尼雅河,是县境最大的一条季节性内陆河,河床平均宽达1公里,源自吕什塔格冰川,出昆仑山口后奔涌流泻200多公里,年平均流量达1.8亿方,溢出泉水达0.36亿方,最后没入塔克拉玛干沙漠之中。由于水源主要是冰川融水及地下泉水,降雨不多,所以河水流量比较均衡。每年5—9月,洪水流量占全年总流量的79%。其他时间,中游以下基本断流,主要靠泉水补给。民丰全县近3万人口,绝大部分居民均生活、居住在尼雅河水系之中,接受着河流的赐予。

在民丰县城稍北及大麻扎附近,人们可以看到两区大的沙梁。表面上看,这是两座因沙漠南侵而留下的沙山,其实它们是两道地质隆起的岗梁,地质学家称之为"民丰北隆起"。它们记录着地壳变动中的沧桑,也对尼雅河的流向、人文地理景观产生了重大影响。尼雅河出昆仑山口北流至康色日克后,为民丰县城北的山梁阻断,迫使河道成90°角折向东流。过民丰县城后,复循自然地势折转向北。河流这一回曲,使民丰县城附近深得灌溉之便,田连阡陌,造就了民丰县城这片绿洲沃土。我们这些年进入尼雅遗址工作,都是以民丰县为后勤依托,在县城准备好充足的水、粮、肉、菜后,即以沙漠车为代步工具,循尼雅河谷北行。直到喀帕克阿斯干村,虽河水时断时续,但大部分地段都还可以觅见缓缓的水流,河谷芦苇漫布,茂密的天然胡杨林丛生,沙生植物遍野。树丛深处偶见民居二三,羊群出没,时而惊起一只灰兔,箭一般窜向远方,展示了草木旺盛的平原草场景观,充满了安适、平静的农家生活乐趣。与玄奘在《大唐西域记》中记述的"泽地热湿,难以履涉。芦草荒茂,无复途径"的景象对照,可以说是几无变化。

喀帕克阿斯干,是沙漠边缘最后的一个小村,帮助我们工作的维吾尔农民基本来自这里。所谓"喀帕克阿斯干",维吾尔语意为"吊葫芦"。葫芦,是沙漠行人储水、饮水的用具,进入沙漠不能离开装水的葫芦,返回后葫芦自然吊挂在树。村子以"吊葫芦"为名,显示了沙漠绿洲小村的人们用水的细节。

过喀帕克阿斯干村,北行5公里,为伊玛目·迦法尔·萨迪克麻扎(圣墓),这是一处远近闻名的伊斯兰宗教圣地,也称"大麻扎",每年至此朝圣者总有万人以上。我们每年深秋至此,胡杨一片金黄,丛林中有老人在默默祭祷,大小树枝上满挂各色布条、羊皮,宗教气氛浓重而强烈。

伊玛目·迦法尔·萨迪克麻扎就坐落在清真寺西缘的沙冈上,由此俯视山下,葱绿一片。1911年,日人橘瑞超过此,记述"以麻扎为中心,附近数英里范围内是树木苍翠的深林带……沿着尼雅河下游芦苇茂密的地方,涌出许多滚滚清泉,麻扎山脚下有一个水平如镜的圣池,清澈碧透,架放一桥,涟漪动处漂浮着水禽,透过树间空隙,可见远处的流沙"。今天的大麻扎,尼雅河地表水已经断流,圣池干涸,水禽难觅。但因着地下泉水的补给,林木葱郁的景观却并无太大的变化。这自然也是受惠于麻扎山的地质隆起,使地下水位抬升,泉水丰沛。

过了大麻扎,尼雅河即彻底消失。直至尼雅废墟,景色十分荒凉,途中有一片枯死的胡杨林,树干大者一人不能合抱,枝杈纠扎。胡杨林中分布着红柳沙包，大部分红柳在与沙丘的抗争中仍有生命的活力。过枯死胡杨林带后，基本只见漫漫沙丘。沙丘之间，偶尔可见灰白色淤土，是过去积水、流水的痕迹。进入尼雅，这种淤土景象出现得更为经常。一些农田、墓葬，也压在了淤土之下。尼雅在精绝人生活期间，河水可以直接流泻到此，而且水量颇丰，沼泽、水泊连续不断；而在精绝废弃、人民他走以后，河水一度还继续流到这里，淤土覆盖农田、墓葬的现象就是直接的证明。

尼雅河流域最早的人类活动遗迹，发现于昆仑山的前山地带。在尼雅河上游乌鲁克萨依河谷，海拔达2000米的一片洪积扇上，我们发现了古人打制的石器，如细石核、细石叶、小石片等共140多件。根据一般规律，它们大概是1万年前古代狩猎人留下的遗物，透露了早期尼雅河流域居民的消息。

自精绝废墟向北，考古队也利用骆驼调查过4天，进一步深入沙漠腹地达43公里，随身的卫星定位仪显示，已达北纬38°22′10″，东经82°47′58.3″处。从现有记录看，这是考古学者在尼雅河流域深入调查的最北地点了。大家昼行夜宿，骑在骆驼上边走边警醒地搜索着地表的些微变化：一棵胡杨，几丛红柳沙包，显示痕迹的白色淤土……均记录在了考察笔记之中。功夫不负有心人，我们最终还是在一些沙丘底部发现了烧火的痕迹、破碎的陶片、羊粪、马鞍形磨谷器、石镰及一把绿锈斑斑的青铜小刀，甚至还有一个基本完好的筒形几何纹红陶杯！这些文物显示了青铜时代考古文化的信息，比较现在学术界关注的尼雅遗址，绝对年代会早出2000年以上。这种脱离营地供应的深入调查，在沙漠工作中是充满危险的。但就在这尼雅河古道的尾闾地带,我们终于找到了青铜时代尼雅人的消息。

上至昆仑山,下及沙海深处,经过这番调查后,我们可以从比较宏观的角度分析尼雅河流域远古时期人类活动的轨迹,得到的初步认识是:1万年前的尼雅河居民,生活在昆仑山前山或前山地带,采集、狩猎、游牧;到去今4000年前后,他们已经沿尼雅河进入塔克拉玛干沙漠腹地,在尼雅河尾闾地带活动。这里地势平缓,引水方便,可以因地制宜进行早期原始农业与畜牧活动。他们用石镰收割穗实,用石磨研碎籽粒,饲养的羊群可提供肉食与皮裘。

历史发展,人口繁衍,河水量不足促使早期农民不断循尼雅河谷向河流的中、上游逆行。到距今2500年前后,在今天的尼雅故址所在,他们建立起了一个小小的绿洲城邦,而且,随着丝绸之路南道的发展,成了历史舞台上一个占相当重要地位的角色。

这看似简单的认识,凝聚了我们多年的心血,而将这一初步认识验之于相类的克里雅河、安迪尔河绿洲,可以得到同样的结论。

国内外学术界,集中关注的是传统概念上的尼雅精绝故址,这自然也是我们这些年尼雅考古工作中的重点。斯坦因进入尼雅4次,自由地发掘过3次,给国际学术界提供的资料除大量文物外,还有他测量过的40多处居址、墓地,提供了一批遗址测量图。进入尼雅工作,他的成果是我们不能不认真关注的、居首位的基础资料。在这些资料中,我们有过收获,得到过启示,但也有遗憾。他刊布的地图完成于100多年前,基本是准确的,尤其是遗址经度,与我们今天使用卫星定位仪测定的结论可以说完全

精绝遗址区域内，沙地间的破陶片

一致，但纬度却往往有 2′ 左右的误差。他对不少遗址进行过发掘，取得了重要文物，但每一次发掘的基本特点是只取局部，无视总体。N5，有佛寺，有遗址；而他的民工在小佛寺的佛坛中部挖了一个洞，佛寺的布局却全然不管。N37，是四居室的一组建筑，当年他在这里发掘到了"鄯善郡尉"封泥；我们仔细清理后发现，当年的发掘把室内土炕挖掉了一半，而另一半居室则弃之不问；而就是在他发掘过的那部分居址内，我们新发现了10多件佉卢文木牍，其中一件上有鄯善王童格罗迦的纪年，这于鄯善、精绝的历史研究，自然具有不寻常的意义。

经过多年持续努力，我们对尼雅精绝废墟有了比较具体、清晰的认识：当年的精绝王国，主要坐落在尼雅河下游两道巨大的南北向沙梁之间。丛丛建筑，沿尼雅河主干、支流呈南北方向展布。地域范围在北纬 37° 50′ 30″—38° 02′ 10″，东经 82° 41′ 30″—82° 44′ 00″，南北长约 22 公里，东西宽狭不一，最宽处有 7 公里，整个面积约 100 平方公里，放在辽阔的新疆地区，差不多相当于一个自然村或较小的乡。

在这么一区范围内，迄今发现的遗迹已达100多处，远远多于当年斯坦因报道的41处。这些遗存，性质殊异，大小有别。它们以小集中的形态，四散分布在河谷台地之上。大型建筑遗址，梁柱巨大，规模宏伟，有多间住室；大客厅、伙房、储藏间、过道、畜厩等，清楚可辨；少量门、窗犹存。而居址周围，林带环绕，宅邸后面有果园。成行成列的梨树、苹果树排布整齐，林带内一人不能合抱的杨树，高达一二十米，虽已倾仆在地，但规模、气势不减当年。引水渠、储水涝坝也都形态完好。储水涝坝四周环列的桑树，仍然挺立不倒，恪守着防沙净水的责任。佛教寺院之建筑、环境，并不弱于这类规模宏大、身份较高的大型宅邸，同样有多间房舍，四围林带，傍近溪流，绝不必虑及河水之匮乏。而贫寒之家，或只有住宅一间，与畜厩为邻。房屋主人社会身份不同，经济状况悬殊的景象，毕现在今人的面前。当年的精绝，沙漠紧迫身边，防沙是人们生活中的要务。不少居住遗址周围，除林带外，还有防沙苇篱环绕。为缓解夏日沙漠中的酷热，在一些大型宅院内，还发掘出了深入地下的储冰地窖，在深七八米的窖穴内存入冬日的冰块，其上覆树叶、枯草，窖穴口部覆盖木板，冰块可以不化。干热的沙漠生活中，这股冬日的冰凉，真可算是神仙难寻的享受。这种土法存冰工艺，源远流长，直至今天，在塔克拉玛干沙漠南缘的农村中还不难见到其踪迹。农村小集上土造的冰淇淋，所用的满身披挂树叶的冰块，就来自于这种冰窖。

精绝王国，在《汉书·西域传》中仅有不足百字的记录，说是："王治精绝城。去长安八千八百二十里，户四百八十，口三千三百六十，胜兵五百人。精绝都尉、左右将、译长各一人。

北至都护治所二千七百二十三里，南至戎卢国四日行，地阸狭，西通扜弥四百六十里。"通过这些文字，自然难以把握精绝绿洲社会生活的具体面貌。这些年的考古工作与大量的实物资料，不仅为我们具体认识精绝人当年的生产、生活、思想观念和宗教形态提供了丰富的信息，而且也将汉代丝绸之路兴盛的景况与汉王朝统治下的精绝社会曾有的繁荣面貌，展示在今人的面前。

我们先看1995年发掘的尼雅一号墓地这一实例。这一发现，被评为当年的全国十大考古发现之一。大量精美的出土文物，曾为当时国内外学术界强烈关注。日本前首相海部俊树在紧张的政治活动中，用半天时间专程来到考古所，目的就在一睹这批文物的风采。

10月的塔克拉玛干，是一年中最好的季节，不冷、不热、无风、无沙，天清气朗，十分适宜野外工作。经过持续5年的沙漠工作，这时我们进入尼雅，可以说已经是轻车熟路。茫茫荒漠、枯死的胡杨林、连绵起伏的沙丘，大都似曾相识，再无陌生之感。车应在什么地方拐弯，哪一段沙坡特别松软须小心，经过一年的季风吹蚀后沙丘有点什么小变化，都可以大概感觉、把握得了。记得1991年到尼雅，我们用沙漠车走了3天，最终还是没能到达遗址区内，而被迫扎营在了西缘大沙梁下，再徒步翻沙梁入遗址。水都放在沙漠车上，深入遗址的考察队员每人每天定量一瓷缸，没有人能洗脸、刷牙。用沙子洗碗，是我们的一大"发明"。5年之后，我们已经可以早发民丰，晚到尼雅营地。我们已经与尼雅结下了深厚的感情，每年一次的进入都感到非常亲切。

进入营地的第二天，中日双方队员的野外工作有序展开。在碰头会上，小岛先生以很平常、随便的口气，说着他思虑很久、深埋心底的愿望，大意是说，尼雅工作已持续5年，他尽了心力、财力。1996年将是这次工作协议的结束时间，他有一个"战略性"的意见，即这两年内，如果能有一个大的、不寻常的成果，对尼雅工作的进一步发展会有重要意义，云云。我们当然希望精绝考古中，会有超越既往的发现。老天不负有心人，就在那时，一个偶然的，但也是必然会有的发现，正向我们走来。

第三天，10月11日晨，像每日一样，怀着新的希望，我和几位中方队员乘上德国产的乌尼莫克越野车，沿尼雅河谷向西北方向前进，准备再详细观察、分析一下尼雅遗址中具有特殊地位的第14号遗址。斯坦因在这里发现过精绝王室成员互相赠礼的八枚汉文木札；1993年，石油系统的工作人员在这里找到了"仓颉篇"汉文木简；我们在调查中见到过小铜印；遗址东侧河滩上，我曾经在两平方米的范围内，发现暴露地表的汉式青铜镞十多件；加上居址宏伟，气宇轩昂，总给人以"这里的主人不同寻常"的感觉。但要对这区遗址进行全面发掘，还需要对时间、人力做出一个比较清醒、接近实际的估计，下决心前还得再仔细看看究竟。想着，走着，正当沙漠车又借势冲上一个大沙包时，我突然在左侧车窗外的一处低凹中，发现了一段形如船棺的胡杨树干！停车！观察！果不其然，真是一具已在沙漠烈日下暴露了相当时日的汉代木棺。这一偶然的发现，不仅改变了当时思想深处调查、测量、发掘N14的考虑，也改变了1995年尼雅工地的重点安排。

1995年全国十大考古新发现之一的尼雅一号墓地（M1），就这样拉开了帷幕。

尼雅遗址 M1 墓地

这是东汉后期，精绝王国上层统治集团的葬身之所。清除去10米×10米探方内深1米多的浮沙后，8座墓葬井然有序呈现在眼前。3座南北向的箱式木棺为5座船形胡杨木棺所围侍。极度干燥的环境，使深埋沙穴中的木棺保存相当完好。棺上覆盖的栽绒毯，棺内如处睡梦之中的男女主人，他们身上彩色斑斓的锦被，穿着的衣、袍、裙、裤，随葬的弓箭、食品、水果、羊肉，都保存良好。近2000多年的岁月，只抽干了这些物品中的水分，使晶莹的葡萄、红艳的苹果、水灵灵的鲜梨和诱人的小羊腿变得干瘪，但它们入土时的位置及曾经寄托的思想、感情，却仍然一如当年，可以清楚地呈现。

精绝子民发送先人的方式、方法，以及观察到的木棺内的细枝末节，使我们强烈感受到，儒家观念竟然也在他们的生活中留有烙印。在中原王朝统治者的心目中，汉代西域大地是"邈矣西胡，天之外区；土物琛丽，人性淫虚；不率华礼，莫有典书"（《后汉书·西域传》），是一片既不奉行华夏之礼，又不读儒家典籍、圣人之书的蛮荒地带，民族不同，语言殊异，文化心态有别。而墓中死者覆面衣，男女衣物分别置于各自的椸枷之上，绝不彼此混用，与《礼记》规定完全一致。《礼记·内则》称"男女不同椸枷，不敢县（悬）于夫之楎椸，不敢藏于夫之箧笥"，《礼记·曲礼》则要求"男女不杂坐，不同椸枷"，说的都是男女、夫妇有别，衣架不能通用，妻子的衣服不能悬挂在丈夫的衣物架上，不能收藏在丈夫的箱笥之中。这正是墓内椸枷情况的说明，而且，这类墓葬发现已不止一处。

出土文物中，十分引人注目的一批是主人穿着在身的以各类丝绸为主体的衣物。丝织物主要包括锦、绢、绮，少量绣。锦在这批丝织物中居十分重要的地位，不仅数量多，而且幅边完整，图案新颖，为过去少见或未见。以 M3 为例，共出丝织衣物 26 件，其中以锦为主或只用锦料的衣物为 17 件，占 65% 强，共使用了 11 种不同花色、风格的锦料。26 件丝织衣物中，有 14 件衣物使用了绢，包括不同密度、不同色泽的绢计 23 种，另外还有一件绮衣。甚至用作装饰的项链也是用彩绢缝制，确实算得上穿绸着锦。这些锦、绢大都色彩艳丽，牢度、韧性还相当好。一些锦料，如"王侯合昏千秋万岁宜子孙"锦、"五星出东方利中国"锦，织有老虎、骆驼、龙、狮、孔雀、鹿、豹、马、狗、鸟及单、双舞人形象的人物禽兽纹锦等，都是从未发现过的。它们开阔了人们的眼界、思路，加深了人们对汉王朝曾经达到的物质文明水平的认识，尤其对中国纺织科学技术史的研究有不可轻估的价值。

大量高质量的锦、绢、绮、绣，出现在精绝贵族社会的日常生活之中，人们一般都从丝绸之路商品交流这一角度去体会。实际上，这只是一个浅层的、比较表象的理解。丝绸之路通畅，沿途物资交流方便，中原大地的丝织物可以很容易到达西域各绿洲城邦，这确实是一条途径。但更深层分析，在两汉王朝统辖西域的过程中，对西域大地林立的小城邦，总是审时度势地区别对待，实施不同的政策，既有"兵威肃服"，也有"财赂怀诱"，只要对汉王朝政权臣服，汉王朝中央即赐"印绶、车骑、黄金、锦绣"，"赂遗赠送，万里相奉"。在赂遗相奉的物品中，可与黄金等价的锦绣是主要的一种。当时，只有中原大地能生产这类光彩夺目的丝织品。拥有这类丝织物是当年人们社会身份、权势地位的象征，也是西域大地大小统治者们追逐、寻求的目标。那"王侯合昏千秋万岁宜子孙"锦被、"五星出东方利中国"锦缎,更不可能是一般商品,只能是为汉王朝中央政权服务的专用品。它们特殊的吉祥用语,已把一般社会成员排除在享用者之外。墓主人得自汉王朝的特殊赐赠,显示着一种寻常百姓难以享受的殊荣。

从随葬物看,精绝这类沙漠绿洲上的人主要的食品只是糜谷、小麦、羊肉、葡萄、梨、苹果、沙枣,即使尊为地方贵族,也不过如此。至于盛储食品的装具如手制木盆、木罐、碗、杯、陶罐等,更是十分简单而拙朴,与显然是来自黄河流域的银光闪烁的龙纹铜镜和油黑晶亮的漆盒同在一个墓中,其工艺水平之高

1995年尼雅N1遗址M3墓地开棺现场(右侧前二为王炳华)

低，形成鲜明对照。还有毛织物，虽数量不算多，文物之精、保存之好、织造水平之高，同样引人注目。M3 女主人之晕繝纹毛织靴、盖覆木棺之毛毯，均为过去所未见。一毛毯显人形图像：带三角形尖帽、束腰、敞裙，为图案化舞人；又一为菱格十字形几何纹，均是初见之毛编织精品。

　　墓地所见精绝男子，死后身边都有弓、箭、佩刀。他们生前都是剽悍的骑士，这应该与其国内全民皆武士的故实有关。人口仅 3000 的小小绿洲，却有"胜兵"500 人。也正是凭借这种有组织的力量，精绝才能在公元前后纷乱的西域舞台上，维持着自己的存在。

1995 年尼雅 N1 遗址 M3 墓地棺木揭盖

在精绝遗址内采获的种种文物中，不止一见的还有木制锁钥。生产发展、社会分化、财富不均，自然产生出不平与矛盾。木锁做得不是十分精巧，但构思也算不凡，它是人们在私有财产受到威胁情况下的发明，它的普遍使用也透示着社会的危机与苦难。

精绝王国的建筑具有地区特色。他们选择地势稍高的台地，在相对平整的地表放置地梁，根据建筑要求在地梁上凿孔立柱。立柱之间，编苇或红柳做墙。较大型的建筑，室宇中部还要另立支柱，柱头架托梁，室顶见藻井。他们睡土炕，用小柜。灶膛置于厨房一侧土壁内，造型有如今日民丰绿洲农村民居中的灶膛。

巡行在尼雅废墟之中，可见大片的葡萄园、小块的田畦、高悬在沙丘上的渠堤。当年来去尼雅河东西两岸的古桥，桥板仍半躺在河床之上，只是河谷已滴水全无。白森森的骆驼骸骨倒在黄沉沉的沙地上，使人真切感受到环境的严酷。挺立的桑树虽仅存枯干，但总还给人一点点细微的温馨，也不时闯入我们的眼帘。在一些居民屋中，还可见到蔓菁、雁爪、羊肉干、糜谷、小麦，甚至还有一只陶蚕，生活的气息依然浓烈，只是屋主人已在1600年前悄然远去，空留下无限迷茫。

为了寻找《汉书》中明确记录的国王治所"精绝城"，中日双方队员付出了大量精力，持续多年在差不多100平方公里的范围内分片走，到处搜求，但直到今天，还没有得到一个满意的答案。当然，从"城"这个概念出发，工作中也不是没有一点收获。我们注意到在遗址中心地区、佛塔东边1公里多的地方，有19座建筑物遗迹环列在一个中心广场周围，这片建筑群的东面还残存着两堵弧形泥墙，好像是圆形古城墙的一段。但是，这十几处建筑，全部规模不大，与王室居址、治所的概念很难统一。1996年，承担遗址南部地区调查任务的阿合买提、真田康道，在隐蔽得很好的几座大红柳沙包中发现了一座古城遗迹，是一座椭圆形的泥筑古城，长径不过185米，短径150米，墙高3米左右，断续相继，走向清晰。南墙中部有城门，门道宽4米。门柱、地栿构架清楚，曾经火烧，烧痕明显，附近沙土也变成了红色。古城内，沙丘起伏，胡杨挺立，但完全不见建筑遗存。这应是一座匆忙构筑的比较明显的临时性避难所，透示着社会生活的动荡不靖，但与作为经济活动、政治中心的传统城市概念，判然有别。

精绝王城今何在？这仍然是要在遗址区内丛丛列列的大沙丘中寻觅答案的一个问题。

在精绝国故址的中心，最醒目的建筑是一座高6米多的土筑佛塔，其后的寺院已深埋在红柳沙包之下，但从沙包一角凸露的梁架和沙包边缘仍然挺立的人工栽植的桑树、围篱，可以看出当年古寺的规模不小。

这些年的尼雅考古中，经常萦绕在我心头的一个问题是：世外桃源般的精绝绿洲，突然沉没在沙漠之中，化成了废墟，其内在的制因是什么？

面对尼雅废墟，人们自然的联想往往是：作为沙漠深处的孤岛，它的覆没肯定与河水的改变有关。在生态环境如此恶劣的沙漠之中，一旦河水减少、河流改道，不能维持有效的灌溉，绿洲自然会面对覆灭之灾。

从一般情况看，这是相当有理的推论，确实也有一些绿洲就是这样消失在了沙漠深处。但认真分析尼雅的情况会发现，当年精绝国之废弃、毁灭，最重要的、起着决定性作用的是社会的因素，是人。

精绝居民，当年散居在河谷各处。我们观察多处小聚落，宅邸周围大多是巨树环绕，树茎粗大，一人不能合抱。果园中果木整齐。也有的宅邸前路边树木成列。遗址覆灭前的这种景象，肯定不是绿洲长期断水、濒临荒芜的情形。

一些宅院，储藏室中糜谷厚积，主人走得过急，无法带上这些维持生命所需的最重要物资。这一景象，与缺水导致遗址废弃，有组织、有准备地逐步撤离，也无法统一。

我们这些年发现的佉卢文，与斯坦因当年所见的一样，不少并未开封拆阅。它们或有序放置在平日休息的土炕炕沿，或藏置陶瓮之中，简单掩覆遮盖。收件人主观上绝不是一去不返，而是迫于形势不得不暂时离开。一旦形势转变，他还会回来重新处理有关文件信函，这也显示着当年的尼雅绿洲肯定还是一块人们眷恋而不愿他去的热土。

精绝绿洲之毁灭主要不是由于自然环境变化，而是另有重要社会原因。我们从现已译读的佉卢文中了解到，令当年的精绝统治者惶惶不可终日的，是来自东南方的苏毗（Supis）人的攻击："有来自苏毗人之危险，汝不得疏忽，其他边防哨兵，应迅速派遣来此""现此处听说，苏毗人在四月间突然向且末袭来""现有人带来关于苏毗进攻之重要消息""苏毗从侯处将马携走""苏毗曾抢走彼之名菩达色罗之奴隶一名""余已由此派出探子一名，前去警戒苏毗人""现来自且末之消息说，有来自苏毗之危险，命令信现已到达，兵士必须开赴，不管有多少军队"等。可以看得很清楚,在精绝王国绿洲废弃前,苏毗人入侵是笼罩在他们头上的浓重阴云。

1995年发掘的精绝王陵第三号墓中入葬的精绝王,颈动脉、大腿股动脉都可见到砍痕,是死于非常事变的明证。

精绝绿洲之废弃主要在于人为因素,在于社会的矛盾和冲突,还有一个有力的旁证:在塔克拉玛干沙漠南缘,与精绝绿洲废弃差不多同时,有另一批绿洲同样遭遇到毁灭的命运。克里雅河流域的喀拉墩、安迪尔河流域的安迪尔古城,也都显示了与尼雅的共同特征。这些古代遗址,当年也都同样面对苏毗人的威胁,很可能也都在苏毗人的侵扰中受到了致命的打击。

地处塔克拉玛干沙漠之中的这些古代绿洲,生态脆弱。要维持其生存环境的良性发展,保证人类可以正常生产生活,需要强大的、有组织的全社会的努力。合理用水,合理保水,防沙造林。如尼雅这样处身沙漠侵迫之中的绿洲,很难经受社会动乱的打击。一旦发生动乱,社会秩序被破坏,人们有组织的与大自然相抗衡的力量会随即受到极大的削弱,从而导致生态平衡破坏,以致绿洲毁灭。精绝王国最后的一页,有值得我们进一步深入研究的问题,存在可以吸取的历史教训。

世事悠悠,转瞬千年。安定的社会,和谐的环境,是人们幸福之所系,与前途相关联。这一朴素的真理,古今中外,概莫能离。而在生态环境险恶的沙漠地区,它的效应尤为突出,尼雅,就是这方面一个生动的实例。

克里雅河考古

20世纪80年代以来，在新疆考古工作中，考古所与法国科研中心315研究组的合作项目，居于一个相当显著的地位。尤其是20世纪90年代实施的克里雅河考古，不论在野外还是在室内研究中，都使用了比较先进的科学技术成果，受到国内外同行的关注。

研究中亚，是法国学术界的一个传统。其中对中国，尤其中国西部地区的研究，开始得很早。与当年的政治形势密切相关，18世纪中叶就有耶稣会士及少数学者开始了这一事业，注意搜集、研究并向欧洲介绍中国历史、民族史、佛教文化史等。自此以后，可以说是代有人才出。进入19世纪，作为欧洲研究汉学的一个基地、中心，巴黎法兰西学院开设了"中国学讲座"，不少法国汉学名家都曾是这一讲座的主持人，在他们的研究中，西域的民族、历史、宗教都居于重点地位。在法国研究汉学的事业中，还有一个重要基地是先在西贡，后在河内的法兰西远东学院，与我国敦煌、西域关系密切的伯希和（Paul Pelliot）就曾在此任职，并从这里出发进入我国活动。他在敦煌莫高窟，巴楚图木舒克，库车的都勒都尔－阿胡尔和苏巴什的活动是大家比较熟知的。因为这些活动，伯希和在法国汉学研究中获得了空前荣誉，法兰西学院为其专设了"中亚语言、历史和考古讲座"，法国作为欧洲汉学研究中心的地位也因此得到更进一步的加强。当然，这对法国乃至欧洲学术界了解中国传统文化，了解汉学，了解中国西部地区的历史与文化，也产生过积极的影响。

法国科研中心315研究组，与法国这一研究中亚的传统有历史关联，他们肩负的任务是中亚考古。在长时间的努力中，他们的足迹曾及于印度北部、巴基斯坦北部、乌兹别克斯坦、哈萨克斯坦、南阿尔泰地区。但20世纪80年代以前，他们始终未能进入中国。不能涉足中国，尤其是亚洲腹地的新疆，从地域上讲，其研究的中亚就是不完整的，因此，他们一直有强烈的愿望，能在我国西部尤其是新疆进行考古工作。

1979年底，我从罗布淖尔地区归来，这一消息在学术界小圈子中开始传布，不少学科学者都为有可能进入这一禁地进行考察、研究而激动。一个偶然的场合，中国科学院新疆分院地理学家梁匡一找到我，说他的一位法国地理学同行皮埃尔·让戴勒听说我去了罗布淖尔，十分希望见面。让戴勒也是315研究组的研究人员。初次见面，虽只是十分一般的接触，他们就强烈希望有可能与新疆考古学界合作，进行新疆考古研究的愿望表达得十分清楚、明白。

生活中，存在很多机缘。我们后来与法国315研究组的合作项目，就是从这一偶然的接触中孕育、产生的。随后几年，他们通过中法文化交流项目，由中国社会科学院安排，实现了对新疆古代遗址的一般考察，我们也应邀前去法国做了回访。20世纪80年代后期，我们彼此合作在哈密、喀什等地进行了一般的考古调查，为可能的合作发掘、研究进行准备。

最后选定在克里雅河流域进行中法合作考古研究，出自我的建议。克里雅河，是纵贯塔里木盆地，由南向北，最后注入塔里木河的唯一一条河流。虽曾有外国学者对这条河上的马坚勒克、喀拉墩做过考察，但从未有过对全流域的考古文化工作，更谈不上深入研究。奠基在克里雅河绿洲的汉代扜弥,《汉书·西域传》说它有"户三千三百四十,口二万四十",与同书记述的于阗"户三千三百,口万九千三百"比较,人口超过于阗,是可与其相抗衡的大国;还有一点,克里雅河纵穿塔里木,是天山南麓的龟兹与昆仑山北麓的于阗、扜弥可以互相来去的通道,它沟通了丝绸之路两条东西向干道,曾经产生的政治、经济、文化影响,值得研究;此外,地理学界早有所知,克里雅河在沙漠中曾数易其道,由此导致的人类生存空间的变化,同样是一个有重要学术价值的研究课题。这些因素及合作研究的动议,法国同行也很认同,因此,我们很快向国家文物局呈报了希望合作进行克里雅河考古的计划,并得到了批准。

东西方国家的历史背景不同,文化传统各异,合作开展新疆考古,具体操作方法也不一样。315研究组的法国同行,关注的主要是业务工作的方方面面,因此也只与业务对手具体讨论。野外调查、发掘、室内整理、研究,大家一齐动手,分工合作。为了使工作过程中能有较好的相互理解,我们还采取了一个双方觉得满意的方法:由法方提供奖学金,新疆考古所分批派出与课题研究有关的业务人员前去法国进修,对法方的相关理论技术,分析、修复文物的办法,通过学习取得一定的认识,这样工作中可以互相配合默契。这种一至两年的进修,语言虽难以全部过关,但至少让野外、室内的工作、交流不会发生太大困难,语言障碍可以基本克服。这对双方的合作与交流产生了相当积极的影响。

至于克里雅河流域考古课题的具体实施,通过讨论,双方一致的认识是:首先进行比较全面、深入的考古调查,对克里雅河水系内的古代遗址力求大概把握。在这一基础上,选择适当遗址点进行重点发掘，借此对克里雅河水系内的考古文化遗存及其发展求得梗概的认识，进而探讨它与周邻地区考古文化的关系。

在实施野外工作前，双方各尽所长，对克里雅河的相关地理历史文献、考古资料进行准备。这是一般的进入陌生地点进行考古工作的常规。在这一环节中，法方利用了他们的优势，通过法国Spot卫星图片，对克里雅河流域的河道走向变化、相关地貌特点、可能的遗址迹象进行详细检索，并做出分析，以便野外工作的开展。在此以前，我也多少了解一点"宇宙考古""遥感考古"的书本知识，知道国际考古界已将卫星遥感资料用于考古实践，尤其在沙漠考古中，这一方法有极大的优势。国外也已有过利用这一方法在撒哈拉大沙漠中发现古代城市的成功实践。315研究组的法国同行，在也门等地的沙漠考古中也有过这方面的经验。而我们对这一方法的了解，当时还只是停留在书本知识阶段，对于如何实际运作没有一点体验。但可以想象，在几万平方公里的克里雅河流域，靠骆驼、人腿，没有具体线索就去觅求掩埋在沙漠深处的人类遗存，真无异于大海捞针。我们十分希望，卫星遥感资料会给我们的克里雅河考古带来奇迹。

1991年秋，我们与法国同行由于田县城抵克里雅河下游的达里雅布依小村，开始野外工作。这是离于田县城200多公里远的一个居民点，深处沙漠之中。根据当年的统计，全村只有居民1024人，但林地面积却有54.8万亩。胡杨、灰杨、柽柳、芦苇构成了宽数公里至十多公里的天然防风固沙屏障。野猪、沙狐、塔里木兔、马鹿、鹅喉羚在野林中出没，野鸭在小河汊中游动，一座座小木屋散落在丛林深处。远离外部的大千世界，景色确实怡人。沙漠地区交通艰难，使这一绿洲小村与于田县城极少来往。在20世纪80年代以前，它基本是一个孤立的存在。村民依靠自种少量粮食，饲养羊、牛，维持最起码的自然状态的生活。进入20世纪80年代，有人在这里还看到过在烧热的石板上烙饼的场面，"野人村"的传闻，一时间在一些报纸上炒得沸沸扬扬，为塔克拉玛干沙漠深处这一闭塞、落后、被遗忘得太久的小村引来一批又一批的访问者、旅游者。我们在20世纪90年代初来到这里时，已有不少德国、瑞典、日本、英国及中国香港的旅游者到访过。村社的生活也已发生迅捷的变化，有了一个很小的小学，乡政府晚间可以用柴油机发电，放电影。现代文明的空气，已在迅速改变着沙漠小村人们的生活面貌，但其自然的状态，朴素无华的生活情调，对长久生活在现代大城市中的人还是具有极其巨大的吸引力。德国哥廷根大学的乔奇·霍夫曼博士在小村稍稍感受几天后，发出的感慨是："我到过世界上许多沙漠，但从来没有见过这里如此迷人的景观。"

穿过达里雅布依小村这一进入克里雅沙漠腹地的最理想通道，我们以新疆自产的组装沙漠车为代步工具，向西北方的克里雅河古道行进。我们寄望甚浓的法国同行带来的Spot卫星图片，这次应该发挥作用了。通过卫星图片可以清楚看到，克里雅河曾经三次改道，每次改道都在沙漠深处留下了明显的痕迹。千百公里的沙漠，通过卫星图片展示在了方寸之间，对于调查工作的宏观控制，提供了极大的方便。分析卫星图片，达里雅布依小村及它所依托的大片胡杨林地，坐落在今天的，也是最年轻的克里雅河上，而在它西边相对古老的克里雅河谷台地、河湾、尾闾地段，应该才是古代人类居住、生活的所在。经过分析、定位发现，既往考古调查中已经了解的马坚勒克遗址、喀拉墩古城堡、

1991年中法合作克里雅河考古生活（左起三为王炳华，四为法兰克福）

实际坐落在西边的古河床旁。卫星图片提供的这一信息也清楚地提示我们：重点工作地区，必须放在现代绿洲的西北。

卫星图片给我们在克里雅河流域的考古调查带来了巨大的方便，避免了不必要的弯路。我们不必仅据老乡的各种传闻，而是依据科学规律，根据卫星图片信息，主动地在茫茫沙海中走向我们希望进入和踏勘的地点。当然，卫星图像的各种信息、线索，使用时也会让人产生错觉，最后的结论只能通过地面踏勘才能完成。在1991年11月的调查工作中，我们就有过两次这样的遭遇，给我留下了深刻的印象。进入克里雅古河道谷地后，法国同行亨利·保尔·法兰克福教授谈到，他在卫星图片上找到两处可疑的图像：一是起伏的沙浪中有一条直线图形，是不是人工土垣？二是一处十分规整、如绿豆大小的圆圈，那么整齐的圆形实在像是圆形的古城。当时，跟着法兰克福的手指，看着卫星图片上清晰无误的圆圈、直线，我实在禁不住心脏的激烈跳动。它们的具体位置就在我们判定的适宜于人类活动的克里雅河谷,图像又是那么规整,不把它们与人类活动联系起来,真是太难了。因此,没有任何人表示怀疑,当即决定把这两处迹象作为我们首先进行地面勘查的重点!

11月3日,先奔圆形图像点。法方测量工作人员已精确计算了卫星图像点的经纬位置,分析了由我们营地进入这一地点的最方便路线。早晨,我们上了沙漠车,通过卫星定位仪指引行进方向。在古河滩内急行8公里,再觅路西行。进入沙丘后,汽车功率不够,我们只能弃车步行。标定好应该行进的方向后,我们不顾沙丘跋涉之苦,直奔圆形图像之所在。在沙海中行进,没有路,一道沙梁连着一道沙梁,无边无涯。这里的沙丘,与塔克拉玛干沙海中其他地区的沙丘小有不同,因为正当东北季风与西北季风的交会处,所以沙丘是形如金字塔状的锥体,在湛蓝色天空的衬托下,别显一种韵味。这种韵味,事后看照片,情趣颇浓,但当时急匆匆赶路,除感觉沙丘高峻、攀越不易外,一点也激发不起美好的联想。经过差不多4个小时,我们六七个人终于陆续走到了造成圆形图像的地物旁边:一个直径500米左右、圆形、干涸的古代湖床!湖底红柳包、沙包连绵,自然也搜寻不到一点人类文明的印痕。这一天,我们基本靠着双腿,在野外辛苦了8个小时,收获是破译了卫星图片上的圆形图像之谜。第二天,我们又自营地向北25公里,寻找卫星图片上一道明显的直直的黑线。这次利用了古代河滩,沙漠车穿行并无困难,来到造成黑线的地物边,却发现是一条较为整齐的红柳林带!

宇宙卫星遥感图像确实能精确、清楚地捕捉沙漠中的所有地物,但准确的结论,还是得靠我们这些人进行地面勘定。只靠图像去分析，误差有时会有十万八千里。

1991年的克里雅河考古，重点定在喀拉墩。营地置于古城东南一处低凹的沙地上，东、西、北面均为稍高沙梁。屏列的双层彩色尼龙帐篷，为单调的沙丘平添了一点色彩。喀拉墩古城及城址周围，中外学者曾进行过不止一次的调查，也有过少量清理发掘。我们扎营在喀拉墩，希望对这片遗址做进一步全面、完整的踏查、绘图，择点进行少量发掘，在既有成果的基础上前进一步。同时，通过卫星图片分析，在喀拉墩更西北，还存在一处更为古老的克里雅河三角洲。由于地势，克里雅河几次改道都是由西向东摆移，按逻辑推论，在喀拉墩遗址更西北的三角洲，年代自然应该是更为古老。喀拉墩是公元四五世纪的遗存，更早的汉代扜弥国文明遗迹，必须到更为古老的三角洲上去寻觅。扎营在此，可以一边进行喀拉墩的工作，一边以这一营地为依托，向更西北地区展开调查。

1991年的克里雅河流域考古调查持续两个多星期，主要在喀拉墩城堡遗址以南1公里多的沙地上，发现了断续相继的古代灌溉渠，由南向北差不多有1公里。渠宽约50厘米，淤泥厚积，深不过15厘米。当年引水时，将清淤的沙土堆在渠堤上，所以渠堤也是显出灰白色的细泥沙。一些地段，这类引水渠数条并列，究竟是早晚更替，还是并行一段后流泻向不同的田畦，仅据地表观察，难得要领。这些引水渠遗迹，在此前的喀拉墩考察中并未见过报道。它们揭示了古代灌溉农业曾是南北朝喀拉墩绿洲的基础产业。

在短短两周的喀拉墩工作中，另一个强烈的印象是，遗址范围内极少见到成材林木，只在营地不远处一区房址旁见到人工栽植的小树,干径不过数厘米,虽排列有序,但总显得十分凄凉。我 1991 年到克里雅,是紧接在尼雅遗址调查之后。尼雅遗址区内随处可见大树、整齐的果园,印象还相当深刻,对比喀拉墩,反差确实不小。

  作为中法联合克里雅河考古队的队长,我在这一课题内工作了 3 年。在人们的观念中,法国人热情而浪漫,追求生活的情趣;但在野外考察中,我印象中的法国人同样能吃苦,有奉献精神,工作细致认真、一丝不苟,为了工作一样没有星期六、星期天。但他们却又不失生活中的幽默及强烈的民族尊严。1991 年初见法国同行,面对他们的问询,我曾兴奋地说过不少对尼雅的印象及中日双方的新发现。想不到这却无意中刺伤了法国友人的自尊。那几天,天天看卫星图片上的奇怪图像,但又一无所获,我看他们如此认真、执着,便很真诚地称赞他们工作细致努力,不想却招来:"这有什么用!人家总还发现了新遗址,我们却只找到了古河道。""不过,今天还好,总还找到了一点羊粪!而且,确实是自己找到的。"好像我们不过是在斯坦因的基础上做着尼雅发掘工作似的。

  中法合作在克里雅河流域的考古,一直持续到 1996 年。因为野外工作的黄金时段就是秋天,兼顾克里雅与尼雅课题不胜其负担,1993 年后,我就卸掉了克里雅河考古的队长工作,具体的组织工作交给了伊弟利斯。总结这些年的克里雅河考古,前一段,是重点深入开展喀拉墩遗址地区的工作,共调查、登录了古代遗址点 60 多处,同时,发掘、清理了两处已先遭破坏,再被风蚀的佛教寺院,两处民居。后一段,是在喀拉墩西北那处更为古老的克里雅河三角洲,那片过去从未有考古学者涉足的地带,发现了一座最晚到西汉时期的古城,把克里雅河流域的考古推向了一个新的阶段。

在喀拉墩清理的两处民居,基本已掩覆在流沙下面,只是柱头稍露于沙表。发掘结果表明,这类民居的建筑形式与尼雅相同,立柱、苇墙,墙外抹泥,室内为土炕。东到楼兰古城,西至丹丹乌里克,都可见这种建筑形式,颇为生动地说明,西域南道上的这些古代城邦,在建筑文化、风格上相当一致。这既表明自然地理环境相同,使它们因地制宜,采用了同样的建筑工艺,也说明这些古代邦国虽彼此有沙漠隔阻,交通并不方便,但历史上曾有多方面的文化交流。这类风格的建筑,取材于本地,施工简单,适应沙漠地带干旱少雨的气候特点,因此具有强大的生命力。直到今天,在塔克拉玛干沙漠边沿的农村,差不多还是以这种建筑作为居住的主体。这是一个很小的例子,但可以帮助我们认识文化传承的内在根据及力量。

喀拉墩民居遗址

喀拉墩佛寺遗址

我们清理的喀拉墩佛寺，早期曾遭到严重破坏。从残存遗迹可以判定，基本布局是中心塔柱，四边双层走廊。塔柱外壁、回廊基部还残存一点壁画，主题都是坐佛或立佛像。壁画施绘于薄石膏层，线条娴熟，佛像面容丰满，双眼微眯，稍下视。壁画虽十分残破，但还是第一次在这里出土。因宗教信仰的冲突，这些地区曾盛极一时的佛教寺院，古代都受到极其严重的摧残，极少有实物保存。因此，这有限的资料，学术价值也就超乎它们自身，对研究3—4世纪塔里木南缘的佛教思想、艺术、与周邻地区的关系，均弥足珍贵。这些残破过甚的壁画碎块，经过十分细致的并合、加固，得到了相当好的保护，法国队的修复专家们在其中倾注了很大的心血与精力。

1994年在喀拉墩遗址西北古三角洲上发现的古城，距离喀拉墩达41公里，地理坐标为北纬38°52′2″，东经81°34′9″。

喀拉墩佛像壁画

可能因为这片地区的沙丘呈圆形,维吾尔语称呼这一地区为"尤木拉克库木",意为"圆沙",进而新疆考古学者将这一古城命名为圆沙古城。古城所在与于田县城的直线距离达230公里,已深处塔克拉玛干大沙漠的腹心地区。

从今天的行政区划看,圆沙古城实际已在策勒县境内。它西傍克里雅河古道,几乎全部被流沙掩覆,城内仅见少量已经干枯的胡杨、柽柳。当年曾有的建筑物,残存无几。古城形状也不规整,一定要用一个几何学概念来表示,可以说它是"不规则四边形",墙体并不平直,可能与长期风蚀有关,城墙转角处城垣大都不存。实际测量,南北向最长330米,东西向最宽不过280米,按残迹走向,城周全长约995米,不足一公里,并不算大。古城墙残留最高达11米,一般高只三四米,顶部宽度也有三四米,可称宏伟。最富特点的还有古城的构筑方法:竖插两排胡杨木棍做桩,其间平铺柽柳枝,构成城墙主体;墙外垒砌泥土块,或胡

圆沙古城

杨枝、芦苇夹河泥、畜粪，五花八门，用料不拘，形成护坡状。这种样式、材料的城墙，可以说是仅见的一例。城门缺口有两处，一处居南墙中部，又一处在东墙北半段，按其方位，可以称为南门及东北门。对南门进行解剖发掘，与尼雅新见古城南门相类，城门框用木料，门道两边有两排列柱。推想，当年城门上部应有小门楼，两排列柱当是主要的支撑柱。

流沙覆盖下的城内，找到6处建筑遗迹，发掘两处，残存木柱排列有序，残高不足50厘米。表层堆积主要是大量畜粪，还有一些袋状窖穴。城内采集到的遗物，除陶片外，有小麦及羊、牛、骆驼骨骼，具体说明着克里雅人农牧业结合的经济形态。

古城有人类活动的时代，可能早到西汉。取古城墙中及门道内的木材、炭料进行碳十四测年，四组数据基本一致，多集中在距今2100年前后，与少量文物，尤其是陶器显示的时代风格也可以统一。古城西汉时期还在使用，是可以信从的。

克里雅河古道下游发现的这座古城，在克里雅河考古文化研究中，算得一个意义重大的新进展。它不仅填补了考古文化中的一大段空白，通过这批资料，汉代活动在克里雅河流域的扜弥国人的行踪也有了具体的消息：最后一条河道上的三角洲地带，曾是西汉扜弥国人的活动中心，他们在这里建立了城市；到南北朝阶段，即四五世纪，他们的活动中心迁移到稍东一条古河道旁，位于该河道一个河湾处的喀拉墩古城堡及佛寺、民居残迹，就是一个证明；而现代人，又居住、生活在更东的现代克里雅河岸上。因为地势西高东低，河流不断向东偏移，2000年中，河道已变化了三次，直线距离已东移差不多60公里。人不能不随水走，因此，从基本原因、基础背景去看，这可能是最重要的克里雅河流域内人类遗存变迁的根据。但在这一大的自然地理背景下，人类自身的活动对环境恶化产生的影响也绝对不能轻估。前面提到，在喀拉墩遗址区内，基本不见成材的林木，但在遗址东、西，都发现过森森的胡杨林。遗址区内人类的过分砍伐造成植被破坏，难以阻止流沙的侵入，在当年肯定构成了对人类生存活动的严重威胁。清理喀拉墩遗址内的居民住址，我们发现了一个重要现象，即居民他徙后，河水仍可不断继续流入，屋舍内水淤、水浸的痕迹十分明显。因此，从这一具体细节看，缺水并不是当年居室主人弃屋他走的直接根据。我们在克里雅河工作期间，还看到一个十分让人忧心的现象：从于田县城去达里雅布依绿洲，我们走了一天，路上遇到的装柴骡车有6队，每一队都有10多辆，最多达20辆。车上装的是红柳，包括红柳粗根。后来向当地干部了解，说每天都是如此，因为这是主要燃料，人们日常炊煮、冬日取暖，都有需要。今天的这种砍林伐木现实，自然也会是古代人们曾经面对的景象，而在沙漠地区，如是砍伐林木,对现存绿洲的致命威胁是不言自明的。

访问丹丹乌里克

在斯文·赫定发现丹丹乌里克遗址后的100年,我们第一次进入这里,时间是在1996年11月26日至12月9日,但真正在丹丹乌里克的工作时间,不过一天。

进入丹丹乌里克的路,漫长而遥远,充满了想象不到的阻难。

丹丹乌里克遗址开始被世人关注,应该归功于斯文·赫定。1896年1月14日,他偕3名随从、2名向导,带着3峰骆驼、2头驴及大量食品,由玉龙喀什河北行,1月19日由塔瓦齐尔进入沙漠,第6天,即1月24日,在向导指引下发现了丹丹乌里克。在遗址地区停留了一天,他发现了一些佛像和佛教壁画以及铜器、陶器,收集了散布在沙漠地表的文物、古代文书及出自名手的一尊佛像。斯文·赫定是到达这处废墟的第一个欧洲探险家,深以唤醒千年沉睡的古城而"自豪"。稍后,他将考察所获向欧洲学术界做了报道,直接诱发了4年后斯坦因的丹丹乌里克之行。

斯坦因进入丹丹乌里克的时间同样选定在冬天,他于1990年12月10日,同样由玉龙喀什河畔沙漠小村塔瓦齐尔,在当地找宝人和猎户的引导下,向丹丹乌里克进发。他雇工30名,被雇农民并不乐意在隆冬季节进入沙漠,但斯坦因得到和田按办潘大人的支持,严令他们随行。斯坦因有骆驼7峰,在当地买驴12头,运输辎重,人员则步行。稍经周折,于12月17日抵达丹丹乌里克，开始了工作。

据斯坦因测量，他所工作的丹丹乌里克遗址南北长2.5公里，东西宽1公里多。地表有一些建筑遗迹出露。他在遗址区内工作了14天，发掘了12处建筑遗址，部分为佛寺。佛寺的布局是中部为佛坛，四周绕回廊，佛坛上耸立泥塑佛像，佛像脚下或有不同内容的木板画，回廊内外绘饰壁画。在他掘取的文物中除相当数量的梵文佛经、古于阗语世俗文书残片外，还有汉文资料17件，部分文书上署唐王朝大历、建中纪年（相当于8世纪60至80年代）。文书表明这里唐代地名为例谢镇，知镇官将军名杨晋卿；文书内容涉及兵器修整、借贷契约、百姓诉状等；文书中还表明，有一座名为护国寺的佛寺，僧人经营着高利贷活动。

斯坦因发掘出土的木板画，是人们关注的重要资料。内容涉及和田地区鼠神传说、东国公主将育蚕缫丝技术引入和田、波斯菩萨及《大唐西域记》中记述的"龙女求婚"故事等，这些画板是当年本地居民作为一种奉献敬呈在佛像脚下的。它多方面的文化内涵，比较具体地反映着这里土著居民的文化心态，表现了这片沙漠深处小小绿洲与周邻地区的关联。

丹丹乌里克的废弃，斯坦因提出这是一个渐进的过程，主要与水有关。水利灌溉工程不能正常运行，使绿洲生存受到威胁。而最后的弃毁则与吐蕃入据和田地区紧密关联。

自斯文·赫定、斯坦因以后的100多年，中国学者因各种因素未能有人涉足于此。对中国学术界、新疆考古界来说，这实在是一件令人非常遗憾的事情。

1996年冬，中国学者终得可能组成一支小小的考古队，进入丹丹乌里克遗址探查。这次考察得以进行，有赖于罗杰伟（Roger E. Covey）先生及他创立的唐研究基金会（The Tang Research Foundation）的真诚支持。罗杰伟先生对中国、中国文化，尤其是唐代历史文化怀有深厚的感情。他对唐代遗址丹丹乌里克蕴含的丰富文化信息早有所闻，对切望进行，但始终未得可能进行丹丹乌里克考古的中国学者，深深理解并满怀同情。这使我们的宿愿得到了实现。

经费得到保证，对丹丹乌里克遗址的工作，我们决定分两步走。1996年，先做预备性考察。毕竟，距斯文·赫定进入这里已过去了100多年。沙漠深处，100年的风吹沙移，地貌究竟会有怎样的改变，谁也说不清楚。这一次预备考察，主要任务是找到遗址。稍做简单勘查，取得现场资料后，再展开第二步的工作，组织多学科的学者对遗址的地理环境、性质做深入解剖。那时参与工作的将不仅有考古，还要有历史、地理、沙漠、水文、佛教艺术、生物及古代语言等相关学科的学者，通力合作，从不同学科着手共同研究。中国学者，一定要在20世纪的最后几年中，把既有的研究推向一个新的阶段，不把遗憾带进21世纪。

参与预备考察的人员，除我以外，还有北京大学教授罗新、中国社会科学院考古系博士生巫新华、新疆考古所研究人员张铁男及测量专家伊力·里迪夫、后勤工作负责人张树春。至和田后，和田地区文管所的阿迪力也参加了进来。为求万无一失，我们事先不仅认真研究了斯文·赫定、斯坦因进入丹丹乌里克的路线、刊布的地图，确定了我们应该重点进入的地理方位，同时还请法国科研中心315研究组的同行帮忙，通过Spot卫星照片对相关地区地貌图像进行了十分细致的分析、判断。经过计算，他们确定的最有希望的工作地点是东经81°04′6″，北纬37°46′8″。这一地点，地势比较开阔，沙丘低缓，沙链中断，而且有一条不同寻常的阴影——可能存在高大墙体或林带。而且这一位置，与斯坦因、斯文·赫定提供的遗址位置差不多一致。这大大增强了我们的信心：既然卫星图片上显示了这片地区地貌异常，说明我们寻求的丹丹乌里克，还没有被移动的沙丘覆盖。路虽难，但有希望。

11月26日，考察队离开乌鲁木齐，踏上了前去丹丹乌里克的征途。考察队员分乘两辆越野车，穿过库鲁克塔格山中的苏巴什沟，进抵和硕、库尔勒、轮台，经沙漠公路纵穿塔克拉玛干大沙漠，28日至昆仑山下的民丰，复缘昆仑山西行到策勒。

根据Spot卫星照片及斯文·赫定等的测图，丹丹乌里克遗址位于策勒县北部大沙漠中，距最近的绿洲居民点达磨沟村直线距离为91公里。我们进入遗址的办法，基本可以有两种：第一种办法，循当年斯文·赫定、斯坦因等外国探险家的老路走，自和田河下游的沙漠小村塔瓦齐尔出发，利用骆驼向沙漠东走大约60公里，三天可以到达。或者方向相反，由克里雅河流域相同纬度地点出发向西，利用骆驼进入丹丹乌里克，工作结束后继续西行，返抵塔瓦齐尔，这样走比较保险。为此我们委托和田地区文管所工作人员到塔瓦齐尔进行现场调查，但未得可信线索。当年给斯坦因当向导的老乡杜狄、乌斯曼阿訇等早已谢世，其后嗣中没有人对此继续怀有热情，对丹丹乌里克遗址的准确方位、进入路线已没有清楚概念；另外，这样走对丹丹乌里克绿洲当年的水系情况也不能取得更多的信息。

达磨沟北部一处小型佛塔遗址

第二种办法，就是由达磨沟绿洲北行，力求沿达磨沟河道深入沙漠。这条路，从来没有人走过。优点是不仅可以对达磨沟河，还可以同时对与达磨沟河平行的策勒河、固拉哈玛河北流路线及与丹丹乌里克遗址的关联做出判断。因为，有关孤悬沙漠腹地的丹丹乌里克，当年究竟是依存于克里雅河还是依存于前述几条小河，历史地理学界一直存在歧见。走这一考察路线，只能凭借卫星定位仪，在沙漠中寻路北走，会遇到的问题难以预料。但从学术研究角度分析则好处较多，所以我们决定，采取自南而北这一探险路线。因为要在沙漠中长途行进，中国石油天然气总公司物探局二处的领导给了我们很大的支持，派出一辆德产乌尼莫克沙漠车作为交通工具。

12月2日，利用沙漠车，装足了水、干粮、蔬菜、羊肉，我们离开策勒县城，到达磨沟，择路北行。距离不远即进入荒漠，丛丛红柳沙包扑面而来。穿行在沙包之间，又见到一队队装柴驴车，确实令人忧心。据了解，这里还有以打柴、卖柴营利的老板，他们雇用临时工打柴，用拖拉机卖柴。听说，只需每担柴交1元管理费，即可自由营作。名义上是规定只能挖死树，实际上则顺手而砍，并不以死树为准。沙化已如此严重，破坏仍如是酷烈，这对现代沙漠边缘绿洲会产生怎样的致命影响，真令人不敢想象。

行约20公里，进入沙漠，沙丘松软，行进艰难。稍一不慎，即陷车于沙窝。7时半，天已断黑，挖车近两个小时，体力消耗很大，即择一处稍平沙地扎营。白天烈日高照，不觉凉意，入夜则感寒气难当。拾干柴一堆，升起篝火。火上羊肉汤一锅，方便面、干馕就羊肉汤而食，别具情趣，完全忘记了挖车之辛苦、疲劳。夜间，打开睡袋，环绕篝火，谁都不愿架帐篷，于是席沙而眠，夜空中繁星灿烂，更是他处难见。这夜空、星辰、篝火，静谧、清冷却干净的空气，让我们忘却了沙漠行路难，也无暇细想明天征途中可能还有的阻障。

12月3日，早餐后，继续北进。行进不足10公里，一次又一次陷车、救车，人人疲惫。北望丹丹乌里克方向，高大沙丘连绵起伏，几条小河故道，偶尔露出一段，旋即隐没在沙丘之下。卫星定位仪测算，至丹丹乌里克还有60公里之遥。这种境况下，以单车强行，一旦深陷于沙中，自救困难，考察计划将难以完成。当即决定返回，再觅良策。

经过3天努力，我们得到中国石油天然气总公司塔克拉玛干油田物探前线指挥部领导的大力支持，派出两辆功率强大的"八哥"车，帮助我们工作。这种车，小头宽身，轮胎可随地形需要

用乌尼莫克沙漠车去丹丹乌里克,不时陷车,无法行动

改变宽度,马力不算很大,是沙漠中执行特殊任务的专用运输工具,没有它过不去的大沙包。抽出两辆"八哥",他们已尽了最大的努力,而这种"八哥"除驾驶员外,只能再坐一人;这种情况下,我们考察队只能忍痛"裁员",只派两人作为先遣队员进入丹丹乌里克。斟酌再三,我们决定张铁男和伊力前去,一人录像,一人测图。交给他们的任务是尽可能获取最详尽的资料,全面录像,测出简图,为制定1997年的全面考察计划提供基础素材。

12月8日上午,两辆"八哥"车离开策勒县固拉哈玛乡,由东经81°00′25.2″,北纬37°00′14.4″处直向北行。下午7时20分于东经81°04′23.2″,北纬37°13′42″处宿营。营地周围,沙地松软,沙丘高大,偶见红柳沙包,但相当稀疏。如是地貌,乌尼莫克车绝难进入,如果贸然深入,会有危险。我们变更计划,是正确的抉择。

12月9日晨9时30分,继续北行。气温降到零下20℃,卫星定位仪由于气温太低不能正常工作。沿途沙梁相对高度可达

200米。但"八哥"车翻越了无困难。车窗外，可观察到数条南北流向的河床、枯死并倾扑在地的粗大胡杨，偶见的红柳沙包，红柳也都枯死。中午，在东经81°04′38.5″，北纬37°33′29.7″处，见南北向的河床及大面积河谷台地，但不见植被。

晚7时，抵东经81°03′46″，北纬37°46′04″处扎营。这里地势稍低，北望，前方横亘一道东西向沙梁，左右为两条南北向沙梁拱峙，沙丘低缓，呈星月形。沙丘之间，见一道南北向河床。河床内及河谷台地，有许多直立的干枯胡杨树干，也有一些已经倾倒在地。河床内还有少量活着的红柳和一棵胡杨。这里距固拉哈玛绿洲已90公里，但河床深处仍有地下水可以补给，维持着这少量胡杨及红柳的生命。夜里，气温极低。

12月10日，晨起，对遗址周围进行踏查。东北方向行进300—400米，发现一片古代居住遗址，差不多1平方公里的范围内，有民居、寺院6处，也见到枯死桑树。在这片遗址区南约500米，又有一棵仍然活着的高大胡杨。有限的人类遗存已大都掩覆在沙丘之下，只有少部分木柱端头出露于沙层之上。从立柱之布局，可以看出"回"字形结构。中部塔柱、四周回廊的布局清楚透见，这是古代寺院之遗存。他们摄像、测图、标定遗址的精确位置后，也采集了少量暴露的陶罐残片、编织地毯用的打纬木器、玻璃料珠。从陶器形制，可以看出鲜明的唐代风格。

将遗址经纬位置与斯文·赫定、斯坦因刊布的位置，以及卫星图片提供的位置相对照，虽有很小的距离差，但可以充分肯定，营地所在这一个点，确已是当年丹丹乌里克绿洲的一部分。我们的先遣队终于站立在了久已向往的丹丹乌里克废墟之上。

既有报道资料中的丹丹乌里克遗址，要远较这片遗存宏大，既有寺院，又有军镇、城堡。为了把握遗址的全貌，他们使用沙漠车在遗址范围内做圆周环驶，但收获不大。希望进行更深入的调查，但"八哥"车的油量显示存油只能保证返回，极为紧张。在沙漠腹地，无望得到油料补给，无可奈何，只好在当天下午赶路回返。9个小时不稍停息地急行回到策勒，油料全部告罄！真是老天保佑，没有把他们抛在无人的旷野。

这三天的丹丹乌里克之旅，有胜利的喜悦，也有不尽人意的遗憾。先遣队进入的这几天中，不巧正有一股乌拉尔山南下的冷气流侵入，气温陡降十几度，导致了汽车燃油量大增。虽进入了遗址，却未能实现对遗址的全面踏查。据斯坦因报告，在丹丹乌里克西偏北，还有一处遗存叫热瓦克，距离不过12公里，先遣队也未能走到；在Spot卫星照片上，营地稍东还有一片异常地貌，也没能进行踏勘。

但是，自南向北纵穿沙漠进入丹丹乌里克，我们的考察队可以说是中国，也是世界学者中的头一个。沿途断续相继的古河床痕迹直接证明，1200年前的丹丹乌里克绿洲，还是策勒河、达磨沟河、古拉哈玛河可以流贯到的地区，是唐代驻军戍守的重镇，而众多的佛教寺院间接说明这片绿洲的人口不会太少，否则也无力维持这些寺院的活动。自唐迄今，城镇成了废墟，绿洲化作了沙漠，沙漠又继续南侵达90公里，环境变化是巨大的。

进入丹丹乌里克踏查取得第一步成功后，我们做了两件事。一是将相关信息通告给当时正在塔里木油田配合工作的考古所研究人员肖小勇，请他随物探队再一次进入该地细为踏勘。再是向唐研究基金会学术委员会报告了初步踏勘的收获，并提出申请进行多学科的丹丹乌里克遗址调查、发掘、研究,希望得到进一步的经费支持。

这两件事,都得到完满实现。

1997年初,肖小勇顺利进入丹丹乌里克,并对遗存做了进一步的勘查,在南北10公里,东西2公里的范围内,发现、确认古代遗存20处。古河道自南向北穿越古址地区。

在罗杰伟先生的积极关心下,唐研究基金会学术委员会充分讨论、评估了我们的申请后,同意在1997年对丹丹乌里克考察研究给予37万元的经费支持。这样一笔不算很小的经费,可以基本满足我们实现多学科、综合性地对丹丹乌里克遗存进行剖析的计划。我们满怀希望,要在20世纪最后的三四年中,完全依靠中国学者的工作,把丹丹乌里克的研究揭开全新的一页。北京大学、中国科学院新疆沙漠研究所、新疆大学地理系的不少学者、专家都满怀热情,同意一道进行工作。

涉及考古遗址的工作,最后必须要经国家文物局的批准。我们及时向有关管理部门提出了报告,所有计划和行动也都根据国家有关政策的规定进行。

令人十分遗憾的是,我们想要在20世纪最后几年完成中国学术界、考古界宿愿的丹丹乌里克工作计划,竟然胎死腹中!原因只是没有得到批准的手续。作为组织者,我曾请北京的同行向国家文物局了解情况。国家文物局有关部门说,始终没有见到新疆方面提交这样的报告。没有申请报告,当然无法批准。

这么一件有益于新疆各族人民,有益于人类文化研究,有助于深刻认识人与自然、人与环境关系的学术研究事业,在20世纪90年代,还遭遇如此困难,究竟是为什么?我曾将这些问题当面、直接地向时任新疆文化厅副厅长、党组书记、具体分管文物考古工作的王中俊同志反映。他说，他确实不知道这件事，没有见到申请。这样的好事，文化厅是不会不同意的。究竟是什么人最后悄悄压下了这个计划？唐研究基金会秘书罗新教授曾电询新疆文化厅文物处，回复也出奇地坦率："这么大（数额）的工作经费，必须交由我（文物处处长）管理，不明确这一点，所以我们没有上报。"罗新问我的意见，鉴于曾经有过的教训，我很担心基金会的钱不能完全用在考察工作中，思虑再三之后忍痛决定：把已批准的经费退回给基金会，工作自然也停了下来。

写这篇文字，已是1999年了，要在20世纪最后写出新的、光彩夺目的丹丹乌里克篇页，大概已不大可能了，但丹丹乌里克的研究肯定不会停在这一步，明天的太阳会照样升起，今后的事业会在更高的层次、使用更先进的手段、在相关学科学者的全力合作下展开；丹丹乌里克这篇文章，肯定会有人去写，而且会写得更好。它会为人们更好地认识沙漠、认识古代沙漠中曾有的西域文明，做出贡献。

1999年，草成于乌鲁木齐

[1] 20世纪初，金石学家罗振玉（1866—1940）听说斯文·赫定等从尼雅、楼兰等地带走大量汉晋简帛文书，写下此句，并在后来想方设法从这批简牍的整理者处要来了文书手校稿本。这些资料经分类、考释后，最终以《流沙坠简》为名出版，是近代简牍学的奠基之作。——编注

[2] 皆出自东晋高僧法显《佛国记》，是他对自己于公元400年西行途经楼兰时所见的记述。——编注

深藏在阿勒泰山中的远古文明

巍峨峻峭的山峦，连绵起伏，沟壑纵横。在现代人的生活中它们是交通往来的阻隔，经济文化交流的障碍。因此，不少学者在分析现代新疆的经济落后、文化闭塞的现实时，往往把它四周高山隔阻、沙漠戈壁广布看成一个基本因素。

但在以马、骡、牛、驼为主要代步工具，甚至依靠人的双脚交通往来的古代，情况却并不完全如此。崇山峻岭之中，深沟峡谷里有清冽的河水，沟谷台地上有随风起伏的青草、野果；在春夏秋冬的不同季节里，随山势变化都可以找到适当的草场。当然，这些连绵起伏的山地、丘陵，更是野兽出没之所。野兽既可以伤人，也可以成为人类的肉食——最重要的蛋白质之源！

横亘在新疆北部的阿勒泰山，绵延800公里，纵深80—150公里，西入俄罗斯，东入蒙古国，在远古时期就是一座便利古代游牧人东来西往的交通桥梁。在欧亚大陆上曾有多少古代游牧民族，借着它的恩泽来来去去，在山中留下了或深或浅的印痕！斯基泰（塞）、匈奴、突厥、契丹、蒙古，这些在欧亚历史上至今声名显赫的古代豪雄族群，都曾在阿勒泰山前后留下过绵长的征尘。因此，曾有一位俄罗斯考古学者说过一句相当值得注意的话：阿勒泰山地区"是地球上人类向亚洲大陆北部和东部移动的远古中心之一"；只是依我看，这句话只说对了一半。全面的表述应该是：从远古开始，它就是欧亚大陆上的居民既东来又西往的坦途！

做这样的判定，自然得有充分的历史根据，我们试从人类历史的第一章，旧石器时代开始分析。

1965年，我和几位友人曾在阿勒泰地区进行考古调查工作。35年前的阿勒泰，地、县之间，有公路的地方可以开汽车，其他绝大部分路段主要靠骑马。更险峻的所在，我们这些不谙马术的年轻大学生便只能靠两条腿跋涉了。5个多月中，栉风沐雨，行程在万里以上，发现的古代文化遗存十分丰富：神奇的洞窟彩绘，到处都可以看到的、不同时代的岩刻画，耸立在山前、丘陵、草原上的石人，不同形式的石棺，丛山深处使人震惊的巨

阿克塔斯洞窟岩画线条

大石冢,墓前的鹿石……均是过去教科书中见所未见、闻所未闻的史迹,随着调查一步步深入,挂在心头、刻印在大脑皱褶中的问题也日益增多。只是这一探索未能继续循序深入,我们被随之而来的"文化大革命"吹到了八处五方。此后,阿勒泰考古的悬念,也随着生活的进展而慢慢消逝在时间长河之中。唯一深深烙印、拂之不去的印痕,就是当年在阿勒泰山中看到的,奇形怪状岩洞内的赭红色彩绘:有人,有兽,有各种费解的图案和令人难知其究竟的符号……它们是什么人,在什么时代留下的文化信息呢?

1985年,得机会访问法国,主人盛情,又特别安排去看了拉斯科洞窟彩绘。阅历、知识随年事、书海生涯而增长,烙印在脑海深处的那些阿勒泰洞窟神秘彩绘竟更鲜明地在眼前跳动起来,一个结论也日益明朗:它们是旧石器时代的先民保留在阿勒泰山洞窟中的艺术记录,是他们祈求神灵护佑的心声,也是我们应给予特别珍视的、探寻古代先民历史文化的珍贵史迹。

在阿勒泰山中见到的洞窟彩绘不下10处,它们分布在阿勒

富蕴县唐巴勒塔斯洞窟彩绘,图右上有倒人面纹

泰市阿克塔斯、富蕴县唐巴勒塔斯、哈巴河县多尕特等地。所在地点或一窟，或多窟，最丰富的多尕特，见到的彩绘洞窟至少有7处之多。

我们选择3处洞窟彩绘为典型，觅求凝集其中的远古人类的历史消息。

距阿勒泰市约25公里的阿克塔斯，是花岗岩山丘被长期浸蚀后形成的槽状洞窟，不深，但洞口长有13米。洞内以赭红色彩绘女性生殖器图像，形若纺锤，长16厘米，中部最宽处7厘米。其下为一道形若臀部的曲线，其上是一列单行彩色短线，可视为阴毛，也可作为繁茂草原的象征。更深入，还可见一高16厘米的舞人，上为一条数十道竖短线构成的横道。

富蕴县唐巴勒塔斯岩洞，也是位居半山腰的一处花岗岩洞。相对高度达25米，经长期浸蚀，嶙峋怪异。此洞宽大开阔，口宽20米，高11.5米，深11.8米，窟内可容数十人活动。从洞窟俯视，山坡缓缓斜下，草被一片葱绿，堪谓早期人类难以觅求的公共活动处所。洞窟内满涂赭红色彩绘，其构图之奇特，初始会令人莫知其究竟，切感被一股神秘的氛围所抱拥。细细剖析，可以看清窟顶正中为一"幼"形印记，窟壁右侧为戴尖帽的人面图形。其一，高72厘米，宽63厘米，帽顶高25厘米；其二，高170厘米，宽102厘米。人面额顶部位绘有平行线22道，在平行线道组成的弧形圈下有一对眉形纹，其下有3个眼睛状的图像。这一尖帽人面下，是多个显目的由两道彩线构成的椭圆形圈：其一，赭红色彩绘，近圆形，外圆径70—72厘米，内圆径25—40厘米，正中有一道曲线；其二，岩石上平涂赭红色为地，以白色绘椭圆形，长径49厘米，内有一白色小圆，直径17厘米；其三，以赭红色线绘椭圆形，长径 80 厘米，短径 42 厘米，内圆长 25—28 厘米；其四，涂白色为地，以红色绘椭圆形，径分别为 35、57 厘米，内圆径分别为 8、12 厘米。椭圆形圈内，再以白色绘出小圆，或绘蚯蚓形曲线。这 4 个椭圆形图像，与阿克塔斯女阴图比较，可以得出结论：同样是女性生殖器的写真。这里的画面既宏大，又处于最显目的地位。因此，女阴也是这一洞窟中居于主体地位的崇拜对象。

哈巴河县多尕特，位于别列泽河谷，是一片山形奇特的风化山丘。山丘中有一些大小不等的洞窟，大者如殿似室，小者似龛若洞，其中至少 7 处洞窟中有或繁或简的赭红色彩绘。这里只以最大一窟为例，略予说明。

这一彩绘岩洞高出沟底约 20 米。岩洞口宽约 8 米，洞高 2.8 米，深 4.5 米，相当宽敞。彩绘赭红色，绘于岩洞正壁，画面

哈巴河县多尕特岩画的围猎图景

2.5×4.5平方米，气势宏大，画面具象，可见出牛、马等大兽，深处人物、手印、脚印、符号的重重包围之中。更多大量无法说清楚的圆点、短杠道，构成复杂的几何图形，如兽、似栅，多道平行线、三角及弧形类的奇怪图案，神秘而诡异。

类似的洞窟彩绘，在阿勒泰市的巴尔也恩巴斯陶、布尔津县的桑木尔生布拉克、西部天山特克斯县齐勒乌泽克乡的阿克塔斯、昆仑山中皮山县的阿日希翁库尔、帕米尔东麓叶城县棋盘乡阿孜干萨勒村，也都有所见。

认真剖析上述洞窟中的彩绘图像，可以获得的原始文化信息，一是对女性生殖器怀着神圣的感情，二是记录围猎的成功。

在人类历史早期，人们对女性在人类自身繁衍中的神秘力量，还没有实在的了解，只是直觉意识到女性关系着人口繁衍，关系着原始人群、氏族的生存，并对此满怀敬畏。这是生殖崇拜发生的土壤，也是早期的生殖崇拜集中在女性生殖器上的最好说明。而且，在相信万物有灵的原始人的概念中，人的生殖与土地的丰产、草被的繁荣是一脉相通的。英国人詹姆斯·乔治·弗雷泽在《金枝》中，搜集了大量民俗资料，十分生动地表明，人类曾经虔信在播种、植物结籽、丁香开花不旺、果园结实不丰时，夫妻都须到地头、果园、丁香树下行房事，认为只要这样做了，即可以使土地丰产。也正是在这一基础上，古代先民把女性、母亲、土地、生命联系在一起。因此，阿克塔斯洞窟中彩绘的女阴图像，既表现着对人口繁衍的追求，也包含着对土地丰产、草原茂盛的祈祝，其寓意是很深刻的。

原始社会的人面对的两大课题，一是上面提到的人类自身的生产，二是食物的生产。在不知铜、铁，只能以木、石为武器的情况下，群体的力量是最大的依靠，因此，在旧石器时代，围猎动作不那么迅捷，性格不是极度凶猛的食草类大兽，如牛、马，就成了人们猎捕的目标。细细品味就会发现，多尔特彩绘正是记录着这样一幅围猎的图景：在抽象的点、线、半圆形符号的包围之中，绘画的是三头已倾扑在地的大牛，身上已中投枪，血流如注；另有五头牛、马仍为正常立姿，但同样或身负投枪，或已处于猎手们的重重包围之中。与这类牛、马杂处的人物，手持三角形大盾，高举棒状物，也有的经过伪装，外形如兽。必须注意的是：所有人物，均不见手持弓箭；而包围在这幅围猎图四周的，除至今还不能完全理解的各种特殊图案外，就是多量手印纹、脚印纹。主体画图表示着围猎的成功，而手、足纹则表示这些印纹的主人当年就在这一围猎活动中，胜利、成功将会属于他们。

为什么要绘图于这类奇形怪状的石洞之中？它们记录着原始人以巫通神，进行巫术祈禳的实践。

祈求氏族人口繁衍，渴望围猎成功、食品无缺，是原始社会早期人们普遍存在的愿望，在他们的观念中，实现这类追求，必须求得神灵的护佑。向神灵表达这一人间愿望，又必须通过巫（萨满）的施法。而巫师通神，自然不是什么处所都可以的，要选择一个易于通神的特殊环境。这一套原始思维法则，当然不可能见于晚期的任何文献记录。但在阿勒泰山地彩绘洞窟中，我们确实可以触摸到这些痕迹。

全面观察阿勒泰山地彩绘洞窟之环境与彩绘内容，可以得到以下结论：

首先，这里是巫师作法之地，也就是巫师通神之所，这些地点的外形不同于一般,也绝非一般人力所可造就。阿勒泰所有彩绘岩洞,都是一些人迹难至、地势高峻的处所,经过长期浸蚀,洞窟奇形怪状、幽深晦暗。智识未开的原始人,面对这些洞窟,只会感到它们具有不同寻常的特质,是极度神秘之处所。而且,在这类岩洞的下面,往往都还有大块适宜于人群聚集的草地。岩洞高高在上,人群驻足仰视,虔诚膜拜。巫师在这类处所作法,具有更强烈的震慑力量。

其次,巫师施法,必须借"萨满"通达神灵。"萨满"似人非人,一般情况下是人,但在特定场合又成为神的化身、神的代表,是氏族的保护人。在远古的原始社会,根据唐巴勒塔斯洞窟彩绘,"萨满"是一种戴尖顶帽的人面形象。清人方式济有关北方民族萨满形象的描述说:"降神之巫曰萨麻(满),帽如兜鍪。缘檐垂五色缯,条长蔽面,缯外悬二小镜,如两目状,着绛布裙。鼓声阗然,应节而舞,其法之最异者,能舞马于室,飞镜驱祟。又能以镜治疾,遍体摩之,遇病则陷肉内不可拔,一振荡之,骨节皆鸣,而病去矣!"(见《龙沙纪略》)文中所述萨满形象,与唐巴勒塔斯洞窟所见尖帽人面十分一致,这正是原始社会阶段萨满崇拜的遗留。

最后,从阿克塔斯、唐巴勒塔斯岩洞中绘画的女阴,到多尕特洞窟中表现的盛大围猎,生动、具体但又十分深刻地揭示了原始社会早期人们最关心的社会问题。不论是人类子嗣繁衍,还是畜群蕃育,或围猎野兽,对早期游牧民来讲,既是最紧迫的关系到氏族部落生存、发展的头等大事,又是自己不能掌握、存在着多种可能性的现实。因此,原始人必须在这些领域中寻求神灵帮助、护佑,于是,巫术在这些环节上显示了最强有力的功能。

从这些方面观察，阿勒泰山中的早期洞窟彩绘，不仅是当年原始人实行巫术的形象记录，也是难得的研究原始思维、原始巫术、原始社会思想文化史的珍贵篇页。

完成这类彩绘的时代，是一个关键问题。我的结论是：它们完成在旧石器时代，是去今1万年前后的阿勒泰山远古游牧人留存至今的艺术杰作！

结论是由绘画内容本身说明的。旧石器时代的原始人类，生活特别艰难，采集、狩猎是其生存的最主要手段。这一点，和其后的新石器时代存在很大的差异。围猎，须依靠群体的力量，设陷阱、掷投枪是围猎的主要方式。多尕特洞窟彩绘中表现的围猎场面，在手印纹、神秘几何图案的环绕之中，一群牛、马已陷入重围。猎人均徒步，牛、马已被长矛、投枪制服。这里，确实不见弓箭。围猎的对象，是牛、马这类体大、多肉的食草类动物。这类动物性较温顺，不会食人；行动稍缓，易于围猎成功；每获一头，可供多人食用，甚至食用多日。这与欧洲如法国、西班牙等地，一个世纪以来大量发现的旧石器时代洞窟彩绘围猎图形比较，多有相同相通之处。这也正是旧石器时代人类狩猎生活的共同写照。

第二个重要根据，是围猎图像中，猎人不知弓箭，这是表明绘画主人还生活在旧石器时代的最重要的依据。弓箭的发明、使用，是原始社会阶段最伟大的成果，是表明人类步入新石器时代的主要标志。在阿勒泰山区，已发现岩刻画遗址点约80处，每处岩画点，画面多者近百，少者也有十多幅、数十幅。这些画面中，狩猎活动可以说是所在多见。而狩猎的方法，无一例外都是猎手们雄强地站立着弯弓射箭，面对的是盘羊、鹿，甚至豹。艺术源于生活，这一与阿勒泰山地洞窟彩绘截然不同的刻画内容、表现手法，只能说明当年在洞窟中施彩绘画的主人，还不知道弓箭为何物！他们熟悉的还只是多人合围，以投枪为兵，确实还没有步入新石器时代的门槛。

这些洞窟彩绘不仅为我们分析早期人类的思维特征、生殖崇拜观念、巫术实践、围猎活动等提供了珍贵的资料，对我们认识原始艺术创作之产生、特色，也是难得的标本。它启示我们，原始艺术家的创作，绝不是什么单纯的美的追求、美的展示，而是在现实需要的驱动下，服务于现实生活的紧迫需要。功利，是这类艺术创作中最根本的动力。

从西欧的法国、西班牙到中亚的阿勒泰，这类旧石器时代彩绘，都深藏在人迹难至的不寻常的山洞之中，都使用着醒目的赭红色彩，围猎的对象多为牛、马等动物，围猎的武器多为投枪、长矛……这种现象的一致，只是表现着一般的共性，还是也在一定程度上显示着彼此间曾有的联系和交流？这是一个耐人寻味，值得进一步探索的问题。

阿勒泰山中的洞窟彩绘，是无比珍贵的旧石器时代文化遗珍，但由于迄今少有鞭辟入里的揭示，还没有引起有关管理部门的足够关注。希望这篇小文，有助于改变这些仍然任凭风蚀雨浸、少有具体保护措施的岩洞彩绘的命运！

1999 年 10 月 12 日，乌鲁木齐

马革裹尸在盐湖

1970年2月,新疆农场职工在乌鲁木齐市南郊盐湖南岸天山(当地俗称南山)生产劳动过程中发现古代墓葬两座。为保护祖国历史文物,他们顶风冒雪到乌鲁木齐市向有关部门反映。我们在得知情况后即去了古墓现场,收集了已经出土的部分文物,又在他们的大力协助下对两墓残存部分进行了清理。

古墓所在山梁,相对高度不到100米,十分陡峻,寸草不生。由于长期雨水冲刷,这里形成不少洞穴,古墓即是利用这类洞穴,将死者葬于此。一号墓所在洞穴东向,洞口高约1米,向西南下斜,愈深愈窄小。有棺,棺内尸体未朽,内着棉布中单、裤,外套黄色油绢织金锦边袄子,足穿缂丝牛皮靴。随葬有弓、箭、箭箙、马鞍、铁镫等物。自一号墓南上100余米,为二号墓所在洞穴。发现时墓葬大部分已被毁,在洞穴深处见到散乱的人体肢骨、桦木皮、一副腰带和锦、绢、暗花绸残片等。从洞穴口部残留足趾骨数节及部分青铜鞋饰可以推见,骨架头向北。不见葬具,人骨东侧有马坑,殉马一匹,马骨架保存完好,头部毛皮尚存。马头北向侧卧,鞍具配饰齐全,未经扰动。殉马坑底部铺芦苇一层,芦苇上盖一层红柳。红柳树干有的粗达20厘米。马身上面也是盖芦苇,芦苇上覆红柳,最后填土。

两墓出土文物都是死者的衣着、武器、马具等实用器物,各具特点。现将主要情况分别介绍并简略分析如下。

一

一号墓

(1)黄色油绢织金锦边袄子,一件。出土时尚穿着于尸体上,除前胸朽烂外,其余部分基本完好。从领迄底襟通长124厘米,袖长(从袖口迄中缝)94厘米,腰围88厘米。袄子以米黄色油绢做面,粗白棉布衬里,袖窄长,腰部细束。在腰部钉有30道"辫线",共宽9.5厘米。这种所谓"辫线",是用丝线数股扭结成辫,钉在腰部。在腰的右侧,每两根辫线并合成一根,有一细纽。由于腰部并不开衩,所以这种辫线、细纽都只是一种装饰。《元史·舆服志》有"辫线袄"的记载,与我们发现的这件袄子的形制颇可以互相说明。袄子袖口及领、肩有用织金锦做成的边饰。下摆是由前后两大片油绢做面、棉布衬里的夹层,在腰部收成细褶,底襟及开衩部分同样有织金锦边饰。由于前襟朽坏,如何开襟不明。油绢是平纹组织,每平方厘米经纬线为32×28根。肩、领、袖及襟边等处织金锦,至今仍可见金线光泽。这些织金锦,都不是完整的材料,而是从不同的织金锦上剪裁下的小块,有"片金"及"捻金"两种。"片金"锦经线由丝线组成,分单经和双经两组,单经直径0.15毫米,双径直径

0.4毫米。纬线由片金、彩色棉线和丝线组成，片金和彩色棉线作纹纬，丝线作地纬。片金宽0.5毫米，彩色棉线直径0.6—0.75毫米。单经与纹纬成平纹交织，双经与地纬成平纹交织，在显花处，双经被夹在中间成为暗经。每平方厘米经线52根，纬线48根。纬线以片金和彩色棉线显花，花纹图案以开光为主体，穿枝莲补充其间，花纹遍地，不露空隙，线条流畅，绚丽辉煌。"捻金"锦经线亦由丝线组成，分单经和双经两组。纬线由两根平行的捻金线和一根棉线组成，捻金线做纹纬，棉线做地纬。单经与纹纬成一上三下斜纹交织，双经与地纬成平纹交织。每平方厘米经纬线65×40根。纬线以捻金线显花，花纹图案中比较醒目的部分是一人像，似为菩萨，修眉大眼，隆鼻小口，脸型略长，头戴宝冠，自肩至冠后有背光。

（2）棉织衣物。棉布主要用作袄子衬里、中单、裤等，布幅较窄，幅宽有34厘米、42厘米之别。棉纱较粗不太均匀，纱径0.5—1毫米不等。平纹，每平方厘米经纬线12×10根。

棉布中单（衬袍）一件。白色，上衣大部分已朽，下裳如裙状，在腰部折成细褶。当中开衩。

棉布裤一条。白色，已残破，但可复原，形制与今日中式便裤基本一致。裤腰宽约6厘米，夹层。中间钉一道皂红色绢带。

（3）缂丝牛皮靴一双，出土时仍穿着于脚上。尖头，圆底，靴统高至膝。以牛皮为里，缂丝做面。缂丝并非完整一块，而是用不同小块多件拼缝制成。有紫地粉花、绿花、绿地粉花等。图案内容有杨柳枝叶、海棠花、梅花。色彩鲜明，花纹自然生动。缂织方法为通经断纬，比较简单。经线以两股丝线捻合而成，比较紧实，线径为0.02毫米。纬线为单股丝线。每平方厘

缂丝

米经纬线为 13×38 根。

（4）弓、箭。都较完整，基本上还能复原。

弓，一张。弰尾脱落，干体长（顺曲度量）131.5 厘米，两弰跨距 119 厘米。整个弓两侧对称，可分成三段。弰部约长 19.5 厘米，剖面呈向弦长径 6.9 厘米的卵圆，趋弰端逐渐收细，至弰端呈长（向弦）1 厘米，宽 0.9 厘米（不带外皮）的圆角方形；弓身一段约长 39.5 厘米，呈扁平状；中腰一段，长 11.9 厘米，较弓身为窄，削面近矩形，向弦长约 4 厘米，宽约 1.5 厘米。由于弓已断裂，从断裂处可以看到中腰完全是木制的，木质较硬，坚实细密。其两端各削成一长约 10 厘米的尖榫，向尖端逐渐收细，楔入弓干木质内。弓干靠弦一侧是木质，直至弰尾，反侧为骨质，骨质只接到弓弰。它与中腰及弓弰的结合不用榫卯，而是用胶质，把中腰、弓干和弰部粘接，外面再整个被覆动物筋一层，纤维之外又斜行缠裹一层桦皮，均系胶粘。《天工开物·佳兵·弧矢》："凡造弓，以竹与牛角为正中干质（东北夷无竹，以柔木为之），桑枝木为两弰……竹一条而角两接……凡造弓，先削竹一片……中腰微亚小，两头差大，约长二尺许。一面粘胶靠角，一面铺置牛筋与胶而固之。牛角当中牙接……固以筋胶。胶外固以桦皮，名曰暖靶。"这张弓的做法与《天工开物》所记基本相符，只是不用竹而用木，木不是一整片而是中腰两端榫接，整体较长。弓弦是由一整条长 119 厘米的牛皮搓扭而成。

箭，6 支。现存较完整者两支。一支尚附有残翎，杆长 71.5 厘米，经鉴定，系柳木。直径约 0.6 厘米，两头稍细。箭杆尾端衔口是深约 0.5 厘米的凹沟，用以扣弦。杆头中空，安插箭镞。箭镞铁质，呈扁平的桃叶形，全长 11.7 厘米，铤长 3.9 厘米。箭杆在距尾部约 1.5 厘米处黏附翎羽三片，呈 60° 角等分。翎长 15.5—17.5 厘米。从残存部分看，是用翎羽的一半黏附在上面，以使箭行方向端正，速度迅疾。翎羽甚为坚挺，应是鹰鹞羽或雕羽。

箙，一件。已拆裂成片，可复原。是用厚 0.7 厘米，长 65—86.5 厘米的薄木板制成，似扁平桶状。箙外侧纵粘粗仅 0.2 厘米的细木条 4 根，上覆牛皮。内侧粘桦木皮。平底。箙侧底都穿孔，以皮线与箙底系连。木质为桧白杨。

（5）鞍、镫。

鞍，木质。鞍桥以 4 块木板制成，木板用榫卯结合，并穿皮绳帮助系连。

镫，铁质，近圆形。踏脚部分为宽 6.5 厘米，长 10.5 厘米的长圆形，高约 14.2 厘米，革带系边的穿部为矩形。

二号墓

与一号墓同在一条小山梁，相距约 100 米。清理中共出土一套马具、腰带及部分残碎丝织品。

1. 马具

（1）马络。马络经复原后可以看出形制与现在用的马络大致相同。它是用宽约 4 厘米的革带卷成两层制成。带上密布菱形铜饰，另外在革带接头处有各种不同的铜饰和铰具，均鎏金，分别介绍如下：

①菱形铜饰，长方形底座。长 3 厘米，宽 2 厘米。自每边中点凸起，构成菱形铜泡。底部有两个铜钉，钉入革带而在背面垫一小圆铜片，铆住钉脚。这种菱形铜饰，在整个辔带上密密相连地共钉 32 块。

②桃形铜饰，长径 1.7 厘米，短径 1.1 厘米。底部有一铜钉，钉安在革带上的方法与菱形铜饰同。这类铜饰往往是作为铰具以下革带部分的装饰，共见 12 件。

③三叉形铜饰，中心是一直径约 2.5 厘米的圆泡，不等分地向不同方向伸出长 1.5 厘米的三端，每端各以铜钉固着于革带，固着方法同前。这种铜饰只用于革带交结处，正好将细纽包住。全辔共用 4 件。

④铰具，形制简单。以两个铜钉从表面直透革带钉铆，共出 2 件。

⑤带端铜饰，形制近方形而尾端为凸曲线，每边约 1.9 厘米。共出 4 件。

⑥佛手形铜饰，长约 2 厘米，最宽仅约 0.6 厘米。共出 2 件。

⑦铜环，套合两股革带用。共出 4 件。

（2）衔、镳。均铁质，鎏金。镳呈 S 形，穿套在衔的套环内。马络及缰绳均以革带与衔的两个套环系连

（3）肚带、尾带。已残。同样是在宽约 2 厘米的双层革带上，密钉菱形、桃形、三叉形等铜饰。

（4）鞍，木质。鞍桥以 4 块木板榫卯拼合而成，并加皮条系连。鞍座后部左右两侧各有 5 鞘孔（四小一大），当用以垂丝绦、革带，做装饰。

（5）镫，铁质。已残。长柄，上有矩形小孔。

2. 铜饰腰带

以宽 2.6 厘米的皮革两层拼缝制成，残长 66 厘米。中间饰方形铜块，方形铜块外侧为月牙形铜饰片。带端铰具铜质，已断裂。方形铜块每边长 2.6 厘米，折边高 0.25 厘米，共 13 块，上有长 1.2 厘米、宽 0.3 厘米的矩形镂孔。其中 7 块铜饰镂孔中尚缀附有小革带或革绳。小革带长 32 厘米，宽 1.2 厘米，遍饰半月形小铜饰 34 件。革绳以三股小皮条编成，剖面呈圆形。宋沈括《梦溪笔谈》卷一载："带衣所垂蹀躞，盖欲佩带弓剑、帉帨、算囊、刀砺之类。"这里描述的蹀躞带与我们发现的腰带类同。

3. 丝织物

在清理二号墓中，共得锦绢等残片 23 块，其中锦 2 块，烟色暗花绸 3 块，黄色绢 8 小块，赭红绢 6 块，紫绢 2 小片，蓝色染缬绢 1 条，黄色绢带结 1 个。

（1）银红地宝相花纹锦。四重五枚斜纹纬锦，经线分明经和暗经，明经单根，暗经双根，每平方厘米经线 60 根，纬线 36 根。银红色地上以黄、蓝、白等色纬线显出宝相花纹，素雅美观。

（2）烟色暗花绸，共 3 块。其中两块上残存有平纹素绢衬里。二上一下斜纹地，纬线起花，花纹流畅生动，可以见出牡丹花图案。每平方厘米经线 52 根，纬线 52 根。

（3）蓝色染缬绢，长 66 厘米，宽 5.5 厘米。素绢染成蓝地白花。平纹组织，每平方厘米经线 42 根，纬线 42 根。

（4）赭红、黄、紫绢。均平纹组织，每平方厘米经钱 52 根，纬线 48 根，当是同一种素绢经不同染色而成。

（5）黄色绢带结，一件。做蝴蝶状。

（6）丝绵，共见数小团。

（7）毛毡，白色，只余残块，原作为殉马的铺垫，组织坚实平匀。

二

1. 墓葬时代

这两座墓葬虽同在一条荒僻山沟，但出土文物风格并不相同，时代当有早晚。初步分析，一号墓时代为元，二号墓为唐。

一号墓出土的"辫线袄"，保存基本完好，形制特点显明，是帮助我们断代的重要材料。《元史》卷七九《志第二九·舆服二》载："羽林将军二人……领宿卫骑士二十人……皆弓角金凤翅幞头，紫袖细褶辫线袄，束带，乌靴……""供奉宿卫步士队，供奉中郎将二……帅步士凡五十有二人……分左右夹玉辂行，皆弓角金凤翅幞头，紫细摺（按：应为"紫袖细褶"）辫线袄，涂金束带，乌靴。"该书卷八十《志第三十·舆服三》云："宫内导从……佩宝刀十人，分左右行，冠凤翅唐巾，服紫罗辫线袄，金束带，乌靴。"从这些记载中可以看山，元代卫士，如羽林宿卫、供奉宿卫、宫内导从等人员,都要穿着一种"辫线袄"。这种"辫线袄"的形制,据《元史》卷七八《志第二八·舆服一》记载:"辫线袄,制如窄袖衫,腰作辫线细摺。""黄油绢",该书中也屡见。该书卷七八《志第二八·舆服一》还记有"靴,以皂皮为之"。根据这类记载,比较对照盐湖出土的黄色油绢织金锦边袄子、牛皮靴等基本特点,可以说是非常一致的。

一号墓出土的这种"辫线袄"的样式,在元版《事林广记》一书中可见到。如后集卷十三《武艺类·射艺·步射总法》条下所画那位步射者穿的即为"辫线袄",足着尖头高统皮靴。但是应该注意的是,这位步射者所着袄的形制是方领右衽。而我们发现的"辫线袄"由于前襟朽烂,如何开襟已不明,但其领却是低平圆领,与上述记录不尽相同,而与西安地区出土的元代卫士的服式颇相一致[1]。这些差别,究竟反映着一些什么问题,尚需研究,不过这些情况都共同表明,在元代,无论仪卫或武士,都是穿着"辫线袄"的。

一号墓出土的"辫线袄"下摆捻金锦边饰上有菩萨像,这与元代锦缎上织做佛像并任意货卖的情况是一致的[2]。片金锦边饰上的穿枝莲纹图案,是元代流行的风格。这种图案,我们从元代的瓷器及织金锦中均可见到。

二号墓出土文物风格与一号墓不尽相同。马鞍后部有五对小孔,马镫长柄,均与吐鲁番过去出土的唐代马俑上面的鞍、镫一样,与陕西唐永泰公主墓出土的马镫亦很相似[3]。银红地宝相花纹锦的花纹图案是唐代流行的风格,烟色暗花绸上的写生牡丹花纹图案也表现着比元代为早的特征。青铜腰带与宋人沈括所记载的"蹀躞带"相类同。根据这些现象分析,二号墓的时代当较一号墓为早，当是唐代。

2. 元代织造丝棉织品情况

元代传世、出土的丝棉织品极少。这次盐湖发现的织金锦、棉布等，数量不少，为我们研究元代的织造技术、生产及生活情况，提供了有价值的资料。

元代统治集团剥削聚敛黄金数量巨大，因此在丝织物上加金极为盛行，织金锦大量生产。这种织金锦，元时称为"纳失失"，是统治阶级专用的衣料。为满足统治阶级的需要，当时曾设专局管理织造，如"撒答剌欺提举司"下设有"别失八里局"，"掌织造御用领袖纳失失等段"[4]。

盐湖出土的织金锦，有"片金"及"捻金"两种。"片金"似是以金箔黏附在宽仅 0.5 毫米的皮子上，做纬线以织；"捻金"是以丝线为胎，外加金箔而成的金缕丝线，做纬线以织。将金箔和皮子加工得如此细薄，其工艺水平当是很高的。另外，不论是"片金"锦还是"捻金"锦，均是以丝线、棉线、金线等混合织造。这也是一个值得注意的现象。

宋、金时期，古代回鹘人即以擅长织金工艺而受到人们的注意，他们并向中原地区介绍了这种工艺技术。南宋初洪皓在《松漠纪闻》中记述："回鹘，自唐末浸微。……上多瑟瑟珠玉，帛有兜罗绵、毛毡、绒锦、注丝、熟绫、斜褐……又善结金线相瑟瑟为珥，及巾环。织熟锦、熟绫、注丝、线罗等物，又以五色线织成袍，名曰缂丝，甚华丽。又善捻金线，别作一等，背织花树，用粉缴，经岁则不佳。"元代在新疆地区设专局织这"纳失失"，新疆的"织金绮纹工"在当时也受到很大的重视。《元史》卷一二〇《镇海传》中提到，在镇海负责弘州（在今河北境内）

织造局时,"得西域织金绮纹工三百余户及汴京织毛褐工三百户,皆分隶弘州,命镇海世掌焉"。这些记载都说明了当时新疆地区是擅长织金工艺的。盐湖出土的这些"片金"锦和"捻金"锦,很有可能就是当时新疆地区的手工业工人所织造的。

盐湖一号墓主人,穿着的棉布不少。除外衣为锦、绢外,袄子衬里、衬袍、裤等均用棉布制作。织金锦也用棉纱与丝线、金线混织。这些都说明了当时使用棉布已经比较普遍。

3. 墓地分析

这两座不同时代的墓葬,出现在同一条荒僻的山沟中,或与地理环境有关。盐湖地区,是天山中间的一个小盆地,正当南北疆往来交通的孔道上,形势十分重要。盐湖南岸傍山而行,正是一条交通径路。距墓地所在山梁不远,有一山沟,循沟南进,即可达吐鲁番盆地的托克逊县,比较近便。群众赶集,有驱骡马自此往来而不走现行公路的。这两座古代墓葬,在荒僻的山沟中利用自然洞穴埋葬,随葬器物全是实用衣物、乘骑、武器等,而不见任何明器。衣物、马饰虽可称豪华,一号墓主还用木棺,说明其身份并非一般,但也不见任何从容经营、厚葬从殉的迹象。这种情况,应该与戎马倥偬的古代戍边将士相联系。征行之际,突然暴卒于道,即马革裹尸,随地而敛。这不仅说明深处天山峡谷中的盐湖具有的重要地位,而且表现着特定时段内,曾经在天山峡谷中展开过的战争风云。

盐湖,居天山峡谷中,控扼天山南北交通孔道,形势冲要。在盐湖北岸一处小山峦上,曾经耸立的唐代古烽[5],可以说明唐王朝曾经努力强化过对这一交通孔道的控制。

山边小洞,匆匆埋葬的唐、元时代地位相当高的将军的遗体,既增强了我们对这一峡谷古道军事地位的认识,又能助益我们了解特定时段在这一山谷中展开的军事冲突的实际感受,下文当细做说明。

三

盐湖所在的天山峡谷,沟通着天山北麓广阔的草原、牧场与吐鲁番农业绿洲。自新疆大地有了人类活动,就一直是人们南来北往的重要径道。

畜牧、农业,不同经济生活类型,互补互益,有差异却又无法分离。天山峡谷见证了去今1万年以来,天山南北居民平凡、琐细交往后面的甜蜜、幸福、欢乐。

西突厥的活动中心在中亚楚河流域。隋唐时段,伊犁河谷、准噶尔草原,也都进入了它的统治范围。它属下的处月、处密部,活动中心就在今天的乌鲁木齐一带。自公元初,日渐兴盛的丝绸之路贸易交流,随手可获的经济利益,也逐渐引发西突厥统治高层的关注,处于"丝路"枢纽地位的高昌地区,自然成为了他们努力拉拢的对象。不明大局、只见小利的麹氏高昌国王麹文泰,渐渐背离了他曾经一心向往的李唐王朝,投靠在了西突厥游牧王廷的脚下,幻想可以凭西突厥的支持,控扼交通,重征税赋。他就这样心甘情愿充作了西突厥的马前卒,站到了与唐王朝军事斗争的最前沿。

唐太宗李世民,曾不止一次对麹文泰晓以大义,但却一点也不为麹文泰所动。引发的结果是唐王朝当机立断,于640年一举攻灭了麹氏高昌，设置由唐王朝中央直辖的西州，更好地推进通向西部世界的经济、文化交流大业！自然，这也引发了与站在麹氏高昌后面的西突厥的直接冲突。原本十分平静的天山峡谷古道，迅疾化为乌云密布、腥风血雨笼罩的战场。坐落在峡谷中的盐湖山沟，也立即成为了战马嘶鸣、刀光剑影、寒光闪烁的沙场。

草草翻检《资治通鉴》，640年唐设西州后，自642年开始至681年，短短39年中，唐王朝与西突厥的大小军事冲突即不下10次，两三年就会展开一次，互有胜负。战场波及面较广，但主战场多在天山峡谷之中。648年，西突厥击杀了唐王朝的安西都护郭孝恪。652年，西突厥处月部杀害了唐王朝招慰史单道惠。唐朝大将程知节、苏定方也屡败西突厥，包括西突厥沙钵罗可汗。西突厥进而与吐蕃联手，侵逼安西都护府。唐王朝名将裴行俭机敏应对，以送波斯王泥涅斯为名，在西州大地招募兵勇，突袭西突厥阿史那都支……长期战争使西突厥力量不支，逐渐西走。681年，唐将王方翼击破西突厥于伊犁河谷，以天山峡谷为中心展开的唐王朝与西突厥的战火，才逐渐平息、转移。西突厥最后败阵在了唐王朝拓展与亚洲西部世界交流、呼应人民心愿的潮涌之中，辉耀千古的盛唐文明也展开了全新的一页。

盐湖南岸荒僻山谷中，身着锦绸、战马在侧的唐朝将军，没有留下姓名，但具体展示了"青山处处埋忠骨，何须马革裹尸还"的悲壮一页。

蒙元时期，统治着中原大地的忽必烈，与新疆地区相对独立的汗王，自然也存在矛盾。盐湖南岸山沟中身着织金锦、辫线袄的将军，我们今天同样难知其姓名。他的存在同样可以说明：盐湖所在的天山峡谷在沟通天山南北交通时绝难被取代的地位，并启示今人在认识西域历史时，也不能轻忽了这里曾经展开过的厚重历史烟云。

（承成灵甫、黄能馥、张宏源同志帮助绘图，谨此致谢。）

原载《文物》1973 年第 10 期

2022 年 7 月修订

[1] 秦廷棫编《中国古代陶塑艺术》，中国古典艺术出版社，1957 年，图版 70。

[2] 《元典章》卷五八《工部一》，"禁织佛像缎子"条。

[3] 陕西省文物管理委员会《唐永泰公主墓发掘简报》，《文物》，1964 年第 1 期。

[4] 《元史》卷八五《百官志》，中华书局，1976 年版。

[5] 在兰新铁路修建过程中，因为修改线路十分困难，古烽被易地重建。易地重建，表面也照应到了文物保护，但因为没有了峡谷特定形势背景，给人的感受、认识是决然不同的。

登葱岭：觅求先贤步入西、南亚洲之路

《汉书·西域传》称："自玉门、阳关出西域有两道。从鄯善傍南山北，波河西行至莎车，为南道；南道西逾葱岭则出大月氏、安息。自车师前王廷（庭）随北山，波河西行至疏勒，为北道；北道西逾葱岭则出大宛、康居、奄蔡焉。"[1]汉代史家十分明确：当年，自塔里木盆地西行的南北道，都必须"西逾葱岭"，才能进抵今阿富汗、伊朗和乌兹别克斯坦及其西北地区，步入欧洲。

葱岭，是古代中国学者在地理调查基础上，赋予帕米尔的称谓。[2]号称"世界屋脊"的帕米尔，山体高大，平均海拔在4500米以上，主要山峰海拔都在6000米以上。它位居我国新疆、巴基斯坦、阿富汗、塔吉克斯坦、乌兹别克斯坦之间，自新疆西去阿富汗、伊朗及中亚各国，进一步抵西亚、欧洲，穿越葱岭是首要一环。要在如此高峻的山岭中来去，会遭遇的艰难险阻是怎么估计也不会过分的。

但是，这并没有阻抑古代中国西向欧亚大陆的努力，丝路"葱岭道"很早就得到了开拓。《汉书》称帕米尔为"葱岭"，就是汉代或更前已存在过穿行帕米尔高原的最好证明。张骞西使大月氏,"还并南山,欲从羌中归"(《史记·大宛列传》),走的就是葱岭。关于这一通道,在根据班勇提供的资料而做了具体补充的《后汉书·西域传》"莎车国"条中记录得较前更清楚了一步:"莎车国,西经蒲犁、无雷至大月氏。"自两汉迄唐、元,历史不断发展,但南道的走向并无大的变化。尤其穿越帕米尔高原,路线须受山口、谷道、可以翻越的达坂(分水岭)等各种自然地理条件的局限。几千年的历史风雨,这方面的变化可以说是相当微弱的。因此,调查自莎车、疏勒绿洲通达帕米尔的山谷径路,及我国境内帕米尔通达阿富汗的山口、达坂路线,不仅涉及目前交通地理,对于了解古代"丝绸之路"南、北道自塔里木盆地西缘穿越葱岭通达大月氏的路线及古代蒲犁、无雷的今地、境域等,也都有直接的意义。而国内史学界,关于汉代莎车、蒲犁、无雷的今地所在,看法并不是完全统一的。[3]此外,这种调查,对准确了解古代"丝路"南、北道穿行葱岭的具体线路,了解中外古代旅行家、我国西去求法高僧穿行葱岭的径路、山谷,从而更加准确掌握他们留下来的珍贵行记,也都有重要价值。

我曾先后于1972年、1982年两次到塔什库尔干地区,在塔什库尔干塔吉克自治县境内进行了比较细致的考古调查,足迹及于县内大部分地区,并登达了自塔什库尔干去到巴基斯坦、阿富汗、中亚地区的一些要隘如红其拉甫、明铁盖、瓦赫基里达坂等,并在一些遗址进行了试掘。工作期间登越崇山峻岭,穿行急流险滩;炎炎夏日身着皮裘活动于冰峰雪岭之间,目睹葱岭的泥石流怒涛直下,须臾之间平路成谷、陆桥化烟。我对这片地区的地理形势、高原生活的特色、各山谷通道及沿线历史遗迹遗物,都有切身感受；之后再读有关穿越帕米尔的各种行记文字，认识大有深入。但初步考察以后，存留问题仍多。本来还有带着问题进一步深入葱岭的计划，只是因缘难再，自20世纪80年代后，竟再未得涉足其地。这里不揣粗陋，把30多年前进出塔什库尔干的几条路线及沿线古迹情况稍做整理，公之于同行，供治中西交通史者之参考；分析中不当之处，也热望得到指正，以利进一步的深入研究。

一

两次去我国境内帕米尔塔什库尔干地区调查、考察，我们都利用了现代交通工具。借汽车，首先自喀什至塔什库尔干地区（西方称此为塔格敦巴什帕米尔）。

自喀什出发斜向西行，42公里后抵疏附县乌帕尔。途中经过一片不大的戈壁，地势随路程而逐渐增高，至乌帕尔，已近葱岭东麓。这里是一处水源充足的小绿洲，为喀什地区的名胜。村内绿树成荫、果园成片，农业、园艺均盛，文化亦素称发达。逢集日，附近县内亦有人来此。据说这是历史的传统，因为乌帕尔向为巴基斯坦、印度商货进入新疆较为集中的站点。供销社内一维吾尔老人，聊起四五十年前，他们经塔什库尔干所进巴基斯坦商品及其在四乡农民中的地位，仍颇怀感情。

在乌帕尔公社内，我们先后发现过细石器遗址、新石器时代晚期遗址[4]，以及毁于三四世纪，目前已沉没在沙砾下的古城废墟[5]。在乌帕尔西约3公里，有一座相对高度100多米的艾孜热提毛拉山。山前泉水淙淙,山脚绿树成林,山上曾有一处规制宏大、气宇非凡的古代佛教寺院遗址。从残迹看,显明的较大古建筑基址有5处。一区建筑底面积达20×20平方米,较小者10×10平方米。底部有厚1厘米的白灰面。遗址范围内见埋置大陶瓮的灰坑、大陶瓮碎片,陶片上有莲瓣纹装饰、婆罗门像,也见石膏质佛塑像残部,如手指、眼睛、衣纹等。建筑依地势高下铺展。就在这区佛教寺院遗址下,见到过梵文贝叶经。据说还曾发现过高一米六七的铜佛像,"文化大革命"中被化成了铜料。这是一区十分值得注意的、规模盛大的佛教遗址,被毁时间当与伊斯兰教进入疏勒王国有关。

自乌帕尔西北走,有驿道,马程约10天可达今乌兹别克斯坦共和国,抵安集延。阿古柏入侵南疆,这条路就曾是主要通道之一。至今,当地还保留着一些古堡,就与阿古柏入侵事件有关。自乌帕尔南下,可至塔什库尔干。这一交通枢纽地位,使乌帕尔历史上曾经相当繁荣。

我们自乌帕尔南行,30公里至塔什米力克,一个不大的小村落。自塔什米力克南入峡谷,有羊肠小道依公格尔山东麓蜿蜒向前,可通达塔什库尔干县。疏附县文化馆曾在塔什米力克南库尔戛阿塔格一处不为人注意的峭壁上,发现过一件铁质锁子甲。铁甲悬挂在楔入峭壁缝隙中的木桩上,完全不被人注目。这当是一次战争中败军之将丢盔弃甲、只身逃跑时留下的遗物,很好地指示了古代隧道之所在。这条小道,通行艰难。我们闻之于老乡,并未身历。我们所走的是大路,亦即目前公路之所在。自塔什米力克村斜向西南,12公里后,入盖孜峡谷。自此,公路穿行于公格尔山、慕士塔格山与萨雷阔勒岭之间的峡谷中。峡谷宽数百米至 1 公里左右，最宽处也不过二三公里。公路依山傍水，是利用河谷的天然形势开拓的。路线基本都在盖孜河西岸，一路爬坡。两岸峭壁悬崖陡立，盖孜河水势急湍，形势峻险。由于地势、水势至猛，而且峡谷不宽，一些路段没有草场。因此，在喀什至塔什库尔干未通现代公路的自然形势下，这一谷道虽也称得上天然孔道，实际人、畜是很难通行的，水势大时会更加艰难。所以，公路开凿前，喀什至塔什库尔干之间的通路联系，主要还是取道喀什到英吉沙而后至塔什库尔干一途。

车行 70 公里，至布伦口。目前为阿克陶县的一个公社。附近为一高山湖泊，面积约 10 平方公里。四周高山环列，湖水清澈如镜，景色似画。我们说水面约 10 平方公里，只不过表明这一具体时刻的情况，实际水势大小完全依雪水消融量而转移，随季节、气候冷热而不断变化。我们在布伦口稍作停留，闻之于老乡：自布伦口西稍偏南行，经阿克拜尔迪山口、郎库里、萨雷阔勒岭上之库日班卡西达坂、乌孜别里山口，可通达塔吉克斯坦、乌兹别克斯坦。这条隘道，全程不过 150 公里，马、骡均可通行。

由布伦口循公路方向顺峡谷南行，30 公里后至喀拉塔什。这里地势比较开阔。一区湖水，倒映冰峰雪岭，谷地内绿草如茵，是十分好的夏牧场。十多座毡帐散列在草场上，牛、马、羊漫处其间。时在 7 月，草高不过数寸。自盖孜峡谷南来，一路大都是荒山秃岭、峭壁陡岩，植被极少。新见这么一片青葱，使人精神为之一振。葱岭山区自然环境之艰苦，于此可见一斑。

自喀拉塔什南行 10 公里，过苏巴什达坂。这里海拔高程达 4000 米。慕士塔格冰峰耸立身旁，虽说是 7500 米的高峻冰岭，此时此地却不显雄伟，似乎随便可以登攀至顶。实际稍稍动步、工作，便觉气短腿重，方知"更上一层"绝非易事。

苏巴什达坂，其北，水皆北流，入盖孜河；其南，水均南向，入塔什库尔干河。阿克陶县与塔什库尔干县，就以这一达坂为界。车过达坂后，山势一路直下。约50公里至克尔沁，更5公里后至塔合曼，草场辽阔，有数万亩之多，地势坦平，水源亦丰。塔什库尔干县也是人口较多的一个所在。塔合曼乡四大队托尔布隆姆的一处巨石缝中，我们见到了一具古代女尸，随身的木盆残片、毛毯、毛布、丝绢都还清楚可见，没有时代特征鲜明的文物能直接说明她逝去的年代；但她离我们已相当久远，而且死亡得很不正常，却是可以清楚结论的。这可能也是曾经发生在丝路上的一件算不得什么的小悲剧的遗迹。这种情况，我们在调查过程中不止一见。后文还要谈到的排依克山口，一处僻静的高山深洞中，边防战士们也发现过一具古代女尸，另一山洞还有成捆的布、绢在厚厚的尘封之中……它们都可能是昔日丝路上平凡但却足以说明其艰难的一些历史遗存。

塔合曼西南不远的一条山沟中，有高山温泉一处。自塔合曼至县城约30公里，一路草场成片，居民点毗连：布古尔乌勒、且尔拜森、曲什曼、提孜那甫直至县城。这片地区是全县范围内自然条件比较好、草场比较辽阔、沟谷比较平展的所在，一路也见到古墓、古堡遗址，如提孜那甫至县城间的香宝宝战国时期墓地。戈壁上，各种类型的石堆、石棺墓也丛集成片。1976、1977年新疆考古所先后两次在这里发掘了古代墓葬40座，是距今2500—2400年的考古文化遗存，其民族属性可能与羌、塞种有关。[6]颇可见出这片地区内历史文化的悠久。

塔什库尔干县城不大，背依高山，东濒塔什库尔干河。县城所在只有2000多人。虽属县城，牧区景观仍盛，河滩草场上毡幕朵朵，马、牛、羊成群。城镇里的塔吉克族职工、居民，夏天仍然愿意住到毡房中去。马行代步，白天到县城上班，入夜在草场上息宿，可以更方便享受到牧业的美好。

自喀什到塔什库尔干，公路全程290多公里，汽车一天可达。虽地势高、山路险，但较之古代僧人、旅行家笔下描绘的葱岭行程，已不可同日而语了。天堑已经变通途，帕米尔的严峻世界，已不是那么森严可怖，距离也确实近得多了。

探讨丝绸之路南道进入帕米尔及去中亚的通道，却这么详细地叙述了自喀什（古疏勒）至塔什库尔干的路线情况，目的不只在于说明工作的具体过程，也意在借此讨论《新唐书·西域传》中的"喝盘陀……由疏勒西南入剑末谷、不忍岭六百里，其国也"这条记录。从地理方位、路程远近及走向、峡谷与达坂形势等方面分析，有人认为今天的喀什、塔什库尔干公路路线正是唐代的"剑末谷""不忍岭"路线。从形势上看，颇为有理。但是，如果没有公路、汽车这个条件，山势陡峭、河谷狭窄、水流急湍难以渡越，相当长地段的河谷内没有草场，在人行马驮的古代，走这条路线是十分困难的。从各种因素考虑，唐代"剑末谷"路线更大的可能是取道英吉沙，翻越奇奇力克达坂到塔什库尔干地区。因为这也是一条十分重要的天然谷道，与本文希望讨论的问题关系密切，所以在这里提出来，并较为详细地介绍了沿途情况，为进一步的研究提供方便。

二

汉代丝绸之路南道，在塔里木盆地内止于莎车。我们必须先大概明确汉代的莎车今在何地，才能进一步讨论自莎车进入葱岭的途径。

汉代莎车之所在，历史地理学者还存在着不同的看法。[7]

清《西域图志》首倡汉莎车为今叶尔羌（莎车县），是一个可以信从的结论。

汉代莎车是西域大国，曾一度雄踞于塔里木盆地西缘。人口多，国力强，可与于阗、疏勒争强，地理位置又正处于于阗、疏勒中间，与两者距离近等因素，让汉代莎车只有叶尔羌绿洲才担得上，而绝不能在其他地区，甚至到帕米尔山中去寻求。

试看《汉书·西域传》的有关记录：

"莎车国……西至疏勒五百六十里。"

"疏勒国……南至莎车五百六十里。有市列，西当大月氏、大宛、康居道也。"可见莎车西北560里，为疏勒。

"于阗国……西通皮山三百八十里"，而皮山又"西北通莎车三百八十里"。这就是说，自于阗至莎车，距离为760里。

综合这几条材料，可以肯定，莎车在汉代是处于于阗与疏勒间的一个大国。于阗在今和田绿洲，疏勒在今喀什绿洲，人们均无异词，则其间的较大绿洲，只有叶尔羌一处。叶尔羌南至和田、北至疏勒的距离与《汉书·西域传》所记可以说是约略相当。[8]而如果莎车不在今叶尔羌绿洲内，则它与于阗、疏勒的距离就会完全是另一种情况了。因此，今天的叶尔羌绿洲地区

（包括莎车、泽普、叶城毗连一起的三县），应该就是汉代莎车国之所在。

确定了前提，即可进一步分析自莎车进入帕米尔的具体路线。

自莎车绿洲进入帕米尔，从古今都不能不受其局限的山口、河谷分析，有三条道。

其一，当是最主要的一条通道，即清代驿路。[9]交通工具、运输组织与更早的古代比较，当无大异。具体路线是：自莎车县西南行，约80公里，到亚喀艾日克。更西稍偏北行至托乎拉克（清代驿站名）。结合实地考察，线路是逐渐进入山区，至科拍达坂。自此，山路不能通车，必须以骑行代步，尤其牦牛是最合适的高原之舟。过科拍山口后，经科克牙，于第三天到阿普里克（今阿克陶县阿尔帕勒克）。行程35公里。全线处山峡中，巨石纵横，行道不便。第四段从阿尔帕勒克至开子（清代驿站名，当为今阿克陶县克孜尔达坂），全程约35公里，道路陡险，人须步行，但一路有山泉。至开子后，更一站为八海，再一站为塔希代克，第三站到七里拱拜（其里拱拜孜），全程100多公里。由于这一路未亲历，经向塔什库尔干县邮运工人调查，其路线走向应该是：过克孜尔达坂后，沿山溪向南行，经卡尔隆，到达七里拱拜（40座坟墓），其得名实际是因为这里存在一片古代废墟，也包括古代墓地。塔什库尔干县人大常委会委员马达尔汗曾经走过这一条路[10]，对这里古代驿站废墟留有相当深的印象。斯坦因在穿行这条路线时，对这里的废墟也曾有过记录。[11]过七里拱拜再走35公里，至托鲁布伦（吐尔布隆），又35公里至塔尔巴什，再35公里至奇恰克，再40公里至申底，抵塔合曼。这一路，除塔合曼与今天地名一致外，余均有异。其实际走向是离吐尔布隆后翻越奇奇力克达坂，斜向西南，至塔合曼。这过程中，最困难险阻的地段是翻越奇奇力克达坂一途。最后一站，从塔合曼至蒲犁（今塔什库尔干），行程40公里。全驿路程共需12天，而且只能晚春夏初通行，盛夏洪水，严冬冰封，均无法穿越，12天也是按正常的情况。稍有风雪，道路即被阻断。因此，这一路程，往往需半月左右才能到达。

其二，自叶城县至塔什库尔干。此线个人未曾涉足。1972年在叶城、塔什库尔干均曾注意及此，在群众中进行过调查。据称，自叶城沿提孜那甫河谷西南行，至却普，可通塔什库尔干县的布伦木莎，进抵叶尔羌河谷，但只能在枯水期进行。自叶尔羌河谷西南走，进入与塔什库尔干河平行的一条南北向河谷，皮勒、马尔洋、皮羌牙尔特、肖依墩、瓦恰、班迪尔、兴迭等村落，在山谷内成一线排列。这一河谷的北半段：兴迭、班迪尔、瓦恰、肖依墩，我在1982年调查中均曾走到，也发现过一些古址、古墓。河谷不宽，最宽处不过二三公里。这一条路线，也是相当难行的隘道，而且路线迂回，作为一条主要通道的可能性不大。

其三，自莎车经塔什库尔干大同公社至县城。此线至今仍然通行。路线是自莎车县卡群、霍什拉甫（地图上或标海散勒巴格）至塔尔山。自此，可分南、北两条支道，一走塔尔山之南，二走塔尔山之北。

从塔尔山南缘走：自霍什拉甫西南沿叶尔羌河支流行进，经达木斯喀拉克、翁古洛克、库干翻阿尔帕勒克达坂，经潘特尼、下兰干，跨越急流汹涌的叶尔羌河谷，抵达塔什库尔干的大同公社。沿一小河谷西行，至提提克曼。越米拉甫达坂，至阿勒马力克、很祖铁热克、新迭、提孜那甫入塔什库尔干县,后一段路在塔什库尔干河谷内,塔什库尔干河即循此入叶尔羌河,成为其上游干流之一。也可自提提克曼斜向西南,翻山至瓦恰、班迪尔,入塔什库尔干。

大同公社这一线,高山恶水极难行走。这是塔什库尔干县境内交通最困难的一段路。熟悉路情的友人介绍,全程有3处石栈道。在峭壁悬崖上的石缝中横楔较粗木杆,其上铺树枝、石板,傍峭壁,临悬崖,望之心惊胆战。部分石板经长期摩擦,可见显明的蚀痕。在没有电钻的情况下凭人力在如此峭壁上建设成这样的栈道,是难以想象的艰巨工程,它以耀眼的光辉显示了人民群众的智慧和力量。穿越蒙干河、叶尔羌河谷也是十分艰难的路段,在急流中,人们择大块漂石而前行。由于地势高寒,道路一年中不少时间冰封雪盖,雪坑同样是人畜通行的隐患。

从塔尔山北缘走:自霍什拉甫、兴迪尔力克向西北至英阿瓦提、卡尔隆(这就避开了大同公社前后的险山与急流)至库尔奇力克、兴迭、提孜那甫到塔什库尔干。此线后半段与前面介绍的第一条路走向路线相同。全程马力快行6天,距离约300公里,但实际要走10多天才能到达。

这里,附带较细致地说明一下自英吉沙(地理位置居古疏勒王国境内)至塔什库尔干的通道。在喀什至塔什库尔干公路未修前,喀什绿洲入帕米尔,主要都走英吉沙这条路线。建国初,塔什库尔干少年学生要进一步升学,必须到喀什,来去均取此途。少年人随骡帮、马队即可行走,从一个方面见出通路还不算十分艰难。

路线走向是:县城北向10公里左右,沿塔什库尔干河谷东行，可到兴迭，名新地沟（狭长的沟谷），翻越奇奇力克达坂，经七里拱拜、克孜尔塔尔，沿依格孜亚河直向东北，抵英吉沙，马程六七天可以到达。一路有水、草，每天息宿地均可得以补给。除翻越奇奇力克达坂稍有困难，其余路段在山谷小道中，穿行不难，是比较方便来去的路线。全程约300公里。这条路线的走向，穿越于峡谷之中，翻达坂，与《新唐书·西域传》中所提"剑末谷""不忍领"，是同样可以联想的。从古代以牲畜代步的情况分析，这自然是较盖孜峡谷更方便的一条通道。疏勒与喝盘陀之间，政治、经济关系密切，联系往来不断，盖孜峡谷艰难的条件，是难以承担起这一交通任务的。这一路线，除七里拱拜曾见过有古代遗址的报道外，其他未深入进行过工作。这是摆在我们考古工作者面前的一项具体任务，沿这条路线踏查，是肯定会有发现，有收获的。唐代疏勒与喝盘陀之间的主要通道，会在此基础上获得最后定论。

三

丝绸之路南道止于莎车绿洲后，穿越喀喇昆仑、葱岭东缘深沟险谷，可以通达塔什库尔干河谷；北道止于疏勒后，也有山道可以南行进入帕米尔，到塔什库尔干地区。塔什库尔干谷地是东部帕米尔的交通枢纽地带，具有很重要的、不能取代的地位。

而从塔什库尔干出发，前往中亚广大地区如罽宾（克什米尔）、大月氏（今阿富汗及其附近地区）等，也都有天然谷道可行，有地势较低之山口可以翻越。我们在塔什库尔干地区工作时，曾以塔什库尔干为基地，踏查过一些比较有名的山口，它们是进入一些中亚古国的天然孔道。

塔什库尔干地区，抬头是山，开门见岭。所谓平川，只不过是崇山峻岭中相对比较宽平的一块谷地。在这片崇山峻岭之中，据实地勘察，总共有大小山沟70多道，其中有40多道可以通达巴基斯坦、阿富汗和中亚地区诸国，但大部分形势险恶，通行艰难。在有数的自然条件较好、沿途有水草可资补给、适于通行的谷道中，最主要的是翻越红其拉甫、明铁盖、瓦赫基里达坂的几条谷道，可以通达巴基斯坦、印度、阿富汗。经塔合曼、苏巴什达坂，至喀拉湖，前去塔吉克斯坦、乌兹别克斯坦，也是较为便利的坦途。

1. 红其拉甫达坂通道

红其拉甫达坂通道，就是目前国际知名的中巴公路经行路线。自塔什库尔干至红其拉甫达坂我国边界，全长100多公里。

离县城后，顺塔什库尔干河谷南行，16公里至阿克塔姆，有小块草地。戈壁上见石堆一区，每个石堆略呈圆丘形，高出地表70—80厘米。最大一座圆丘形堆石，四周见约长4米的石围。据在塔什库尔干地区发掘的经验，这是古代墓葬的一种形式，表明这里曾是古代人居住的地点。

更南行18公里，至吉尔阿勒（意为驿站）。西傍塔什库尔干河，东为低山。谷地内有一片面积200—300亩的草场，但并无固定居民。在这里的一处晚更新世地层内，曾发现3处烧火堆，灰烬中有少量木炭屑、烧骨。傍近发现一件砍砸器：石英岩，两面交互打击，刃缘呈曲折状。从地层分析，为1万年以前的遗存。公路两旁还见到时代稍晚的古代渠道遗址、建筑遗迹、古代墓葬。古代渠道傍山，成南北走向，地表痕迹宽三四米，是塔什库尔干地区有名的法里亚提大渠的一段。山前高台地上，有两处8×10平方米的方形石围。石围内外见古代夹砂陶片，为盆、钵类器型，火候较高。傍近河谷，有圆穹形土屋一处，底座近方形，4×4.5平方米，门东开。古墓为石棺、石盖，覆土极浅，其上或布小块石头。由于处公路边，来去人们翻动、窥视，部分石棺已经破坏，尸骨暴露。我们曾清理这类墓葬2座，系南北向竖穴，石棺（四壁贴石板），人骨架完好，仰身直肢，头北脚南，未见任何殉物。

自吉尔阿勒南行26公里，至达布达尔。这里谷地较宽阔，最宽处有4公里。草场也较好，居民比较集中，均为塔吉克族，目前为乡政府所在。由于地势较高（海拔3477米），气候较冷，农作物只有青稞、油菜。牲畜有羊、马、牦牛等，山地有熊、豹、雪鸡等兽禽。傍塔什库尔干河之台地，同样见到散布之石堆墓，直径一般二三米，微微高出地面。河西岸，有皮斯岭达坂隘道，可通塔吉克斯坦境。

自达布达尔南去，沿塔什库尔干河西岸走，约10公里，至克孜库尔干，即国内外知名的"公主堡"遗址。古堡所在山头名"克孜库尔干吉力克"，海拔约4000米，除东面为临河之峭壁陡岩外，南、北、西三面为高山峻岭，北侧山沟可通皮斯岭达坂。南来的红其拉甫河、西来之喀拉其库尔河至此汇流北向，成塔什库尔干河，河面宽阔，水势湍急。自克孜库尔干城堡下视河谷，水流如带，相当大一片范围可以尽收眼底，形势十分险要。古堡实际控扼着南去克什米尔、西南去阿富汗的两条径道，在军事上的地位是十分重要的。

从公主堡上看塔什库尔干河

古堡遗址的现状是：南面为一道东西向土墙，长约150米，堡墙高约10米，顶宽2.5米，底宽约6米，是用一层土、一层树枝砌筑，土层厚约10厘米，树枝为横、竖交叉叠压。堡墙外侧，山顶有巨石一堆，似礌石类防御设施。

堡墙依地势构筑，西端稍北折，东端见土坯，说明堡墙不是成于一时，而是在不同时代有过增筑、修补。

堡墙内共见建筑遗迹13处。见土墙基、穹顶式、半地穴式土房等，墙厚达2米，是很好的防寒设施。遗址范围内见古代陶器残片，厚至1厘米，为储水大缸之残片。石磨盘，长50厘米，宽40厘米。

我们1972年的调查中，曾取土墙上层树枝送文物保护技术研究所碳十四实验室进行年代测定，结论是距今不到300年，当为清代遗物。但有关公主堡的传说，唐代已十分流行。玄奘在《大唐西域记》所录关于"朅盘陀国"起源于"汉日天种"的故事，危岭孤峰上的"公主堡"古城，又正当西去波斯的孔道，真好像就是目前所见古堡遗迹的历史说明。[12] 斯坦因在塔什库尔干地区活动中，对此深信不疑，而且提出古堡的建筑特点，同于"公元前2世纪的汉代长城边塞，也是用同样的中国古法筑成的"[13]。

从古堡所处地理形势分析，古堡主要是一种军事性质的工程，可以控制通克什米尔、阿富汗的几个主要达坂（红其拉甫、明铁盖、瓦赫基里）。其时代，最晚延续到清朝还在使用，颇可以理解。由于使用中不断维修，上层有清朝的遗迹，自然也不奇怪。但由于这些谷道早在汉代或汉代以前就是自塔什库尔干通达大月氏、罽宾的古道，唐代在中亚地区的几次重大军事行动也都与这些古道密切相关，保卫道路的军事堡垒当不会只从清代起，唐代流行在这片地区的"汉日天种"故事，以文艺形式从另一个侧面表现着这一历史的真实。

自公主堡南行2公里，地名克吉克巴依，为喀拉其库尔河（其上游为火石壁河）与红其拉甫河交汇处。有牧民毡帐3—5座，另也有用石块与草被土块砌就的小屋（所谓草被土块，是切取草被上层，草根密如蛛网，将土夹结成块状，晾干后既可筑屋，也可做柴）。这里河谷宽阔，草场面积大，是一处交通咽喉。

自克吉克巴依去红其拉甫山口，可循红其拉甫河谷（即塔什库尔干河）向南稍偏东行。6公里至库土苏尼地，又5公里到塔什库尔干县种畜场，再3公里至哈里沙尼地，又3公里到沙热依克，25公里后吾甫浪沟来汇，路线折向西南沿红其拉甫沟行，20公里即可抵达红其拉甫达坂。这段路程中，河谷逐渐狭窄，谷地内、低山丘均见草被。草不高，但青葱可爱，人畜一路水草可不虑乏。询及老乡，称：自红其拉甫河谷东行，也有山间小道可通达叶尔羌河谷，进而可抵叶城，但山势高峻，小道崎岖难行。

红其拉甫达坂山口地势平坦，海拔4733米，谷道宽1公里多，翻越甚易。在塔什库尔干工作期间，曾询及自巴基斯坦通过红其拉甫山口入境者，称：在红其拉甫山口我方一侧，地势上升较缓，交通称便。但越红其拉甫达坂进入巴基斯坦后，山势峻险，高山深谷，人马行走视为畏途。沿洪扎河上游谷地向西折南行，经过帕苏、坎巨提（罕萨）至吉尔吉特（大、小勃律），进入印度河上游，至塔克西拉（坦叉始罗）、白沙瓦（犍陀罗首府）。这既是今天中巴公路的走向，因受山势、达坂、谷道等自然因素的局限，同样是古代丝绸之路南道通向中亚的径道之一，堪谓古道今用。人们称中巴公路为"亚洲的新奇迹"，是不无道理的。

2. 明铁盖达坂通道

自塔什库尔干县城至克切克巴依，即红其拉甫河与喀拉其库尔河汇流处，路线、走向均同前。只是至汇流处后，转沿喀拉其库尔河谷西行，经库依尼沙拉木到排依克检查站。至此，在河北岸小山梁上，见不规则方形土堡一处，堡墙依地势铺展，周长200多米，墙高近3米，顶宽1米，堡墙由泥、石、树枝交叠而成，南临悬崖峭壁，俯视喀拉其库尔河，正好控制了喀拉其库尔河谷。堡墙内遗迹保存不多，见红色碎陶片，壁厚达1厘米。曾取城内采集之木板一块进行碳十四测定，土堡时代结论与公主堡近同。清代在排依克设有卡伦，或与此有关。但同样不能据此就排除这里更早就有军事城堡的存在。

在排依克土堡调查中，见所在山头野葱连片，高近20厘米，叶扁平，茎圆，开白色小花。帕米尔，中国古称"葱岭"，有其地理背景。

自土堡向西，沿河谷前进。河谷不宽，山前有草。水流比较湍急，夏日，骑马亦不能涉越。经恰特尔塔，至排依克河入喀拉其库尔河汇流处，河谷比较开阔。在河南岸一稍高石岗上，有古堡遗迹一处。堡墙近方形，每边宽约4米，残高3米，未见其他遗物。古堡正好控制河口谷道，也正好成了古道具体路线的说明。

由此更西行20公里，罗布盖子河自南来汇。道路至此，沿罗布盖子河向南稍偏西行，明铁盖山雪峰傲然耸立。罗布盖子河谷不宽，一些地段只100—200米。地势愈来愈高，但一路水、草不断，青草如茵。再行20公里，抵达明铁盖达坂，达坂海拔高程为4709米，地势较红其拉甫稍高，但路况较好。据曾经穿越过达坂的人反映，越明铁盖达坂进入巴基斯坦后，道路比较平顺。建国前，塔什库尔干与巴基斯坦地区间的交通往来，均取此途。这条路线，也是中华民国政府规定的英国驻喀什总领事由印度进入塔什库尔干地区时的"正式、经常路线"。足见，在有关通道中，这是比较利于通行的一条。进入巴基斯坦境内后，沿明铁盖河谷西南行，经古尔根帕契、波布尔、木库什、帕特，沿河谷转向正南，谷地较为开阔，顺山势直下，至米斯加尔、帕苏、坎巨提，与中巴公路路线合。更前，进抵吉尔吉特。国学大师、著名红学家冯其庸先生研究判定，玄奘返国，进入国门走的就是明铁盖达坂通道。在冯先生倡议之下，近年，这里竖立了一块石碑，揭明了玄奘返国的具体路线。

在中巴公路修建过程中，沿途发现过不少古代遗迹，如岩刻画、磨岩刻石（包括汉文刻石）及佉卢文资料等，可以作为自红其拉甫、明铁盖达坂进入克什米尔地区古道走向的生动说明。

3. 瓦赫基里达坂通道

此道是通达阿富汗瓦罕走廊的天然孔道，在古代交通史上，是值得注意的相当重要的一条路线。

自塔什库尔干县至瓦赫基里达坂，前段公路路线与翻越明铁盖达坂的道路一致。分道处在罗布盖子河口。至此，前往瓦赫基里达坂，是沿海拔4000米的喀拉其库尔河（这一段亦称火石壁河）继续西行。河谷较宽，达两公里左右，沿途草场颇佳，路线沿河南岸行。距离罗布盖子河约5公里处，台地上见一座巨型坟丘，底周约40米，圆丘形，高2米多。火石壁河南岸一处高台地上，还见到土堡一座，是中华民国政府时期守卫这条古道的一

瓦赫基里山口

处据点。

自罗布盖子河西行30公里后，至科克吐鲁克。这是一处交通要隘：西北行，越科克吐鲁克达坂，可抵塔吉克斯坦；斜向东南行，越基里克达坂，可至克什米尔；自北向西偏南行，约15公里，翻越瓦赫基里达坂，即进入阿富汗的瓦罕走廊。这条路线具体情况是：上溯瓦赫基里河谷，约行7公里，路面平坦，人马行走均便，谷道约宽1公里，有草。7公里后，山势陡险，马、牦牛虽均可通行，但跋涉艰难。8公里处，有一不大的高山湖泊，长圆形，长约400米，宽约100米，水色青碧。达坂顶部宽约200米，海拔4800多米。至此，瓦罕走廊即呈现眼底。近达坂顶，有一区小石屋，面积约有20平方米，可供越渡达坂的人稍事憩息。向边防站军人了解到，除冬日大雪，这一通道基本均可通行。尤其是夏日，交通堪称便利。

这些翻越达坂的山道旁，如果仔细观察，可以看到高二三十至四五十厘米的小石堆，沿线断续分布。它实际是一种简单的路标，给不谙路线的旅行者们指示途径。这些石堆、石屋，虽没有明显的时代标志，不知垒自何代，但它们在明确指示古道走向，这是清楚无误的。从一路水草情况分析，数十人的商队，自塔什库尔干翻越前述3个达坂通道，沿途给养均无问题。

翻越瓦赫基里达坂后，道路顺势直下，进入瓦罕走廊。南为兴都库什山，北为瓦罕岭。这是一条东西方向、水草均佳的优良谷道，沿途居民点如良加尔、罗宗、良加尔基什特、伊什卡希姆均可供行人沿路休息。由此经萨朗山口翻越兴都库什山，可至贝格拉姆、喀布尔，沿途古迹不少。自喀布尔斜向东南，通过开伯尔山口，可进入巴基斯坦、印度；自喀布尔向南，可入坎大哈；

由喀布尔西去，经巴米扬、赫拉特，即可进入伊朗。这些都是古代丝绸之路上的重镇、名邦。有人说，丝绸之路进入瓦罕走廊之后，堪谓全线皆活，这是有道理的。727年慧超自印度求法回长安，走的应该就是这条古道。《往五天竺国传》记录了他经过这段路的情况："从胡蜜国（瓦罕）东行十五日，过播蜜（帕米尔）川，即至葱岭镇。此即属汉，兵马见今镇押……外国人呼云渴饭檀国，汉名葱岭。"这与经过瓦罕走廊翻瓦赫基里达坂至塔什库尔干的路线完全一致。马可·波罗来华，也曾经通过瓦罕走廊，只是后半段路线与慧超有异。唐代名将高仙芝，也在这片地区演出过十分威武雄壮的历史活剧。了解这些古道，对前述古代各种行记会得到准确的理解，而结合这些历史上的事件，也会使我们对这些古路通道有一个形象的概念。

四

丝绸之路南道，从塔里木盆地西缘穿越帕米尔，不论自莎车还是叶城出发，受达坂隘道的局限，均必须首先到达东帕米尔的塔什库尔干；丝绸之路北道，自喀什噶尔至费尔干纳盆地、阿富汗、巴基斯坦，也有多条路线穿越塔克墩巴什帕米尔抵达目的地，但同样必须先抵塔什库尔干县城所在河谷。交通地理上的这一特殊位置，使东帕米尔地区的塔什库尔干县在丝绸之路交通上具有十分不一般的地位。

从自然地理条件看，在东帕米尔地区，塔什库尔干县所在河谷，是谷地最宽阔（宽达六七公里）、草场最广大（3万亩左右）、地势相对较低（海拔只有3000多米）的地区。自此南抵达布达尔，北及塔合曼，沿塔什库尔干河谷，草场连片，适宜于牧业发展，也可以进行少量的农业经营，是帕米尔地区自然条件比较优越、人口比较集中的一处所在。

这样的自然条件、交通地理位置，使塔什库尔干县在历史上具有重要的地位。根据考古调查资料，结合历史文献中的有关记录，有理由认为：目前塔什库尔干县城所在地区，就是唐代喝盘陀国都城所在，亦即唐代葱岭守捉置镇处。

塔什库尔干，意为"石头城"。县城附近，也确实保存一处石头城废址。不少文章、图片，均把清朝蒲犁厅城与"石头城"相混同，这是一个明显错误。石头城范围较大，蒲犁厅城则坐落在石头城东隅，它们是两区时代不同、性质各异的遗址。我们曾先后两次对这一石头城废墟进行过仔细调查，1982年还在城内进行了试掘。

石头城遗址，处于目前县城北部一处石岗上，与县城居民点紧紧相连。经纬位置是：北纬37°6′，东经75°13′，海拔3100米。石岗西依萨雷阔勒岭，东临宽阔的塔什库尔干河。河谷至此十分开阔，可分汊为四五道支流，自河滩至山前，均为草场。夏日绿草如茵，牛、马、羊散处其间，极富草原生活情调。

古城遗址依石岗形势构筑。石岗西高东低，南北城墙下为岗峦，中部为凹沟，高下相差达二三十米。受地势局限，城墙为起伏曲折的不规则形象，但略近方形。北、南、西三面墙垣仍非常清楚，东面为陡岩峭壁，而且大部分与清代蒲犁厅城叠压。

城垣全长1300多米。块石夹土、土石相间叠砌成墙，残高6米上下，顶部宽1—3米。每层土石厚约20厘米。北墙、西

今天的石头城遗址局部

墙仍保存有马面,共见 14 座。彼此间距 40—50 米,测其完整者,顶面矩形,6.8×4.5 平方米。马面与城垣构筑办法不同,是用土坯修砌,土坯规格有二:其一,40×30×13(厘米);其二,30×20×7—8(厘米)。四角有角楼,西北角楼台基高 6 米,顶面 4×4 平方米。其余三处坍塌成高大土石墩,规模远过于城垣的宽度。

随冈峦起伏布局的不少房址,仍然可以见出当日情状。建筑主要集中分布在南、北两块地势稍高的石岗上。居室一般略呈矩形,长边一般 4 米上下,短边 3 米上下。部分居室随岗势高下互相错落,房址内见灶坑。

从古城址现状分析,出入古城的通路,主要在面向河谷的东部,依地势顺岩沟出入。城内用水,来自源于西面高山雪岭的新甘沟。沟水曲折,自西北角流贯城中,形成深沟,出东城后泻入塔什库尔干河。这一自然形势,至今仍然清晰,贯穿城中的小沟仍然流水不断。

为探明古城年代，我们曾在城中偏北一处石岗上稍事清理，见集中分布的20多间居室，试掘其四。出土了部分陶片、一枚"乾元重宝"，文物较少。与之同时，于蒲犁厅城内地面，也曾开一深沟，面积3×2平方米。试掘表明：蒲犁厅城坐落在碎石基上。碎石基在早期曾经有过人类居住活动，其中杂有碎毛布、树枝、兽骨等，值得注意的是在这一叠压在清城下的早期文化层内，出土了一件梵文文书。[14] 这是克什米尔地区3—8世纪流行的一种书体。此层巨石纵横，清理工作相当艰难，受开拓面积、工力之局限，并未清理至底。在试掘点稍南，居古城东偏南部位，有古代佛教寺院遗迹，见塑像残部。由于蒲犁厅城整个坐落在早期的石头城东部石岗上，部分地段叠压关系显明。早期地层中出土文物：毛织物、丝织物、树枝、兽骨等，从剖面断层中也清晰可见。我们曾利用这一自然叠压关系，取早期地层中的木炭送请文物局文保所碳十四实验室进行年代鉴定，结论为：早期地层，即石头城活动阶段的年代，为距今1390±70年，经树轮校正，其年代为距今1325±75年，相当于唐代。

古城所在地理形势，背山面河，具有明显的汉式筑城技法特点（马面、角楼），它们与本地土石相间筑城技法相结合，马面、角楼用土坯，明显是在原城墙上增修补建等，据这些特点，而且古城又废弃在唐代，结合前述这片地区在交通史上的地位，比较优越的自然条件等因素，使我们不能不具体得出结论：它就是原为喝盘陀国都城，后为唐王朝葱岭守捉置镇遗迹。

《新唐书·西域传》关于葱岭守捉事，曾有比较明确的记录："喝盘陀，或曰汉陀，曰渴馆檀，亦谓渴罗陀。由疏勒西南入剑末谷、不忍领六百里，其国也。（按：自疏勒西南行六百里，正当塔什库尔干河谷。）距瓜州四千五百里，直硃俱波西，南距悬度山，北抵疏勒，西护密，西北判汗国也。（按：其四至，东为叶城，南为喀喇昆仑山，北为喀什噶尔，西通瓦罕，西北至费尔干纳，这都与塔什库尔干十分切合。）治葱岭中，都城负徙多河。（按：塔什库尔干河为叶尔羌河上游之一，故同样可称徙多河。还有一点值得一说：在向当地塔吉克群众询及塔什库尔干河的称谓时，有称此河为"沃西多"的，与"徙多"同音。）胜兵千人。其王本疏勒人，世相承为之。西南即头痛山也。（按：指兴都库什山。）葱岭俗号极嶷山，环其国。人劲悍，貌、言如于阗……贞观九年，遣使者来朝。开元中破平其国，置葱岭守捉（按：8世纪初叶，喝盘陀国王降附吐蕃，国亡，唐为阻抑吐蕃势力进入塔里木盆地，于此置葱岭守捉。足证，葱岭守捉置在喝盘陀国，并取其政治、军事、经济中心所在的都城为置镇之所，自然是情理中事。石头城原来用石块夹土砌城墙。土、石建就之城垣上，后增了唐王朝以土坯砌就的马面、角楼，使军事防卫职能更加完整，颇可以作为这一历史事件的具体说明），安西极边戍也。"这一记录，颇为准确地说明了今塔什库尔干地区，唐代确为喝盘陀国之所在，而葱岭守捉置镇之所也在这里。

为更好理解现存石头城遗址确为喝盘陀国之都城，还可以玄奘《大唐西域记》中的有关记述做印证："朅盘陀国周二千余里，国大都城基大石岭，背徙多河，周二十余里。山岭连属，川原隘狭。谷稼俭少，菽麦丰多，林树稀，花果少。原隰丘墟，城邑空旷。"这段文字，除说都城"周二十余里"一句，失之过大外，其余记录，真可以说是十分准确的描述：石头城正处一大石岭上,临徙多河。从总体观察,帕米尔地区确实也是川原隘狭,谷稼俭少。由于地势高寒,直至今日,农业生产仍以青稞、豌豆为主。一二十年的树木,山下早已成材,在这里却只小碗粗细。这一切,玄奘的描述实在非常贴切。都城处在临河的大石岗上,正是我们今天所见石头城遗址的形象。"朅盘陁"系伊朗语,意为"山间平地"。对于塔什库尔干河谷这一片地区来说,也是很准确的概括。而在这片河谷内,塔什库尔干石头城是在最重要的地理位置上,构筑的最大的一座古城遗址,只有喝盘陀都城才能与之相当。

朅盘陁国存在时间颇长。其境域,为汉蒲犁国地。但作为葱岭守捉城,存在的时间却是相当短暂的。开元中始设葱岭守捉,安史之乱以后,河西、陇右为吐蕃所据,新疆大部分地区也都一度在吐蕃的统治之下。葱岭地区是吐蕃进入新疆的重要隘道之一,葱岭守捉之置,就有阻抑吐蕃自葱岭进入塔里木盆地之目的。在这一形势下,葱岭守捉城很快没于吐蕃,是并不奇怪的。

葱岭守捉存在的时间虽然不长,但其政治意义却不应轻估。它是唐王朝政权在我国西部边境直接设镇,派兵戍守的一个边远地点,说明了葱岭所在地当时是唐王朝直属版图。我们通过考古调查、试掘,明确了葱岭守捉的所在,通过考古资料进一步论证了这里原是喝盘陀国的都城,对研究帕米尔地区的历史、地理,研究中西交通情况,也有很大意义。今后应加强对塔什库尔干石头城遗址的考古发掘,弄清楚城的始建时期,进一步通过考古资料,分析这一遗址与汉蒲犁的关系。前面曾经谈到的香宝宝古墓区,出土了金、铜、骨质珍贵文物,墓葬主人已经进入文明时期,处于奴隶制发展阶段。[15]这些考古资料具体表明,塔什库尔干河谷的这一地区很早即已得到了开发,战国时期已有了相当发展的古代文化。在这些资料的基础上,再做深入一步的工作,古代蒲犁国的考古文化是不难得到澄清的。

五

我们在塔什库尔干河东地区,还进行了一般的考古调查,有关具体资料,同样有益于我们认识、研究塔什库尔干地区历史、丝绸之路交通情况。

自塔什库尔干县城,过河而东,翻越坎达尔山,经兴地到下班迪尔、阿克塔木、瓦恰、肖依墩,再翻越一不太高的达坂,到马尔洋。这是一条与塔什库尔干河谷走向平行的南北向山沟。河谷不宽,只一二公里。沿一道小河顺坡而进,沿途见到石堆墓、土城堡,大都分布在河谷两岸低山地上,古墓地表均为石堆,每一区墓葬数量不多,墓葬分布中的这一特点,与存在定居、农业的地区形成很鲜明的对照。

班迪尔乡所在山沟沟谷很狭,谷底一水中流,草场不大。全乡人口才 1000 稍过。入班迪尔沟不远,近乡政府所在,低山坡上见一小土堡。长方形,东西长 80 米,南北宽 40 米,地面不见更多遗迹、遗物。墙垣构筑方法是底部为石基,上层为土坯夹泥,层层砌垒,现高只 2 米左右。古堡外见古墓葬,同样是表面堆石。考古所曾试掘其一,竖穴土室,人架仰身直肢,随殉一件陶器,饰刻画之三角纹,明显具有早期特征。古堡下,近河滩之台地上,有石棺,上部为石盖板,部分已暴露于地表。从形制分析，与塔什库尔干县城南 34 公里处吉尔阿勒墓葬近同。此土堡俯临班迪尔河谷，控制着去班迪尔、瓦恰、马尔洋的隘道。堡塞虽不大，但形势十分险要。

班迪尔河谷，宽不过一二公里，两侧秃山屏列，不见树木，只河谷底部，稍有小块草场。至瓦恰，河谷较此稍宽阔。瓦恰沟内，河西岸第二台地上，亦见土堡、古墓，外部形制与班迪尔近同。古墓数量较多，亦较集中。由于河谷狭、地势坡度大，夏日每天下午至第二天上午，山上雪水流泻至此，形成汹涌急流。不谙有关地势、道路，不敢随便行走。

由于地势高寒，农作物只有青稞、豌豆、油菜。河谷狭窄，水草局限，牲畜数量也不多。

去马尔洋翻越达坂途中，因汽车故障，中途折返。但在高山坡上却又见到一片野葱。漫布在一条较浅凹的泄水沟内，野葱高可达 40 厘米，叶扁平，每株有六七片叶，对称展开。时在 7 月底，野葱的紫色球状花成簇开放，远望成带，在荒山顶上成为显目景观。据老乡讲，这类野葱，在地势较高的高山夏牧场内，随处可见。生长较低处者，见者采食，逐渐少了。《汉书·西域传》称帕米尔为"葱岭"。《西河旧事》云："葱岭，其山高大，上悉生葱，故以名焉。"颇为清楚地说明了汉代所以名"帕米尔"为"葱岭"的缘由。"葱岭"是一个典型的汉式地名。丝路早开，并越葱岭而西行。葱岭之名早在汉代已见之于史籍，是清楚透示了丝路的历史消息的。

在介绍有关塔什库尔干地区考古文化情况时，还有一处值得一提的线索。现属塔什库尔干县达布达尔公社三大队的热斯卡木，是一处十分值得注意的地区。它地处叶尔羌河谷，自达布达尔骑马4天可以到达。不大的热斯卡木河，是叶尔羌河上游的一条小支流，沟谷不宽，7个小居民点沿热斯卡木河谷分布，河谷宽不足1公里，约300多亩面积的平地成东西向展开，海拔4000米，俗称"穷托卡依"。从地理位置看，这里与马尔洋谷地相去不远，河谷可以相通。关于热斯卡木的遗迹遗物，塔什库尔干地区不少人曾从各个角度反复强调，相当丰富。在阿克迭列克见过古代城堡；玉素坎有铜矿；古文物、陶片、金银饰物等，常有所见。目前由于山高谷深，交通不便，一般情况下，与外界联系十分稀少。如从叶城西行，顺叶尔羌河谷走，可以通达热斯卡木地区。从热斯卡木翻越西岩达坂（海拔4900米），可以进入塔什库尔干河谷，这样，与红其拉甫、明铁盖、瓦赫基里达坂通道可以相连通。因此，它也是一条值得注意的交通孔道。这一古道，结合热斯卡木地区已见的古堡、古址，对我们分析自莎车西入帕米尔的路线、帕米尔的古代文化遗存，均不失为重要线索。由于时间不宜，交通条件局限，我们两次均未能前往，颇以为憾。

[1]《汉书》卷九十六上《西域传第六十六上》，中华书局，1999年。

[2] 我们在帕米尔踏查中，多处见到漫山野葱，"葱岭"之名是与此密切关联的。

[3] 参见岑仲勉《汉书西域传地里校释》，中华书局，1981年；及冯承钧原编、陆峻岭增订《西域地名》，中华书局，1980年。

[4] 新疆维吾尔自治区博物馆考古队《新疆疏附县阿克塔拉等新石器时代遗址的调查》，《考古》1977年第2期。

[5] 古城址坐落在乌帕尔公社乌布拉提村。我们曾在1972年进行试掘，出土文物特征及碳十四测定资料（结论为距今1605±85年）均表明，古城毁于魏晋时期。资料现存新疆考古所。

[6] 新疆社会科学院考古研究所《帕米尔高原古墓》,《考古学报》1981年第2期。
[7] 岑仲勉《汉书西域传地里校释》,中华书局,1981年。
[8] 自莎车至和田,今天公路里程约300公里;自莎车至喀什,公路里程也近300公里。
[9] 《宣统新疆图志》卷八十二。
[10] 我的两次塔什库尔干调查,马达尔汗均全程一道工作,他是当地塔吉克族中的大知识分子,对有关地理、民俗十分熟悉。他小学毕业后至喀什读中学,走的就是这条路,沿线情况,娓娓道来,如在眼前。
[11] 斯坦因《在通过帕米尔地区的古道上》,《喜马拉雅学刊》第4卷,1932年4月。转引自中国社会科学院民族研究所编,吴泽霖译《帕米尔及其附近地区历史、地理、民族英文参考资料汇编》第二卷,1980年。
[12] 《大唐西域记》卷十二《二十二国》,"朅盘陁国"条。
[13] 斯坦因著,向达译《斯坦因西域考古记》,中华书局,1936年。
[14] 此件文书承库尔班·外力帮助鉴定,特此说明,并致谢意。
[15] 新疆社会科学院考古研究所《帕米尔高原古墓》,《考古学报》1981年第2期。

天山阿拉沟谷道觅史

史传中难见提及的阿拉沟和由阿拉沟进而深入的天山峡谷古道，在经新疆、由东亚迈向亚欧西部大陆的交通中，曾有过十分重要的地位。这是新疆历史、地理学界关注不足的故实。

工作机缘，我曾比较翔实地考察并多次穿行过阿拉沟，有在阿拉沟考古调查、进行发掘的收获，也注意到新疆考古工作者近数十年在新疆天山峡谷包括阿拉沟内已获大量考古资料，逐渐认识到了这一故实。我很希望能由此引发新疆古代历史、地理研究者们的关注，推动进一步思考，从而助益相关领域研究的深化。

一

阿拉沟峡谷，是东部天山中一条十分普通的峡谷。从吐鲁番盆地经由这一峡谷进入天山，可入中亚两河流域，并更进一步走向西部世界。

天山山系，是亚洲中部最大山系之一。其主体绵亘新疆中部，西段入哈萨克斯坦、吉尔吉斯斯坦、乌孜别克斯坦境，全长达2560公里。新疆一段长达1760公里，由数列东西向断块山地构成，山体宽达250—350公里，面积达46.4万平方公里。断块山地，不仅方便东西行进，也方便南北穿越。其间山峰、盆地、高山草场，屏列展布，堪谓景象万千。闻名中外的吐鲁番盆地、焉耆盆地、大小玉尔都斯草场、那拉提盆地、伊犁河谷盆地等，其实都是北天山与中天山、中天山与南天山间的一些主要盆地。盆地内地形相对平坦，山区气候又较湿润，是古代游牧民族十分理想的生存空间。[1]

阿拉沟山谷，居中天山之阿拉沟山与天格尔山之间。东西向延伸，长不过100公里，宽可百米至数千米，地势西高东低、西窄东宽。阿拉沟河流贯谷地之中。阿拉沟山至谷地东口，高度渐降，趋向平缓，渐入吐鲁番盆地之中。谷地两端为高峻之奎先（或称科雄）达坂，海拔达2780米。翻过达坂，缘乌拉斯台河谷南行，可入和静、焉耆绿洲。过阿拉沟山谷更西行，入开都河谷，抵玉尔都斯草原，西南经库车河，可入库车绿洲；西北方向，可方便驰入巩乃斯河谷、伊犁河谷，沿途水丰草茂。更西行，进入哈萨克斯坦、吉尔吉斯斯坦、伊塞克湖，步入西部天山，真可以说是东西畅达、南北无阻。这些，都是我多次东西行、南北走，断续来去过程中所获的感受；如果不是利用汽车，而是中古或更早岁月里的马、骡代步，会费时较长，有劳顿之累，但完成相关穿越并不存在很大困难。[2]

二

我与阿拉沟结缘,得益于1976—1978年间在阿拉沟山谷中断续进行的考古。

20世纪70年代,因应形势要求,要在天山中修建吐鲁番至库尔勒的铁路。在当年几乎没有任何工作经费的情况下,随修路工程进行的文物考古,得到了铁道兵的全力支持。断续3年的考古调查、发掘,收获一是发现了既往从无所见的青铜时代遗存,二是发掘了一批具有塞人考古文化特征的墓葬,出土了大量金器。富含游牧民族特点的野兽纹黄金制品,祆教青铜祭祀台、木质冥车,与来自中原大地的漆器、绫纹罗、凤鸟纹刺绣共存。阿拉沟曾是东西文化交流的重要谷道,这一结论立即呈现在眼前。它们与南西伯利亚巴泽雷克古冢出土物明显有类同特征。这在当年,是十分激动人心、可以挑战传统认识的新成果。[3]

1976年作者(左)在托克逊路边一维吾尔饮食摊吃午饭

为此，在阿拉沟工作3年中，我曾不止一次循阿拉沟进入天山峡谷，既东西驰行，也南北穿越。主要目的既在探其交通路线，也关注天山峡谷中存在过的其他文物考古遗存，希望能寻求开拓过天山峡谷空间舞台的古代先民的消息。

4000多年前，原居欧洲的高加索种人，在气候趋冷的灾变下，曾有一支穿越天山峡谷，经玉尔都斯草原，进入开都河谷，步入孔雀河流域，揭开了罗布淖尔青铜时代文明的新页。[4]

前文已提及，2300年前，阿拉沟东口所见塞人贵族墓冢、出土文物，生动揭示了战国时期楚文化西入新疆，经行天山峡谷古道，进一步西走并及于南西伯利亚的史实。

伊犁河谷地如昭苏、特克斯、新源、尼勒克、巩乃斯等县市，是新疆所见乌孙古冢比较集中分布的地带，与西部之哈萨克斯坦、吉尔吉斯斯坦、天山伊塞克湖周围所见古代乌孙遗存地域相连，为同一种考古文化。乌孙与西汉王朝政治、经济、文化关系密切。乌孙，在公元前1000年中期以晚，雄居中亚。天山峡谷，曾是他们与汉王朝来去的重要通途。经由阿拉沟峡谷古道，自长安可以抵达乌孙赤谷城；由库车绿洲进入天山，也是汉与乌孙交通的径道。[5]东汉永寿四年（158），在天山拜城盆地北口博者克拉格沟，刘平国率秦人、羌人修建的关亭，就曾是由龟兹、拜城进入天山北麓的重要孔道。

与阿拉沟东口塞人遗存竖穴木椁墓风格相近，北天山峡谷中之库兰萨日克古冢（地属克孜勒苏阿合奇县，居托什干河谷，北行50公里为天山别迭里山口，可通哈萨克斯坦纳伦河谷）出土过转体跃马金牌、鹰（格里芬）立鹿背金牌、金丝饰珠耳环、忍冬纹金箔饰片等，与泥质筒形带流杯、盘口带流壶、圈足球腹瓶共存，显具游牧民族文化特征，是绝对年代在公元前3世纪前后的一批遗物，显示了当年天山峡谷中，颇不平静的游牧人生活场景。[6]

值得一提的还有前苏联考古学家命名的所谓"胡须墓"（地表存环形积石、半环形积石，故名"胡须"）。前苏联考古学家 K.A.阿基舍夫、T.A.库沙也夫对哈萨克斯坦、伊犁河流域、阿勒泰等地所见相关古冢进行过发掘。基本形制是竖穴墓室，有殉马、青铜器、金器、骨器，早到公元前5—前3世纪，晚可到公元前后，可判定它们是塞文化一支。相关遗存，也发现于新疆巴音布鲁克草原、伊犁河谷地察布查尔县索墩布拉克等处。[7]相关资料清楚表明，这支有鲜明特色葬俗的游牧人，同样在天山中留下了遗痕。

呼图壁康家石门子大型生殖崇拜岩画，清楚表明了古人寻求人类生殖繁衍、实施生殖巫术的活动。岩画年代在公元前1000年前期，画中的巫术活动将人类生殖繁衍与双马崇拜关联，人物戴高高的尖顶帽，脸形具高加索人种特征……诸多细节，与伊朗卢里斯坦青铜时代遗址出土青铜器、伊塞克湖金人墓中高冠、内蒙古阴山岩画遗存双马崇拜图像，均显关联。这自然也说明了天山峡谷内外居民交通联系的情形。[8]

1997年，天山峡谷昭苏波马出土了一大批高品级金银器，如镶红宝石金面具、宝相花纹金罐、虎纹把手金杯、黄金剑鞘、宝石金戒指、金质腰带、金质把杯、金质套袖及大量金箔花叶等，并见缀金珠绣、云气动物纹锦、玻璃器、一匹大白马等，墓主人身份不俗。应是公元四五世纪遗存。[9]

高等级黄金面具，满饰红宝石，与西天山吉尔吉斯斯坦伏龙芝曾出土之黄金文物类同；辫线纽结的金带、镶红宝石的金质剑鞘、花叶形金箔片等，也曾见于阿富汗北部希比尔甘的大夏贵族墓。墓主人之族属，学界目前仍在讨论中，但不论其族属如何，它揭示公元4世纪前后，经天山峡谷入吉尔吉斯斯坦，更远至贵霜大夏，存在这一交通路线，是清楚明确的。

对天山峡谷可以交通东西的重要地位，在8世纪中叶，唐王朝有了比较明确的认识，对此强化了安全管理。现仍屹立在阿拉沟东口，俯视阿拉沟河谷及吐鲁番盆地的鸲鹆镇故址可为实证。它是以土石为料构建的堡垒，基本方形，石墙高达6米，墙基厚达3米，周长达118米。我在1976年简单清理过故垒内一间小室，于故垒东门外部分积土中获唐代文书9件，包括唐鸲鹆镇游弈所戍卒名录及配置武器、甲仗，曾接待途经此处的康国一位六品官首领的记录等。文书残碎，但却十分具体地表明了基层军事单位日常运作的情形。[10]

与此密切关联，是出土于吐鲁番阿斯塔那墓地（编号为64TAM29）的29件唐代文书。其中时在垂拱元年（685）的4件文书清楚说明，西来之商胡吐火罗拂延年、吐火罗磨色多、康尾义罗施、康纥槎、何胡数剌及作人曹伏魔、曹延那、安莫延等一行，共携"驴二十六头""马一匹""驼二头"等，欲向东兴易，因为没有过所，被唐西州高昌县截留、审查。又语言不通，高昌县用了"译翟那你潘"，数审以后，经过"庭、伊百姓康阿了""伊州百姓史保""庭州百姓韩小儿""乌耆人曹不那遮""高昌县史康师"等人作保，保证上述"西来""向东兴易"诸人不是"压良、冒名假代""弦诱""寒盗"等色，只是因为西来途中无"汉官府"，"在西无人遮得"，"更不请公文"，所以"并请责

吐鲁番阿斯塔那晋唐墓地

保","若后不依今款,求受依法罪",这才请得了高昌县过所,顺利东行。这一案件细节,显露之历史消息相当不少。[11] 其中重要一端,是地居中亚的昭武九姓胡人,居地阿富汗的吐火罗人等,当年就利用天山峡谷古道,进入西州,东抵长安。

  本文只就天山峡谷道途一点,稍予展开。作为活跃在葱岭东西、天山峡谷内外的粟特昭武九姓胡人,其精明、工于心计、营商过于常人,是大家熟知的。当时离唐王朝640年平高昌、设西州,随之更设安西、北庭,全面强化对新疆大地的军事、经济管理,已近50年。对于通行需领过所,他们自然也是了然于心的。但他们还是决定不走有政府管理的天山南麓绿洲城邦驿道,而选择穿行天山峡谷,正表明他们十分地精明、聪慧。穿越天山峡谷,对驴马驼队来说,既可省沿途水草、粮料之费,也没有绿洲路上会有的行政管理用费。峡谷道途相当时段还无人管理,他们大概也是有所闻知的,行进自然也就更方便。然这次不巧,虽穿过了天山峡谷,却没能逃脱高昌县的监管网络。但他们毕竟有通商、兴易的正当理由,有故旧熟人担保,所以虽有惊却无险,东向兴易的计划还是得到实现。只是交通管理上的疏漏被唐王朝关注,稍后不久就在天山峡谷东口阿拉沟高峻河岸上建起了鸲鹆镇游弈所。有了常驻的健儿,天山峡谷东口自此安设了一道相当严密的关卡。

明王朝对与中、西亚的商贸往来,虽不如郑和七下西洋那么盛大,但还是有过关注的。在这一事业中,天山峡谷也曾承担过重要使命。

永乐年间,通过天山峡谷,明与中亚乌孜别克斯坦、阿富汗,更西至伊朗,存在商业贸易往来。永乐十一年(1413),中亚哈烈(今阿富汗赫拉特)入贡明王朝。对这一"朝贡"下的贸易,明王朝是积极的,并派陈诚为使,护送哈烈使臣回国,返程路线走的就是天山峡谷一途。陈诚在《西域行程记》中对相关路线有明晰的记录:自哈密西行,过古城"腊竺"(今拉甫乔克古城)。自吐鲁番托克逊西行,入天山峡谷,峡口"有一大烟墩"(唐鸲鹆镇游弈所故址),地名"阿鲁卜古迹里",实即今天俗称的"阿拉沟"。过阿拉沟入山后,过奎先达坂,入乌拉斯台、巴音沟,经"纳剌秃"(今胜名远播的"那拉提"),入玉尔都斯草原;西北行,入"东西一大川""孔葛思"(巩乃斯河谷),继入"衣烈河"(伊犁河),经"阿力马力口子","向西南入山",马行14天后,至"亦息渴儿"海子(伊塞克湖)。继续西行,近一个月,经"塞蓝城",17日后抵"石剌思";再两天,至"撒马儿罕",更行,"度一石峡,名铁门关";约一周后,近"八剌黑城",再20多天,抵中亚名城"哈烈"(今阿富汗赫拉特)。进抵西入波斯、地中海世界的大门。继这次西行后,他又曾两次受命穿行天山峡谷,抵撒马儿罕,过兴都库什铁门关。抵达西亚交通要隘赫拉特。[12]"诚数奉使,辙迹遍于西土",沿途"辄图其山川城郭,志其风俗物产"[13],留下过珍贵资料。明王朝当年关注、开拓、建设通向中亚、西南亚商贸大道的努力,是十分清晰的,而在这一战略设计中,经过阿拉沟的天山峡谷古道,居于中心地位,也是十分清楚。

入清,在与准噶尔部的角逐中,由阿拉沟经天山峡谷入伊犁河谷曾是更为重要的交通线。许多惊心动魄的事件,都曾在天山、伊犁河谷中展开。这里不再赘述。

三

梳理过阿拉沟及天山峡谷的地理形势,搜求过已经进入学者视野的考古遗存,涉猎过前贤穿越天山峡谷时的记录文字后,掩卷沉思,这不大的峡谷,在古代新疆史、中亚文明史研究中,还真是不能轻忽但目前确又关注不够的地理空间。

最早进入天山峡谷,驰骋来去,无疑就是活跃在中亚大地的早期游牧人。虽是峡谷,但水草咸备,高山草场星罗棋布,穿越不难,对游牧民族实在是求之难得的理想生活舞台。迄今已在天山峡谷中发现的考古遗存,与周邻地区已见考古遗存或多或少的关联,可以充分肯定这一结论。至于他们是什么时段、因为什么力量驱动而进入了天山腹地,进入腹地后的发展状况,彼此间及与天山内外族群间的关系,等等,至今可以说还是新疆考古、历史研究界认识的盲区,是新疆古代史研究中有待填补的空白。

在论及已见阿拉沟、天山峡谷中的考古遗存时,不少报告、研究都提到遗存主人"可能是塞人"。这自然不能算错。因为古代希腊文献、波斯文献、古汉文文献,涉及这片地域、黑海、里海周围、中亚两河流域,甚至远及乌拉尔山以东的欧亚草原,以及南亚波斯高原等处,在特定时段,活动过的民族,无不提到过"塞人"。[14] 面对近一个世纪来大量新见考古文物,我们已经能够,也确实需要对2600多年前古代作家们虽未亲历,却在文献中写下的相关著述,对照新取得的考古资料,进行深入一步检讨、分析,做出新研究了。这个问题很大,是涉及面广,学科众多,需要强大组织协调,才可能有所收获的大课题。目前,可暂先放在一边。只从新疆一角切入,将注意力放在天山峡谷中,以这区不大的山谷为对象,如阿拉沟东口的竖穴木椁墓、托什干河谷的库兰萨日克金器墓、天山峡谷草场中的"胡须墓",大都被披上了"塞人"的外衣;但细部特征,其实差异又相当不小。葬俗、随殉文物(从组合到主要器物特征),也都有不同特点,地域分布也有不同。面对这一局部,展开具体分析,还是有必要的、可行的。

目前,我们掌握的所谓"塞人"遗存,只是墓葬,有点局限。但埋葬制度,对任何一个特定的民族群体,都是十分神圣,不容随便改变的传统。它们是祖宗之法,具有不一般的地位。随殉之文物,自然也是传统文化、传统信仰的宣示。这种种,实际都可以看成是相关墓葬主人对社会、世界的声明,其中凝集着的是他们厚重的文化性格,具体显示着他们的民族个性,表明了

"他们"与"非他们"之间最本质的区别。通过认识这些遗存，今人自然可以从中感知到他们与其他民族实体间是否存在异同，有多少异同。经过如是分析，进而求索他们何时、因为什么力量与什么追求而步入了天山腹地，在峡谷中的活动情形，最后又走向了何方，就能获得比较接近真实存在过的历史篇页。做过这样的工作后，应该有可能捕捉到一点具体、真实发生过的民族历史碎片，大概看到一点由考古遗存及其主人们当年制作、保留下来的物质文化鳞爪。天山峡谷在欧亚文明交流中，曾经发生、展开过的具自身特有、不可替代的历史点滴，也就有可能更清楚地展现在今人面前。

说这段议论，是因为我在深入天山峡谷后，切身感到了过去未曾深入分析的苦恼和遗憾；感到了力求认识深化，却知其门径而无力深入的烦闷。这也是我再思考后才涌现在心头的追求。感悟到这一点有些迟缓，但这确实是可以做、应该做的一件事。只要老天假以时日，这是我希望去学习、探索的问题之一。因为只有这样，才可更清楚地认识在欧亚人民交流来去的历史进程中，天山峡谷曾经有过的担当，做出过的奉献。这些消失得太久，也从未见诸文献的古代社会生活画面，只要历史、考古学者认真努力，还是有可能挖掘出来的，帮助今人走近那些看似消逝无痕的岁月。这自然也就是责任在肩的考古人之义务了。

过天山峡谷可入中亚西部，是汉王朝通西域前已经存在的山路。但在西汉王朝确定了走向西部世界的战略后，构建的却是完全不同的绿洲之路。这是成功的实践。但也有一些细节，可以补益相关文字记录。

汉文史籍中，最早比较清楚地说明了自东亚走向西部世界之主要交通干线的是《汉书·西域传》:"自玉门、阳关出西域有两道。从鄯善傍南山北,波河西行至莎车,为南道;南道西逾葱岭则出大月氏、安息。自车师前王庭随北山,波河西行至疏勒,为北道;北道西逾葱岭则出大宛、康居、奄蔡焉。"《汉书》的作者是班固(32—92)。他辉煌发光的年代,距离西汉王朝政治上统一西域已有100多年。班氏家族,尤其是班固,在两汉王朝时是当之无愧的西域研究大家。班固在《汉书》中对西域交通路线的叙述,自然具有权威性。说"南道西逾葱岭",据我个人考察体验,不仅是总体的形势概括,也是对南道入大月氏时,具体入微的细节记录,极度精准,弥足珍贵。[15] 所以如此说,源在1972年夏,我曾立足葱岭明铁盖近旁山头,看脚下连片青葱随风摇曳,脑中思绪汹涌。南望明铁盖雪岭巍巍,印度河谷似抬手可及,西看瓦罕走廊,虽仍在20公里之外,然也若在身边。遥思2000年前,汉王朝西行的使节、商旅,放马在排依克城堡下,十分疲倦之身躯随意或躺或坐在连片野葱之中。故国已远,但大月氏、安息已近在眼前,昨天的万千艰难险阻,已如浮云飘散;明天的功业、祖国亲人的企盼,正在前方向自己亲切招手。这交通径道,这青葱连片的山头,总得有一个名字,于是,"葱岭"自然而顺乎情理地涌现在了他们的脑海,随后落笔在了简牍之上,又自然成了班固在叙说南道路线时,关键性的"逾葱岭"三个大大的汉字! 2000多年来,风云变幻,历史波澜起伏,十分传神之"葱岭",也慢慢变化成了7世纪后的"帕米尔"。但"葱岭"的地理形势真还不变如故,它成为了华夏古国的英雄儿女们不惧任何艰难,走向南亚、西南亚,进而更远及古欧洲大陆的纪念碑!留痕在《汉书》中的"逾葱岭"三个字有力揭示,在

2100年前华夏儿女的精英们，确确实实曾在前往大月氏、安息的征途中经过了明铁盖，也关注过明铁盖河畔这片野葱漫布的山头，进而由此迈向了高峻及天的瓦赫基里达坂。这在构建东亚华夏与西部世界的交通、文化联系中，是当之无愧的不朽勋业，是中亚文明史上不应被遗忘、佚失的历史丰碑。认真想，名"葱岭"，对这片高原，其实更为合适，它具体、朴实、定名早、记录在册，富含历史文化价值，因而也更值得我们铭记不忘。

紧随其后，说北道随北山"波河西行"，也是"逾葱岭"。行文就难说准确了。今天看去，这文字表明2100多年前，走向西部世界的志士们，对葱岭高原与西部天山的认识还是混同一体的。同在《汉书·西域传》中，班固说过，当年的西域（指塔里木盆地）"东则接汉，扼以玉门、阳关，西则限以葱岭"，就很清

漫步在葱岭守捉城中

楚地说明了这一认识误区之存在。放在2100年前，欠缺科学的地理考察，存在这样一个模糊认识，自属可以理解；但在我们今天的著述中，涉及亚欧交通，只是引据《汉书·西域传》的文字，不注意取近代科考成果做进一步注释，就有明显的不足了。因为，对不谙西域地理形势的读者而言，因此生发误解还是完全存在可能的。准确来说，从疏勒（今喀什噶尔地区）入大宛（乌孜别克斯坦、费尔干纳盆地）的交通路线是不要"逾葱岭"的。具体应该是自疏勒缘恰克马克河、托鲁加尔特河或克孜尔河西行，进入托鲁加尔特山口，即可方便进抵奥什、安集延、阿姆河流域，抵达费尔干纳盆地之中。这既便捷，也比较好走。20世纪30年代前，英国学者斯坦因多次进入新疆考察，不少次穿行过这条道路，沿途也多有具体介绍。他总结对这一通道的感受说："这是天然贯通的大阿拉山谷，古代从中国以及塔里木盆地来的丝商即沿这条山谷而下以达妫水中部，这个结论，无论就地形的事实，气候的情形，以及当地所流传的材料而言，都可以充分证明。"[16]我在新疆工作期间，足迹曾及于托鲁加尔特山口、别迭里达坂等走向中亚西部的隘口，沿途荒山秃岭，真难觅得野葱消息。由此想到，班固这里的北道"葱岭"，准确说应该是穿行天山西部的阿拉套山谷，与塔什库尔干所在的葱岭高原并无关涉，这在今天确是应该说清楚的。

　　《汉书·西域传》说西域交通，不涉天山峡谷山路一字一词，并不表示汉王朝的知识精英对此没有了解。但论交通，却只说塔里木盆地周缘沿绿洲城邦行进之大路，有其特定的时代背景。汉武帝刘彻在《轮台罪己诏》中深沉反思，并对卫青说："四夷侵凌中国……不出师征伐，天下不安。"这是他命张骞通西域的初心，实质是对匈奴长期的侵凌揭开了战略反击的帷幕。张骞初通西域后，一批批使节、商旅，多仿张骞再出西域时的装备"赍金币帛直数千巨万"，保证远途给养之"牛羊以万数"；而且"诸使外国一辈大者数百、少者百余人"，"一岁中使多者十余、少者五六辈，远者八九岁、近者数岁而反"（司马迁《史记·大宛列传》）。刘彻真是举全国之力，推进着联通西部世界的宏伟事业。持续多年努力后，"西北国始通于汉"的战略目标实现了。地偏东亚的华夏文明，终于与葱岭以西的欧亚文明牵手，这对世界文明进步的历史奉献，是怎么估价也不过分的。

为承担、完成这一历史使命，自刘彻开始，先后有置河西四郡，破楼兰，和亲乌孙，屯田伊循、轮台、渠犁、龟兹，置西域都护等一系列军政措施。经过西域南北绿洲城邦、携带巨额财货西行的使节、商旅，安全、给养均可无虑。天山峡谷中只能容少数人来去的山道，自然也就不在政府的关注之列了。这变化，是历史发展的需要，也是历史进程的具体说明。交通，紧密呼应着时代要求。在发展变化了的大时代前，天山峡谷自然只能沦为民间来去的小路，与官方经营的大道无法比匹。

四

对新疆地理形势，近年著作中比较流行，也让人们一致认可的概括，是"三山夹两盆"，意为昆仑山、天山、阿勒泰山三大山系夹峙着塔里木盆地、准噶尔盆地。从自然地理角度看，似不错；但细加品味，它所强调的新疆地理形势内核，是一种比较封闭的存在。在如是概念中，准噶尔西部山系、天山、昆仑山、阿勒泰山中，可朝向东、西部行进的天然孔道、河谷及可资翻越的达坂等，就难得应有的关注。如天山峡谷、阿拉沟等这些细微的存在，也很难进入人们分析、观察的视野。这自然是有所不足的。其实，古代存在过的亚欧大陆间的经济、文化交往，留存在这些小沟谷中的历史碎片是并不少见的。而换一个角度思考，对于古代新疆大地的政治地理、经济地理地位，上述概括就更显不足。疏忽这类存在，对全面认识新疆、中亚历史是有欠缺的。

从政治、经济角度思考新疆，它曾是古代亚欧大陆居民交往的枢纽，名副其实。新疆的存在很久远，不同种族、众多民族不断地迁徙、流动，其间有持续的经济、文化交流。这些交流并没有因为高山、大漠阻隔而休止。

从旧大陆亚洲、欧洲、北部非洲历史文明进程观察，彼此地域毗连，古代居民来去的历史发生得很早。新疆大地，虽有三山相隔，沙漠、戈壁纵横，大大增加了往来交通之难，但人们很早就克服这种种自然阻难，展开、完成过经济、文化交流的事业。新疆，很早就已是黄河、长江流域的东亚文明与西部世界联系、来去的孔道，承担过重要使命，也完成过辉煌伟业。从这些角度审视，更全面地认识新疆大地的地理特性，揭示它沟通亚欧交通的作用，是更具积极意义的。

本文关注的角度很小，只重点涉及了阿拉沟及天山峡谷，关注的考古遗存、文献记录，只能说是可数的几个小点。但从有限的细节透视，这些山沟、峡谷，从很久远的青铜时代开始，就已经是古代祖先了解，并在实际生活中充分利用了的舞台。4000年前，高加索山地前后居民就曾穿行天山峡谷，进抵于孔雀河谷；在阿拉沟峡谷东口，拥有大量黄金的塞人贵族也早将此作为理想的生活之地。从更广阔的空间认识这类细节，一些从不为人所知的中亚大地历史画面就可显现在今人面前。类似阿拉沟、天山峡谷这样的地理空间，在阿勒泰山、天山、昆仑山中是不在少数的，每条沟谷里可以捕捉的文物考古遗存，只要认真去抓取，就会对新疆大地的历史不断有新的发现。只要关注及此，并持之以恒地具体发掘、研究，可以肯定，明天新疆大地、中亚大地的历史，乃至亚欧大陆古代文明的历史，必然可以在我们笔下呈现全新的面目。这是富含积极意义的研究实践。做好做细，可以惠泽人民、补益世界，是值得我们为之奉献的事业。

[1] 有关天山的基本资料，引据《新疆百科全书》，中国大百科全书出版社，2002年。
[2] 参见陈诚《西域行程记》；王炳华《天山峡谷古道刍议》，《唐研究》2014年第20卷；(清)徐松《西域水道记》。
[3] 王炳华执笔《新疆阿拉沟竖穴木椁墓发掘简报》，《文物》1981年第1期。
[4] 王炳华《从高加索走向孔雀河——孔雀河青铜时代考古文化探讨之一》，《西域研究》2017年第4期。
[5] 王明哲、王炳华《乌孙研究》，新疆人民出版社，1983年。
[6] 吴勇《阿合奇县库兰萨日克墓地发掘简报》，《新疆文物》1995年第2期。
[7] 张玉忠《天山尤鲁都斯草原考古新发现及相关问题》，《新疆文物》1996年第1期；《察布查尔县索墩布拉克古墓群》，《新疆文物》1995年第2期。
[8] 王炳华《雕刻在岩壁上的史页》，《新疆社会科学研究》1988年第1期；《新疆天山生殖崇拜岩画》，文物出版社，1990年。
[9] 王炳华《波马金银器研究》，《吐鲁番学研究》2004年第1期。
[10] 王炳华《阿拉沟古堡及其出土唐文书残纸》，《唐研究》2002年第8卷。
[11] 王樾《唐代西域与吐火罗》，《学术月刊》2013年第5期。
[12] 陈诚著、周连宽校注《西域行程记 西域番国志》，中华书局，1991年。

［13］王鸿绪等《明史稿》卷一二八《陈诚传》，敬慎堂刻本《横云山人集》卷八。

［14］王治来《中亚通史·古代卷（上）》，新疆人民出版社，2004年；余太山《塞种史研究》，商务印书馆，2012年。

［15］1972年7月27日，我自塔什库尔干达布达尔骑行，经公主堡，抵克奇克巴依。红其拉甫河与喀拉乞库尔河在此交汇。沿喀拉乞库尔河西走，至排依克，地势险要。既见古代城堡，又是现代边防哨所在。海拔4000米稍上。调查、观察过古堡，策马跃上傍近山头，忽见野葱连片。葱茎高20—30厘米，茎圆、叶扁平、色青碧，顶端开白色小花。由排依克缘火石壁河西走，经克克吐鲁克，稍偏西南行，即可入瓦赫基里达坂（瓦罕达坂），过达坂后即入瓦罕走廊。是夜，宿息在山上的边防站，一时难以入眠，浮想联翩。进入瓦罕走廊路畔，沿途有二三十厘米高之小石堆，可为古道路标；《汉书》之记录，具体准确，沿途之堆石路标，具显古人穿越时的匠心。那小石堆似乎还留着2000多年来，在这条古道上来去旅人的温热情感。自瓦罕走廊前进，穿兴都库什山口，可入阿富汗（大月氏），更西行，可至伊朗（安息）。参见王炳华《西域考古文存》之《葱岭古道觅踪》，兰州大学出版社，2010年。

［16］斯坦因著，向达译《斯坦因西域考古记》，中华书局，1936年。

吐鲁番古代文明碎片

1993年，在紧张施工的兰新铁路复线工程吐鲁番飞跃车站工地，炮声隆隆。就在这开山炸石炮声中，工人们发现了被炸出来的动物化石碎片。闻讯而至的考古学家在荒凉得不见一棵小草的砂石山上工作了3个多月，一点点雕凿、挖掘出基本完整的一具巨犀和与之共生的古代龟鳖类化石。

1960年在吐鲁番地区调查，
左一：王炳华

巨犀，在现存及已经灭绝了的陆生哺乳动物群中，是形体最为高大的一种。它食草为生，与它共生的龟鳖，生存环境也是水草丰茂的沼泽地带。这种生存环境与今天的吐鲁番当然没有一点共同之处。这一发现，对我们认识吐鲁番盆地古代地理环境、气候变化，当然是最有说服力的资料。

巨犀及龟鳖类化石出土的地层是一片棕红色的泥砂岩，地质年代为第三纪渐新世晚期，绝对年代距今约3000万年，因此，我们可以得到的逻辑结论只能是，从7000万年前始新世初期开始的喜马拉雅造山运动导致的地壳隆起，到3000万年前的渐新世晚期，还没有对吐鲁番这片土地产生极大的影响。那时的吐鲁番还水草茂盛，巨型食草类动物、爬行类动物仍然能够在这里繁衍生长。直到地质年代的第三纪晚期，也就是在2400万年前，继续发育、生长的喜马拉雅山系，才最终阻断了印度洋的水汽，吐鲁番大地特有的内陆性干旱环境最终出现，大面积森林、草地、沼泽完全消失。巨犀、龟鳖们在变化了的大地面前走向了灭亡，只留下这森森然的骨架，向今天的人们诉说曾经有过的地球史的沧桑。

最主要的历史信息来自距离地表近10米的晚更新世地层，在这里，考古工作者采集到一件旧石器时代老祖先们打制的尖状砍砸器。还在与它相去不远的土岗地表采集到了原始的打制石核，如锥状石核、无定形石核以及刮削器、锯齿状石器、尖状器、钻形器等。它们的打制工艺十分原始，部分石器实际只是选择适当石料使用，边缘保留着深深浅浅的使用迹痕。这些是属于旧石器时代晚期的特征。比这类旧石器时代晚期打制石器工艺稍进一步，在交河沟西台地的古代墓冢之间、白草之下的碎石块中，还寻觅到了不少细石核及打制细石片。细石片数量不是很多，它们是人们打击细石核时的产物。细石核则形式多样。时代进步的信息，表现在这一阶段石器加工工艺较前有了不小的进步，主要已不是既往无规则的自由锤击，而是掌握、使用了更能体现人类加工意愿的间接打击工艺。生产工艺的这一进步，是经过漫长的实践、不断的总结才取得的。有了这一工艺，人类面对石材才有了更大的自由。不少石片上留下的压制加工、修整的痕迹，使这些石片可以成为方便使用的工具。

在火焰山腹地的苏贝希，发现了多处生活在2500年前后的普通车师人的墓地。因为环境干燥，入葬的人体及随身的衣服、器物大多不朽，为我们保留了一处展示古代车师人社会生活的场景。当年生活在苏贝希山村的男性公民，多是骁勇善斗的勇士，他们身材魁伟，头戴毡盔，腰佩皮质箭箙。保存完好的箭箙中盛装着利箭，箭头则有铁、角、木质差异，看来功用也不相同。腰带上配小铁刀，随身还有磨刀石及取火钻木，停息后随处可以升起篝火，操刀切肉，一饱饥肠。女性容貌秀美，相当注意形体的修饰，头戴发套，插配木笄。其上或有高40多厘米的毡体尖帽或牛角状毡帽。贴身毛布内衣，平整、柔软。外套的皮裘大衣，细长的两袖实际只是一种装饰，两手并不能插穿其中。随葬的食品除木盆中盛置的羔羊、羊腿、羊肋外，还有粟米、黑豆。有马可以代步，并且已经使用了鞍具，只是还没有使用马镫。

出土的一具男尸，胸腹部有着明显的刀口，为了拯救生命，曾经用马鬃进行缝合，但创口未愈就离开了人间。在一具女性干尸怀中发现了已经出生的四个婴儿，最后多产的母亲还是和刚刚来到人世的孩子一道告别了眷恋的世界。

苏贝希Ⅲ号墓地 M6 出土女尸身着裘皮大衣，头戴尖顶帽高 45 厘米

交河城沟北、沟西发现了车师王族的陵寝，年代较苏贝希墓地稍晚。巨大的墓室旁有大量骆驼、马匹陪葬。随葬的鸟兽纹黄金颈饰、衣饰、宝石胸针、金质野兽纹足腕饰片，不仅显示了贵族生活的奢华，而且说明了古代车师人与北方草原民族在文化艺术上相同相通的精神。

探寻克尔碱岩画后面的心声

克尔碱，在吐鲁番盆地西缘托克逊县北部，是一个十分平常的僻处天山腹地的山村。稀稀落落数十家土坯小屋，屋旁地头是常见的榆、杨、桑、沙枣等小树，不多的牛、羊、驴在地头吃草，田块上种植着小麦、玉米、棉花。这类小村，天山内外，可以说随处可见，它们没有任何特别的个性，也不会给人留下深刻的印象。但在20世纪90年代初，这个小山村却成了引人注目的处所，据说是这里发现了四五千年前的表现坎儿井的岩画。这一情况如果属实，会改写坎儿井发明、发展史，新疆古代与周邻地区的关系也会因之而增加新的内容，呈现新的光明。因此，一时间，这一岩画成了学术界关注的热点，不仅国内考古、地理、水利及坎儿井历史学科的研究者们一次次来到这里考察，甚至日本、伊朗、摩洛哥、美国、法国、英国研究坎儿井历史的学者也都不远万里奔来这一山村，一探相关岩画的究竟。

克尔碱山村依傍着一条不大的山沟，自西北方向逶迤而来，至克尔碱小村后，转向东南。沟谷宽不过二三十米，除夏日山洪暴发时，突然有大水横流，其他时间沟谷只是一片无水的河滩，点点卵石，萋萋芳草，牛、羊散落其间，少见河水的迹痕。山村的人、畜饮用水源及农田水源只是沟谷中几处不大的泉眼。泉眼虽不大，却清流不断，成了小村人民生活、生产的唯一依靠。

在克尔碱山沟沟谷两岸，散落着不少古代岩画。在东北岸一片兀然突起的岩石群中，大角羊、雪豹、奔鹿、骆驼的岩刻图像随处可见，猎手们弯弓射猎大角羊的画面也有不少。先民凿刻岩画的工艺，已经相当成熟。上下两条流畅的曲线，就凸显了大角羊疾奔的身姿，细瘦的腹部、昂扬的头、抬起几与身平的后腿，真可称得上是岩画中的绝品。在天山深处，岩刻画是不难寻觅的史迹，但凿刻如是流畅的图像却也并不多见。在这片并不高峻、没有一棵小树荫蔽的裸石群中，留存至今的这区岩画，多少镌刻着古代克尔碱土著居民曾经有过的一段历史。这片今天看去光裸的山地，古代曾经荡漾着盎然的生趣：豹逐羊奔，群鹿嬉戏，潜藏的猎人弯弓搭箭，猎物不难可获。而从这片地区早已消失了踪影的雪豹分析，相关岩刻完成的年代不会太晚，它们记录着的是天山腹地早年生态历史上曾经有过的一页，与之比较，今天的克尔碱已经发生了十分巨大的变化。

这些古老的、在艺术史上还可以多少说出些味道的岩刻画，虽然也很引人注意，但却并不能留住多少人的脚步。一些有备而来的考察者，往往都是一进入克尔碱沟，就在向导的引领下直奔河沟西南岸的泉水岩刻画。吸引人们关注的这幅规模宏大的泉水岩刻画，并没有凿刻在突起的岩壁上，而是在紧紧依傍河沟、稍稍突露于地表、岩面相当平整的巨石上。巨石色泽赭红，西部稍高，东部稍低，微见倾斜。泉水画面铺展在大约 5.5×4.5 平方米的范围内，具体特征是在稍稍高起的岩石西北端凿出一个个圆点，圆点直径约5—10厘米，下深2—3厘米，圆形窝点下是一道弯弯折折展开的曲线，宽1—3厘米不等，长度一般都有5米上下，曲线下端还凿出圆形或椭圆形凹塘。这类圆窝、曲线、凹塘，总数近30组。圆窝似泉眼，曲线为水流，凹塘则是大型水潭。整个岩面上，圆形窝点、曲线密布，形成泉流涌发的图景。而最下端之凹塘附近，有大小不等的大角羊，其间还有手印纹、有如田畦的几何形图像。这幅图像清楚表现了泉流兴旺、田园得到灌溉、牲畜无干渴之患的情景，正是古人追求的泉水充沛、人畜均安的目标。

在这幅泉水图西北相去不远处，另一块微露地表的砂岩上，也有与此相类，只是规模较小的泉水刻画，表明对水的祈求，曾是当年山村居民最大的一个心愿。

认真、细致地揣摩、观察这两幅岩刻画面，就可以意会到古代先民的用意，它们表现的是泉流竞发、水量丰富的图景。而岩

克尔碱岩画呈现出水系图案

刻画面，就位于岩下沟谷内一处主要的泉眼前。直到今天，泉眼内汩汩细流的清纯泉水，水流所及之处，在在是清碧喜人的青草，满溢着生命的新绿。这小小的、实实在在的、迹近凄凉的一眼小泉与岩刻画面上集中、丰富的泉眼，纵横流淌的泉流，汇聚的水塘，错杂在泉流间的田畦以及水塘前后畅饮清泉、充满了生命活力的羊群，形成极为强烈鲜明的对比。

面对这一对比、反差，这幅费了极大功力，精心雕凿的岩刻画，究竟应该怎样去认识、品味？我们祖先使用钝朴的工具，虔诚地刻凿这泉流喷涌的景象，其中寄托着怎样的希望、追求？这些密密麻麻的凿点中，包蕴着他们怎样的心声？

人类进行的任何社会实践活动，都有现实的功利动机，或潜在的功利追求。要认清这一岩画的内涵，我们必须把自身置于历史的过去，遵循祖先的原始思维规则，才有可能多少把握到他们在完成这类岩刻时跳动的脉搏，隐隐听到他们虔诚的呼喊。

有的学者说，岩刻画是原始社会时期留下来的水系地图，可以为我国地图史研究平添光彩照人的一页。作为地图，应有现实生活的根据，但在这片地区却没有找到相类的水系实迹。

又有更多的学者说，这是珍贵的岩刻坎儿井图，时代"是在6000—4000年前至公元前7世纪到前2世纪"，又说，这幅岩刻画可以证明"在3600—3100年前的铜器时代，吐鲁番地区就有了原始的坎儿井工程"，证明了坎儿井起源在吐鲁番。这一分析意见传布开来，激起了巨大的影响。坎儿井这一造福于非洲、西南亚、中亚广大干旱地区人类文明的光彩工程，究竟起源在什么地方，如何流布，一直是广大坎儿井研究学者十分关心的问题。为此许多学者费尽毕生心血。虽然坎儿井的起源目前还没有一致结论,但原始社会阶段的岩画中发现坎儿井的图像,不啻在坎儿井史研究界施放了一颗重磅炸弹,由此掀起的巨澜很快波及全世界。知名日本学者堀井岩教授说,他在听到这一消息后,"几天没有睡着觉,吐鲁番发现了原始社会时期的坎儿井,我尽一生精力研究、构架的坎儿井历史,将没有一点价值"。1990年8月,"干旱地区坎儿井灌溉国际学术讨论会"在乌鲁木齐召开,这幅岩画成了会议关心的热点之一,来自十多个国家的80多位学者一起到了吐鲁番,把关注的目光投向这一泉水岩刻遗迹。

仔细分析这幅岩刻画,虽肯定与水有关,但确实难以与坎儿井具体联系。这不仅是因为画面上不见连续的竖井,而且流水线曲曲弯弯,也难与坎儿井水道相比。而且,克尔碱村一带因使用天山雪水、泉水,至今也并未开挖坎儿井工程。岩画作为一种原始艺术,当然不会背离现实生活的基础。生活中如果没有坎儿井,原始艺术家们再有超凡的创作才智,也是不可能想到,更不可能刻凿出坎儿井这一画图来的。

面对这幅岩刻画,究竟怎样分析,才能比较接近于古代先民创作实践的初衷?冰冷的岩刻后面,究竟凝集着祖先们怎样鲜活的思想?

我的分析是:这是一处记录古代先民祈水、求水的图画。使用模仿巫术,实施巫术求水,则是当年使用的求水手段。这幅岩画的珍贵之处,就在于它保留了这一页已经消失了的原始先民心灵史,具有无可替代的民俗学、原始宗教、巫术、艺术史研究价值。

水,作为有限的自然资源,人类须臾都不可以短缺。没有了水,就会失去生命。在吐鲁番这样极度干燥、水量稀少的处所，求水就更是人们时刻感受到并重压在心头的大事。在沟谷内外及近旁居住生活的古代先民，依靠山泉维持生命，觅求安乐。他们在长期劳动实践中，深深感受着泉水的利泽，又感知泉水会随年份、季节而不时发生变化。有的泉眼，泉水丰盈，水量稍大；也有的泉眼却水流不旺，甚至突然枯竭无水。这种变化难测、人力无法控制的领域，在古代先民的精神生活中，正是巫术可以发挥作用的空间。巫术是巫教的一种表现形式，原始氏族部落中，通神的人物是巫师，通神的方法就是巫术。原始人虔信通过巫师的一套特定手法、咒语，就可以影响、改变，甚至控制事物的进程。在深信万物有灵的古代先民心目中，通过一定的祈水巫术求得神灵的护佑，就有可能实现泉眼旺、水长流的愿望。水与人的关系太密切了，大水成灾或无水受难的祸变，每每是力量弱小的古人所不能掌握的现实。因此，古今中外，与祈水、镇水相关的巫术活动，也就最为流行。举两个既在新疆，又距身边不远的实例。郦道元在《水经注》中说，魏晋时期在罗布淖尔屯田，敦煌人索劢率数千士兵横断注宾河，"河断之日，水奋势激"，索劢亲自祷祝，水势却不减，这当然会形成灾难，于是他即"列阵被杖，鼓噪欢叫，且刺且射，大战三日，水乃回减"。这个故事是说有水妖作怪，索劢作巫法，经过三天"且刺且射"后，终于把水妖降伏。乌鲁木齐河左右红山、妖魔山上，至今还耸立着一对镇水宝塔，记录的正是古代人对乌鲁木齐河洪水的恐惧。克尔碱泉水岩刻画，显示的虽是又一种内容，但它们内在的精神是相通的。

我们试从岩刻画图像一步步展开，仔细探寻古代先民曾经历过的心路历程。

岩刻画面清楚无误展示的图像是众泉汇聚，泉流喷涌。这实际就是巫师代表部落向神灵呈报的要求，也是巫术活动中最典型的模仿巫术的实例。

什么是模仿巫术？所谓模仿巫术，就是使用模拟动作通达神灵，以求获得预期效果：要伤害敌人，就将敌人的形象画出来，甚至涂写上他的名字，在画像上刀砍、针刺，同时言语诅咒，被诅咒者就会受到伤害；要狩猎成功，就在行猎前画出狩猎的牛、羊，刺以刀、箭，向神祈祝，狩猎活动就有望成功。我们在克尔碱泉眼旁的砂岩岩刻画上，看到的是众多的泉眼，每个泉眼均水流喷涌，甚至可以汇集成池，羊群、田畦均可得其恩泽，既可保饮用，也可保灌溉。"求水"的主题自然是表达得很清楚的。

当然，在凿刻这些泉流及实施巫术的过程中，肯定也曾有过巫师的祈禳、祝祷，手舞足蹈，也有过芸芸众生的匍匐跪拜，诚惶诚恐。只不过这种活动无法形之于石面，其具体细节，今天已无由得知了。

这类巫术实践的过程与发展，大概会是：一段无水季节，会导致实施巫术，而枯水期过去后，又会是旺水畅流。自然的规律，偶然的巧合，会使人们渐渐觉得这类巫术带来的只是成功。而一次、两次的成功，就会使这样的巫术地点变得神圣，甚至逐渐取得凛然不容侵犯的地位，成了人们必须固定去顶礼膜拜的场所，于是作为"神址"留存下来。

关于泉水岩刻画完成的年代，目前的科学技术还不能直接探测、分析以取得准确的结论。在克尔碱村内，曾发现一区青铜时代的墓地。墓地的主人经营农业、畜牧业，有相对稳定的居住点。竖穴土葬墓中出土过彩陶器皿，涂绘三角形、波浪纹图案，还有若干小件青铜工具。这类包含彩陶器皿的古代墓地，根据吐鲁番盆地内已见的大量相关遗物，大量的碳十四测年数据，多是公元前500年前后古代车师居民的文化遗存。这两类相去不远的古代遗迹，给了人们一个联想的空间，克尔碱沟畔的祈祝泉水丰沛的岩画，是否有可能就是2000多年前古代车师人留下的史迹？因为这里只见到这两类古代文化史迹，联系起来一道进行分析，也不是完全没有理由。如果这一前提不错，则岩刻画又为我们认识当年车师民族曾经有过的祈水巫术及原始宗教观念，留下了一幅珍贵的图像资料，也为我们探寻吐鲁番古代文明增加了一处新的史迹。

漫话高昌王陵

从20世纪50年代后期起的近50年中，在高昌城郊的阿斯塔那、喀拉和卓晋唐时代墓地中发掘的古代墓葬已有500多座。不断重复的现象就是长长的斜坡墓道，简陋的掏洞墓室，墓室后部一处微微高起的土台，土台上铺置苇席，入土的墓室主人平平躺卧在苇席之上，墓室顶部则悬挂女娲伏羲图像。入葬主人或衣锦绢，或着麻布，鞋帽、衣带不少为纸类粘糊而成。身畔头侧，有成组的泥质陶器、木器，其中盛放着食品、水果。社会地位稍高的人物，或有一具木棺。身下，有他们生前获得的封赐文告，代表着财富的放贷契约。大同小异，几乎千篇一律。

于是，不同的人不约而同想到一个问题。自5世纪初始，吐鲁番盆地即出现相对独立的割据小政权，虽说不过是弹丸之

高昌虎牙将军张忠宣古尸出土现场

地,但统治者既已号国称王,便可颐指气使,不可一世,手握生杀大权,搜刮无尽民脂民膏,享受当年吐鲁番社会可能提供的最高荣华。这样的人物换了一茬又一茬。在传统的中国文化观念中,"事死如生",为这类人物营造的地宫自然不会等同于普通百姓,虽不敢说墓穴内必是满室金碧,总也该有不少珍宝伴随他们进入地下世界。可在500多座已掘墓葬中,为什么总也见不到这方面的消息?

　　冷静反思会发现,这里面真是存在着误区。最大的误区看来是对传媒中屡见报道的古代王室陵墓留下了过分深刻的印象,好像只要是王陵或上层贵族成员的墓穴,总该是宏室巨厦,金银财宝满目。以之对比这些年在高昌城郊的发掘所见,反差确实巨大。用那些辉煌的陵墓做样板,就算吐鲁番历史上曾经威风八面、煊赫一时的统治层人物墓葬就摆在眼前,也往往唤不起研究者应有的关注,自然更得不到应有的深入分析。

唐女娲伏羲像

回到具体的历史环境中去，国家大小有别，社会财富多寡不同。自大的"夜郎"不知秦皇汉武的威仪。以蒿雉穴鼠自比的麴文泰，也无法与如高翔雄鹰的李世民相提并论。但只要通过时光隧道把高昌转回到当时当地的历史地理空间，我们的认识就有可能步入一个新的境界。

带着这样的观点，认真检视一下已经完成的吐鲁番考古工作，确实恍然顿悟：新疆考古工作者的三角形小手铲，其实已经不止一次敲开过当年吐鲁番地区最高统治人物地宫的大门，目验过相关地宫的风采。遗憾的是除个别墓地在发掘当时已经意识到他们非同寻常的地位，大多数墓地则不仅发掘当日没有意识到墓主人不同凡俗，即使在发掘工作完成后也没有把相关出土文物与当时最高的物质文明这一概念联系起来。而这些墓穴中的出土文物，却实际体现着当时当地的最大辉煌，具有着特定的时代精神，包蕴着其他任何资料都无法代替的丰富的历史文化内涵。从这一角度去品味，人们可以更清楚地透视那一页别具特色的历史。

我们暂且把本节标题中的"高昌"转换成"吐鲁番"这一地域概念，大概浏览一下在这片地区内已经发现过的不同时段内最高统治集团人物的埋身之所及出土的文物珍品。

公元前后安居吐鲁番地区最高统治地位的是车师前部国王，他们的陵寝位于王庭所在交河城的沟北台地。1994年，新疆考古工作者曾发掘过两座规模巨大的墓葬。墓穴空间几近100立方米，深入地下达9米。巨穴一侧掏挖出一个偏室。令人注意的地方不仅是这一墓穴规模超常，而且，墓穴地表有土坯、卵石围砌成直径10米的圆形土墙，经历2000年的风雨，土墙还有1.6

米，形若保护地宫安全的城障。墓穴就放在这一严密封闭的土垣内，围垣周围有 10 个左右的附葬小墓，是当年的亲贵僚属。一座墓葬有殉牲坑 15 个，内葬完整马匹、骆驼共 21 匹 / 峰。另一座大墓殉牲坑有 18 个，内殉马匹、骆驼共 32 匹 / 峰。墓穴中还有随殉的奴隶，墓葬气势宏伟，墓主人身份不同凡俗，于此清楚可见。当然这两座巨型竖穴，不论墓主人地位如何尊崇，同样没能逃脱历史上普遍存在过的盗掘破坏。但劫余文物中，还是见到不少金泡、金环以及具有浓烈北方草原游牧民族文化风采的野兽纹黄金饰物。鹰头兽与猛虎相搏，彼此撕咬得难解难分，体现了骑马民族的勇武精神；金鹿、金驼驯良而温顺，表现着主人的愿望。此外，还有神情毕肖的骨雕鹿首，无不蕴含特有的游牧民族文化心态，而且清楚揭示着他们与当年欧亚草原地带同时期

交河沟北车师王陵遗迹

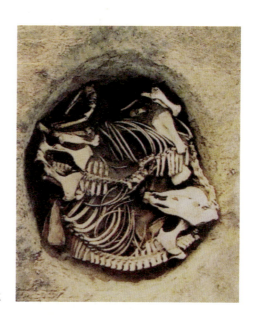

车师王陵殉马坑

车师王陵出土骨雕鹿首

游牧民族相同相通的文化精神。鹰头兽曾是他们心目中的神，骏马、骆驼如同帮他们飞翔的翅膀，生前与他们一道驰骋，逝后则随主人进入另一个世界。这巨型墓穴中的主人，对比盆地内发掘过的大量竖穴墓，只能是车师王国最高统治集团的人物无疑。

时代进展到十六国。西晋王朝覆灭后，中国北方大地的少数民族豪强在反晋的大旗下，继续混战，互争雄长。战争的浊浪自然很快就波及了偏远的西域。具体到吐鲁番，直接与此关联的就是沮渠氏建立的北凉。汉化了的匈奴酋长沮渠蒙逊，公元401年占领了河西走廊，频繁交通西域，颇得丝绸之路利泽，但不久又被实力更为雄厚的北魏王朝所灭。沮渠蒙逊之子沮渠安周、沮渠无讳率部逃亡到若羌、吐鲁番，继续扯起北凉大旗，割据一方。在这一历史阶段，西北大地政治风云变幻迅捷，史籍记录缺失淆乱。在北凉割据吐鲁番期间，沮渠氏王族成员中有一个重要人物，名沮渠封戴，文献中一点也见不到此人的消息，但在阿斯塔那发掘出土了他的墓葬，墓表文字明白称他为小王朝的"冠军将军，高昌太守"，还谥封他遥领"敦煌"，为"敦煌太守"。北凉在吐鲁番领有的只不过弹丸之地，他却是王朝政治、经济、军事、交通中心的高昌城的太守，地位可以说是举足轻重。这么一位身份显赫的人物不可能不是沮渠氏王族中的重要成员，而且应是最高统治核心中的一员。但是，他的墓穴也只是规模较大，随身衣物稍稍华美，入土时用了棺柩。随身佩带弓箭，穿戴在身的有红地兽面纹锦袍，盖覆躯体的有葡萄禽兽纹刺绣。这些对比当年同一历史时期的墓葬，虽显示着非同一般的奢华，但较之此前的汉、更后的唐，这点随葬物实在是相当平常。此外，随葬物品也就是一般的黑漆耳杯、漆杓。四件粗粗雕刻的泥质土俑，算是随侍在侧的役从。倒是石质墓表、木质绶版的汉文书法确实挺秀有力，显示着已浸透在沮渠氏王族血液里浓浓的汉文化因子。这样一个统治人物的墓葬，简单的随葬物品清楚表现了十六国时期连绵不断的战争导致的物质财富匮乏，不仅普通百姓深受其苦，贵为王族成员，生活也不能不受到这一匮乏形势的影响。

沮渠封戴死葬在承平十三年（455），较其晚逝三年，另一位沮渠氏家族重要成员的墓葬，也在阿斯塔那被发现。这就是沮渠蒙逊之妻彭氏的墓葬。彭氏墓穴规模十分平常，只是墓室后部土台苇席上也有一口白木棺，墓穴顶上有一幅女娲伏羲绢画。墓穴中不见志石，过分普通的规模、普通的随葬物品，一点也没能让发掘者注意到，他们面对的是北凉开国君主沮渠蒙逊的夫人。只是在发掘工作结束后，整理资料时，展开了一件木轴绢质小卷，才发现它是长58厘米，宽11—12厘米的衣物疏，疏上除按规矩条列了随葬的一具帛练手衣、一枚内衣、一立裤、一立裙、一件鸡鸣枕、一枚剪刀、一枚熨斗、四囊手爪、一囊脚爪、九万九千九百九十九匹杂彩绢、九万九千九百九十九斤绵、一枚杂彩锦囊、一枚针毡、一领帛绢被、一床帛练褥、一枚梳、一口白木棺等物外，最后赫然写着："大凉承平十六年岁在戊戌十二月庚子朔，十八日丁巳大且渠武宣王夫人彭谨谍，随身衣被杂物疏所止经过，不得留难急急如律令。"这里所称的"大且渠武宣王"，根据《晋书》《宋书》《魏书》中的相关记录，正是沮渠蒙逊在河西走廊割据时接受的北魏封号。他的夫人彭氏，从辈分上讲，应是在高昌称王的沮渠安周、沮渠无讳兄弟的母辈，算得上是一位王太妃，地位不可谓不隆。但她随葬的物品，也就是日常生活中必需的东西。锦料都基本不见。衣物疏中提到的最大财富只是表明心愿的"九万九千九百九十九匹杂彩绢",但这实际只是一个小绢包,内卷着天蓝色、红色、紫色及素绢等69小卷,不过是日常用布下脚料。与衣物疏中可以对应的还有铜、铅质明器如掏耳勺、鱼形刀、熨斗、剪以及丝绵背心、斗篷等物。贵为"太妃",送死的随葬物品不过如是,北凉统治吐鲁番绿洲时,经济之凋敝,物质之匮乏确实已到了十分严重的地步。这是任何文献记录中都不能得到的重要历史信息。经济形势如此恶化,社会矛盾肯定十分深重,民怨沸腾自不待言,在彭氏故世不过两年以后,北凉王朝即为柔然所灭,也就是历史的必然了。正是这一背景,柔然扶持下的阚伯周才成了高昌王,揭开了吐鲁番历史的又一页。

麹氏高昌在吐鲁番立国达140年,其政治、经济实力较之流亡政权北凉,自然有一番新景象。目前已经发掘的可能是麹氏高昌王室的一座墓冢,透露了这方面的消息。

这座墓葬编号为60TAM336,位于阿斯塔那墓地西北边缘,地近火焰山。墓葬规模在已经发掘了的阿斯塔那墓冢中,可以算得上最为宏大。墓室地表曾经建有一座四棱形佛塔,墓道长达29米,墓底深入地下约9米。墓室前部有象征前厅的甬道,左右有象征厢房的龛室,更前为天井,象征着居室的庭院,天井地面以小块砾石铺砌,不同寻常。墓葬随葬品主要是大量俑像,品类既繁,数量也多。大型镇墓兽与泥塑马、驼、文吏、武士以及舞乐百戏,还有家畜、井、灶等一应俱全。主人显赫的社会身份十分清楚。

这座大墓曾经遭受过多次盗扰,墓内也没有见到足以标明主人身份的文字资料。身份、地位虽隆,但埋葬处理又不尽正常。

研究者都同意它应该是高昌王国的王室墓葬，结合历史实际，奉行对抗唐王朝统一方略、死于唐军大兵压境之时的麴文泰，及当了几天高昌国王、最后以亡国之君客居长安的麴智盛均有可能是其主人。不论是谁，其墓葬规制、随殉文物，为人们深入认识高昌灭亡、唐代统一吐鲁番这一特定历史阶段的政治生活与经济文化面貌，大大补充了文献记录的不足。

根据调查，在60TAM336附近，还有一座地表见土塔、规模同样宏伟的大墓。这些现象启示我们，高昌王国王室陵寝，很有可能就在这片地区。1414—1415年，明王朝永乐皇帝派陈诚、李暹出使西域，一路风餐露宿，途中到过吐鲁番，看过高昌、交河在战火中毁灭不久的断垣，睹物伤情，发了一通感慨。在保留至今的陈诚的一首相关小诗中，有句说是"梵宫零落留金像，神道荒凉卧石碑"。零落的佛寺、残留的佛像至今在高昌、交河城中仍可以依稀寻觅，只是巨墓大冢前的神道、残碑自陈诚至今的近600年中，也未见任何人提起，没有一星半点记录。倒是60TAM336及其旁大墓上已经倾圮了的土塔类建筑残迹，可以引发一点联想：在缺石少木的吐鲁番盆地，即使贵为国王，经营地宫运用泥土建筑地面纪念物，也是顺理成章的。这类土质地表建筑，难耐长期风蚀水浸，会湮灭无痕。当然，也有可能存在过石质碑石，神道立碑，但在后来的禁绝偶像崇拜的文化氛围中，大概也难长期保存。不然，陈诚所见的神道卧碑，我们怎么就寻觅不到呢？

考古工作者关注吐鲁番割据一隅时的统治层人物墓冢，当然不是对这类人物情有独钟，只是因为他们掌握着当时最大的社会物质财富，其中的文物凝集着当时的物质、精神文明，通过它们会有助于认识当时曾经达到的科学技术、精神文化与艺术造诣。从这个角度讲，近于当时当地最高地位的人物，除去王族外，还有一些已经发掘的墓葬，也能帮助我们深化认识历史。这方面如张雄夫妇、唐朝伊西庭支度营田副使、北庭副都护高耀的墓葬，都是显著的例证。高耀，祖籍河北，出生于高昌，是唐代吐鲁番、北庭、哈密地区的最高军政负责人之一，死葬于北庭，后迁葬于高昌。他的墓穴、墓门就是完全利用原生黄土浮雕琢刻的仿木结构形象，房顶、木檐、椽头、几何形装饰图案，惟妙惟肖。墓室结构的重重门道、庭院、天井、厢房、厅堂，显示了唐王朝封疆大吏的恢宏气势，出土墓志保留近一千字的志文，可以补充史籍记录的不足。张雄墓虽然规模稍逊于高耀，但随殉物品却别有一种历史的韵味。张雄在麴氏高昌王朝虽官居绾曹郎中，军政大权在握，死时随葬文物却极其平常。一些木俑神态呆滞，少见振奋的精神，清楚透示了割据小王朝的沉闷空气。他的夫人麴娘

麴氏高昌王国绾曹郎中张雄妻麴氏墓志

死在唐王朝平定高昌，建立西州以后，随葬的物品不少，许多得自唐王朝的封赐，来自长安。其豪华、雍容、高贵，制作工艺之精美，与高昌文物比较，精粗高下立见。唐朝大一统以后，吐鲁番地区物质文化发展立即步入一个新天地，于此显示得清楚明白。这些只能通过文物才可获取的知识，无法见之于文献，但在出土文物资料中，却随处可以触摸，其对吐鲁番历史文明研究的贡献、价值，是绝对不能轻估的。

失落的摩尼教文明

吐鲁番的摩尼教遗存，是国际文化界最为关心的史迹之一。

摩尼教对中国人来说，还是一个比较陌生的概念。所以在介绍吐鲁番考古中所见摩尼教文化遗存前，大略先说点摩尼教的梗概情况。它是公元3世纪时波斯人摩尼（215—273）创立的宗教。摩尼，出生于波斯的一个显赫家族，父亲是一个虔诚的基督徒，而且崇信巫术。摩尼自小就汲取着基督教、琐罗亚斯德教、佛教及诺思替教派的思想养分，青年时期宣称自己是上帝选派的最后一名"先知"，开始宣传摩尼教义。核心内容就是"二宗三际论"，所谓"二宗"，就是说宇宙世界存在光明和黑暗（也就是"善"和"恶"）两种力量。"三际"就是初际、中际、后际，也就是过去、现在、未来。根据摩尼的说教，自有天地以来，也就是"初际"阶段，黑暗就侵入了光明的世界，彼此混杂在一起。光明必须发动一切力量把黑暗势力驱逐出去，但黑暗力量附着在一切物质实体上。黑暗为了阻止光明因素的扩大，尽力唤起人类享受物质的愿望。人类物欲的增强、子孙的繁衍,都会使光明因子减少。所以,光明的力量要清心寡欲、苦修苦行。最后,光明、善良、美好的力量就可以战胜黑暗、凶残、丑恶,天国得以实现。在摩尼教的宣传中,善、恶两种势力也表现为两种不同的树:生命树与死亡树,或善树与恶树。生命之树永远充满生机,硕果满枝,满溢生命的气息;死亡之树上则永远不会有果实,只有凋零和死亡。这一套并不复杂的教义,要求信徒信奉四大尊严,尊行十戒。

摩尼宣传的这套教义,最初曾得到了波斯萨珊王朝统治者沙普尔一世的支持,并在他的庇护下建立了教团,在波斯各地传教,势力发展得相当快。只是摩尼的这一套教义与当年的波斯国教琐罗亚斯德教虽有不少相同相通之处,但又有一些重大差异。琐罗亚斯德教认为宇宙的本质为善,摩尼教则宣称善恶交混一起。琐罗亚斯德教主张男女结合,绵延子嗣,而摩尼教则要求禁欲。琐罗亚斯德教主张食肉,要过积极的生活,而摩尼教却戒人杀生。这套思想,对当时波斯帝国积极扩张国家势力、增进贵族统治阶级权益的主张,自然投下了许多消极的影响。因此,继沙普尔一世登基的国王巴赫拉姆一世,很快就宣布摩尼教为异端邪说,明令取缔,并很快逮捕了摩尼,处以死刑。摩尼教徒在波斯受到无情镇压。表面看这是一场宗教斗争,实质却是摩尼教的宣传危及了统治阶级的利益。但摩尼教在波斯被镇压,却并没有能抑制它在其他地区的继续发展。西向西亚、埃及、北非、罗马及西班牙,向东到广大中亚地区,摩尼教徒们仍然继续积极进行着布教活动。从整个形势分析,可能在公元6—7世纪时,摩尼教已经进入新疆,并以新疆为基地向漠北草原、中原大地拓展。漠北草原的回鹘，8世纪已经以摩尼教为国教。唐代文献中保留着不少相关记录，如说"回鹘常与摩尼议政"；回鹘向唐奉献，以摩尼为使；由于摩尼在回鹘王国中有重要地位，8世纪中叶唐王朝同意在不少地方建摩尼寺。待到回鹘西迁，以吐鲁番地区为中心，建立了回鹘高昌王朝，摩尼教在相当长一段时间内仍然据有回鹘王朝国教这样一个不同寻常的地位。在摩尼教的发展历史上，吐鲁番这一段不短的时日，可以算是它十分辉煌的一页。从当年国际范围内看，吐鲁番可以说是最重要的摩尼教活动中心。阿拉伯文著作《奈丁的群书类述》中曾记述过一个故事，大概在公元10世纪初，有500名摩尼教徒辗转到了撒马儿罕。由于宗教信仰与当地人相异，摩尼教徒生命安全不能得到保证。这一关键时刻，是回鹘高昌国王发信向勇武的萨曼王表示"在我的国家中，伊斯兰教徒比我的宗教教徒在你的国家中多三倍"，如果在撒马儿罕的摩尼教徒遭到杀害，他将以杀死伊斯兰教徒、拆毁清真寺为报复，甚至派军队到周边国家中去搜捕伊斯兰教徒！这一警告，最后挽救了这批摩尼教徒的生命。回鹘高昌王国的领袖敢于为了摩尼教徒的利益冒战争的危险，摩尼教在其国境内曾经具有的不同寻常的地位，是不言自明的。

摩尼教在吐鲁番地区如是光彩的一页，在20世纪前，人们一般都不大了解。1902—1914年德国柏林民俗学博物馆先后三次派格伦威德尔、勒柯克等去吐鲁番；1909年沙皇俄国科学院也派人去高昌等地，在高昌、柏孜克里克发现了许多摩尼教寺院、壁画、文书。这才引起了西方学术界的强烈关注，对摩尼教经典、文书的译读、分析，对摩尼教在高昌王国的活动、影响，有了比较深入、具体的了解。近年，日本学者森安孝夫、中国学者晁华山也先后著文介绍他们在吐鲁番地区所见摩尼教遗存。吐鲁番地区的摩尼教文化再一次成了人们关注的热点。

文献记录说明，摩尼本人爱好文学艺术，是一个有相当造诣的画家。在高昌城中所见的摩尼教寺院中，有不少精美的壁画、幡画。勒柯克初到吐鲁番，进入高昌城时，曾在城内一座建筑遗址中"拆毁了一堵较薄的隔墙，这是较为近代的建筑。在这堵隔墙的背后，有一面古老的土墙，在古朴的墙面上有一幅大型壁画的遗迹。这幅壁画描绘的是：一群摩尼教男女修行者正围着一个与真人一般大小的穿着摩尼教祭司服饰的人。这些摩尼教男女修行者依照他们各自的身份穿着白色的衣服，这些人物都以较小的比例画出，在他们的前胸，都用粟特文写着他们各自优美的波斯语名字"（勒柯克《新疆的地下文化宝藏》）。勒柯克认为，他发现的这幅壁画，记录着摩尼本人的形象，并且证明摩尼教也用壁画装饰他们的宗教建筑物。他还从当地农民口中了解到，就在他到高昌的5年前，在一处被推倒的寺庙中曾发现"足以装满一马车的写着小字体的手稿"，"许多手稿还装饰着用金粉和各种颜色所组成的图画"，而这，又是摩尼教经典的特征。勒柯克在高昌发现的最重要的摩尼教遗存，是他编号为"K"的遗址，具体位置在可汗堡南约300米的一处土阜上，东西残长约75米，南北宽约55米，中间有庭院。勒柯克说在一间藏书室内，"整间屋子的地上铺满了约有两尺厚的手稿"，经鉴定，"这些手稿是属于摩尼教的。黄泥水已经渗透了这些手稿，使里面的纸页全都粘在了一起"。"在这些手稿优美的笔迹字行之间，点缀着小型的细密画，这些画用金色、蓝色、红色、绿色和黄色颜料绘成，其精巧的线条至今还能分辨得出。一笔巨大的文化财富就这样在这里消失了。我们在墙上还发现有非常精美的壁画,也大都被损坏了。在靠近这个藏书室的一个狭窄通道上,还发现了大量编织物,一些属于波斯风格,一些具有中原特点。其中还有另一些物品,如称为'还愿图'的布质挂图,身着典型摩尼教教士服饰的男、女画像等。"在 K 遗址西北面,有 4 座拱形屋顶建筑遗存,其中一座也发现了重要的摩尼教文献,内有一幅画是穿摩尼教服饰的教士及粟特文、回鹘文题记;另一面则是一排乐师,美丽的涡卷形装饰花纹和几行红色的粟特文题记,包括回鹘国王的姓名、称号。在南面一座拱形建筑物内,勒柯克发现一幅令人毛骨悚然的情景,"一堆堆层层叠叠的死尸——至少有几百个。从他们的服饰上判断都是佛教徒。最上面一层尸体保存相当完好——皮肤、头发、干枯的眼睛,使他们致死的可怕的伤口依旧清晰可辨"。佛教徒与摩尼教徒,在吐鲁番地区,相当长时间曾共存并处。佛教徒遭受的这一空前劫难,最大的可能是 14 世纪前期,皈依了伊斯兰教的黑的儿火者攻陷高昌后,曾以强力镇压佛教。自此以后,佛教也慢慢在吐鲁番销声匿迹,走向了最后的消亡。

令人痛心的是,这些足以说明吐鲁番历史发展进程中一些珍贵篇页的史迹今天已经消失无痕,当年的勒柯克报道成了我们今天唯一可以依凭的资料。

另外一些重要的摩尼教遗存发现在柏孜克里克、胜金口,值得庆幸的是,这些表现摩尼教义的壁画虽已十分残破,但画面中对代表光明的生命树的礼赞,还是清晰可见。

重要遗存之一,见于柏孜克里克第 38 号洞窟。这是一座摩尼寺的教授堂。正壁画着一大幅画,表现了信徒和诸神正在礼拜一株生命树,树上开着 12 朵大花,垂挂着累累硕果。在摩尼教经

柏孜克里克千佛洞第38号窟的摩尼教壁画

典中,常常把生命树作为摩尼的象征。在胜金口北寺一处洞窟中,也可以见到生命树与死亡树交错存在的画面,以图像表现了摩尼教义中光明与黑暗两种势力交错、斗争的思想。这类表现摩尼教义的画面,有不少至今仍覆盖在佛教壁画的下面。将来,如果能将佛教壁画揭剥保存,使掩覆其下的摩尼教壁画完整显露,则吐鲁番地区曾经展开过的一页宗教思想发展史,将有机会具体展开。无疑,也会给予今天的人们以历史的教益。

摩尼教在高昌得到回鹘王族的支持、庇护,最本质的原因自然也是这一宗教思想能为统治阶级的利益服务。做不到这一点,任何宗教也难以为统治阶级所容。从目前在吐鲁番地区已经发现的相关资料可以看到,摩尼教随着社会变化也不断改造着自身,并逐渐演变成了统治阶级的驯服工具。在吐鲁番发现的一件摩尼教文献残片(编号M135),记录了摩尼教僧侣以教主摩尼名义向信徒发表的说教:"聪明和热爱灵魂的人,应把日子分成三部分:第一部分用来为国王和贵族服务,使之满意,使其尊严不受损害,使其不用争吵和搞阴谋;第二部分用于从事世俗事务,耕耘、分配和继承财产,做买卖,从而能保有房屋,使妻儿免于贫困,更好地为亲友、善人效劳……"这件文书宣明的思想,与初始阶段摩尼教否定现实,认为现实的物质世界实际是罪恶、黑暗的寄生物相比已经发生了根本的变化,它已完全成为帮助统治者愚弄人民的精神工具,不加掩盖地号召教民为王公贵族卖命。在另外一些波斯文摩尼教残经中,还见到为回鹘王子祈祷和平长寿、为新继位的回鹘国王祈福的内容,对统治阶级逢迎献媚,也使其成了回鹘统治阶级的御用工具。当年曾经奉行的苦行主义,完全消失了踪迹。

回鹘高昌时期,摩尼教与佛教共存共处的局面,什么时候发生变化,使摩尼教完全让位给了佛教,还是一个没有完全认识清楚的问题。1985年德国曾刊布过一件正面为粟特文,背面为回鹘文的文书(编号M112),大概写于13世纪初,原撰稿人则是公元10世纪末的一位摩尼寺管事,内容是说一位回鹘王太子曾下令拆毁高昌城内的摩尼寺壁画、塑像,并改建为佛寺。但不少学者认为,直到公元12世纪,高昌还是摩尼教的活动中心。台湾学者李符相研究认为,即使在回鹘高昌统治者改宗佛教后,对摩尼教的热情也并没有完全消失,它们并行流传过几百年,可能一直到14世纪,摩尼教才最后绝迹。

银山古道觅踪

高昌王国所在的吐鲁番盆地,四周高山环绕。古代焉耆王国所在的焉耆绿洲，同样也是天山山系中又一块山间盆地。高昌、焉耆，彼此相邻，受地缘政治的制约，相互联系、交往既繁，矛盾、冲突也多。两块盆地间的交通往来，从有限的历史文献记录看，主要是穿越天山前山的一条隘道，人们称它为"银山道"。见于敦煌石室的唐《西州图经》，关于这条道路有一个概括的说明："银山道，西出天山县界。西南向焉耆国，七百里。"唐西州天山县，主要地域在今托克逊县境。古代县城，离今天的托克逊也不远。从托克逊向西南行，立即进入了天山山脉前山地带的博尔托乌拉山、喀拉克孜尔山、喀拉塔格山。这中间可供人畜穿越的山沟不止一条，究竟哪条山沟是唐代以前形成的最佳路线，即所谓"银山道"，很长一段时间内，历史地理学界也并不明确。而准确把握"银山道"的具体路线，不仅可以对经过这条路线发生的许多政治、军事事件有更清楚的理解，对路线所经城镇、驿站进行调查、分析，历史时期内曾经有过的生态环境变化，也可以因此而呈现新的光明。

可以帮助我们具体认识这条通道沿线情况最有用的文字记录，是《大慈恩寺三藏法师传》。这部书的作者是唐代高僧慧立、彦悰。他们与玄奘有很长时间的交往。慧立，参与过玄奘主持的译经事业，与玄奘共处20年，彼此相知很深。他对玄奘西行取经的精神敬佩殊深，为了彰扬其功业，在玄奘逝世后，将其取经事迹写作成书。他对这一著述十分认真，生前秘不示人，直到临终方才公之于世。慧立逝世后，玄奘的徒弟彦悰又对全书进行了补充，最后形成目前的规模。这部书，以玄奘西行为线，注意了沿途地理交通情况的描述，对交通史研究具有无可替代的科学价值，因而得到学术界的认可、肯定。

在《大慈恩寺三藏法师传》中，慧立、彦悰对玄奘到高昌、在高昌的经历，离高昌到焉耆的情形，有过很具体，也十分动情的描述。在抵达高昌前，玄奘因是偷渡西行，只能昼伏夜行，孤身只影，十分艰难；而抵高昌后，得到麴文泰极高的礼遇，不仅待以国师之礼，供奉虔诚，又为玄奘继续西行准备了充足的装备物资和充裕的经费，其中有沿途需用的"法服三十具。以西土多寒，又造面衣、手衣、靴袜等各数事。黄金一百两，银钱三万，绫及绢等五百匹……手力二十五人。遣殿中侍御史欢信送至叶护可汗衙。又作二十四封书，通屈支等二十四国，每一封书附大绫一匹为信"，还"度沙弥四人以为侍伴"。经过这样周密的安排，玄奘从高昌继续西行，再不用选择无人的小路穿越，而可以堂堂正正走比较方便的驿路。

自吐鲁番前往焉耆，在吐鲁番盆地中可以选择的通道并不少，西行心切的玄奘看来是取的一条近路。从《大慈恩寺三藏法师传》的记录看，这条路线是出高昌城，"度无半城、笃进城后，入阿耆尼国"。无半、笃进，与高昌故城西南、艾丁湖西北的乌盘土拉，更西的阿萨土拉可以比附。这条路线，偏于吐鲁番盆地西南，近库鲁克塔格干山。实际路线较短，比较符合玄奘急切赶路的心情。

由吐鲁番盆地进入焉耆盆地的银山道，最关键的是选择哪一条山沟。在吐鲁番盆地内，城镇广布，具体路线可供选择的余地很大，但入山后两旁高山峭壁夹峙，只能在一条山沟内穿行。因此，唐代地志中所谓"银山道"一定得是一条比较易于驼马穿越，不乏水草，而且途中有一座"银山"的路线。

我们还是跟随玄奘的足迹，从《大慈恩寺三藏法师传》中寻找线索。这方面，玄奘留下的最重要信息是前往银山的途程中，沟谷内有一处阿父师泉。这一泉眼的地貌特征是"泉在道南沙崖，崖高数丈，水自半而出"，是一个特色很强的地貌标志。这么一眼自半山溢出的泉，之所以唤作阿父师泉，当地流行这样一个故事：一队丝路上的商旅，供奉着随行的高僧，进入这片干山秃岭后，"在途水尽，至此困乏"。商旅们不得不向同行的和尚求助。和尚告诉他们，只要他们受三归五戒，礼佛为善，他就可以"登岩作水"。这数百商旅咸从其命，受了戒。和尚即上崖求水，并让众商旅在下呼喊"阿父师为我下水"。一段时间过去，众人如约呼喊，突然泉水自砂岩中奔涌而出。数百商旅得到活命之资，高兴之余，再去岩上寻找高僧时，只见高僧已在崖顶寂灭。商旅们火化了高僧，并在崖顶建了一座砖塔，供人祀念。对这一宣扬佛法的佛教圣迹，玄奘十分感动，进入这条山沟后，不仅觅见了阿父师泉，还在阿父师泉边虔诚地住过一宿。玄奘介绍说，这一眼阿父师泉，在他经过时，仍悬挂在苏巴什沟南岸砂岩隙缝之中。清澈泉水汩汩不断，旅人多时，泉水旺；人少时，就变作一道细流，神异无比。

1991年，为改善交通塔里木盆地的公路，314国道将改由干沟进入苏巴什沟穿行。配合这一工程，我有机缘先后两次进入苏巴什沟谷，考察沿途史迹。苏巴什沟是天山前山博尔托乌拉山中的一条天然沟谷。沟谷狭窄处勉强可以穿越，宽阔处有数十米至百米不等，大部分地段地势相对平坦，但一些路段也是怪石嶙峋，通行十分困难。这条通路本是清代驿道，根据《新疆图志》记录，出吐鲁番后，西南30里到雅木什，再30里到布干台，60里到托克逊……偏南90里至苏巴什，80里到阿哈布拉克，再60里到桑树园，70里到库木什阿哈玛，又70里至旧房川，这就接上了焉耆东境的官道。平定阿古柏入侵，清军就在苏巴什沟内设置了"粮草局"，作为一条重要的军事后勤补给线。黄文弼1929年由吐鲁番去焉耆，走的也是这条路。只是1938年，沟内山石塌方，沟谷被大量巨石阻塞，南北交通因而阻断。盛世才无力修复，这才急令选干沟、榆树沟路线另开新路。只是干沟这条路线尽是干山秃岭，100公里路段内滴水皆无，而逢夏季暴雨，干沟路段又往往被山洪冲毁，交通极为不便。所以小商小贩仍然用驴马穿行苏巴什沟。这一基本形势，又把加强南北交通路线建设的使命与苏巴什沟联系在了一起。这一变化，实在是一个很生动的证明，唐代以前人们选择苏巴什沟作为主要交通路线，是在长期实践中不断比较和筛选后的产物，是存在合理根据的。

苏巴什沟最大的优势之一，是沟内泉水丰沛。"苏巴什"的汉语意思就是"水之源头"。进入沟谷，立见泉水汇成之小溪，湍湍流淌，清碧宜人。溪畔小树、芦苇、杂草丛生，一片青绿。40多公里后，至阿哈布拉克（意为"宝泉"），沟谷中，一股清泉涌流。这里的清朝驿站废址仍基本保存完好，而在此以北三四公里处，是一处山势壁立的峡谷，谷宽不足百米，沟内乱石纵横。在沟谷南壁陡立的砂石岩隙中，有多股小泉眼，泉水缘砂石壁涓涓而下，壁面因长期水流已是藓苔丛生，泉水至岩下积而成小潭，水质清甜，旅人可以随便饮用，没有一点困难。这一有水的自然地理形势，对于以驼、驴、马畜作为主要运输、代步工具的古代商旅来讲，是最为重要的一环。通道循这样的沟谷而行，自然是天经地义，再好不过。

认真观察这股泉水所在的地形，与慧立所记玄奘穿行银山时

苏巴什沟内的阿父师泉

露宿其侧的阿父师泉是一样的。阿父师泉所在山沟,在托克逊西南,方位一致;泉在路南岩壁间,而且岩高数丈,泉"自半而出",也一点不差;泉畔沟谷,宽近百米,旅人依泉而憩,并无困难;最后,从泉水所在地点,缘山谷前行,不足40公里,可以抵达库米什。"库米什"的汉语意思就是"银"。这一里程,与《大慈恩寺三藏法师传》所记玄奘在泉畔息宿一晚后"明发,又经银山"也可以切合。因此完全可以肯定,唐代高僧玄奘离开吐鲁番盆地后确实是穿行苏巴什沟到库米什,抵焉耆王国的。而这条路线,也就是后来历史地理著述中所称的"银山道"。

在唐代西域,"库米什"这个名称曾十分响亮,《大慈恩寺三藏法师传》绘声绘色地描述了当时的传闻,"山甚高广,皆是银矿,西国银钱所从出也"。这一记录与实际生活中的库米什山相去甚远,一是库米什山实在说不上高峻,二是虽有小的银矿,但也说不上丰富,与满山"皆是银矿",西域大地的白银均产在这里的诱人结论,相差巨大。玄奘记事,应相当严谨。慧立所记这则故事,大概主要表现当年玄奘听得的传说。玄奘一宿而过,没有必要对地矿知识进行鉴定,故事本身又十分生动,自然也就留下了深刻印象,慧立、彦悰也自然录之为文,广为传播。由这个例子出发举一反三,可以说,实际生活中不少文人的记录就是这样产生、出现,并形成精神财富的。但从这一则具体记录,也确实可以推想,在一些文史描述中,关于一些遥远地区的记录,与实际生活之间很有可能相去甚远。

在苏巴什沟内考古过程中,除见到自半山流出的阿父师泉外,我们还发掘了一处青铜时代的古墓地,在一处古遗址内还采获了唐代"开元通宝"钱。时代更晚的发现是清代驿站三处。这些清代驿站，房基颓垣仍存，布局清晰，只是人去屋空，徒留下点点历史的怅惘。在一处清末废址旁，我们曾住过几宿。左右砂石山岩上刻着"苏巴什童山百里，无柴草，无人烟。楚南桂邑朱君宾进驻此，驿事不废。施伯钧父志其劳于石□年三月"。岩壁峭石间更有许多的文字，以及表现情爱的画图，刻凿得满满实实，把戍边健儿们深深的思乡念亲的感情，坦白、纯真地保留在了岩壁之上。自古以来，中原大地的汉族人民一直就与新疆各族人民相连相依。为了边疆的安宁，不少时候，他们离家别亲，在深山野岭之中奉献自己的鲜血和生命。苏巴什，只是天山深处一条十分普通的小山沟，它远离充满现实生活情趣与欢乐的人间世界。当年许多血气方刚的青年男儿，在这荒僻、清冷的山沟中忍受过多么巨大的精神世界的无尽寂寞！这自然也是一种平平常常的、人们不以为英雄行为的奉献、牺牲。也正是这种奉献、牺牲，才换得"驿事不废"，交通安全。

在辉煌的、充满光彩记录的历史进程中，像苏巴什沟这样的小地方，以及平常的人、平凡的事，在历史文献中是难有可能留下痕迹的。但实事求是地评价，这里的画面才是普通人间的、人民群众的真实。历史往往只记住杰出的英雄，但只有少数英雄，而没有这芸芸众生的苦难，则是并不全面的。

自阿哈布拉克更前行，到桑树园途中，我们见到了当年让盛世才政府束手无策的大片坍塌的巨石，它们几乎完全堵塞了整个沟谷。在其中一块特大巨石上，有"峻岭苍勇"四个遒劲有力的大字。我们曾十分疲累地坐在山石上，面对这"峻岭苍勇"浮想联翩。这描写与其说是镌刻者在诉述苏巴什沟的雄奇、峻拔、苍凉，不如说是描摹、抒发着古道开拓者、戍守者艰难奋进的精神风貌。这方刻字巨石，其实是应该长期保留的历史丰碑。但后来再经过这处峡谷时，却发现堵塞的沟谷已被爆破、清理成了开阔的空间，公路在其间穿行，镌刻着那几个苍劲有力大字的巨石也早已经不知去向，可能已化成了填路的材料，为来往的旅行者提供安全。它们深深刻印在我心头的形象，却怎样也磨灭不了。

从苏巴什沟内所见遗迹看，从青铜时代开始，这条沟谷已经为人们所了解和利用。更晚，至唐入清，它也一直承担着沟通吐鲁番盆地与焉耆盆地间交通往来的使命。发现它、最早开拓它的人，自然是在这片土地上活动的普通劳动者、牧民、商旅，后来才被管理者、统治者了解、关注，而形之于文，载之于史，于是化成了永恒。沟谷无言，但它对这一切实际是最清楚的。从唐玄奘西行的身影，唐代戍边健儿的英姿，直到清朝湘军健儿为反击阿古柏入侵军而奉献的赤诚，什么都没有避开过它的视野。如今，当年原始的沟谷通道又为水泥、柏油路面所取代，它又看到了自己披覆的新貌。苏巴什沟谷，天工造物，命定了你会有这一页历史的辉煌。

2000年5月16日晨完稿
时居乌鲁木齐北京南路寓所

交河城历史文化故实

我1960年步入新疆考古,当年晚秋,就领着"文物干部培训班"的学员,在吐鲁番阿斯塔那晋唐墓地进行了发掘实习;1961年5月,又偕任冠志、马衣提进入交河故城,详作踏查。吃尽了天气炎热、平日难以体验的苦头,但也收获了平常情况下难以经历的诸多细节。

收录在这本书中关于交河故实与吐鲁番文明碎片的文字,可以作为这一段考古实践中留下的局部感受的记录。

交河故城,是世界瞩目的历史文化名城。

当前,人们关注着丝绸之路及西域古代文明的研究,而吐鲁番是人们注意的主要地区之一。每年前来新疆吐鲁番地区旅游的各方面人士,都把有助于认识这一历史文明及其真谛的古城、石窟寺及各类出土文物,放在参观的第一位。保存完好的交河故城因此成了人们主要关注的对象。

交河故城,是古代新疆重要的政治、军事、交通中心。在交河故城的断垣残壁之中,饱蕴着新疆各族人民早期开发、建设吐鲁番盆地的炽热感情,积淀着丰富而又多姿多彩的历史故实。古

交河故城

城建筑，显示着劳动人民的智慧。古城郊区的丛丛墓葬，记录着当年交河城主人的离合悲欢。而鳞次栉比的佛教寺院，更显示着晋唐时期吐鲁番盆地人们普遍而虔诚的信仰。

一

不论任何人，来到吐鲁番，面对交河苍凉的古代废墟，首先出现在脑际的一个问题是：这危崖峭壁上的古址，始建在什么时候？经历过怎样的世事沧桑？

交河城，据现有文献资料可以肯定的是，公元前2世纪就已经屹立在吐鲁番大地。这主要得之于张骞出使中亚时的考察结论。司马迁在《史记·大宛列传》中，记述了西汉初年的西域及中亚形势，介绍了大宛、康居，说明西域地区最近汉王朝西境的是楼兰、姑师，它们虽是"小国耳"，但"当空（孔）道"，地位重要，"邑有城郭，临盐泽"（罗布淖尔湖）。这里说到的"姑师"，即"车师"，而车师前部王国的都城，就在"交河"。车师前部什么时候立国，王国都城交河何时建就，历史文献没有留下记录。但从出土的文物分析，说车师很早即已停居在吐鲁番盆地，在公元前三四世纪时已经进入文明时期，大概是没有问题的。而张骞出行中亚，时在公元前138年，公元前126年返回长安。足见在公元前2世纪中期以前，交河城确实已经傲然踞立在吐鲁番大地。因此可以说，交河城出现在这个世界，已不下于2300—2400年。历经两千多年的风风雨雨，至今仍然屹立在大地的土城，并且地面建筑井然有秩，房屋、道路布局清楚，环顾海内外，难求其匹。

两汉阶段，车师前部及其都城交河，处身在激烈的政治、军事风暴之中，经受着时代风雨的洗礼。汉武帝刘彻决定扩通西域丝路，反击匈奴军事霸凌。第一步，必须占领控制塔里木盆地与河西走廊交通的罗布淖尔荒原、吐鲁番盆地，楼兰、车师就是首当其冲的战略要地。自此，交河城下，旌旗摇动，刀光剑影不断。匈奴为维护对西域及丝路的控制，自然不会轻易退出这一舞台，汉王朝与其在这里展开了近百年的军事角逐。直到汉神爵二年（公元前60年），匈奴日逐王先贤掸败降，郑吉攻破交河，汉、匈争夺车师控制权的斗争才初步停息，车师归属于汉朝。

汉王朝控制车师后，为了在这里站住脚跟，最重要的措施之一是组织屯田。戍守士兵，平日为农，战时为兵，以农养兵，以兵卫农。为此，汉王朝在初元二年（公元前47年），就在交河城内设置戊己校尉，料理西域屯田事务。戊己校尉受西域都护统

交河沟西墓地发掘现场

1996年发掘交河西沟墓地,左起:长泽和俊、王炳华、王宗磊

辖，但与西域都护一样，可开府行事，下属史、丞、司马、军侯，集军事、生产为一体。

1996年，我们在交河沟西进行考古发掘，在相当于西汉王朝时期的墓葬中，不仅发现了汉五铢钱、汉武帝前期铸造使用的星云纹镜，而且发现了具有北方草原民族艺术风格的虎纹金冠、变体兽纹金箔饰带，西汉时期在交河城下与匈奴、车师展开过的政治、军事冲突，通过这些片鳞支羽，油然显现在了今人的面前。

西汉王朝统一新疆后，在政治上管理着车师前部，但车师前部王国原有的统治秩序并未变动。据史籍记录，在车师王国内，除国王外，还有辅国侯、将、都尉、译长等职官，实施着日常的行政。车师国王、吏属，仍然活动在车师城中。

西汉晚期，西域都护弃守，西域重陷于匈奴统治之下。车师前部，是匈奴在新疆东部地区驻守的基地。东汉初兴，匈奴借西域侵进河西。为安定河西，保证汉王朝对中原大地的稳定统治，恢复对西域大地的管理又提上东汉王廷的议事日程，汉军首先征取哈密、巴里坤，随即进兵车师。位居冲要的交河，又一次处在了军事斗争漩涡的中心。东汉名将班超之子班勇，长时间驻屯柳中（今鄯善鲁克沁），车师前部也是他经营西域、进行屯田的重要基地。

公元3世纪，三国曹魏政权，总体上虽无力顾及整个西域，但对邻近河西的吐鲁番地区还是能够控制的。曹魏黄初二年（221），敦煌郡功曹张恭，就是魏文帝封任的西域戊己校尉，驻节在高昌。车师前部王国及其都城交河，进入曹魏政权的控制之中。

3世纪后期，鲜卑部势力深入河西走廊及西域部分地区，与魏、晋设置在吐鲁番的戊己校尉发生冲突。咸宁元年（275）戊己校尉马循曾率部连破侵扰的鲜卑部。稍后，车师前部国王遣子入侍晋王廷，表明车师前部王国对晋王朝的臣服。

公元4世纪前期，西晋衰落。在与鲜卑抗争中发展起来的河西走廊张氏家族建立了前凉王朝。张轨去世不久，其孙张骏，雄才大略，对仍奉晋朝、不服前凉的晋戊己校尉赵贞进行讨伐。先让驻在楼兰的西域长史李柏进行征讨，失利后，他即统率大军远征吐鲁番，获得全胜，并于咸和四年（329）在吐鲁番地区设置了高昌郡。这对吐鲁番地区历史发展产生了深远的影响。去高昌不远的车师前部，虽仍保留着王国的称号，但政治上已在前凉的统治之下。前凉设立高昌郡后，河西走廊地区大量汉族居民陆续迁入吐鲁番地区，这里的农业、手工业生产得到更为迅速、长足的发展。

4世纪70年代，前秦苻坚击灭前凉，并任命杨翰为高昌郡太守。稍后不久，距离河西最近的车师前部王及鄯善王亲赴中原，朝见苻坚，并请求苻坚出兵西域，甘愿为大军前导。苻坚命吕光率军西征，车师前部王弥窴及鄯善王休密驮参与吕光军事。弥窴受封为平西将军，帮助制订行军路线，率领车师前部军队为吕光大军之前导，直袭焉耆、龟兹，并在吕光攻伐龟兹的重大战事中立下过殊勋。焉耆对车师前部存在的军事威胁被完全解除。

吕光西征，是西域历史上的一件大事。在这一历史事件中，车师前部王扮演了重要角色。吕光东返，在河西建立后凉政权。他对西域地区重要地位有深切了解，十分重视对西域的统治，沿袭前秦之例，在高昌设郡，并由自己儿子吕覆任西域大都护，镇守高昌。其与车师前部的关系相当密切。

后凉王朝历时短暂。继起的北凉沿袭后凉政策,对西域同样关注。在5世纪前期十分纷乱的新疆东部历史舞台上,西凉、西秦、柔然、高昌阚爽、北凉沮渠氏角逐纷争,"城头变幻大王旗"。但车师前部王车伊洛却是方寸不乱,始终忠诚于代表中原王朝的北魏政权,"恒修职贡"(《魏书·车伊洛传》)。这一态度,当然难以见容于已经夺取了高昌的沮渠氏政权。车伊洛秉承北魏意旨,不仅与沮渠氏抗争,而且还积极派兵参与北魏王朝对焉耆、龟兹的讨伐。北魏太平真君九年(448)九月,车师前部王车伊洛率军随北魏万度归征焉耆,留下儿子歇守卫交河城。车伊洛焉耆之征虽得到胜利,但后方基地交河城却被沮渠安周与柔然的联军重重包围,车歇久守无援,孤城不支,终于在太平真君十一年(450)六月,弃城突围,西奔焉耆。立国在交河达600年以上的车师前部王国最后降下了旗幡,宣告了王国的覆灭。

460年,柔然攻灭沮渠氏高昌,扶植阚伯周为高昌王;501年,麴氏高昌王国建立,直至640年,高昌统治相对稳定。交河,是高昌王国之重要属郡。高昌王每每以世子驻节交河。

晋代以来,北部中国战乱频仍,百姓生活苦难不堪,中原人民一批批西迁避祸,多入居吐鲁番盆地。这些西迁的汉族,逐渐成了吐鲁番地区高昌王国的主要子民。这大大改变了当地居民构成,经济文化生活呈现了新的面貌。

640年,唐王朝攻灭高昌。长时期中高昌割据一方,重税苛剥往来于丝路之上的商胡贩客,使经济交流不畅。唐王朝削平高昌后,设立西州。交河,因为它险要的军事地位,曾一度成了唐王朝安西都护驻节之所。但长时间看,交河一直是唐西州的属县。唐王朝用与国内其他地区一样的行政管理制度治理交河地区。交河历史，揭开了全新的一页。

840年，回鹘自漠北大规模西迁，其中一支以吐鲁番为中心，建立高昌回鹘王国，都城高昌。交河归属于高昌回鹘王国。高昌回鹘之统治，持续400多年，交河得以有较长时间平静地发展、建设。

元代，西北地区的封王与元王朝中央因汗位继承问题有尖锐矛盾。察合台汗国之汗王都哇与窝阔台汗王海都结盟，大力扩展统治地域，战火延及吐鲁番大地。13世纪80年代，卜思巴率军12万围攻早已归顺了元王朝的高昌回鹘，战事断续达半年之久，回鹘高昌国王战死在沙场。高昌、交河深受战火摧残。此后，吐鲁番地区由察合台汗国统治，原来统治高昌大地的畏兀儿亦都护家族东迁甘肃永昌，察合台汗在此另立亦都护。这时的吐鲁番，既必须向察合台汗国尽纳税义务，也须向元朝王廷进贡葡萄酒，人民负担沉重。上述战役，给过交河重大打击，但最后使交河毁灭的，还是14世纪80年代中发生的伊斯兰圣战。1383年，别失八里的察合台汗黑的儿火者派兵攻破高昌、交河，强迫当地居民放弃传统的佛教信仰，改宗伊斯兰教。此后，交河逐渐废毁。明永乐十二年（1414），吏部员外郎陈诚衔命西使，途经吐鲁番，来到交河古城，当时这里已是废墟一片。他在留存至今的《崖儿城》一诗中，感慨万千地写道："沙河二水自交流，天设危城水上头。断壁悬崖多险要，荒台废址几春秋。"可以肯定，交河古城历史上曾经有过的辉煌，至此已画上了大句号。

总结文献中揭明的交河历史，可以得出结论：交河始为车师前部王都，至14世纪末叶沉落在战火之中，在历史舞台上至少活跃1600年。在这1600多年的漫长历史中，从最早的车师王都，至高昌王国交河郡，唐安西都护府及西州属下的交河县，以至高昌回鹘王国的军事重镇，政治地位或稍有变异，但一直是新疆地区的重镇，在整个西域历史上都产生过重大影响。

二

交河古城，高踞于天山山前冲沟形成的土岛上。土岛西北—东南走向长1760米，总面积43万多平方米，现存遗迹全部为生土建筑物，主要分布在土岛中、南部，绵延长达一公里。它们是不同形式、规模、建筑工艺的生土、夯土、版筑、土坯类建筑物构成的群体。丛丛密密，铺盖在土岗之上，彼此断续连接，高低相错。粗略统计，现存建筑遗迹仍达30多万平方米。既有规模宏伟的官署，也有湫小狭窄的民居。还有大小不一的佛教寺院，大量古井、古窖。古城当年形势，仍约略呈现在眼前。

交河，虽大家习称其为"城"，实际并没有一般概念上的城墙、城濠。古城所在土岩，峭然壁立，相对高度最高可达30米。左右河道抱拥，河谷宽阔，最宽可达百米。既有天然河道之阻隔，又有难以攀越的立壁陡岩。交河城之防卫功能，即使只有这点天然屏障，也远远超过一般的城墙沟濠。但从安全防卫角度想，为万无一失，古城的主人们还曾在环岛周边修筑过一道不高且较薄的胸墙，高度只有一米左右，用土坯砌筑，但达到了掩护、遮蔽守城武士身体之目的。这类胸墙，在土岛北部、西门附近还保留得比较清楚，其他地段保存不佳，偶尔能见残迹。土岛北缘还保存着一些较隐秘的地穴式瞭望孔，也与防卫设施有关。

交河卫星遥感图

自孔内向外观察,远近景物可入眼底,侦察敌情相当方便。

古城南、东、西三面,有劈岩成阙的"城门",是当年进出古城的通道。东门目前仍相当完整,形制也比较清楚。自东边河谷入城,须经过一条宽4.1米,长约30米,坡陡60—70度的门道,才能抵达东大门。自东门至河谷,垂直高度达8米。门关两侧,岩阙耸立。当年安置门额的方洞依然清晰。进入大门后,还有一条长约5米的门道,门道一边设有暗井,这对仰攻入城的少数敌人会是致命的陷阱。过此门道,为一面积达800平方米的瓮城。不大的瓮城广场上,既有可取得清水的深井,也有满积卵石的窖穴。在高近10米的城楼上,这类重达数公斤的礌石是杀伤力不小的重兵器。瓮城左右的陡岩上还有可供戍卫者活动的土室,居高临下,在那里或射或刺,对可能突入了瓮城的敌手是又

交河故城东城门内瓮城一角

一道险关。过瓮城后,通过两条狭道可以进入古城之中,狭道两旁为陡然峭立、高达10米、长达百米以上的生土岩墙。岩上守卫者可以十分方便地以礌石、弓箭消灭进入狭道的任何人。古城形势险要,易于防守、难以强攻的特点,至今仍一目了然。

南门,是目前进入交河古城的主要通道。古城废弃后,城郊农民以城中有机土肥田,为利骡车、牛车出入,对当年门道多有破坏,目前已难看清古城门道当年的形制、设计。在现行通道东侧仔细观察,可以发现一处宽不过一米多的缺口,进入这一缺口后为一稍宽阔、可容数十人活动的场地,形若小瓮城。如同东门形制一样,这一小瓮城四周同样是峭壁陡立。进入这里的城外敌人若陷身于此,也会如入瓮之鳖。过此小广场即可进入城南巷道之中。认真分析这一小缺口及城关遗迹,让人有理由相信,它应该是与当年南门有关的一处防卫遗址。

唐代诗人曾经在一首诗中满怀深情地吟咏,戍守交河的将士们驻足西门城楼遥望远方,期盼远征军凯旋。从诗中看,交河应存在过一座西门。但在现有写交河古城遗址的文章报告中,从未见有人提及古城西门遗迹。近年新疆考古研究人员为破解交河古城建制中的这一谜团,沿古城西侧岩沿进行了十分细致的踏查,终于在西北小佛寺偏西北土岩边缘发现了一些异常迹象,组织清理后,觅得了已经湮没在沙土下的西门遗迹。它与古城西北小寺相去不远,门道是劈土岛西缘岩壁而成,宽不过1.7米,门道下段近河谷处,崖岸崩塌,已无法窥见原貌。上半段在清理去积沙后,粗显当年面目:门道缘岩蜿曲上行,部分路迹仍然清晰;进入城内后,稍偏南行,用土坯砌成之胸墙仍缘岩边屹立;这道胸墙与一道生土墙之间形成长条形的封闭空间,作用一如瓮城,同样显示了古城强大的军事防卫功能。

古城道路,与土岛呈东南—西北向长条状一致,有一条南北向干道,基本纵贯全城。干道宽10米,长350米。干道北端与一东西向干道通连,可抵东门。与主干道平行、偏居古城东部为另一条宽约2米的南北向通道,同样与古城东西向干道连通。交河城内规模最宏伟的建筑群,即居于这几条交通道路之间。在这几条主要交通干线之间,另有宽约1米的巷道,形如网络,曲折回环,并不规整,既与上述3条主干线联络,又把城内所有建筑物串联成一体。城内居民只有通过这些小巷道才可步入主干线,出入古城各门。在纵贯南北、东西的主干道上,除一区规模宏大的官署有地道可通达南北干线外,没有其他任何居室门户是可以直接通达主干线的。行走在这些主干道上,全城深沟高垒,建筑均隐没在生土墙后面。道路两旁只见陡立峭壁,森森然让人感到强烈的压迫感,总感到在莫测高深的土墙后面,到处隐藏着警惕、敌视的眼睛,监察着你的一举一动。这种布局,基本特点是防护严密,全城形如一座巨大堡垒。交河古城的军事基地特点,毕露无遗。它与开放的商业、贸易中心是无缘的。

交河故城中的古干道

交河，不论作为车师首都，还是高昌国属郡，或唐西州属下的交河县，承担这些政治中心身份的主体建筑，只有南北干道东部偏南一处建筑群。这区建筑群不仅规模宏大，而且形制特殊，是全城难求其匹的所在。

这区遗址，地面建筑已残毁。从墙基分析，主体建筑面积达8000平方米，如果包括北侧广场，占地面积达20000平方米左右。外层墙垣厚达2米。主体建筑物深入地下达3米，地下庭院保存完好。其天井略成方形，庭院天井东侧，有宽5米的斜坡楼道出入地面。楼道左右各为一长达8米，宽达3米的窑洞式居室。地下庭院天井南侧，曾有高层建筑物，土墙上保留至今的数重梁柱孔洞，说明当年也是楼亭轩昂。庭院北侧，有宽3米，高2米的宽敞地道，全长达60米，折向西北通达城内主干道。20世纪50年代，也是在这区宏大遗址内，新疆考古学者李征先生曾经采集到一块莲花纹瓦当，鲜明的唐代风格透示了唐西州时期这里曾有的辉煌。

　　这区宏大建筑的使用权，只能属于交河城中的最高统治集团。地下庭院、天井、隧道这些挖地而成的建筑物，一旦成形，改变不易。地面建筑物，随时代发展，当然存在改建、扩充、重新布局的充分余地。因此，按常情分析，地下庭院及地道，形成应该最早，当在交河城始建的车师时期。这种结构，既适应着吐鲁番地区夏日酷热而地下凉爽的特点，也满足了交河作为一处重要军事城堡在战事频仍的紧急情势下安全转移的需要。自车师前部王国在此掘土成城，到其后的高昌、唐代西州显宦，再到高昌回鹘重臣，大概都曾使用过这处规模宏大的地下设施；只是地表建筑物曾有过不断的改建、扩充，而目前保存的地面基址，当然只能是交河城废毁之前的建筑物之残留了。

　　古城内普通民居，规模与这类官署无法相比。它们主要分布在南北干道以西，东西大道以北，鳞次栉比，多数为方形或长方形宅院。院墙多在生土地基上挖成，所挖废土，层层夯实或版筑在生土墙基上，形成二层居室。宅院后部地下，部分挖有穹形窑洞，既可用为仓储，而且冬暖夏凉，也不失为主人必要时适宜的活动场所。穹室附近，或者还有口小底大的袋形窖穴。仔细观察这些院墙仍存的民居，墙体上往往仍见支架楼板或屋顶的木椽孔。木板铺垫在梁椽上，由土墙承重。所有建筑物，门与小巷道通连，经由小巷道可以通达城内主干线，室院不能直接与干线连通。这种布局，清楚显示了统治者对子民严加控制的意图。

　　古城居民的供水系统，是城区生存的首要一环。平日，当然可以取水于左右河沟，一旦有警，则饮水取之于深井。这类水井大多布置于民居小院前部或院外墙角路边，官署及大小寺院内也都有水井设置。粗略统计，全城共有水井300多口。凭借这些水井，坚守岩城，可无断水之忧。20世纪90年代初，考古工作者曾清理多口古井，水井内陶瓷碎片很多，清理至27米深，井水涌出，仍清冽可口。

自高昌国到唐代西州、高昌回鹘王朝时期，佛教曾是吐鲁番地区居民的主要信仰。交河城内现存遗迹群，明确可以判定为佛教建筑的仍有50多处，达整个建筑遗存的12%，面积近3万平方米。漫步城中，环顾四周，随处可见寺院、佛坛。不少民间院落中，可寻见一方形土台，土台与四壁之间形成回廊。参考塔里木盆地南缘尼雅精绝故址、克里雅河喀拉墩遗址、策勒县北丹丹乌里克遗址等处发掘资料，可以清楚这是一种家庭寺院布局。土台之上，当年当有佛像，回廊四壁，或有宣示佛教教义的壁画，清晨晚暮，人们可在这里顶礼膜拜，进行佛事活动。除这种小型寺院，古城内现存最恢宏的地面建筑，除前述官署外，就是坐落古城南北大道北端的一区大型佛教寺院。寺院略呈长方形，南北长88米，东西宽59米，主体建筑面积达5000多平方米。院墙基本完好，仍高8—9米。在距地表3—5米处，可以见到排列很有秩序的孔洞，是当年安置横梁的痕迹，说明寺院当年曾是高达3层的楼宇，气概不同于凡俗。佛寺布局，前部为庭院，后部为佛殿，左右为栉比的僧房。彼此对称，稳定而和谐。院内有供全寺僧众饮用的大水井，直径近两米；后殿中央，为夯土筑成的塔柱。塔柱上部四面开龛，小龛中残破的佛像，暴露出草束骨架、黄土身躯，完全消失了当年曾有的魅力和光彩。寺院建筑方法为垛泥版筑，每版高度不足一米，夹版中垛泥内还填塞断碎土块。这大概是高昌回鹘时期的遗存。寺院最后毁于大火，烧得黄黑透红的院墙，述说着这区佛寺最后的一页历史。

在大寺东北，为一区布局整齐的舍利塔群。塔林中心为一大型佛塔。四边，各有25个方形小塔，彼此对称，拱卫着中心大塔，布局规整，蔚为壮观。

公元14世纪，随着伊斯兰教逐步进入，并凭借统治者的扶持而迅速扩展，佛教不得不逐渐从吐鲁番地区消失。但它在人们精神生活领域里已经渗透近千年，其内在的影响当然不是单纯暴力就可以消除的。近年，在交河城北清理了一处地下寺院，面积达500平方米，地面虽了无建筑遗存，但在深3米的地下挖出了穹顶式的土窟，窟壁彩绘壁画，供奉佛像；清理积土后，还发现了泥脱佛塔、佛头像、小铜佛及银质舍利盒、残损的汉文文书等。据分析，其时代已晚至明初，正是佛教在吐鲁番地区兴盛1000多年后，面临最后劫难的阶段。寺院即使在地下，最后也未能逃脱被破坏而覆灭的命运。佛教作为一种思想信仰和已经植根在人们精神生活里的哲学、伦理观念，即使面对严酷的统治，也绝不愿轻易退出历史舞台，一定会想方设法觅求自己生存的土壤。这应该是思想、文化生活中发展、递变的规律，而我们通过交河城北这区小小的、相当破陋的地下寺院，又一次具体品味了这生活的哲理。

在交河古城现存大量宗教寺院遗址中，应有摩尼寺院遗存。在已经出土的一些回鹘文文献中，可以见出交河城内有摩尼寺，人们要向其交纳贡赋。只是遗址残毁过甚，只凭目前颓垣断壁，已无法判明摩尼寺的遗痕所在了。

古城建筑集中在土岛中、南部，北部基本上是一片相当空旷的荒漠。这片空旷地带，地表既曾发现过细石器，也可见出两汉时期的竖穴墓，更后的斜坡墓道洞室墓，说明从原始社会时期至两汉，交河古城所在台地一直有人类活动。车师前部王国建都于这一形势天然的台地之上时，也只是主要使用了台地的南半部。南部营城，北部营墓。

交河城从始建到废毁，经历了1600多个春秋。从车师王国到汉王朝、高昌国、唐代西州、高昌回鹘，至于元代，不同的民族在古城建筑风格、工艺方面都曾留下过自己的痕迹。粗粗观察，在现存的交河遗址之中，建筑工艺既有在原生土上挖地成墙、成院的减地起垒，也有密实的夯筑土墙，较粗的垛泥版筑工艺及土坯砌垒的遗存。屋宇可见券顶、平顶之别，平房、楼阁之异。但对建筑工艺的时代属性，仍欠深入的研究。逻辑推理，这里最早的建筑工艺应该是减地起垒式，是车师人的创造。他们面对平展的黄土台地，利用挖掘原始窖穴的方法，在土岩上据总体设计，掏挖出主要道路、住室、门阙。此时，土岛没有任何地面建筑，因此得可能如是施工。而在出现地面建筑后，再作掏挖几乎是没有可能的。官署所在，有大型夯土墙环绕，夯层平整、密实，营造时可谓一丝不苟，每层厚8—10厘米，具有唐代风格。城区内，多有所见的版筑高墙，如南北大道北端大佛寺，是高昌回鹘时期的遗存。从这一角度去仔细观察交河城内现存的每一区遗迹，许多遗址都曾有不同时代的人延续使用，地表建筑或有过改建、扩充，显示着交河主人们曾经历过的兴衰哀荣。

三

交河城，所在地理位置冲要，交通方便。这不仅透露车师王国当年选址建城的匠心,也是其后1000多年中,历代统治者都继续经营交河,使交河古城长期据有重要军事、政治地位的原因。

公元2世纪以前,车师民族主要分布在吐鲁番盆地及对应的天山北部吉木萨尔一带。自吉木萨尔翻越天山达坂,南下吐鲁番绿洲,交河是必经的,又比较方便的要隘。从车师民族当年自身的需要看,选择交河地区作为政治中心,既有利于天山南北的呼应,也方便高屋建瓴总揽吐鲁番盆地。

历史实践表明,这是一个非常聪明的选择。

从较大的地理空间观察,交河古城所在土岗,正当天山之前山——火焰山与盐山交接之处。控扼火焰山、盐山之间的天然豁口,这在古代以士兵、马、冷兵器为主要战争工具的时代,具有十分重要的军事意义。自天山阿拉沟、白杨沟、石窟子沟等处要隘、达坂进入吐鲁番绿洲的铁骑,穿越这一豁口,可以十分方便地进入吐鲁番盆地中的片片绿洲。而从盆地中心的高昌,北入吉木萨尔地区的北庭,西北向古代游牧民族活动的乌鲁木齐,西向玉尔都斯草原,更西北进入伊犁河谷,通过交河古城所在的盐山、火焰山豁口,也是最为便捷的通道。历史的实践,曾一次又一次揭明过交河古城在吐鲁番发展史中不可取代的、极其重要的军事地位。

交河,作为吐鲁番地区交通枢纽,是自高昌进入"银山道"去焉耆,通过"白水涧道"入西突厥,翻越天山进入准噶尔盆地的最重要站点。

银山道,是古代"丝绸之路"的重要一段。出交河城,沿傍城的河沟南行,很快即可抵盐山脚下。盐山绵延至此,只是一道相对高度百米左右的黄色冈峦。河沟与盐山相接处,长期冲刷成一道天然豁口。豁口左右山头，古代烽燧犹存。西侧山头古烽，残高仍达4米。驻足其上，远近景物尽收眼底，身后的交河城如一叶橄榄形航船，泊靠在茫茫瀚海边；西南望野木什小村，又一座古烽依稀可寻。"塞驿远如点，边烽互相望"，贴切而准确，唐代诗人岑参当年描写交河古城军事设施的这一名句，这时会自然涌现在脑际，也让人感受到历史的沧桑。穿过盐山豁口，斜向西南，过布干土拉、大墩子烽火台，到托克逊境的天山县，进入苏巴什沟，过"礌石碛""银山碛"，通达焉耆盆地中的焉耆镇，塔里木盆地内各绿洲城邦就呈现在了面前。

自交河城向西，傍盐山北侧斜向西北行，经过三个泉，即可进入中天山腹地的一条主要沟谷——白杨沟。唐代防御西突厥的白水镇城，即建置在这一沟谷之中。坐落在盐湖北岸的一区唐代烽燧，虽已半倾颓败，但还顽强地屹立在一处低矮的小山梁上，面对着人世的沧桑。顺着这条天山腹地的沟谷西行，可以通达乌鲁木齐，唐代，这里是西突厥民族活动的舞台。

交河，也是唐代古籍《西州图经》中提到的"他地道"的起点。"他地道"，也称"金岭道"。汉唐之时，一直是吐鲁番盆地与天山北麓吉木萨尔地区之间联系的干线，人员来去频繁。车师，地分前、后两部，前部国王驻交河，后部国王驻节在吉木萨尔县境，他们彼此来去，主要即穿行在他地道上；唐代西州、庭州的交通联络，它也是最重要的途径。高昌回鹘王国，都城在高昌，但高昌夏日太热，王公贵族就住到天山以北的庭州。天山中的这条隘路，不知多少次目睹过王公显贵们煊赫的仪从穿越天山，驰骋在这条谷道之上。宋王朝使者王延德衔命出使高昌，到了吐鲁番，正遇上国王去了山北的庭州，他也只好穿越这条隘道,赶往庭州去完成使命。据唐代文献,这条重要交通路线是"出交河县界,至西北,向柳谷,通庭州。四百五十里,足水车,唯通人马"。用今天的概念,就是从交河城向北,沿河谷上溯,经过红柳河、桃树园子、大河沿牧场到石窑子,翻天山达坂,缘山北大龙口河谷,经长山渠、贼疙瘩梁,直下北庭故城。

至今仍保留在交河城北、西、西南许多地点的古烽,多少还可以帮助勾勒汉唐以来交河古城这一重要的、无可代替的军事交通地位。

四

交河古城,在1600—1700年中作为吐鲁番地区重要政治、军事中心,发生过许多动人心魂,也震撼过当年西域甚至中国大地的事件。但这些人世的烟云,随着历史的风雨早已消散,留给今人的只是满目的颓垣残壁、零落的寺院和在凄风中呻吟的荒草,让人感到苍凉,而难以觅见它曾有的英雄光辉。

除历代文人墨客在正史、诗文中的记录、吟咏,可以帮助唤起今天人们对交河历史荣光的零散记忆外,能让我们对过去交河居民的生活、追求、痛苦、欢乐有具体认识的,莫过于当年交河主人生前处心积虑、殚精竭虑经营之逝后的乐园。他们根据当年的习俗,去到冥府后如何拥有生时曾经有过的物质享受,都需要周详考虑,仿照生前居室建造墓穴,并在墓穴内安排了可能的一切。今人可以从中清楚感受到当年交河居民搏动的血脉、绵长的情思。

历代交河主人觅求的地府，距生前所在的土岛并不远，就在土岛的北部荒漠，与交河城隔河相望的沟西台地、沟北台地。这些台地一如交河城所在土岛，只是古城主人生前的住宅在地上，于台地营造的埋骨之处则在地下。至于规格、设施、殉物，当然都要与自己生前的地位相当。

对交河古城近郊古墓的正式发掘，据现有资料，最早开始于20世纪二三十年代的中瑞西北科学考察团。1930年初，作为中瑞西北科学考察团一员的青年考古学家黄文弼，在交河沟北、沟西发掘了一大批汉、晋、唐代墓冢，第一次让世人大概了解了自汉代至唐代，交河居民在这些荒冢中深深埋藏的感情。但大量的科学发掘工作，则是在20世纪50年代新中国成立以后；进入80—90年代，随着改革开放之风吹进新疆大地，中、日考古学者合作，又在这里联手进行了科学发掘工作，把交河考古推进到一个全新的阶段。

许许多多的发掘资料说明，人们死后的安息地，其规模、布局、随殉物品，既受历史文化传统的强力束缚，也曲折表现主人现实生活中方方面面的实际状况。因此，虽都曾是交河古城的居民，车师与晋唐时期的交河主人，民族殊异，传统文化观念不同，埋葬方式因而截然不一致，发生过极大的变化。

两汉车师王国阶段，埋葬逝者的墓穴是长方形竖穴土坑，或在竖穴土坑一侧，更掘偏室。随墓主人社会地位之不同，墓穴规模也相当悬殊。交河沟北台地发掘过一些大型竖穴墓，地表有块石封堆，最长直径可达40米。石堆下，有直径10米左右的圆形土坯围垣，高1米上下，如一个防卫严密的堡塞。围垣内是墓主人及亲属安居的墓穴。大型墓穴有长约5米，宽1米多，深近5米的竖穴墓道，似乎象征着进入地宫前又一处必经的道路。紧接这一墓道，才是长近6米，宽2米多，高2米左右的墓室。这里是主人最后的安息地，墓道连同墓室的空间达100立方米，用普通、原始的铁锹、铲，在严实的黄土上掏挖出如是规模的墓室，需要动用的劳力总得数百工，数量是相当不少的。围绕墓穴所在的土坯围垣，有十多座附葬墓，西北侧还有18个排列有序的圆形驼、马殉坑，共杀殉了驼、马32匹。身份最高的主人入寝于圆形围垣内的主墓室中，下属且关系密切的臣僚、妻妾、亲随，则拱卫在围垣外侧。生前的统治秩序，死后仍然继续存在。供他们驱使的骆驼、马匹，葬埋、排列有序，一样不缺，保证着主人逝后乘骑、出行的需要。

　　大墓的主人生前煊赫的声势从墓穴的规模、安排，毕现在了今人面前。在车师王都附近，再没有较此更加显赫的墓群，因此，说它们的主人是车师王国最高统治层的人物，看来不会大错。

　　如是周密安排、深近10米的墓穴，是墓主人认为万无一失的安息处，但实际却一点也没有能提供墓主人曾经企望的安全。随葬的大量财宝，成了激发盗掘的强大诱惑。发掘表明，墓室中的各种随殉物早已被搜掠一空。什么时候发生，或发生过多少次盗掘勾当，目前发掘资料未提供充分说明。但从残留的劫余文物中，有不少十分精致的金器、铜器、骨雕小件看，当年墓穴中的殉物确是非常丰富而且相当辉煌的。这在当时不能不说是强大的诱惑力量。劫余的金质饰牌中有虎与鹰头兽相搏图像，金质小鹿、骨雕鹿头都十分传神，具有显明的游牧民族艺术特色。除这些地域文化特点浓烈、表现了北方草原民族风格的艺术品外，劫余物中还见到了丝、漆之残留及五铢钱，显示了车师王国与中原王朝的关联,与历史文献中的大量记录可互相印证。

不言自明,交河城北台地上这些巨型大墓是社会上层人物的归宿处。与它们相比,在交河城西南台地上发掘的小型竖穴墓就显得十分卑下而渺小了。它们一般不过是长约2米,宽1米多,深2米左右的小墓,也有一些墓葬在墓室一侧掏挖出简单的偏室。埋葬制度中凝聚的社会文化心态是一致的。虽然埋葬制度相同,然葬穴简单,与前述堆石、围垣、巨室大穴相比,高下悬殊,反差强烈,墓葬主人生前社会地位十分一般,难登上层之列,大概也是可以肯定的事实。在这些小墓葬中,大都只见墓主人尸骨旁边放置一两件生活中不可以缺少的供饮、食、炊煮用的陶器,基本不见黄金珠宝。

交河沟西墓地出土镶绿松石金饰件

交河沟西墓地出土黄金颈饰

生活中不时会有出人意料的事情,考古发掘也不例外。就在这些一般殉物很少的小型竖穴墓葬中,让人大吃一惊的是:1996年夏,一座小型葬穴中竟然出土了黄金质冠饰、金质足腕饰、衣饰,及镶嵌绿松石的金质胸针、具有西汉前期风格的星云纹铜镜、五铢钱。黄金冠饰上是两虎相对的图像。威猛的兽纹、金光熠熠的纯金材料,缀附于冠上,加之身别黄金绿松石胸针,甚至足腕部都缀饰兽纹金饰片,还可以使用中原大地来的星云纹铜镜,主人身份之不同凡俗,当无可怀疑。但如是身份高贵的人物,却草草埋葬在了这样陋小而简单的土穴之中,后面有着怎样曲折、离奇的故实,还留下怎样的悬念,也是我们今天还在探索、分析的。

公元4世纪以后,交河大地的埋葬习惯发生了极大的变化。自此,一种地表有规整的长方形围垣、门道的墓茔出现在吐鲁番大地。茔区内,聚族而葬,长幼有秩。每座墓葬的墓室上部,地表有覆斗形封堆,封堆上积石。封堆前部是长长的墓道,墓道上同样堆石,使人一目了然。星罗棋布的茔区,封堆规模大小不等,门阙方向或东或南,在平展的荒漠台地上蔚为大观。从高处俯视,不仅秩序井然,而且确实气度轩昂,不同家族的政治、经济实力,人丁兴旺的程度,均清楚展现在面前。当年的豪族大姓要在这方面争强斗胜,一展本族本姓的风采,是不言自明的。

发掘这类墓冢,只要清除积石、墓道填土,就可以见出精心设计的葬穴。长达10米以上的墓道,缓坡深入地下,即连通墓室。墓室基本为方形、长方形,面积大概都在10平方米,高可有2米左右。墓道前部侧壁龛室内,往往放置墓志,说明墓葬主人的姓氏、职官、生卒年月、道德素养。墓室后部是一区不高的土台,其上是墓葬主人夫妇安置棺柩之处。棺柩或朽或失,余下的只是多已扰乱了的森森白骨。部分墓室规模稍大,附有耳室,墓道中开凿出天井,这代表了墓葬主人曾经居住过的深宅大院,重重院落、廊厢,气势不同一般。

这些斜坡墓道洞室墓,因为沟谷左右河水、泉水之影响,室内湿度均重,有机物多已朽烂无遗,保留至今的大多只是成组的陶器、食案,及少量铜、铁用器。从这些有限的殉物内,已难以觅见当年这些豪族大姓曾有的追求与奢华。

埋葬制度，是任何一个民族、任何一个地区居民集团最富文化特色的环节之一，一旦形成即具有稳定性，而且难以轻易改变。交河与高昌及吐鲁番盆地内其他绿洲一样，在埋葬制度方面发生由竖穴墓到斜坡墓道洞室墓这一变化，与汉代以后中原河西地区居民不断西徙，进入吐鲁番盆地定居、屯田，把自己熟悉的生产技术、经济生活方式及传统的文化观念带到了吐鲁番盆地密切相关。前述斜坡墓道、掏洞墓室，本来就是南北朝至隋唐时期华北大地、陕西关中、河西走廊、敦煌嘉峪关等地通行的一种墓葬形式。它们取代吐鲁番盆地内曾经延续数百年的竖穴式墓葬，并成为吐鲁番大地各族居民认可、接受、普遍实行的安置死者的方法，清楚表示吐鲁番大地这时发生并完成了一个根本性的变化，中原大地以汉民族为主体的居民成了吐鲁番大地的新主人，并成为吐鲁番历史舞台上的主角。他们的传统文化观念在这里占据了统治地位，一切都随居民成分的变化而相应变化，最保守的环节——埋葬制度也不能例外。

从交河沟西斜坡墓道、掏洞墓室墓葬出土的墓志，可以看到来自甘肃的大族麹氏、河南的大族张氏，是这里占重要地位的豪族，他们彼此联姻，世代居官从政，比例远远高于其他家族，地位显赫一时。其他如史、王、画、田、索、孟、赵、任、毛、白、卫、马、巩、唐、贾、刘、曹、康、范诸姓，也是交河古城中具有相当社会地位的家族；康、曹、史诸姓，可能来自中亚；白姓可能来自龟兹；王、赵、孟、刘、唐等，则是中原地区常见的汉姓居民；索姓，在甘肃河西地区具有显目地位。车师王国子民，有"车"姓之称，后随王族西徙焉耆，或入居中原。车姓人氏，在交河地区已不占有重要地位。交河大地的历史，翻开了新的一页。

从交河古冢出土墓志看,交河古城下一湾清流,在当年交河人的心目之中,竟是一片"洋洋之水"。地理形势使然,当年交河居民主要的农业垦殖区,也在城东平野,有水田、旱地。除种植桑麻、棉花、麦粟外,葡萄、枣是主要果品。有关出土文书中保留下来了"今日缘有客,须葡萄、枣"的记录。

出土的100多方墓志,不少记录着当年墓葬主人为将军、做主薄的得意心态,及不幸罹病、亡逝的伤悲;在高昌城北郊阿斯塔那古墓出土文书中,有不少也记录着交河居民的辛酸,留下了交河社会底层居民的苦难与无奈。如交河豪族翟忠义的一名奴隶逃逸,官府动用政权力量为之缉捕。还有一个名叫张式玄的男子在交河车坊服劳役,久久不见音信,其妹阿毛上书官府,称其兄"至今便不回,死活不分……阿毛孤身一人,又无夫婿,客作佣力,日求升合养性命","恐兄更有番役,浪有牵挽",再把自己牵连进去。思念亲人、痛苦、无奈而又恐惧的心境,毕显在今人的面前。因为劳役兵役负担苛重,不少农民采取逃亡的方式消极反抗。一件官府文档记述交河县有3人"方沾宿卫"却"情乖

交河沟西墓地出土康业相墓志(吐鲁番博物馆藏)

奉上，假托事故，方便解免"，因而"须解官推勘辨定"，予以处分。由于服役中的苦难、危险，稍有经济实力的富户，凭借钱财雇人顶替，只要花"钱五文"，就可雇人至烽火台值勤。几家欢乐几家愁，在当年的交河大地，随处可见不平与不满。这深重的社会矛盾蓄积到一定程度，自然会成为交河城社会生活动乱不稳的根源。

（本文是一篇未刊稿。1996年8月，经国家文物局批准同意，新疆文物考古研究所与日本早稻田大学文学部丝路研究中心达成合作协议，对交河沟西墓塚全面测图，择点发掘、研究。长泽和俊教授与我分别为日方和中方的队长。此文为适应合作研究之需所做的背景分析，时间当在1998年前。）

青石黄土写辉煌
——哈密访古纪事

有人称颂考古,说考古工作者的手铲可以让干涸的历史泉流恢复喷涌,使被人忘却的事物重现于历史的舞台,在昨天与今天之间构架起理解的桥梁。这些话总让我联想起20世纪80年代前,和不少同志一道在哈密的丘陵绿洲中进行的探索与寻觅。天山南北跋涉往来,既有苦辛,也有欢乐。那些细节,今天都已逐渐消失无痕,但通过我们的手铲,在黄土、青石下觅求到的一些古代文明篇章,却随着时日流逝而熠熠生辉。今聊记数则于此,以助访古哈密者的游兴。

位置最东的古代印欧人居地

一位历史学者曾经问我,在西方一本相当有影响的学术著作中,提到了"五堡人",这究竟是什么意思?五堡,是今天哈密市西南一个小小的沙漠绿洲,与哈密相去不过60公里。景观与一般沙漠小村并无差异:土屋、泥路、纯朴的居民、连片的葡萄园、果园。在这样一个小小的农村聚落曾经进行过的一些考古发掘，在目前的新疆似乎还并没有引起人们的关注。但在国际学术界，"五堡"却因着我们发掘时的手铲，而逐渐成为一个相当响亮的存在。许多学者都在关注、讨论着与它相关联的历史、考古、人文资料。在人们的概念中，3000多年前的古代五堡居民，不少具有古代欧洲人的形体特征，他们可能是早期白种人深入亚洲大陆最远的一批。这在早期人类历史研究中，自然是一个值得深入探究的课题。因着这个社会关注点，大家相当熟悉的美国"探索"（Discovery）频道曾经派人来到新疆，进入哈密沙漠中的五堡；日本朝日电视台也不远万里，派出摄制组深入五堡进行电视新闻采访；日本、韩国、美国、法国等许多国家的专业研究人员，都曾飞越关山，克服困难，进入五堡，以一睹古代五堡墓地的究竟。不少朋友都向我提出过同样的问题：五堡古墓究竟是怎么发现的？为什么在1978年你会走到这么一个沙漠绿洲，进入这么一处周围荒漠上不见一棵草的地方？在五堡，究竟发现过一些怎样的历史信息？

　　生活中，很多事情都得之于偶然，虽然这些偶然后面有着必然的因素。

　　1978年，我与一些同事在天山腹地阿拉沟已经工作了3个年头。阿拉沟古墓地的彩陶、毛织物和别具特色的葬俗，使我们满脑袋都是难以解开的问题。我们必须扩展视野，寻求相关的古代文化遗存。于是我们走出天山，进入吐鲁番，发现了苏贝希，也到了哈密，寻到了五堡。

　　那时的五堡还相当闭塞，几个陌生人的出现立即成了全村的头号新闻。对于我们向他们探询见没见过古陶器这类问题，村民也总觉得是吃饱了没事干。伊米提老人算是村子里见多识广的一位农民，身体健壮，眼光敏锐，既种地，也打猎，村子四周荒漠没有他未到过的地方。我们的询问传到了他的耳中，如遇知音，立即十分主动地找到了我们，说他在不太远的戈壁上，不仅发现过奇怪的破陶片，还有破木片、人骨头。于是，他便把我们引到了这片今天人们已十分熟悉的古墓地一角！

下一步的事情是比较简单的。我们在村中雇用了民工，在墓地边缘发掘了20多座墓葬，目的只是探索。墓穴不大，长不过2米，宽只1米左右，覆土很浅，墓穴上部有整齐盖木，掀起盖木，墓穴中就是下肢极度卷曲的墓主人。极度干燥的环境，含盐很重的土层，使入葬者形体大都保存完好。浅色头发梳辫，身着彩色毛布衣袍，外面或有皮裘大衣，足着皮鞋。随葬的彩陶小罐、绘彩小木桶、小米饼都还未朽。随身小铜刀，衣、鞋上的小铜饰，绿锈斑斓，透着历史的光泽。这次发掘，数量不大，但彩陶器与小件铜器共存这一基本文化特征，平匀、致密、有彩色几何纹图案、大方、引人注目的毛织物，保存完好的古尸上显示出的白种人特征等，都给我们以深刻的印象。我们取覆盖墓穴的胡杨木进行了碳十四测年，结论都在距今3200—3000年间，与彩陶、小铜刀显示的时代风格一致。毛布工艺是请上海市纺织科学研究院帮助分析的，他们说，其成熟程度简直可以与20世纪40年代的马裤呢相比匹！这些初步分析引发了更多的悬疑。1986年、1991年，带着有待验证及进一步研究的问题，我们再次进入五堡绿洲，先后发掘了这类墓冢116座，一再重复的现象，使五堡墓地的文化概念终于逐渐清晰。

在居民种族多源、民族复杂的古代新疆，在哈密绿洲内，早

五堡古墓出土的彩绘木桶、小铜刀、压花皮囊

哈密五堡墓地发掘现场

期也曾有过白种人居民,这其实也是很平常的事情。我国古代文献中,相关的记录并不少,但对古代汉文记录较为陌生的西方学术界,听说哈密绿洲上发现了3000多年前的白种人的痕迹,立即视为头号大新闻。于是"五堡人"的概念就出现在了一些学术著作之中。仔细想想,亚欧两洲是连成一片的古老大陆,古代亚洲人西走,欧洲人东来,寻求各自更合适的生存空间,这实际就是当年天经地义的平常事。现代的世界,国境森严,彼此来去自然也没有那么自由,拿我们今天生活世界的规则去想象古远的祖先,就会有许多看似出人意料,但实际也是意料之中的事情。"五堡人"可以算一个新的例证。考古,把这些早已被人忘却的事实重新搬上了今天的舞台，应该可以使人们开拓新的视野，从古老的历史中寻求到新的营养。

大"疙瘩"下面的历史

在水丰草美的巴里坤草原，沿天山北麓山前冲积扇，细心的人们可以观察到一线排列的巨型土丘，当地老乡根据土丘色彩变化和个人感受，而称呼它们"黑疙瘩""灰疙瘩""青疙瘩""石疙瘩"等。这些土丘上灌木、杂草丛生，较大者直径往往有40—50米，高出地表也有二三米。它们兀然突起，为人工造就的事实明白无误。这些石丘究竟是什么？建造于什么时代？以这类问题询及当地居民，则说法纷纭，实际大都只是各自的逻辑分析。这表明，这些石丘的历史印痕早已在人们的记忆中消失了，是只能由考古学者去探索的遗存。

一次又一次在巴里坤草原走过，一次比一次更浓烈地在这些石丘上感到疑惑：它们是巨型墓冢，还是古代建筑的遗痕？从这些石丘上俯视巴里坤草原，辽阔的草场，草浪起伏，红色的马、白色的羊、黑色的牛，在绿色青草中出没；水天一色的巴里坤湖，平静得像一面镜子，远处绵延铺展的北山、飘移的白云、白云下面的丛丛民居……尽收眼底。究竟是什么时代，怎样一个胸怀诗意的民族，把自己的居室，或是死后的陵寝放在了这么一个背依天山松林、面对大湖草场的前山地区，得可能享受如是美好的人间世界？

1984年，在经过仔细准备后，我和伊弟利斯、邢开鼎一

兰州湾子石结构建筑遗址
出土的双耳圈足青铜鍑

道,终于在巴里坤南岸的兰州湾子,选择了一处已被老乡挖肥取土、稍事破坏了的大土丘,展开了发掘工程。我们测量、绘图、取土,捕捉每一个人工的痕迹,以追寻已经消失了的历史印痕。经过近两个月的工作,石疙瘩终于显示了它当年的真实面目。

　　清除深厚的土层,呈现在人们面前的是一处以巨石构筑的居处,使用面积可达200平方米。居处石墙,利用天山山前巨大的冰川漂砾,外墙面虽大小不一、参差不齐,但内墙面则相对平整。墙体残高仍达2米,中部一道石墙,使巨石建筑中分为二。南面一间主要居室地底有排列整齐的柱洞。附室居北,与主室有门道相连,附室东向开门。发掘中,建筑居址内不仅见到了手制大陶瓮、彩陶小罐、研磨、破碎谷物的大型石磨盘,还发现了高达50厘米的双耳圈足青铜鍑、环首小铜刀、麦粒及大量兽骨。房屋毁于大火,在火灰中清理出的多具骨架,却只是妇女、儿童,不见青壮年。看来,这宏大的居室,这死亡的妇孺老幼,好像都是消失在一种并不正常的烈火之中。种种不平常的迹象，也总使人将其与社会冲突、战争的烟尘相互联系。

巴里坤草原上这类群列的大石疙瘩，凝集其中的历史烟云，只通过兰州湾子的这一处发掘，还难以完整揭示。但仅这一发掘，也给了我们十分丰富的文化信息。用石室底部火炭进行的碳十四测年，两次分析的结论差不多统一：石室毁灭在距今2900年前后。石室中所见的圈足铜鍑，是一件很能说明问题的资料，多少关注一点欧亚草原游牧民族历史文化的人都可以一目了然看出它是青铜时代以来，东自蒙古草原、西伯利亚，西到欧洲北部大草原上古代游牧民族使用的炊煮器。它们不仅造型相近，而且代代相沿。古代欧亚草原游牧民族彼此间的联系、交流、发展，通过不可以须臾离开的炊煮工具，可以有真切的感受。只从铜鍑中即可感到，美丽如画的巴里坤草原，早在公元前1000年，就已作为欧亚草原上联系的一个环节，成为了草原游牧民族理想的生憩之处。近年，不少人议论，很早就有一条与丝绸之路沙漠道一起存在的丝路"草原道"。它们是开拓更早、往返便捷，曾沟通过欧亚草原文化，在人类历史上发挥过很大作用的交通干线。要真实、具体感受这条草原丝路，巴里坤草原上成列展开的座座石丘，当然是不可不看的宝地。

丝路要隘 —— 松树塘

从哈密绿洲进入巴里坤草原，必须翻越天山松树塘达坂。由此，循巴里坤草原西走，入木垒，过奇台，经过北庭都护府故址，西向伊犁河谷地，进入里海、黑海草原，入于欧洲。自巴里坤草原斜向东北，立即可以进入广袤无垠的蒙古大草原。跨越天山松树塘达坂以交通天山南北的这条古道，在新疆早期历史与丝绸之路交通史上都具有十分重要的地位。隋唐时期的裴矩在其所著《西域图记》中，说到中原与新疆地区的交通路线，北道地位重要。而北道路线，就是"从伊吾（今哈密）经蒲类海（今巴里坤）、铁勒部（准噶尔盆地）、突厥可汗庭（伊犁河流域至碎叶一带），渡北流河水（今阿姆河、锡尔河），至拂菻国（东罗马帝国），达于西海（西亚及地中海周围）"。裴矩的这一记录，对翻越松树塘达坂的这一古道的重要地位，给予了清楚、明确的解说。裴矩曾长期在张掖、伊吾为官，对西域形势有比较具体的了解，他在《西域图记》中的记录，可信度极高。虽然他在这里记的是隋、唐王朝时的路线，实际却也揭示着远自秦汉，晚到明清的事实。这一隘道的重要性，看来绝对不容低估。新疆古代史上许多重大的事件，都程度不等地与这条古道联系在一起。如今，随现代交通生活的高要求，它正逐渐离开舞台的中心。但它的这一页历史，却没有理由因此而被人们忽略。

穿越天山松树塘达坂的径道，是一条天然的峡谷。从哈密南山口到巴里坤县口门子，总长不过24公里，但山道曲折回环，左右丛林密布，地势险要。依山傍谷埋伏千军万马，在沟底行进，实在难以见到一点消息。南山口外，目前还有古烽两三，显示着古道的走向。进入南山谷口不远，路畔有形若屋宇的冰川漂砾一大块，其上有清人墨迹"焕彩沟"三个大字。但只要走到近旁，细细揣摩，"汉永和五年六月十五日""沙海"及"唐姜行本""贞观十四年六月"等字样即清楚显示。很显然这是

焕彩沟石碑

一块集汉、唐、清刻于一体的巨石。清人磨旧碑以书新字，加上2000年来的风雨侵蚀，使得汉、唐旧刻消失了一些迹痕，但它清楚揭示这条古道是自汉迄清一直倚重的交通路线。自焕彩沟碑循沟而上，一路溪谷纵横，山泉淙淙。沿途但见顶顶毡幕、炊烟袅袅、牛羊依依，使人宛若进入一个特别的清静世界。抵达海拔3000多米的山顶，回首南望，已不见哈密绿洲踪影；低头北向，则一望无际的巴里坤草原尽现于脚下；不远处，松林黑郁郁一片，这就是历史上有名的松树塘。

松树塘达坂北边的巴里坤草原，与蒙古草原地域毗连，匈奴、鲜卑、柔然、突厥历史上都曾依托这片草原与汉、晋、隋、唐王朝相抗衡；而中原王朝统治西域，进入新疆东部大门哈密后，为消除后顾之忧，也必然要把巴里坤草原控制在手中。因此，这条山沟自古就是兵家必争之地。汉代名将赵充国、班超曾经在这里运筹帷幄，与匈奴一争高低。今天，在山头地势稍平处，还有一躯班超扶剑站立的巨像，威严地注视着远方，可以作为这一页历史的纪念。汉西域都护任尚、敦煌太守裴岑也曾经在这里与匈奴兵戎相见。从公元97年到137年的 40 年中，匈奴呼衍王以巴里坤草原为基地，不断袭扰西域及河西走廊。公元 137 年，裴岑率敦煌郡兵 3000 人，向巴里坤草原突袭，呼衍王终在裴岑脚下折戟授首，河西四郡因此而得到安宁。

公元 640 年，唐军征伐高昌。为了保证战事成功，姜行本首先就率军利用松树塘的森林资源，建造了攻城机械"撞车"和"抛石机"，为顺利攻取高昌城创造了优势。记录这些事件的"汉任尚碑""裴岑纪功碑""姜行本纪功碑"当年都竖立在松树塘达坂，如今则分别收藏在巴里坤哈萨克自治县文物管理局、新疆维吾尔自治区博物馆中，可供后来者凭吊。

这条古道，在以马、驼为交通工具的古代，无疑具有不可取代的优越性；因为形势险要，更成为兵家必争、必守之地。但由于地势高、气候冷，入冬以后每每被大雪覆盖，通行颇为不便。为适应现代经济建设的需要，近年已开拓哈密至松树塘的公路，由哈密市经头道沟、塔水村、寒气沟，穿越天山峡谷，抵达白石头、黑沟梁，接上松树塘达坂下的老路。这一改易，对于冬天的交通运输是很好的，但对于人们了解古代丝路交通实际，感受 2000 年中，曾经在这条峡谷中展开的波澜壮阔的军事、政治风云，无疑会是极大的损失。因此我想，新路自可开始运行，老路则不必完全废弃，希望感受古代丝路风情的人还可以从容在这条古道上驱车缓行，甚至不妨以马代车，沿途停停看看，既品味人间变化，又体验历史沧桑，必可得另一番精神的享受。丝路游，追求的不就是这一历史意境吗！

伊吾军城怀古

在公元8世纪，山清水秀草美、牧歌起伏的巴里坤草原，是唐王朝的西域军事重镇。

唐朝统一西域后，为防卫西北方向的突骑施、坚昆，设置了北庭大都护府，管理天山以北十分辽阔的领土。吉木萨尔护堡子古城是北庭大都护的驻节之所，吉木萨尔地区自然成了军政中心。为保证侧翼安全，巴里坤草原也驻扎了一支重兵。这支部队因驻扎在伊吾地区，所以号称伊吾军，编制3000人，配备战马300匹。看来，骑兵在伊吾军中占有相当重要的地位。而伊吾军的驻地，经过周密筹划，放在了伊州西北天山北麓的甘露川，也就是今天巴里坤草原上的大河乡。甘露川怎么得名？唐代文献记录没有说，但观察四周地理环境，完全可以从自然地理形势中得到启示。大河乡所在，是草原上地势十分开阔的地带，东、南、北三面峰峦叠嶂，西边是碧波万顷的巴里坤湖。地势使然，周围山坡无数沟壑泉流顺势汇入盆地之中，形成了甘甜清澈的招摩多河、柳条河、水磨河、大河，最后涌入巴里坤湖。河虽不算大，但河岸低浅，沿河地带清水漫流，泉流竞发，水质也甘甜无比。在世人眼中，这勃发泉水，恰如天降甘露，且又汇流成川，自然而然就有了"甘露川"的美称。特别好的山泉水，宜人的气候条件，肥沃的黑色腐殖土壤，也造就了这片其他处所难以比匹、面积特别辽阔的大草甸。水丰草茂，四季可以放牧。草甸北部稍高处，又是适宜于农业垦殖的地带。于是，伊吾军城就选择在了这里。这是一个聪明的决定：宜牧，便于骑兵驰骋；宜农，利于军屯的开展。地势险要，控扼着蒙古草原可能来犯的敌骑，拱卫着伊、西、庭三州的安全。

伊吾军城，原来只是唐代文献中的概念。它究竟坐落在何方，却并不明确。20世纪80年代初，我有机会多次进入巴里坤草原，也不止一次得可能在古城内外踏查、勘察。农民求肥而挖取城中灰土，暴露了古城中区区窖穴及大量的时代特征明显的唐代文物：灰陶罐、灰陶盆、莲花纹铺地砖、莲花纹瓦当、铜镜、开元通宝钱、唐式铁剪，还有一方直径近1米的大型石磨。文物不少，但却是相当单纯的唐代遗存。这自然帮助我们做出逻辑的推论：它是唐代的古城。采取了古城地层中的烧炭，进行碳十四测年，结论为距今 1375 ± 65 年，也正是唐王朝统治时期。但只有结合着唐代古籍《元和郡县图志》的记录，才得可能给古城戴上伊吾军的帽子。《图志》在"伊州"条下，清楚说明"伊吾军，在州西北三百里折罗漫山北甘露川"，算是破除了迷津，帮助我们给这座古城恢复了当年的名号。伊吾军承担着的军事防卫使命，决定了军事防卫是它的第一需要，因而古城军事防卫体

新疆文物考古研究所拍摄的大河古城全景

系严密。从现存遗迹看，城有主附之分，主城屯兵，附城养马，其间有门道通连。主城近方形，南北稍长，达210米，东西宽180米。经过1300年左右的风雨侵蚀，夯筑土墙仍高达10米，墙基宽12米，顶部还宽2米多，可供人马往来。古城四角有角楼，墙外附马面，马面之间弓箭射程可及，形成交叉的火力网。城垣外，有宽达20米的护城濠沟。濠沟虽已没有当年深峻，但却仍有浅浅流水，苇草茂盛。同样是军事防卫的要求，主城内东南角，还有一座60×70米的子城，同样有土墙拱卫。这大概是当年伊吾军镇将等军事官员的驻地。附城在主城东侧，大小与主城相近，但土垣稍低。附城内兽骨纵横，多少透露了一点羊、马城的消息。

伊吾军城，始于唐，终于唐，没有见到朝朝代代相继相承，不断加固使用的痕迹。因此，它相当单纯。单纯就可以成为标尺。从伊吾军城出发，觅求唐代军镇的建筑、布局，唐代文物的特征，是值得珍视的又一收获。

自汉代以来，历代中央王朝为维护对西域大地的统治，具体实施并取得成功的一项基本政策，就是军屯。战时为兵，平日为民，驻地所在也就是屯田垦殖之处。大到军镇，小到烽燧，都有屯种的任务。伊吾军兵员达3000人，军马300匹，平日士兵给养、军马所需的粮草，都不是小数目，这笔为数可观的军需物质，征之于当地，会极度增加人民的负担，增加社会矛盾，有损安定；求之于中原，则运程遥远，耗费巨大，一旦边防有警，则后勤难继，会影响边境安全。而采取军屯的措施，则既可保证给养，也不劳民扰民。伊吾军所在的大河乡，水源充足，土地肥美，不仅有适宜良马饲养的好草场，而且冬日气温稍高，是极好的冬小麦种植地。时至今日,这里还是整个哈密地区的粮仓,最理想的小麦产地。伊吾军在这里实施屯垦,真可以说是得其所哉!唐代文献赞颂轮台、伊吾屯田大获成功,说是"禾菽弥望",看来言之不虚。有关伊吾军屯垦的成绩,从吐鲁番阿斯塔那出土的唐代文书中也可得到反映。其中一件残文书清楚载明,伊吾军当年应交纳北庭粮米4000硕。其中3656硕8斗3升5合纳于军仓,157硕纳于伊州仓。大概因为伊吾军所在水、土、气候条件均佳,伊吾军的将士不仅要保证自身给养的需要,还有不小的上交北庭都护府的经济义务。按照3000在编军人计,每人承担着一硕以上的纳粮责任。

唐代西域边郡150多年中安定无险,应该说与这一政策的实施有着相当大的关联。自然,戍边健儿们也为此付出了超常的代价,正是这种付出,换得了边郡人民的安宁。但也有学者议论,这种军屯会疲惫驻军,劳其形骸,降低军人的社会地位,使这一荣誉性职业几乎与遣犯地位相等,自然也会损害边军的战斗力。这也有一定道理。看来任何事物劣优相生,祸福相依,在好的后面有着不一定好的成分。社会的发展,充满着这类辩证法,我们巡视、凭吊伊吾军镇城,也可以从这里吸取到有益的营养。

天山东部的石雕人像

人们很早就注意到，从蒙古高原，到新疆、哈萨克斯坦等广大地区，存在一种石雕人像。中外学者，对它们也早有报道及研究。最主要的结论是：这类石刻或石雕人像，是6—9世纪（或说7—10世纪）期间古代突厥族的墓前造像。[1]

关于新疆地区这类石人造像的分布地域，见于报道的，主要及于阿勒泰地区，尤其是阿勒泰县的克尔木齐[2]；博尔塔拉地区温泉县的乌拉斯塔亦草原、阿尔卡特草原[3]；伊犁昭苏县的科达和尔、阿克牙孜[4]、小洪那海（即昭苏种马场）、叶森培孜尔、哈萨克培孜尔[5]；霍城县库鲁斯[6]等处。这些报道，当然是很不完全的。据我个人的调查记录，阿勒泰地区全境，就是县县皆有石人，凡水草较好的优良牧场所在，一般都可发现石人、石棺的遗迹。足见，已见的报道资料与实际存在，差距颇大。

天山地带，过去几乎还没见到过有关石人的报道。据李征同志面告，在乌鲁木齐南郊柴窝堡湖畔，曾发现过石人。但始终未见正式文字报告。面对于这类遗迹，进行翔实的调查，附之以准确的地图，对于研究古代突厥人的分布地域，认识其主要的活动中心，无疑具有十分重要的科学价值。1983年，我偕新疆考古所伊弟利斯·阿不都、邢开鼎、伊列·尼加提、祁晓杉等同志，自乌鲁木齐出发，沿天山北麓向东，经米泉、阜康、吉木萨尔、奇台、木垒直至巴里坤，进行考古调查，发现了一些古代遗址、古城、石人、古墓、驿烽等，所获甚丰。其中石人资料，不少是过去所未见。为助益有关"石人"的专题研究，这里略为报道，并草书管见，以求教于方家。

石人像遗迹，目前只见于吉木萨尔、奇台和巴里坤三县。

吉木萨尔县，主要分布在天山脚下的新地沟、苇湖沟、贼疙瘩梁等处；奇台县，见于半截沟；巴里坤县，见于石人子乡。都是近山脚一些水草较好，自然条件优越的地方。

一、新地沟石人

新地沟，在今吉木萨尔县西南，县林场所在。所在林木苍郁，绿草如茵，沟口有白杨，地势稍高，广布松、杉，沟谷内水流清澈。目前已垦为耕地的沟谷东岸，林场场部稍南的地方，当地称为"石人滩"。所以得名，据称，这里曾经伫立多个石人，故名，并相沿成俗。老人回忆，他们印象中的"石人滩"，至少有五六躯石人。石人多面东而立，其身后多有土堆、石堆。我们踏查遗址时，仅见扑倒在地的两躯石人。其中之一，由县文化馆李功仁同志主持运回县城，存县文化馆。石人所在的山梁，调查中曾采集到骨片。有关石人的具体情况是：

其一，高152厘米，宽42厘米，厚22厘米，花岗岩质。头部

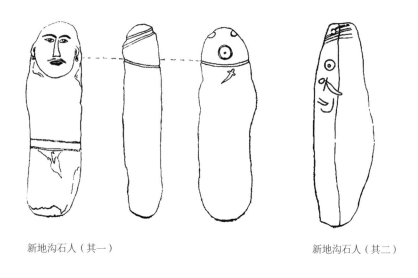

新地沟石人（其一）　　　　　　　新地沟石人（其二）

特征刻画较细，宽圆脸型，颧骨较高，有浓眉、眼、鼻、嘴，轮廓清楚。嘴唇上方，有两撇八字胡。双耳垂饰耳环，颈部刻圆环一道。衣纹未刻画，正面腰际显腰带一条，带下系物，但形迹漫漶，已难辨清。不见一般石人常有的右手持杯、左手抚剑的特征。脑后，刻斜线两道。颈后环带一道止于耳后，其下有小刀一把。

其二，高150厘米，宽50厘米，厚16—40厘米，花岗岩质，青色，块石成不规则形。值得注意的是，这一块石并未清楚刻画出人物面部形象，只是在相当于人的头部，刻画平行斜线5道，延及块石的两侧面。在其一侧，斜线上复刻一圆环。相当于上身躯干部位，刻画一圆环、一短刀、一条弧线围绕两条平行线。这在新疆，是一种比较少见的刻石资料。

二、苇湖沟石人

苇湖沟，居县城西南，近天山脚下。与新地沟东西并列，相距约 8 公里。自苇湖大队骑马入山，有山道可抵达坂城，进而东可以入吐鲁番，西可入乌鲁木齐，算得一处交通隘道。说是"苇湖"，目前田连阡陌，地面不见苇湖痕迹。石人立于苇湖大队门口一土埂边，但这并不是原来位置。据说，最初在一条地势较高的土梁上，后挪至苇湖大队门口。目前所见情况是：石质为青灰色花岗岩，较扁平。地面以上高 116 厘米，宽 62 厘米，厚 20 厘米，形象特征是：脸型偏长，下颏稍尖，眼大而鼓突若棱形，鼻准较高。唇上鼻下为两撇唇须，八字展开，尾端上翘，嘴唇紧闭向下，显得神态威严，不可侵犯。唇下垂山羊胡一撮。大耳，耳下垂环。颏下有左右向对称张开的斜线六道，似为须髯。其下衣服、武器、手势及持物等，均未见刻画。

苇湖沟石人

苇湖沟石人像

三、牛庄子石人

牛庄子地在吉木萨尔县泉子街。其西为贼疙瘩梁，梁上有古城一座。自吉木萨尔越天山到吐鲁番的古代重要交通路线——金岭道，就是通过这片地区南入天山。石人原在牛庄子村。石人近旁，有大石冢一座，直径20多米，老乡浇地时，发现这里跑水严重，经发掘，见大石棺。后重又掩埋，未开棺清理。

石人现已移至一马厩墙边，高80厘米，（地面以上）顶宽40厘米，下宽60厘米。花岗岩质，青黑色。面部形象尚清楚，眉、眼、鼻、嘴位置准确。眉弓曲，眼鼓成圆形，鼻直，小嘴，脸型稍圆，头、肩分隔处稍内收，肩部以下则为自然形状，未经刻画。

四、奇台石人

奇台县内，目前只见石人一躯。原在县城东南，天山北麓之半截沟，地理位置比较重要。由半截沟入山，有山道可越天山至鄯善县。石人原在半截沟供销社前，这也不是最初的位置。现已藏入奇台县文化馆。石人以花岗岩为料，通高146厘米，面宽39厘米，石厚20厘米。刻画较为精细，脸型宽圆，下颏部稍尖凸，似山羊胡。眼近圆形。鼻下现两撇小须。右手持杯上举至胸前，左手下抚剑柄，衣饰未刻画。

半截沟石人　　　　　　半截沟石人像

五、巴里坤石人

巴里坤县，目前也只见石人一躯。原在县城东 40 多公里之石人子乡。"石人子"一地之得名，当与此石人遗迹有关。"石人子"，清代文献中已见著录，足见清代或清代以前，人们即已注意到这一石人的存在。石人原在石人子村南，天山脚下，后被人移至一渠道边。现存巴里坤县文化馆陈列室。石人用料为细砂岩，青灰色，块石不规整。通高 95 厘米，宽 34—50 厘米，厚 20 厘米。头部用浅浮雕手法，刻画出人面形象；浓眉，圆眼，鼻隆起，嘴小，无须。头部以下，均为原石，未作任何刻画。巴里坤石人，是天山地区目前所见地理位置最东的一躯。

由于只是地面的一般调查，上述石人资料，自然还难说是乌鲁木齐以东天山地区的全部石人资料。因为没有发掘，而且几乎全部石人均已脱离了最初的原始位置，局限了我们对石人像性质的认识，但即使如此，从这点有限的资料，仍可见出不少问题。

一、国内外历史考古界，有一个差不多一致的观点：从蒙古高原，到新疆广大地区、哈萨克斯坦等，在这么广大的地域内存在的古代石人遗迹，是与古代突厥民族有关的一种历史遗存。[7]而根据古文献记录和突厥人的传说可知，在阿勒泰之南，高昌西北，也就是天山北麓至阿勒泰草原，是古代突厥民族的发祥地。[8]这片地区，也是后来西突厥汗国统治下的主要地域。当然，在这片地区内，保留下来较多的突厥遗存，是并不令人奇怪的。但在以前发表的资料中，有关石人遗迹，都只见于阿勒泰、博尔塔拉、伊犁地区。乌鲁木齐以东的天山地带，却没有见到具体报道。本文的报道，从资料上填补了这一空白，说明在乌鲁木齐以东的天山地区，石人也是同样存在的。目前的资料，虽还只见于吉木萨尔、奇台、巴里坤三县，但今后随着工作的深入，在乌鲁木齐地区及阜康、木垒等县境内，尤其是近天山北麓的山前地带，继续发现这类石人是完全有可能的。

还有一点应该强调说明，在天山以南、昆仑山以北的塔里木盆地内，虽已有相当深入的考古调查，但却从未见到发现过石人的报道。这可以提醒我们，突厥，尤其是西突厥，在隋唐时期，虽曾是势力强大的存在，但其势力，并没有进入塔里木盆地周缘的绿洲王国之中。

二、这类石人像的时代、作用，正如前面提到的，一般都认为与隋唐时期突厥人的埋葬制度有关。根据汉文史籍中的有关记录，如《旧唐书》称，阙特勤死，李唐王朝即派金吾将军张去逸、都官郎中吕向至突厥王国致祭，由皇帝为其撰写碑文，立祠庙，并"刻石为像"，以致纪念。[9]另一位毗伽可汗身死后，也有立像的记录。[10]这说明，突厥人在死后，确有在墓前立像的习惯。新疆博物馆考古队曾对博尔塔拉温泉县阿尔卡特石人（此石人现在新疆博物馆历史文物部陈列，圆脸，大目，颧骨较高，八字胡，身着反领大衣，腰系带，带上配系小刀，右手持杯至胸前，左手抚刀剑柄，是很有代表性的一种造型）身后的石棺进行过发掘，除见碎骨、骨灰外，未见其他文物，说明实行火葬。这种火葬习俗，也是见于文献记录的突厥民族曾经实行过的一种葬俗。如《周书·异域下·突厥》提到，突厥在人死后，"择日取亡者所乘马及经服用之物，并尸俱焚之，收其余灰，待时而葬"。《旧唐书·突厥传》也记述，7世纪中叶，颉利可汗死，"诏其国人葬之，从其礼俗，焚尸于霸水之东"。将死后立像及火葬这两方面的资料结合起来，说明有一类石人作为石棺火葬墓前的立像标志，是隋唐时期突厥人的象征，大概是不错的。

但是，如果仔细观察一下就可以发现另一问题：新疆广大地区内石人形象的特征，彼此差别很大。其中很大一部分，是如新疆博物馆历史文物部陈列的石人造型，我们这里介绍的奇台半截沟石人，就属于同一类型。但还有很大一部分石人造型，从面部形象到衣服、佩饰等，就完全是另一种风格，彼此之间存在很大的差别。这种差别，是不是代表着时代的前后不同？如是，那么石人所代表主人的民族身份是不是也应该有不同？我们前面介绍的6座石人，就清楚显示了这种差异：有的只刻画出面部轮廓，有的在面部形象上清楚显示了不同的特征。对这种差别，看来不应忽略，但是，要求得出明确的结论，必须结合对石人身后的墓葬进行发掘,并比较研究发掘资料。目前,这方面的工作做得太少,进一步分析还有困难。但也有一些发掘资料,已经给人们提供了相当有力的说明。如在阿勒泰克尔木齐发掘的一批石棺墓,不少墓前立有石人。这些石人一部分形象就比较简单,甚至只是利用椭圆形卵石刻画出人的面部形象。这和阿尔卡特石人所代表的一种类型,明显存在差别。而墓地发掘资料也表明,它们的时代较早。墓前立有石人的墓葬,实行的是土葬。随葬文物,有石镞、石质容器、陶器、铜器。[11] 这和阿尔卡特石人火葬墓相比,就显示了明显的差异,土葬、火葬,判然有别。葬俗、时代不同,进一步探明相关差异,找出其演变、发展的过程,对于我们认识这类以石人为代表的突厥民族考古文化的变化原因,对研究突厥民族的历史,意义是不可轻估的。

三、古籍记载突厥民族源起于"金山之阳"。目前,最早见到记录相关信息的汉文史籍《周书·异域下·突厥》,成书时代已相当晚。这时期的突厥,作为柔然汗国统治下的一个游牧部落,力量已很强大,这当然不应该是突厥族最初的情况。从隋唐时期突厥族人的墓葬前立石为像这一习俗看,可以把墓前竖立石人像,作为突厥考古文化中一个重要的特征。因此,在阿勒泰草原(金山之阳)发现的数量相当多的早期石人及墓葬,应该与突厥早期考古文化存在密切关联。它们是突厥早期文化的一种遗存,或者可以说,它们是形成后来突厥文化的一个重要源头。无论如何,即使只从石人,或墓前竖立石人像这一重要葬俗看,就无法割断它们之间的联系,是相当清晰的继承、发展关系。如是,一个逻辑的推论就是:古代突厥人,在阿勒泰地区的居住和活动历史,是十分古老的。他们的时代,远及公元以前。隋唐时期，影响远布的突厥汗国的传统文化，应该奠基在一个深厚的历史基础上。

四、当突厥兴起以后，势力强大，在东、西突厥汗国统治下，居民的种族成分大概也是很复杂的。这种情况，可以通过文献和考古资料得到启示。从考古工作角度，发掘出土的人骨及一些墓葬前的石人立像，就是第一手资料。如前所述，新疆博物馆历史文物部陈列的阿尔卡特石人形象，具有很鲜明的蒙古人种的体质特征，而吉木萨尔县苇湖沟石人，就表现了完全不同的形象。后者，形体特征就有不同特点：狭长的面庞上大眼圆睁，高鼻，须髯飞张，这些，都明显具有白种人特点。而石人紧闭的嘴唇，嘴角向下，更十分增强了石人形象的威严，显示了一种凛然不可侵犯的神态，可能具有较高的社会地位。这类资料集中起来，就足以说明突厥汗国属下并不统一的居民种族成分。

五、在吉木萨尔县新地沟（石人滩）所见一件刻石，不见人

阿勒泰切木尔切克喀依纳尔石人

面形象，但见斜线、圆环、配刀，是很值得注意的一件新资料。这种刻石，苏联学者称为"鹿石"[12]。他们认为这种"鹿石"（石刻上曾见鹿的形象）是一种公式化了的石人形象：在头的部位刻两条或三条斜线，就是代替人面。虽然，它们的含义至今并不完全清楚，躯干部分的刀或其他刻画图案，则表示着武士身上佩系的武器等物。这类石刻，据认为是公元前5—前3世纪的一种遗存，而且是与古代萨迦人（塞人）有关的一种遗存。它们也是墓葬前面的标志。苏联学者这些已有的研究成果，对我们的工作当然具有参考价值。但结合新疆的发现，究竟是什么情况，还须通过进一步的发掘才能具体说明。目前应该更深入地进行文物普查工作，并在这一基础上进一步做好保护或科学发掘工作，使他们的科学价值得到充分的发挥。

初刊于《新疆文物》1985年第1期。

[1] 李征《阿勒泰地区石人墓调查简报》，《文物》1962年第7—8期；黄文弼《新疆考古的发现——伊犁的调查》，《考古》1960年第2期。
[2] 易漫白《新疆克尔木齐古墓群发掘简报》，《文物》1981年第1期；李征《阿勒泰地区石人墓调查简报》，《文物》1962年第7—8期。
[3] 李遇春《博尔塔拉自治州石人墓调查简记》，《文物》1962年第7—8期。
[4] 黄文弼《新疆考古的发现——伊犁的调查》，《考古》1960年第2期。
[5] 西北文化局新疆省文物调查工作组《新疆伊犁区的文物调查》，《文物参考资料》(1960年后更名《文物》)1953年第12期。
[6] 黄文弼《新疆考古的发现——伊犁的调查》，《考古》1960年第2期。
[7] 李征《阿勒泰地区石人墓调查简报》，《文物》1962年第7—8期；黄文弼《新疆考古的发现——伊犁的调查》，《考古》1960年第2期。
[8] 《周书·异域下·突厥》；《隋书·突厥传》。

［9］《旧唐书》卷一九四《突厥传》。

［10］岑仲勉《突厥集史》下册。

［11］易漫白《新疆克尔木齐古墓群发掘简报》，《文物》1981年第1期（我曾主持并具体参加了相关墓地的发掘，其早期墓葬，可能早于公元前4—前3世纪）；李征《阿勒泰地区石人墓调查简报》，《文物》1962年第7—8期。

［12］Л.Г.萨维诺夫等《鹿石分布的西界及其文化民族属性问题》，《蒙古考古学与民族学》，苏联科学出版社，1978年；Н.Л.奇列诺娃《关于蒙古和西伯利亚的鹿石》，《蒙古考古论文集》，苏联科学出版社，1962年。这两篇文章由乌恩、陈弘法分别翻译，刊于《文物考古参考资料》1980年第3期、1979年第1期。

呼图壁康家石门子生殖崇拜岩刻

在新疆天山深处的呼图壁县康家石门子峭壁上发现的一处生殖崇拜的雕刻岩画见诸报道以后,引起了国内外学术界,包括岩画、艺术史、舞蹈史、原始巫术、原始宗教、原始思维、新疆早期民族史,以至医学史等许多学科学者的关注。他们纷纷来信,询问有关情况,求索岩画照片和临摹资料。这一发现,对国内学术界当年刚刚兴起的有关生殖崇拜文化的研究,无疑是一次重要的促进。随着资料的全面发表,将会有更多的专家、学者对它进行研究,可望取得更大的成果。本文仅是对这一岩画的初步介绍,初步探索。

1987年夏,我应邀前去呼图壁县进行文物古迹调查。工作基本结束,中午,县内相关部门友人餐聚、送行,餐桌闲扯,天南海北,县中种种怪异传闻,畅言无忌。这时,一直静坐不言的县地名志办公室主任李世昌突然发声:他在天山腹地工作过程中,曾走过一处地貌特异的山沟,见到一处既往未见的岩刻,"距地面有10米左右高,表面有浮沙,好像是一大群人在跳舞,其他地方没有见过"。世昌平日言辞不多,说话严谨。他简单认真的介绍,自然引发了我的特别注意。在阿勒泰山、天山,我自己见过的岩刻画也相当不少,岩羊、鹿、射猎,都是常见的素材,却从来没有见过"一大群人在跳舞"的画面,自然抓住不放,穷追细节:在什么地方?地貌如何特异?周围环境有什么不同?……毕竟是早前的偶然所见,李主任关注地名,并不在意考古,我的穷追细诘,把他问得有点急了:"只是我过眼留下的印象。你感兴趣,对地方文化研究有价值,现在时间还来得及,我可以陪你去看看现场。"

这自然是我求之难得的进展,机不可失,我们随即上了吉普车,直向天山谷地疾驰。

岩刻所在,距县城有60—70公里。山区不少地段,其实并没有理想的公路。越野吉普虽可以横冲直撞,但短短路程,我们竟也用了两个多小时。

呼图壁丹霞地貌

逐渐进入色泽有别的丹霞地带，层层叠叠的冈峦，长期风蚀水浸，形状诡异。在一处越野车无力再行的岩壁下，我们终于找到了李世昌曾经过目的大型岩雕刻画，也确实是最具特征的舞蹈群像。我得以目睹这一珍贵的遗迹。

山区，天色渐暗，没有可能细作调查，我只急急忙忙拍摄下了尽可能多的岩刻画面，随即折返。这一世界知名的呼图壁生殖崇拜岩刻画就是这样被发现的。李世昌，是我未曾稍忘，也值得我们大家记住的一个名字。

岩壁上丛丛簇簇人物优美的形象和轻盈的舞姿，给我留下了十分强烈的印象。但岩画究竟蕴含着什么样的追求，是什么时代的作品，当时却不得要领，只是留下了深深的悬念。

有了比较粗糙的岩画黑白照片，距离捕捉、破解它的"生殖崇拜"灵魂，还有相当艰难的路要走。为帮助我的分析工作，夫人王路力土法制作了一个工具，照片放在玻璃茶几上，下面支起台灯投射，透明的硫酸纸铺在照片上，模糊的岩画线条稍稍清晰，一点点被描录在硫酸纸上。原来难以辨识的岩刻形象呈现为一处又一处直白展开的两性交合图，我猛然顿悟：它们是古代天山先民祈求生殖繁衍的告白；是选在特殊地点，用直白的画面语言，向可以决定他们子孙繁衍命运的上苍的告白。它是人类早期用巫术与上苍交流的形式，对认识人类原始思维一环，具有极其重要、难被取代的价值，是认识早期先民精神文化生活的瑰宝！

经过一段时间后，我才捕捉到它生殖崇拜的灵魂。而一旦把握住这个主题，再分析每一组画面，每一根线条，就立即感受到它们震撼人心的艺术生命。这时，这区岩刻画的历史文化内核，才得以清楚揭示出来。在 1988 年发表的一篇文章中，我曾经说："从我们接触到的资料看，这一主题的如此大型雕刻画面，在国内，是目前仅见的一幅；从世界范围看，也未见到如此宏大规模、明白清晰的有关原始社会生殖崇拜画面的报告。可以毫不夸张的（地）说，这在新疆地区已见的岩画资料中，是十分值得注意须要特别保护的一处遗迹，具有重大的科学价值。它清楚表露的十分丰富的思想内涵，在研究原始社会史、原始思维特征、原始巫术与宗教、原始舞蹈、原始雕刻艺术及新疆古代民族史等许多学科领域，都具有不可轻估的意义。形象一点说，它是当之无愧的雕凿在天山岩壁上的、原始社会后期的一页思想文化史！因为没有后人的润色、增删，还保留着原始社会晚期当年人们的朴实、纯净，显示着他们的追求、祈祷，记录着他们野性的呼喊与欢乐，表现着他们的美学追求与艺术实践，有如摄影、录相（像）一样保留着他们当年的生动形象……这就较之任何古朴的文字，都更为明白、清楚地显露了它的思想内涵。"[1]迄至今天，我仍坚持这样的观点。天山深处康家石门子峭壁上的这区生殖崇拜雕刻岩画，曾经制约、影响、决定了原始社会阶段人们多方面的精神文化活动，铭刻着早期人类思想文化史的重要一页，值得我们给予特别的关注。

对康家石门子岩画，本文力求进行比较准确、比较全面的介绍，为读者提供一个完整的素材，奠定进一步分析、研究、批判认识的基础。对同一遗址点、邻近遗址点上不同性质的岩面，本文也提供了少量的资料，以便于人们从另一角度进行对比分析。

一、岩刻画面介绍

岩画的具体位置,在呼图壁县西南的天山腹地,距县城约75公里,东经86°19′20″,北纬43°51′处。当地人们俗称这里为"康家石门子"。据说在清朝末年,这里还是禽兽出没、人迹罕至之地。后有一康姓农民,避祸入山,在这里居住、垦殖。由于附近山势陡兀,石壁豁开如阙,故有"康家石门子"之称。我们从石刻岩壁下观察附近形势,康拉尔沟居岩壁之东,涝坝湾子沟流贯其南。石刻岩画所在峭壁,正当两条山溪汇流处的西北侧,形势确实不同于一般。

岩画所在峭壁,系侏罗系顶部喀拉扎组砂砾岩中的一块较大

康家石门子环境:峭壁、茂草、溪流

康家石门子石阙
形势

透镜体，岩面平整。整个画面东西展布长约 14 米，上下高约 9 米，面积达 120 多平方米。在这片岩壁上，满布大小不等、形态各异的人物形象。最主要刻像，则集中在约 60 平方米的范围内。最下层的刻像，距目前地面已有 2.5 米以上，而最上部的刻像则距地面高达 10 米。人物形象大者高于真人，小者仅 10—20 厘米；有男有女，或站或卧，或衣或裸。其中不少男性形象，生殖器官刻画得十分突出，甚至表现了交媾的动作。其下则是群列的小人，十分明白地显示了祈求生殖、繁育人口的愿望，宣示了岩画的主题。

在具体介绍岩画的内容之前，还须说明一点：如此巨大的画面，众多的人物形象，自然不可能在短时期内完成。经仔细观察后发现，人物形象有不少互相叠压，即在早期刻像的基础上稍予处理，又重新刻凿。这种现象说明，这处岩画，地位不同于一般。它的创作，经历过一个相当长的历史过程。根据这一线索分析、认识画面，似乎也可以从岩画的内容本身，探寻到时代早晚的发展轨迹。

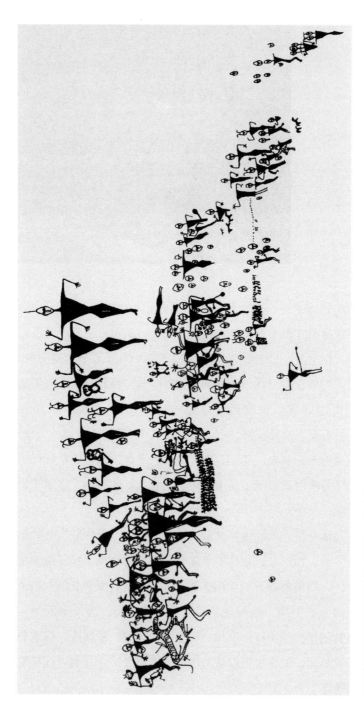

康家石门子生殖崇拜岩画全图(摹图:王路力)

为叙述方便，我们根据画面的位置，暂且分为 9 组。现分别进行介绍：

I组

居岩壁最上方。是一列裸体女性舞蹈图像和一个斜卧的男性形象，共刻画 10 个人物。其中女性 9 人由右向左，逐渐缩小。每 3 人之间，有一组对马图形。男性形象居左端，做斜卧姿势，面对女像。

这组群像不仅位置高，而且形体大，特征鲜明。最右侧的

I组岩画及其线条

女性最高，达 2.04 米。女性多头戴高帽，帽上一般饰翎羽两支，斜向左右。唯画面最右侧女性的帽饰为一直立杆状物，有别于其他女性。脸庞均偏长，眉弓发达，大眼高鼻小嘴唇，显示女性秀美的形象特征。颈脖细长，胸部宽大，细腰，臀部肥硕，两腿修长，小腿微弯曲。右臂平举，右肘上曲，五指伸张。左臂平伸，左肘下垂，五指亦张开。从人物的神态看，应是表现舞蹈的姿势。从人物双脚的方向看，她们都面向"对马"图形。

斜卧的男性形象，裸体，通体涂朱。面部轮廓比较粗犷，下颏较窄，大嘴，有胡须。胸和臀部都不若女性那样肥硕。尤其值得注意的是，特别刻画了勃起的生殖器，且指向女性方向。在阴茎的根部，还着意表现了睾丸。

两组对马图案，一组位于右起的第三、四人之间。对马的头、前腿和后腿，彼此连接，形成一个封闭的图形。马长头长颈，身体细瘦。尾垂于下，通体涂朱。另一组对马，位于右起第六、七人之间。形体特征基本同前，只是突出刻画了雄性的生殖器官，彼此相接，未涂颜色。

在这一组主体人物的下面和旁侧，还可以隐约看到一些已经漫漶不清的人物轮廓。如在右起第六人的右腿旁侧，即可以见到一个还比较清晰的人头及又一双人腿，两手、上身的刻线虽已相当模糊，但仍依稀可辨。这一实例表明，这组巨型女像还不是这处岩画的最早作品，这里还刻画过时代更早的人物形象。

Ⅱ组

位于Ⅰ组的左下方。最突出的是一个高大如同真人的双头同体形象，高 1.70 米。在双头同体人像的周围，有一些裸体男性

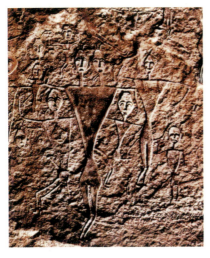 

Ⅱ组岩画的两性同体像及左右人物

形象。

在Ⅱ组图像中,应当强调说明的有以下几点:

(1)双头同体人像,均戴冠,翎羽飞扬。长脸,高鼻,大眼,颈脖细长。唯右侧头像颈后见一飘带,或许为女性装饰物的象征?这应该是表示男女交合的图像。在双头人像的腰部左侧,还可以看到两条腿,和一勃起的男性生殖器,而其身体上部已叠压在双头同体人身下。这又一次说明,此处岩壁上曾多次进行过刻凿。这一双头同体人像,实际表示着两性同体的内涵。它不仅形体高大,而且处于岩刻的显著地位,揭示了生殖崇拜的主题思想。

(2)在双头同体人像的上部、左右,是一群形体稍小而性征鲜明的男性形象。这些形象,头部与女性无大差异,只是高帽上不着翎羽。臀部明显不同于女性,小而偏圆。两腿曲向一边。性器官均勃起,而且做了明显的艺术夸张。双腿,显得特别细瘦。根据脚趾的方向,所有男性都背向双头同体人。

（3）在双头同体人左侧男性像的胸部，刻画着一个头像。头像同样戴帽，只是不见翎羽。其大小几与形体完整者相等。这可能反映了"胚中预存论"的观念（一种由男性因子决定生殖的生育观念）。

（4）在双头同体人的右侧，有一稍高的人像。头戴翎羽高帽，高鼻大眼，宽胸细腰肥臀，双腿曲线明显，有女性特征；但在腿跟部位，却又明显刻画了一个男性生殖器。臀部之下，似有另一生殖器图形。整个图像互相叠压，先后刻凿的痕迹不止一处。

Ⅲ组

居Ⅱ组左侧。立虎图像的右上方，有一躺卧、曲腿、交媾中的女性图像，环绕以四五个裸体男性。女性身长36厘米，呈仰卧形。她双腿张开，右手上举，左手下垂向阴部。为强调其女性特征，用浮雕手法表现了隆起的乳房，这为其他所有女性刻像所不见。在其左侧，是身形魁梧、高大远过于卧女的男性形象，身高110.5厘米。他头戴高帽，帽上有翎羽。胸腹宽大，臀部小。双腿弯曲，生殖器勃起指向仰卧女性的阴部，组成明白无误的交合动作。这组交媾画面中，值得注意的有下列细节：

（1）在这一进行交合的男子的腹部，也有一个人头。头形大小有如成人，一样戴帽、着翎，且颏下显须，标明其男性身份。

（2）在这一高大男性的胸旁、仰卧女性的腿下，可以见到一个形体很小的小人，同样勃起生殖器，显示了男性的形体特征。从小人所处的位置，及他与之交合中男女的关系、身形比例，不能不使人联想：岩画刻凿者，似乎在表示因着这一男女的交媾，尤

Ⅲ组岩画中可见一处两性交媾画面

其是胸腔中孕含着子嗣的男子的决定性作用,终于产出了一个新的男性小生命。

(3)这一交合中的男子,左右两手一如常人,上举下垂,腕部饰带飘扬,并无特殊之处。但在腋下,却还有明显不同于其他人物的两只胳膊一样的肢体,斜伸向左右,显示了他不同凡俗的个性。

交媾男子的右侧,为又一男像。他生殖器同样勃起,胸腔中也隐约可见一人头像,只是刻痕漫漶,不够清晰。可注意者,是这一人物的右臂,没有如一般人那样上举,而是手臂平伸,手指指向躺卧女性的阴部。这一构图变化,意在指引人们注意上述性媾动作及其效果,还是另有寓意,是一个有待探究的问题。

在卧女头侧,为另一裸体男像,男根显露,推举至卧女头上。在其头后刻有一兽。男子应有的帽翎与立兽腹、臀、后腿部分相重叠。此外，在这一男子的身后、臀下及卧女的身下，都还可以见到一些人物刻像，但刻痕、线条不如前述人物那么清楚、明显。

Ⅳ组

居Ⅲ组之左方。画面的主体部分是两只雄虎，一大一小，头均向右。通体刻画条斑纹，而头、面部特征却故意略去。勃起的虎鞭，下垂的睾丸，非常明显。虎尾下垂，而尾端上卷。在大虎的上下，隐约可见3张满弓，搭箭待发。在弓箭的后面，是伏在地上、形象模糊的猎手。

在立虎上部，为又一性媾图像。画面左上方，为一猴面人，高1.02米，此人大耳、短额、圆眼、宽鼻，面部近似三角形。无帽，头上有两支直立短角。长颈。颈胸部位，有朱红色颈饰。身体稍长，臀部不大，臀下垂一男性生殖器图像。右臂平伸，肘上举，肘下也垂一男性生殖器图像。左臂平伸，肘下垂，五指均伸张。左右腕部均着意刻画了腕饰。两腿微曲。勃起的生殖器，挺向一个双腿曲分、左右张开的女性阴部。女性面部特征未作刻画，身躯细小，通高48厘米。在这组交媾图像中，有几处不应忽略的细节：强调男性高大伟岸，女性柔弱细小；男子面形刻画清楚，而女性面部不作刻画。另外，交媾中的男子，腕部佩饰带状物。而且，这类带状腕饰，只见于正进行交媾的男性，其他男性均不见。这种民俗，似蕴含有深一层的思想。

猴面人右侧，除一孤立、漫漶不清的头像外，还可以辨析出另一组人物图形，似也显示着交合动作。女性深目，大鼻，阔嘴，面形稍显粗犷。头戴圆帽，不着翎羽。宽胸细腰，双腿挺

Ⅳ组岩画有立虎与弓箭

立，脚面向左。右侧则为一曲腿相向的男子，勃起的男根正斜下指向女性下腹，寓意为交媾，不言自明。

在Ⅳ组画面之下，从目前仍明显可见的小凿点及隐隐约约的图像看，当年也肯定有过人像刻画。只是由于岩面剥蚀，图像消失。在整个岩壁的左端，目前仍为浓厚的赭黄色岩浆覆盖，但缘边尚可看到一些凿点、刻线，可能也曾有过岩刻画面。

Ⅴ组

居双头同体人的右下方，直到一条天然的断裂岩隙。这组画面中，包括了明显隐喻交媾动作的男女及一群欢跳的小人。其右侧，为两男一女显示的交媾动作。此外还有一些显示阳具的男子形象。

在两性同体人右方，有一站立的男子，身高 71 厘米。头戴帽，无翎羽。头型略近卵圆，浓眉大眼，大嘴高鼻，显示出男性的气势和力量。这一面型特点，与其他基本属长方形面相的男性形成鲜明对比。他两腿并立，上身略近梯形。右臂平伸后上举，五指伸张。左臂下垂，左手扶持勃起的生殖器。生殖器造型特别夸张，长达 42 厘米。睾丸下垂。生殖器指向对面一亭亭玉立的女性。女像高 80 厘米，高帽着翎，形体俏丽，全身涂朱。两手上下翻腾，小腿轻轻蹬踏，姿势轻松而舒缓。其下方有两排小人，上排 34 人，下排 21 人，做热烈而整齐的舞蹈姿势，上身前倾，极度弓腰曲腿，洋溢着欢乐的气氛。古代先民祈求人口繁殖、多生多育，实现人口繁荣以后的巨大愉悦，灼然可见。舞蹈小人从左向右逐渐趋矮，最高为 18 厘米，最矮的 13 厘米。

V组岩画主体为男女两性交媾，其下为两列欢跳的小人

小人群像东端，被形如女性但具有男根的人物覆压。人像面形卵圆，高帽着翎。宽胸细腰，臀肥腿长。根据岩画人物造型通例，它明显是女性形象。但胯部勃起的男根，也明确无疑。这一人像的对面，为一面容粗犷，浓眉、大眼、高鼻的男子，同样勃起生殖器。尤其使人费解的是，这两个男性的生殖器，竟指向同一女性的阴部。她两腿左右曲分，明显隐喻两男一女的交合。女性形体很小，容易被人忽略。前述勃起男根的人物，具有女性形体特点，也启发人们考虑"男根"是后期岩画创作者在前期人物身上增刻而成。据此，疑是一组后期完成的画面。这种关于两性交媾的有悖情理的描述，表现的是什么样的历史实际，也是值得进一步探索的问题。

在这两组性媾图像的右上方，还可见到另一些裸体男性形象。

这些足以显示这区岩画完成于不同时期，现存画面下还曾有过早期刻画的实例，是在涂红女性的身下，还依稀可以辨析一具躺卧着的男性人体。他上身肋骨清晰可数，下肢的特点及刻画手法，与其他男性人物下肢特点及刻画手法一致。男体身下，似为一巨兽的脊背。更下，为一躯形体特征刻画得相当准确的小羊。

Ⅵ组

位于Ⅴ组的右侧，Ⅰ组的下方，岩壁的一条天然裂缝，成了它与Ⅴ组的自然分界。

这组画面中的一些人物形象，由于数千年风雨的侵蚀，已不十分清晰。因此，对它们的内容，我们还未能完全辨析得清楚。

画面的中心部位，直立着一长裙女性，身高1.05米，全身涂红。人物面庞近圆，尖高帽，帽上无翎饰。宽胸细腰，明显地

Ⅵ组岩画为以直立长裙女性为中心的多人交媾群像

表现了女性的形体特征。左肩上部有两根曲扬向上的飘带。两臂平伸，两肘上举，两腿直立，左向。颈下胸前，见矩形饰具。尤其值得注意的是，在长裙下摆的左右角，都可见棍球状的男根。或上翘，或下垂，发人联想。

在整个画面中，这是唯一穿着衣服的人物。在她的上下左右，几乎都是裸体、显露男根的男性形象。

自着裙女像向左，直至岩壁裂缝处，可以见出6个完整的人物刻像及一些人头，身体则已隐没在晚期刻像下。6个完整的人物，1个为女性，5个是显示勃起男根的男子，大都朝向着裙女性。臀下或肘下，也都有棍球状的男性生殖器。其中最左边的男性，位于靠近岩壁裂缝处，他的形象有两点值得特别注意：一是头戴尖角高帽，无翎；二是面形颧骨甚高，与其他长脸型的男像不同。这群男子，均两手上下摆动，身体躬曲，做欢舞之状。

在着裙女像的右侧，有一戴角状帽的人物，面形半露，而身体却被两个叠在一起的人头所覆盖。其右方，为一戴角状帽、面圆、两手上举的人物形象，只存上身，下体不存。再往右，刻画了两个彼此搂抱的男子形象，他们都戴角状帽，圆形面庞，颧骨甚高，彼此大腿相向，男根粗大，勃起，而且臀后也都垂挂着棍球形的生殖器。在他们之间，刻画了两个人头。左侧男子臀下，为又一男子形象。在着裙女像的右上，有两个横卧的人物，身体修长，体态秀美。居上者长96.5厘米；在下者下肢漫漶，残长约86厘米，头微微侧向女性，右臂平伸后上举，左手下曲向腰际。这组卧像，与两性同体人的刻像，应是相类相通，但更为清楚地表明了男女祖先在氏族和部落人口繁衍中的作用。在着裙女性头上稍偏左，是一对形体稍小的男性刻像，均做舞蹈姿势，男根勃起，臀下垂又一生殖器。从脚的方向看，均面向左。在这组画面中，屡现成对男性，是应予注意的现象。

互相搂抱的男性向右，可以见到比较清楚的人头六七个，但躯体不清。

人头向右，可以见出一躯挺立的女像，平伸的臂上见人头。女像向右，又是几个互相叠置的人头。人头更右，为一躯女性像及两个勃起男根、颧骨显高的男性。画面至此，岩壁上有一条天然裂隙。

这组相当宏大的画面中，除上述这些依稀可以辨析的图像外，在浓重的污秽中，还可以看到一些躯体轮廓的残部、小羊等，但终因漫漶过甚，岩面剥蚀较重，目前还难以完全准确地进一步描述、介绍。

Ⅶ组

居Ⅵ组下方稍偏右。

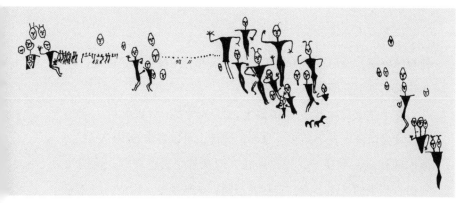

Ⅶ组岩画的一组男女像中间有一列舞蹈小人

画面的内容和表现手法，与Ⅴ组画面中曾经说明的舞蹈小人近似。主体是一列做整齐舞蹈动作的小人，排成一行，清晰可数者计31人。弓腰曲腿，动作整齐划一，俨然为一幅集体舞的速写。而在这列舞蹈小人的左右两端，则是两个形体较大的男性，都清楚地显示了阳具，右向勃起。在这列舞蹈形象的左、右、上部，还隐隐约可以看到七八个头像，个别躯体的部分线条还依稀可见。从形体特征看，主要也是男性。

Ⅷ组

位于第Ⅶ组画面的右方。东西延展约10米，上下高近3米，刻画人物40—50人。但遗憾的是，这部分岩画，由于流水下泄，相当画面被赭红色的水渍所覆盖。

画面中心部位，可以见到一个身姿造型相当标准的女性形象。她身形最为高大，高帽尖翎，大眼高鼻，宽胸细腰，两腿修长。右臂平伸后上举，左臂平伸后下垂。其上下左右，有5个伫立女性，面型、身姿相同。只是左侧女性手臂动作与一般女性迥异：左臂平伸上举，右手叉腰。女性之下有一些男性像，显示着勃起的男根，面形也稍为粗犷。但相当部分图像已印迹模糊，形体轮廓不是十分明确。

在上述叉腰女性左侧稍偏上，仔细观察，可以见出一列小人。从残留凿点较重的头、身部位统计，可以看出有 10 人左右。他们同样成一列展开，作舞蹈状。而从整个岩壁观察，他们与Ⅷ组岩画中的舞蹈小人，实际处于同一水平线上。因此，当年完全可能是与Ⅷ组舞蹈小人相连续的一个画面。只是因后期岩画覆盖，加上岩面凹凸不平、侵蚀严重，故被分隔成两区，加之小人形体很小（身高约 10 厘米），如不仔细观察，就很难发现。

自这部分岩画向右，当年肯定也曾存在相当数量的岩画，但因泥浆覆盖，岩面受到严重侵蚀，其准确形象已难辨认。在一些刻痕较深、形象约略可见处，可以捕捉到一些两性同体人像；双腿曲分、显露阴部的横卧女像及正对阴部的粗大男根，表现了性媾的画面，以及具有典型特征的裸体男女像、构图生动的小羊等。但大部分图像都已被水渍所覆盖，给人们留下了深深的遗憾与疑惑。可以预期，在清除了水渍，加固岩面以后，当还会有新的人物形象，展现在我们的面前。

Ⅸ组

居Ⅷ组之左，Ⅵ组之下。在整个岩画中，它是位置最下，最接近地表的一区画面。

画面是一个形体高大的男性，他头戴高帽，眼窝深陷。宽胸、细腰、肥臀、两腿修长，体形为典型女性；左手上举，右手下垂，也是一般女性常取的舞蹈造型。但腰际却右向伸出一特别长大的男性生殖器，生殖器所指的前方，是一片相当平整、未见任何刻画的空白岩壁。

此外，在这区生殖崇拜岩画的左下方，以及所在岩壁最西部紧紧毗连泪泉处，还可以见到两区动物岩画，主体为大角羊、鹿、马。在坍塌于岩壁前的巨型块石上，也可以见到大角羊等动物岩刻形象。因与本文所论生殖崇拜岩画主题无关，似也不是一个时期的作品，故这里不详细介绍。

在大概介绍过岩刻画面的内容后，简单说一下这区岩画的雕刻技法。经仔细观察，轻触刻痕，我们基本上弄清了它的刻凿过程。首先，根据设计布局，用凿点方法，凿刻、勾勒出人物的形体轮廓线。站在目前地面，远远观察人物的体形轮廓，似乎十分洗练，若一气呵成。但在高架上用手轻抚刻线，其深浅不一的凿点，即清楚可感。人物身体部分，同样是先经点凿，密布的凿点构成了人的形体，而后加磨。远看显得光滑，细辨却凿点痕迹犹存。人物面部的浅浮雕效果，也是采用这一手法取得的。只是眉弓和鼻部，保留了较多的岩体。面颊其他部分，打磨较细，显得光洁。至于凿点工具是否用了金属，目前还无法得出结论。在硬度不是很大的砂岩面上刻凿，使用金属工具自然比较便利，但用硬度较大的其他尖锐石材，也未必不能完成。

二、生殖崇拜的生动标本

通观整个画面，康家石门子岩刻几乎都与生育后代、人口繁殖有关。可以肯定，这处岩刻画面，是新疆地区古代先民存在生殖崇拜,并进行生殖崇拜巫术活动的一个重要标本。

生殖崇拜,是一个世界性的,具有久远历史的文化现象。考古、民俗调查,对此曾有过大量的揭示,引起人们广泛的注意。

在欧洲旧石器时代的遗址中发现过大量女性雕像,这类雕像,无一例外都极度夸张了女性的性征:丰满的乳房,肥硕的臀部、生殖器。这表示了当时人们对母亲的崇拜,对孕育、生产了新生命的女性生殖器官的崇拜,及祈求母亲多生多育的愿望。在那样一个历史阶段,母亲在社会生活中处于中枢地位。人们对父亲在子女繁育中的地位与作用,大概没有认识。在我国流传至今的早期神话中,有什么母亲感月而孕、吞鸟卵致孕、履大人足迹而孕的故事,大概刻印着相同的历史痕迹。在辽宁省朝阳地区牛河梁红山文化遗址中发现的女神像,也显示着同样的文化精神。在姜寨、半坡等仰韶文化遗址中,普遍见到一种人面鱼形图案。据赵国华同志分析,它们很可能就是女性生殖器的变形,是对女性生殖器崇拜的表现。[2]云南剑川地区有"阿央石",实际是石刻的女阴图像。白族妇女有不育情况,传统观念认为只要到剑川去拜"阿央石",就可以生育。这实际也是古代女性生殖崇拜的一种遗存。随手拈来这些考古学、民俗学资料,意在说明,在远古的原始社会早期,曾普遍存在过对女性生殖器的崇拜。

到原始社会后期,随着父权制的确立,父亲在氏族、部落内地位的提高,也伴随着人们生理知识的增进,逐渐认识到父亲在子女繁衍中的作用,对男性生殖器的崇拜逐渐取代了女性生殖器的地位。在新石器时代考古文化遗址中,曾普遍发现过男性生殖器标本——陶祖和石祖。如陕西铜川李家沟仰韶文化晚期遗址、甘肃甘谷灰地儿马家窑文化遗址和张家嘴齐家文化遗址、山东潍坊大汶口文化遗址、湖北京山屈家岭文化遗址，以及陕西华县泉护村、西安客省庄、河南信阳三里店等龙山文化遗址中，都发现过陶祖。在新疆罗布淖尔地区、木垒县四道沟遗址发现过石祖。这些陶祖和石祖，都是制作认真、形态逼真的男性生殖器模型。考古学家们普遍认为，这些陶祖和石祖是表现对父系祖先崇拜的一种灵物。宋兆麟结合民族学资料，提出了一种新的观点。他认为，陶祖和石祖，不是直接表现对男性祖先的崇拜，也从不在室内供奉；而应是与祈求生育、繁衍子孙有关的一种男性生殖器崇拜的实物。[3] 在民族学调查中，有颇多类似的民俗。如云南西双版纳傣族崇拜山上的石祖，西藏门巴族崇祀木祖，四川木里大坝村有一处"鸡儿洞"，其中供奉一具男性生殖器。妇女不育，至此洞烧香祈求，再在石质生殖器上坐一会儿，认为即可生育子嗣。木里县俄亚乡卡瓦村也供有石祖，妇女求育，即由巫师带领，到山洞里向石祖烧香叩头，在池水中沐浴，然后在石祖上吸喝圣水。据说只有这样，妇女才有生育能力。这些民俗学资料可以帮助我们了解，对男性生殖器的崇拜都是与祈求生育有关的一种巫术行为。

参证大量存在的民俗学资料及考古发掘中见到的女性、男性生殖器崇拜物以后，我们再认真检视一下呼图壁康家石门子岩壁上的岩画形象，说它与祈求生育，祈求氏族、部落人口繁衍有关，是进行相应宗教巫术活动的一个象征，是古代新疆地区生殖崇拜的生动说明，应当是符合实际的。

在康家石门子岩画中，居于相当突出地位的Ⅰ组画面，究竟如何与生殖崇拜观念联系，是人们提出得较多的疑问之一。这组画面，实际表现着人类曾经存在过的"马祖崇拜"，显示着通过马祠以求育的思想信仰。马祖崇拜思想，十分古老，而且遍及亚欧广大地区。

法国人类学家和史前考古学家安德烈·勒鲁伊·古朗在分析了大量史前洞穴绘画以后提出，洞穴中马的形象，实际是雄性的象征，表现着原始人的观念。[4]中国古代也存马祖观念。钱锺书先生曾经揭示：在中国传统观念中，"乾为天，为父，为良马，为老马"[5]。在《周礼》中，也保存着一些零星的崇拜马祖的记录，但《周礼》成书时，似乎对其思想内核即已不甚了然。在内蒙古阴山乌斯特罗盖、东地里哈日等处，也都见到体现马祖崇拜思想的对马图案。[6]至于马祖崇拜如何与求育求嗣的愿望发生关系，更不易为人们所理解。在完成于公元前的印度著名史诗《罗摩衍那》中，叙述过一个十车国王通过马祠以求子的故事，可以帮助我们理解马祖崇拜的思想内核，也可以启发我们认识康家石门子I组画面的内涵。故事说，十车国王无子，为求子嗣，请得道巫师进行"马祠"。为此，巫师第一年选择宝马，放之野外。第二年将其收回，这时马已受孕。在特设的祭坛上拴好孕马，施行法术，让王后绕马转圈。最后把马刺死，并让王后和被刺死的马在一起待上一夜，抚摸马体，最后取出胎马在火上烤炙，闻其香气。这样的活动经过三天，穿红衣服的"神灵"就会授国王以奶粥。王后和王妃喝下奶粥后，果然都怀了身孕，给十车国王生了孩子。[7]将这一《罗摩衍那》中记述的马祠求子的故事与岩刻画面上9名裸女围绕对马舞蹈，一红体男子全神贯注观望的形象联系分析，可以看到其内在的精神是完全相通的。

I组画面之外的其他画面，都十分明白并极度夸张地显示男性的特征，强调了父亲在子女繁育中的作用。大量的画面都突出表现了男性生殖器，而且几乎都指向女性，还在这种明显暗示男女交媾的画面下，刻画出成群的小儿。许多画面还明白刻画了男女交媾的动作。至于并列平卧的男女人像、双头同体人像等，都可以看出是在表现男女性爱的欢悦及两性同体决定子嗣繁殖的思想。

这类双头同体人像，在考古资料和民俗文物中，也有所见。20世纪50年代初，在云南西盟佤族地区，还可以见到与这些相类同的双体木雕人像。当年的佤族，还处于原始社会的后期，青年人婚前性生活比较自由。在氏族居住的寨子内，都有一种公房，供男女青年婚前自由交往。

在这种公房中，往往装饰有与此类同的双体木雕人像。人像为一男一女，裸体，彼此相拥相爱。据说，在印度、缅甸的那伽族中，也有这样的习俗，作为男女欢爱的象征。更深一层去分析，其祈求氏族、部落人口昌盛的目的也是很清楚的。青海乐都柳湾新石器时代遗址，在一座相当于马厂文化类型的墓葬中，出土过一件引起人们广泛注意的彩陶壶，使用捏塑与彩绘相结合的方法，表现了男、女性器共存于一体的人像：乳房、脐、下部及四肢均裸；乳房丰满，用黑彩绘出乳头，双手捧承腹部；生殖器既有男性特点，又明显具有女性特征，两性器官合二为一。有的学者称它为"两性同体"或"两性同体崇拜"。它们与康家石门子岩壁上所见的双头同体人像，具体形式或稍有不同，但实际上都是表现男女结合的主题。

曾经普遍存在过的生殖崇拜观念，植根在古代人类对自身子嗣繁衍的强烈关心。恩格斯在其《家庭、私有制和国家的起源》1884年第一版序言中，曾经十分明确地指出："历史上的决定要素，归根结底，乃是直接生活的生产与再生产。不过，生产本身又是两重性的，一方面是生活资料食、衣、住及为此所必需的工具的生产；另一方面是人类自身的生产，即种的繁衍。"[8]在生产工具原始、社会生产力低下的原始社会中，原始氏族、部落的成员，每天面对自然和社会的挑战，平均寿命短，婴幼儿死亡率高。没有较大的生育率，氏族、部落就难以存在。在这种情况下，人们追求一个较高的生育率，以保证族群的存在与发展，是不难理解的。呼图壁康家石门子有关生殖崇拜的岩画，可以说正是这一观点的历史注脚，显示了它的重大历史意义。[9]

三、原始巫术崇拜的绝好例证

巫术是原始宗教的表现形式，也是进行原始宗教活动的一种手段。原始人虔信他们能通过巫术活动请求神灵改变自然状态，满足自己的要求。呼图壁岩画，正是原始社会的人们在祈求多育多生，请神灵保佑氏族部落人口昌盛的场所行巫术活动的表现形式。

J. G. 弗雷泽在《金枝》一书中，很有说服力地说明，在原始人的心目中，世界在很大程度上是受超自然力支配的。这种超自然的力量就是神灵。他们和人一样，会因人们的企求、愿望、恐惧等而感动，并相应地做出种种许诺，为人们的利益而改变自然的进程。为了让神灵了解人的愿望，人们可以通过模拟的活动向神灵表示自己的感情。他们相信这样做了以后，终会实现自己的理想。不仅罗马近郊内米湖畔圣树上"金枝"的故事说明了这个道理，古今中外更多的原始民俗，也一次又一次说明过这些巫术崇拜。在欧洲史前人的洞穴中，有许多这类巫术表演的证据。在史前人的心目中，他们狩猎的动物如熊、水牛、鹿的图像和活着的动物本身是一致的。当他们用矛刺中动物图像时，他们相信，即将举行的狩猎活动就有了成功的保证。[10]

英国人种学家马林诺夫斯基曾经通过大量的社会调查，研究巫术产生的原因。他曾研究过美拉尼西亚群岛原始居民的生活，看他们在什么情况下施行巫术，而在另一些情况下则不施行巫术。经过调查、观察，他发现："哪里存在机缘因素，因而在希望和恐惧之间动摇不定的情绪广为传播，哪里就有巫术。"[11]例如，猎人或渔夫面临危险，对行动的结果没有信心，就会在这类活动进行之前或进行之中施行巫术；而在安全的礁湖中捕鱼，就不举行巫术仪式。

在我国古代社会生活中，巫及巫术，同样是一种普遍的存在，而且具有十分重要的地位。"以中国而论，古代各民族无处不有巫，无人不信巫。"[12]所以，"经过巫术进行天地人神的沟通是中国古代文明的重要特征，沟通手段的独占是中国古代社会的一个重要现象"[13]。求育、送丧、征战、出猎、求雨、祭祀等活动，无不通过巫术活动上达神灵，寻求神灵的帮助，有各种实例。

根据人类社会早期阶段巫及巫术在精神文化生活领域的地位、作用及施行巫术的基本准则分析康家石门子岩画遗迹，它们的巫术内涵是相当清楚的。在原始社会后期，渴求高生育率、繁衍子嗣的愿望，与实际的人口繁殖往往存在矛盾。氏族成员中，有的能生育，有的则不能；有的能多生，有的则少生。在后代生育问题上这类不稳定的、偶然的、存在机缘因素的现象，自然成了激发巫术、召唤巫术的肥沃土壤。希望氏族、部落人口繁衍的愿望，会转化成氏族领袖、巫师们虔诚地对超自然力量的祈祷，会诱发、形成一种祈祝获得强大生育能力的巫术形式，并渐渐成为氏族的传统。康家石门子岩画，是它的产物，也是它的生动表现。

岩石峭壁上雕凿的马祠求育的图像，一组又一组男女交合的图形，象征男女交合图像下成群成列欢跳的小人，强壮有力的男性生殖器及胸腹中怀子的男性……这些画面，无不表明原始社会的巫师们在祈求神灵时希望由此获得感应，刻凿的图像继而转化为社会的现实，揭示了巫术活动的目的。

这类巫术活动，对原始社会的人们来说是十分神圣的。进行这样的祈祝活动，必须选择适宜的环境和合适的时间，而不是任何地方、任何时间都可以的。商汤祈雨必须在桑山之林，楚国祭社必须在云梦，燕国之祭祖、齐国之祭社也都有一定的场所。在古代人的意识中，大自然中的山水与动物和人一样都是有生命、有性别、有感情的。在适宜的环境中进行一定的巫术祈祝活动，才能实现人的愿望。而祈愿人类生殖的活动，就必须选择在具有强大生命力的环境之中。康家石门子岩画之所在，在古代人类的观念中，正是具有这一特性的地点。

这里进行稍为具体一点的申述。

在汉代文献《大戴礼记》中，记述过古代祖先的一个文化心理现象，说是"丘陵为牡，溪谷为牝"[14]。这一超越了现代人常识观念的概括，表明在遥远的过去，中原大地上的思想领袖们，本着一般性的原始思维的认识规律，曾经虔信高山、溪谷都有如人类一样的生命，并表现出性别的差异。高峻的山岭、丘冈，是为男性的生殖器官，而低凹、流水的溪谷，则与女性的生殖器官相通。祈求繁衍人类生命的巫术活动，自然必须在这样的环境中去进行，才能天人相通，得到感应。

康家石门子岩画所在的山体，山势雄伟，山色赭红，在四周的青山绿草之中，成为十分显眼、引人注目的地点。古老的盆地沉积，石质呈水平状铺展，层层叠叠的红色冈峦，如垒如砌。由于岩石成分差异（主要为粉砂岩、泥质岩，少量砾岩），结构不同，而且大多胶结不严，易受侵蚀。经数千万年的风雨作用，不同岩性的石质受侵蚀速度有别，于是有的显得凹入如窗似门，有的凸出似墙若柱，远远望去，犹如一座深藏在天山腹地的年代久远的高峻古堡。行人至此，远远即为之吸引，感到神奇和惊愕，叹为大自然的杰作。呼图壁县的人们，因此而戏称它为"呼图壁的上海大厦"。我第一次来这里考察时，正当夏日。山坡沟谷，草深及膝，一片青绿。而在这显示了强大生命活力的深山翠绿之中，陡然耸立着这么一区雄伟的冈峦，和周围环境既协调又独具个性。这一自然的属性，还能使今天的人们感受到十分浓郁的神秘色彩，而无法洞悉其构造原委的原始社会的人们，会对这相对高度达200米上下的冈峦寄以特殊的崇拜，认为它具有非人间的神奇力量，是并不奇怪的。

事情还不止于此。这样一区陡然耸立的壮伟峰峦，却又为终年流水的两道溪谷所环绕、拥抱。涝坝湾子沟流其南，康拉尔沟流其东。沟谷内，清水不断。沟谷两岸，山前缓坡，又是灌木丛生、绿草繁茂，到处显得生机盎然。在"万物有灵"者的心目中，这里确是一片有灵性的具有生殖能力的土地。天山深处康家石门子地带的古代居民，虽没有留下用文字表达的冈峦如牡、溪谷若牝这类思想观念，但通过在这样的环境中雕凿有关生殖崇拜的岩画，进行有关祈祝子嗣生殖的巫术，实际显示了他们当年持有着与《大戴礼记》相同的观点和信仰，为我们理解其中"丘陵为牡，溪谷为牝"的古奥文字，提供了形象的说明。而《大戴礼记》中的有关文字，又对我们认识岩画环境及岩画本身的思想内涵有着启迪作用。

岩画所在峭壁的西端，还有一处部分坍塌了的岩洞。上部为凹凸不平的穹形岩顶，一条长三四十米的裂隙斜贯于洞顶外侧，裂隙中不断渗漏出滴滴清泉，一年四季，缓慢而有规律地下落。附近哈萨克牧民，至今仍视此为"神水"，有疗病养身之效，故不怕山路崎岖，把水桶置于溺流之下，积半日之功，可得一小桶。这清泉，同样增强了岩画所在环境的神奇色彩。

由于所在地区空气湿润、降水丰沛，故草木繁茂。挺立的冈峦挡住了西北方的寒冷气流，使山前阳坡、沟谷两岸的草被，在严寒的冬日也不会完全被雪覆盖。越冬的牛、羊，在这里不仅可以觅得草料，而且，岩画前面的阳坡可以得到和煦的阳光，更是畜群理想的栖息之处。因此，岩画所在峭壁下，直到今天，仍然是牛、羊冬日理想的活动场所。阳光、茂草、清泉，岩画所在环境中的这些具体因素，都使人将其与新生命的孕育产生联想。

奇特的山体，深深的溪谷，不断的清泉，宜人的高山草场，这些特点，都使康家石门子具备了不同于一般山地环境的个性。古远的新疆天山地区居民，为什么不在其他地方，而只在这里刻凿下这么一区宏大规模的生殖崇拜岩画，相当长时间在这里进行生殖崇拜的巫术活动，其根据应该从这些方面去寻求。

我们肯定古代天山居民曾相当长时间在这里进行巫术活动，除根据上面的推论外，还有一个直接的证明。在岩画所在的峭壁下，我们曾进行了发掘。探方范围内，自表层以下深达4米，都是一层又一层相叠相压的烧灰、炭屑，其中杂以烧骨。每层厚约10厘米。可以肯定，这是长时期内不断烧火形成的堆积，而烧火是与巫术祈祝活动密切相关的。

四、原始舞蹈的珍贵记录

关于原始社会的舞蹈，古代文献中记录很少。原始民族中流传至今的古代舞蹈，或可追寻到很早以前古老生活的历史痕迹。但要寻觅到距今近3000年原始社会舞蹈的动作、节奏，目睹当年的大型舞蹈画面，殊为不易。青海省大通县上孙家寨出土的舞蹈纹彩陶盆，虽然只是一列五人的集体舞蹈，已是弥足珍贵，舞蹈史家们视为瑰宝。将它与保留在天山深处的康家石门子舞蹈史迹比较，后者场面宏大，内容丰富复杂，在舞蹈史研究中的重要地位，难以轻估。

康家石门子大型岩画，利用巫术手段祈求子嗣繁殖，多生多育，并采用一种生动的舞蹈艺术形式表现这一主题。这就不仅为我们提供了一幅原始社会的大型舞蹈画面，填补了新疆地区舞蹈史研究的一页空白，而且为研究原始舞蹈起源，提供了很有价值的新资料。

剖析岩画内容，主要可以得出两点结论：

（1）人类自身的生产，在原始舞蹈中具有重要地位，是其强大原动力之一；

（2）原始舞蹈与原始巫术关系十分密切。

下面略作申述。

研究舞蹈艺术起源，人们都注意并着重分析揭示过劳动生产在其中的作用。而关于人类自身生产在其中的影响，因为各种原因，较少涉及。康家石门子岩画，却可以说是这方面的一个生动典型的例子。

岩刻画面中，身体修长、形体秀美的女性成员，成排伫立，上身稳定，两臂上下摆动。当右臂平伸、右手上举时，则左臂平伸、左手垂下，手指伸张。反之亦然。双脚均轻轻蹬踏，这一动作轻松、欢快，表现了女主人公愉快的心情。男子的手部动作，或如女性，或双手上举，也有双手做扶持生殖器状。两腿动作则相当激烈，身体或做前俯后仰姿势。数十小人的集体舞蹈队伍，动作更是十分整齐划一，躬身曲体，同一节奏。有人因其激烈的动作，热烈的情绪，戏称之为"古代迪斯科"。全面分析岩画内容，可以肯定，男子的动作特点，实际表现着向女性的求合，而女性轻松、舒缓的动作，则是一种愉快的应和。

结合特定的历史背景，分析这一组组舞蹈画面，探求舞蹈起源和它的社会功能，是很有意义的。

自身生命的维持，种族的繁衍，是人类在与自然及社会的斗争中，面对的两项最大的任务。孟老夫子用哲学家的语言说："食、色，性也。"道出了此中真谛。一是吃饭，求得自身的存在；二是对异性的追求，实现族群的繁衍。这是古今人类都面对的最根本课题。

在人类社会发展的早期阶段，生产工具原始，社会生产力低下，为求得生存和发展，每个原始社会的成员，都不能脱离群体。同时，他们又都是所在群体倚重的力量。氏族人口多寡，直接关系到族群的繁荣和强大。只要人多，在与自然、社会的斗争中，就更有力量。因此，实现人口的增殖，是原始人面对的一个重大社会目标。原始人会运用自己所能调动的一切力量和手段，去为这一目标而斗争。宗教、巫术、艺术、舞蹈……都曾在这一任务的驱使下，发挥过不同的作用。

原始舞蹈，作为人类社会古老的艺术，是我们今天了解、认识、研究原始社会文化、生活不容轻忽的一个方面。在原始社会阶段人们的生活中，舞蹈，不论从他们的心理还是生理角度去看，都是不可或缺的。分析呼图壁天山深处这一大型舞蹈画面，上面的道理就能得到有力印证。

从舞蹈艺术角度看呼图壁岩画，最值得强调的一点是：整个画面，几乎都是着意渲染，表现两性生活的动作，强调它与人类自身生产的关联。从中可以毫无疑义地引申出一个结论：在这幅岩画中，原始舞蹈的灵魂和动力，就在于对异性的追求，在于对两性生活的描述和歌颂，在于对人类自身生产的极度关心和积极努力。

因此，可以说，在远古的原始舞蹈中，表现两性生活，是一种不容忽视的存在。对"性"在原始舞蹈中的地位，不能忽视，不应轻视，值得而且应该进一步研究。

在涉及这一问题时，关注一下国内外的民俗学资料，就会更加感到，通过舞蹈表现对异性的追求及对两性生活的赞美，确是相当普遍的。这正是人类的一种本性。对种族繁衍的关心，通过舞蹈艺术对之进行表现，与原始宗教中普遍存在过的生殖崇拜，可以说是异曲同工。

在我国西南地区少数民族的原始舞蹈中，可以见到关于这方面的不少生动素材。

贵州省威宁县盐仓区板底乡裸嘎村，是一处偏僻、交通闭塞、经济文化生活比较落后的地区。这里居住的彝族人民，在阴历正月初三至十五的晚上，为祈求丰收，要进行"撮衬姐"（彝语，为"变人戏"）。出演的角色有山神老人、老爷爷（1200岁）、身背婴儿的老婆婆（1200岁）、小娃娃等。表演时用包头布把头缠成尖锥形，身上用布紧紧缠裹，象征裸体。表演的祝辞有祈祝丰收、驱邪及生育的内容，如"拜四方山神，儿孙如满天飞鸟""子孙繁衍昌盛"等。在出演中，有一个场面是小娃娃上场，天真活泼地转悠，寻找老婆婆，找到后即扑入怀中吮奶。表演过程中穿插舞蹈。老爷爷、老婆婆的舞蹈即有直接显示性媾的动作。当地老人怕有误会，对此进行解释说："这是前辈人传下来的，不是现在塞进去的。"[15]这种古老的、用舞蹈形式出演的"撮衬姐"，表示男女交媾的舞蹈动作、吮奶的小孩、"儿孙如满天飞鸟"的祝辞，正显示着祈求子孙繁衍的思想。

还是在贵州，苗族吃牯藏时，要跳一种性交舞，舞具就是男女生殖器。

湖南土家族保留了原始风格的"狩猎舞"，舞蹈过程中不时地"甩火把"。舞蹈史家们认为，它实际就是男性生殖器崇拜的遗风。

云南哈尼族的"打磨撮"，表现着原始群婚的生活。

在这些舞蹈中，都可以寻找到表现两性生活、存在生殖崇拜的历史印记。

在非洲撒哈拉沙漠，一些处于原始社会阶段的部落中，也保留了许多表现性生活的舞蹈。当孩子成年时，按男女不同，分别由父母带领，各用舞蹈动作进行性知识教育。教授完毕，即意味已经成年。然后蒙覆大蟒皮跳一种性交舞。类似的情况，在不少原始民族中均有所见。

这些例子，显示了一个共同的特点：在原始舞蹈中，表现两性生活，占有相当重要的地位。那些精心设计的舞蹈动作、舞蹈画面，实际上都有着强烈的社会功能。进行性生活知识的教育，关心种族繁衍，对父母亲力量进行歌颂，在这些画面中都有清楚体现。

前面曾经论及，康家石门子岩画应该是原始社会晚期人们进行巫术活动的遗迹。为了向神灵表达人们渴求子孙繁衍、氏族部落人口昌盛的强烈愿望，巫师带领和组织人们进行舞蹈，通过舞蹈动作，清楚明白地显示了自己的思想。这里的舞蹈，既在于娱神，更在于通神，向神灵进行祈求。岩刻的各种画面，在一定程度上可以说，正是当年在这荒僻的深山中进行求育巫术的具体记录，因此也是求育巫术活动的形象表现。从这个角度看，"巫"与"舞"确实是相通的。"巫"是跳舞的人，"舞"则是巫者借以通神的手段，彼此密切而不可分离。利用舞蹈形式进行巫术活动，可以说是原始社会中舞蹈艺术的主要社会功能之一，呼图壁康家石门子岩画对此表现得十分清楚。

五、岩画艺术成就

新疆地区，不论阿勒泰山、昆仑山、阿尔金山、帕米尔高原还是天山，已经报道过的岩画遗迹，相当不少。但与呼图壁县天山深处康家石门子同样性质、同样规模的岩画，则绝无仅有。这不仅是因为它内容特殊，包蕴了生殖崇拜思想，表现了巫术崇拜及原始舞蹈的特色，而且它的雕凿技法也具有鲜明的特点。

康家石门子岩画，是浅浮雕与阴刻两种技法的结合。人物头像部分，基本上采用浅浮雕。身体其他部分，则显示着减地阴刻特点。

人物头部，首先凿刻出轮廓线。但鼻、眉弓、颧骨部分凸起；而眼、嘴部分下凹。加之打磨光滑，形成很好的浅浮雕效果。身体其他部分，基本都是减地阴刻，特征明显。其刻凿方法，经仔细观察和用手触摸，结论是：在设计的人物轮廓线上，使用金属或其他硬度较大的锐利工具，凿出一个个彼此连续的凹点，凹点直径约1厘米。绵密连续的凹点构成了粗糙的形体轮廓线。为增强艺术效果，更进一步将凿就的轮廓线进行打磨，使之贯连。个别不合适的线段，则经过改动，改动处痕迹明显。完成轮廓线后，在身体部分也普遍凿点，完成凿点后通体打磨，这样，身体部分即稍低于原生岩面。头、面部须得凸出的鼻梁、眉弓、颧骨等，则根据需要保留了或多或少的岩石，并同样普遍加磨。这样，人物形体特征十分清楚，大小不等的男女人物均毕显于峭壁之上。

此外，在一些要突出表现的人物及对马图像上，还涂染红色，特别醒目。

康家石门子岩刻，对当年完成这一图像的部落，是具有重大意义的文化工程。采取一切艺术手段，为部落人口繁衍的大业服务，这是当年艺术家们的神圣责任。为此，他们确实可以说是调动了自己所掌握的一切手段，发掘了所有的知识储存。试看整个画面，既有男女交媾的情状，又有双头同体人的形象，也有男女并卧一起的构图；画面中所见的对马、立虎，或勃起阳具，或作交媾形。无一例外，它们都在为氏族、部落的人口繁衍、子孙昌盛，贡献着自己的力量。更有甚者，原始社会的艺术家们，还采用了一种如连环画的构图法，使用连续的画面，清楚地向神灵宣示自己的主题。如在明白表现了男女交媾的图像下，出现了两列作欢乐舞蹈的数十个小人，前俯后仰，热烈而奔放，表现了生命的欢乐。这连续的画面，既是部落全体的愿望，也是他们通过巫师、雕刻艺术家向主宰他们的神灵清楚表达的祈祷。这样的图像有两幅，表现手法近同。从艺术创作这个角度去分析，不能不说是一个大胆且成功的形式。而且，粗犷的男子、秀美的女性、欢乐的小人，不同的性格特征，均呈现于岩壁之上。今天的人似乎仍然可以透过岩壁，听到远远飘来的呐喊和欢快的歌唱。这不能不使人承认，它是十分成功的艺术创作。

从艺术史角度进一步对呼图壁岩刻做深入的分析，则是艺术史家的任务。我们在这里可以谈两点感受：

（1）这一大型雕刻画面，是适应当时部落的要求，为祈求生育的巫术、宗教信仰服务的，具有十分明显的社会功利目的。

（2）在寻求表现自己思想信仰的艺术形式时，当年的艺术家们是勇敢而大胆的。他们运用了可以运用的一切手段，不囿于成见，不受已有经验的束缚。因此，画面常新。

岩刻的主体是各种人物形象，在无名艺术家的精心雕琢下，他们各具特征、形象鲜明。人物头像，主要是狭面、长脸，眉弓发育，眼窝较大、较深，鼻梁较高，嘴小。女性的面部形象相当秀美，或浅露笑意。男性则明显地表现得较威严、粗犷，透露出一股强壮、近于凶悍的气息。所有这些都显示了对人物细部特征、内心气质的深入观察及相当成熟的雕刻技法。通观整个画面，人体比例和形体特征也都把握得比较准确。女性着意刻画了她们胸宽（如倒三角形）、腰细、臀部肥硕、两腿修长的特点，显示了一种充满生机的、健康秀丽的女性形体美。而男性强调的角度就明显不同：其面颊下部较女性稍宽，嘴角稍向下，显得威严；或有胡须，更清楚地表明了男子的特征。上身形体不同于女性的倒三角形，而是略带弧度的梯形，臀部稍小，几乎都是水滴状。两腿只用两条细线，表现腿的动作。唯一突出表现的是男性的生殖器。这种艺术夸张的手法，渲染了男性的强壮、有力，突出了主体，对其他部位则简略带过。或许这一表现手法存在着一种更深层次的意识形态上的原因，表示一种希望男性强壮的祈求，歌颂男性在子孙繁育中的贡献。

全面观察此处雕刻，可以看出它们具有如下特征：人体比例较准确，形体特征清楚，线条流畅，面部特征、情绪都能恰如其分地表现。这些特征说明，此处岩刻在雕刻技法上，已达到相当成熟的程度。因此，我们可以肯定地说，当年完成这处雕刻的，虽然不是一时一人之手，但却都是氏族、部落中专门从事这一行业的成员，否则不会具有如此娴熟的技巧，达到这样高的水平。

男性人物的形象特征，还给我们传达了一个重要的历史信息：其居于主体地位的一群，都是狭面、深目、高鼻，具有明显的欧罗巴人种特征，且头戴高帽，附饰翎羽。而其余男性则明显不同：面型略近宽圆，颧骨较高，头戴圆顶帽，附两支尖角状饰物。这种面型及帽饰上的显著差异似乎说明，与欧罗巴人种并存,还有一组蒙古人种活动在天山深谷之中,他们不仅在人种体质特征上存在着差异,而且在服饰上也显示着不同的特征。这些形象资料,对于认识当年活动在准噶尔盆地南缘、天山地带的古代游牧民族,当然是十分有价值的。

六、岩画的创作年代及其主人

康家石门子岩画,对研究早期新疆居民历史生活的许多方面,都有重大的科学价值。因此,正确判定这一岩画的创作年代,就成了我们面对的一个首要问题。

艺术的土壤在于生活,它植根在当时的社会现实之中。因此,要认识这处岩画的创作年代,一个十分重要的前提是:必须首先准确地把握岩刻画的思想内涵。把握住了它的思想内涵,也就有了判定它相对年代的内在根据。根据前面已经粗略分析过的岩刻画所反映的原始宗教信仰、男性生殖器崇拜、对男性特别尊崇这些基本特点,可以大致肯定:岩刻画只能产生于原始社会后期的父系氏族社会阶段,或较其稍晚;脱离这一阶段生活的土壤或在此以前,是不大可能的。因此,可以推定,康家石门子岩刻画完成的时代,当在呼图壁地区还处于原始社会阶段的父系氏族社会时期,或距离这一时期不远的历史阶段。

在判定了岩刻画的相对年代以后,我们可进一步探求它的绝对年代。

新疆地区的历史发展阶段,根据目前已经掌握的考古资料和历史文献,一般的结论是:公元前3世纪前的战国晚期,已经普遍步入了阶级社会，跨进了文明社会的门槛。因此，从基本的历史背景来分析，康家石门子岩刻画，必定完成在公元前3世纪以前。

更具体一点分析岩刻画的历史背景和创作年代，可以结合呼图壁地区的新石器时代晚期的考古文化来认识。

距呼图壁不远的木垒县，与呼图壁同处天山北麓、准噶尔盆地南缘，自然地理环境彼此相当。按一般规律推理，在彼此邻近的地区，其大的历史发展进程是相近或相当的。因此，我们可以取木垒县境内已经发掘的一处新石器时代晚期文化遗址作为对比资料，深化对康家石门子岩画的时代分析。

考古工作者曾经在木垒县四道沟发掘过一处原始社会晚期的村落遗址。遗址位于四道沟河谷台地上，面积约1万平方米。从文化遗存状况可以看出，这处村落曾经有过早晚两个居住期，早期相当于距今3000年的西周时期，晚期相当于公元前三四世纪的战国后期。在这处遗址中发现过一件造型逼真的石祖，长13厘米，现藏木垒县文化馆。[16]我在木垒进行考古调查时，曾目验原物。令人十分遗憾的是，这件重要的生殖崇拜遗物，究竟出土于四道沟遗址的早期文化层还是晚期文化层，却没有准确记录。但它是原始社会后期父系氏族社会阶段盛行男性生殖器崇拜的产物，与呼图壁县康家石门子岩刻画中所显示的男性生殖器崇拜思想信仰完全一致，却是可以肯定的，它们明显有着共同的时代烙印。这使我们得到进一步的认识：康家石门子岩刻画，最迟也应完成于公元前三四世纪或更早一点的历史时期中。

有助于我们论断这处岩刻创作年代的，还有两组资料可以参考。

其一，是见之于印度史诗《罗摩衍那·童年篇》中十车国王进行马祠以求子的记录。《罗摩衍那》是在口头传说基础上形成的，研究结论一般均认为它最早完成在公元前4—前3世纪，最晚完成于公元2世纪，先后延续达600年左右。在形成文字前，传说故事自然还有一个产生、发展的过程。前面曾经论述过，呼图壁岩刻中的Ⅰ组画面，与十车国王马祠求子的故事是相通的。它们表现的是同一个内容，只不过九女围绕两组对马舞蹈，较之十车国王、后、妃三人求子的场面，似乎还要盛大。岩刻应是对当年这片土地上也曾流行过的、通过马祠以得子的原始生命信仰的艺术反映。它和十车国王马祠得子的故事，可能出自一个蓝本，也可能是主题相同、基本情节相同，但细节上有自身特色的不同版本。无论如何，从《罗摩衍那》成书的时间来分析呼图壁岩刻的创作时代，当不会晚于公元前三四世纪，而应该更早。

其二，在伊朗西部扎格斯山地的卢里斯坦（Luristan），自20世纪20年代起，陆续发现了大量具有浓郁游牧民族文化特色的青铜器，包括车饰、马具、武器、工具、礼器、神像等。器物造型独特，其主要装饰是各种动物纹样，如马、牛、羊、猴、虎、鹰等，具有十分鲜明的特点。其中的人物造像，多作宽圆脸型，高颧骨，头顶饰两支尖角。在大量出土的铜牌饰中，对马图案的铜牌饰不止一见。对马的造型、特点与呼图壁Ⅰ组画面上的对马图案有颇多相同之处。不仅可以看到在这组图案上寄托着同样的思想、同样的文化内涵，而且也可以看到彼此影响的痕迹。卢里斯坦青铜器，由于多为盗掘品，科学发掘工作做得不多，关于其时代，一般都认为大概属于公元前21—前11世纪中期，也可能一部分铜器时代更早，但主要遗物当在公元前9—前7世纪。[17] 将呼图壁岩刻与之比较，其对马的画像更为成熟，更具有现实的韵味。呼图壁岩刻的完成年代，较之卢里斯坦早期作品可能稍晚一点，应在公元前10世纪前期。

另外，在伊朗派拉瓦德（Payravad）出土的约公元前11世纪的一批青铜器中，有不少青铜人像，均戴圆顶小帽，上饰两尖角，也有女像冠饰形状，与康家石门子所见两性同体人头饰一样。这自然也是一个值得注意的现象。这种文化的相似性，表明时代的差距当不会太大，即也应在相似的或者相同的文化时代。如此而言，康家石门子岩画之时代同样也应在距今3000年左右。[18]

综合分析这些相关的考古文化资料，我们初步推论，呼图壁岩刻完成的绝对年代，在公元前10世纪的前半期，但不会早到距今3000年以前。

应该说明，关于这类岩画的断代，目前还没有一种比较完善、科学的分析手段，所以一些结论还不能不受到各方面的局限。而揆诸实际，对古代游牧民族来说，根据其信仰，选择特定环境，在适当岩石上雕刻，确实是比较普遍的、历史性的现象。其中，既有表现宗教思想观念的严肃创作，也有一些可能只是偶然的即兴游戏之作。在新疆地区，我们就曾注意到一些现代岩刻实例，可以作为这类游戏之作的典型。如库鲁克山中的新地岩刻。1929年，贝格曼曾经在该遗址做过调查、摄影，并做过报道，认为可能是匈奴人的遗存。20世纪70年代末，我们在罗布淖尔地区调查时，又拍摄过这一岩刻，将前后相隔50年的照片对照后发现，岩壁上新增加了一些内容，显然是在这50年中后人的游戏之作。又如伊犁昭苏格登山上乾隆时期的纪功碑下部，20世纪70年代被放牧者用锐器刻了一只小小的山羊。十多年以后，有学者再去考察，当年的一只小羊，已变成了数十只的羊群，满布于碑面的下部，技法也是一样的稚拙。这两个实例告诉我们，在进行古代岩刻画的断代时，确实需要十分的慎重。虽然我明知岩刻断代存在着十分复杂的问题，却还是明确提出了这处岩刻可能在公元前 10 世纪前期的倾向性结论，主要就是因为在岩刻的内容上，明显可以见到原始社会后期父系崇拜的思想内涵。有关遗迹，应该是当年从事生殖巫术活动的神圣殿堂。而这一相对年代又有助于我们做出绝对年代的推论。这个方法，从理论上讲当然是说得通的，但具体分析是否完满、充分，还必须经受多方面的检验。

关于岩刻的主人，我曾提出过"塞人"之说。得出这一初步结论，根据有二：

（1）在公元前 10 世纪的前半期，活动在新疆北部及天山地带的古代居民，据有关文献和考古资料，主体就是塞人；

（2）作为岩刻人物的主体形象——狭面、深目、高鼻，明显具有欧罗巴人种的特征，而且头戴高帽，与文献中所反映的塞人的形体及服饰也是一致的。

但是，仔细观察岩刻人物形象，与上述深目、高鼻、狭面的人物并存，还有相当部分面型宽圆、颧骨相当高、显得特别粗犷的男性人物形象，具有蒙古人种的特征。帽饰与翎羽有异，为两支尖角，这都与前一类人物形象、服饰有明显差异。这种差异，是有意识精细雕琢表现的结果。因此，可以肯定，与狭面高鼻形体人共存，当年与岩刻关系至为密切的主人，还有一支颧骨较高、面形宽圆的蒙古人种，他们与天山古代居民同样存在着十分密切的关系。这些蒙古种系居民，与前匈奴的关系，应该是比较密切的。

综上所述，在新疆天山深处新发现的康家石门子岩刻，是一处十分重要的历史文化遗迹。它是距今3000年前后新疆北部地区土著居民进行生殖崇拜活动的圣地，是在他们心目中具有神圣地位的原始宗教活动的场所，是古代新疆居民运用自己的才能和智慧在岩壁上雕刻的一页珍贵历史。研究原始思维特征的哲学家，研究宗教起源的宗教史家，研究原始社会史的历史学家，还有民族学，原始舞蹈，雕刻艺术史，中亚古代文明，塞人历史、民俗、服饰等专业的研究者，都可以在这巨幅岩刻中吸取有益的、新鲜的养分。因为，在当年古代居民的精神生活中，它具有非同寻常的地位，所以它迥然不同于其他一般的岩刻遗迹，更需要得到我们的珍视，受到特别的保护。

[1] 王炳华《呼图壁县康家石门子生殖崇拜岩雕刻画》，《新疆文物》1988年第2期。
[2] 赵国华《生殖崇拜文化略论》，《中国社会科学》1988年第1期。
[3] 宋兆麟《巫与巫术》，四川民族出版社，1989年。
[4] 安德烈·勒鲁伊·古朗《史前艺术的宝藏》，转引自朱狄《原始文化研究：对审美发生问题的思考》，生活·读书·新知三联书店，1988年。
[5] 钱锺书《管锥篇》第一册《说卦》，中华书局，1979年。
[6] 盖山林《阴山岩画》，文物出版社，1986年。
[7] 蚁垤著、季羡林译《罗摩衍那》（一），人民文学出版社，1980年。
[8] 恩格斯著，张仲实译《家庭、私有制和国家的起源》，人民出版社，1954年。
[9] 在康家石门子岩刻画旁近一处山头上，当地一位哈萨克医生曾发现一条高60多厘米，直径20厘米的石柱。柱体的首尾两端分别雕琢着男性和女性生殖器官的形象（见下页图）。两性交合，繁衍后代，就是它的直白表达。遗憾的是，在我了解了相关信息，寻找那位哈萨克医生，想要探访石柱出

康家石门子两性石柱的正背面

土地点时,老人家已逝世3年,具体出土地点自此难以寻觅。

- [10] E. 利普斯著,汪宁生译《事物的起源》,四川民族出版社,1982年。
- [11] 马林诺夫斯基著,李安宅译《巫术科学宗教与神话》,中国民间文学出版社,1986年。
- [12] 宋兆麟《巫与巫术》,四川民族出版社,1989年。
- [13] 张光直《考古学专题六讲》,文物出版社,1986年。
- [14] 王聘珍《大戴礼记解诂》,中华书局,1983年。
- [15] 杨光勋、殷洪翔《彝族古戏——"撮衬姐"》,《贵州文史丛刊》,1987年第1期。
- [16] 新疆维吾尔自治区社会科学院考古研究所《新疆古代民族文物》,文物出版社,1985年。
- [17] U. Pope, *A Survey Of Persian Art*, Volume Ⅶ, pp.26-60, NewYork, 1981.
- [18] 同上。

精绝服饰中的时代精神

前言

在哈佛大学燕京学社会客室墙壁上,一副宣统帝师陈宝琛手书楹联"文明新旧能相益,心理东西本自同",引起我强烈的共鸣。这是对人类思想文化史相当深刻的哲学思考。

在我行脚新疆、田野考古40年的岁月中,曾得机缘在尼雅河下游沙漠中断续工作7年。那是一段不会随时光流逝而淡忘的日子:深处沙漠中的精绝王国故址,王庭、村居、古桥、寺庙,仍出露沙面,形形色色、难得一见的有机物和无机物,不少仍保存完好,似乎没有遭遇厉风、严霜的摧残。东方的丝绸、漆器,时隔2000多年仍光可鉴人的铜镜,表现着东方礼仪制度的覆面、楎椸[1],仍伴随王妃身旁不能或缺的针头线脑;来自西方的蜻蜓眼玻璃珠、伊朗风毛罽、贵霜王朝的丰收女神图棉布;高脚木椅、佛教画像;本地产的葡萄、梨、桃、杏,随葬木盆中似烹不久的羔羊腿;虽已无声响却仍余音绕梁的三弦琴,与汉语、精绝言、月氏话、康国话在交响……它们和谐汇集在这一方小舞台上，生动展现了古代丝绸之路的真实一角，透露出遗留在精绝故址中的历史生活场景。

这些已经消逝2000多年的精绝社会画面，没有一点虚构，也不是得自传闻，而是确实曾出现在我们考古人面前的历史场景。

一　尼雅河畔的精绝古国

古代丝绸之路，在认识欧亚文明史的事业中，是十分重要的切入口。

尼雅河下游，汉晋时段的精绝城邦，因缘际会，作为曾经历、感应过那一时段丝绸之路历史进程，又因沙漠环境有幸保存了极多相关细节的历史故址，确有许多值得令人回味并更深一步认识的遗存。

孤悬沙漠之中，原本闭绝于亚欧文明之外的弹丸之地——精绝，步入两汉之际，绝对没有想到会突然遇上难得的发展机缘。

亚历山大东征后，在中亚大地上洒落的不少希腊化文明点，努力四向散射影响；黄河、长江流域的汉王朝久受匈奴侵凌之苦，长期休养生息后，开始了反击匈奴侵迫的战略工程，西向寻求结盟就是最重要决策之一；可缘昆仑山北麓西行的丝路沙漠南道，取代天山南麓路线，成为了主要的西行干道。多种机缘，将尼雅河上的精绝推到了一个难以逾越的地位。

小小精绝，面积不过100多平方公里。放在30多万平方公里

俯瞰尼雅遗址

的塔克拉玛干沙漠中，几乎是完全可以忽视的存在。但处身在尼雅河上，与东边的安迪尔，西边的克里雅，相去都有100多公里。沙漠途程中的100公里，在以驼、马为主要运载工具的古代，关系行者的生死存亡！我有亲身体验，驼行100公里，沙漠穿行，总要7天或更长时间。在沙漠中行过7天，随身干粮、水、草料，都几乎告罄，面临必须补充的极限。这一时刻，旅人远望可及的尼雅河与河上的精绝绿洲，无疑就是生命攸关的人间天堂了：疲惫的躯体要休息、饮水，粮食、草料必须补充。尼雅河上的精绝绿洲当年曾经具有的重要地位，是怎么估价也不过分的。就连惜字如金的《汉书·西域传》，也曾为它留下87个字的记录。

《汉书·西域传》在说过精绝的位置、交通形势、与长安的距离后，还记下了它"户四百八十""口三千三百六十""胜兵五百人"事涉兵要，为汉王朝统治者当年最关心的资讯。而历史文化研究者今天更想弄清楚的居民种族、民族、语言、东来西走的货品、本地的特产、中原王朝"安辑"政策的实施等，均付阙如，一字未涉及。面对尼雅考古，我常想：文献记录，表现着作者的理念、追求，历史研究中不可轻忽；而偶然失落于地下，又偶然呈现在今人面前，且不以彰显自身为目的，实际却凝聚了当年社会生活诸多细节的考古文物，在历史研究中却往往可以发挥意想不到的重要作用。文献失录，让考古工作人员有了更多的用武之处。两相结合，可望重现历史生活的更多画面。

二 精绝考古新页

精绝考古，应该叙说的史迹、文物不少，可以成就一部大书。这里只从服饰一角，捡拾一些出土文物，以飨同好。

精绝故址出土过大量服饰资料，这得益于汉王朝在西向拓展时，奉行的"安辑"政策。这里出土之《仓颉篇》木简、王族成员间赠礼木札、有关接待过境使臣宴会排座次的文字，均是精妙的汉式隶书（佉卢文是公元3世纪后才出现在尼雅的）；男女衣物不挂于一架；衣右衽；入殓用覆面……这类以汉式礼制增进王室权威、突显男性地位的制度，自然也符合已步入文明社会的精绝统治层的内心需求。

汉王朝对弹丸之地的精绝也曾实施和亲，史书不见记录，但出土的"王侯合昏千秋万岁宜子孙"锦，清楚揭明了这一史实。获见这种种文献失落但历史生活中曾经存在的细节，应该归功于1995年发现、发掘了的精绝王陵。

1995年10月，进入尼雅已有一周了，我作为领队，躺在帐篷内，一直萦绕心头令我难以入眠的一个问题，又翻上了脑际：全面发掘精绝王廷所在的N14[2]，不适宜；但仔细分析，择一局部展开工作，是不是存在可能呢？"对，必须再认真看一次N14，找找可以工作的部分，再决定下一步的安排！"策划拟定，睡得安稳。

1995年10月11日，晨起，安排好德国产乌尼莫克沙漠车，叫上了吕恩国、于志勇、阮秋荣、艾则孜4人与我同行。路线是由营地所在的尼雅佛塔西侧，直向N14。沙漠中行进，没有路，但又处处是路，我嘱司机尽量择高些的地段走，视野更开阔，便于观察。

这一偶然的决定，没能为 N14 觅得进一步的工作"局部"，但这看似无意的行进途中，在车窗右下方，一处平缓的沙地上，一块沙漠中不该出现的小木板进入视线。停车查看，可以看到小木板下面隐隐露出的汉风丝锦。加之地近 N14，旁边还有一座高近 4 米的红柳沙包，是风沙难移的固定地标。诸多可以联想的现象，启示我们值得投入相当精力，一探究竟。

我们随即决定以新见遗存为中心，划了 10×10 米的大探方，实施发掘。发掘者除我们 5 人外，还有后来成了新疆文物局副局

在德国产乌尼莫克沙漠车阴影下乘凉

精绝遗址考古现场
左起：阮秋荣、王炳华、李军、于志勇

尼雅 N5 遗址的佛坛

喀帕克阿斯干村民住屋为精绝形式木柱篱墙

长的李军。6人，真不算多；全部野外发掘工作，也只短短15天。但这15天的辛劳，却为精绝王国的历史研究，揭开了全新的篇页。

三　精绝城邦新服饰

没有想到的收获，墓地中的M3[3]，埋葬的竟是末代精绝王！

揭去棺盖，映入眼帘的是全新的"王侯合昏千秋万岁宜子孙"锦被！"王侯合昏"字样表明，这是汉王朝为和亲而专织的丝锦。藏青色地，用绛、白、黄、绿四色经线展现了人物、如意图形，与"王侯合昏千秋万岁宜子孙"吉祥语彼此穿插、循环，满溢庄重、和谐。男女主人，对这一标志美好姻缘的专用锦被面，内心是十分珍视的；平日珍藏，最后盖上这凝聚了无限美好愿望的锦被，走向另一个世界。

打开锦被，静静地并肩躺卧的是簇拥在光鲜锦缎丝绸中的男女主人。

男主人锦覆面、素绢风帽（另一件锦边毡帽悬于身边的衣架），身穿方格纹锦面绢里锦袍（另一件锦面锦袍，也挂在衣架上）。贴身内衣，是织造工艺很复杂的菱格纹暗花绮，柔软贴体；长裤、手套、枕，均使用不同色彩、花纹的锦质面料。皮底、皮帮鞋，鞋面用丝线勾织T形、三角形几何花纹，绿绢为鞋腰，用绿色绢带缠扎。全身上下、内外，非锦即绸，色彩斑斓，极尽人间富贵。

尼雅遗址 M3 墓男女主人

女主人头裹几何纹丝质组带，表里双色换层，红蓝色线交替，显红蓝交织之菱格纹，大方、典雅。放在今天，也同样十分时尚。面覆茱萸回字纹锦，传统观念中可以辟邪的玄武、蝎、蜈蚣等瑞兽瑞虫，与茱萸花交错，为女主人寄托了无尽的平安祝福。身着锦面绢里、内衬薄丝锦袍，蓝黄地上满饰瑞兽：虎、骆驼、龙、狮、孔雀、鹿、豹、马、狗、鸟，还有单、双舞人，变形如意成列铺展，满满浓烈的生活气息，是既往少见的新款。锦袍下为粉红绸面、浅黄夹里、草绿色领的绸夹衣。贴身为素绢上衣，高领，右衽，衣短袖长。最大特点是12厘米高的衣领外，还附有40厘米等高绸带，绕颈部一周。在风起沙飞的塔克拉玛干沙漠中可阻断沙尘渗入颈内。腿着"长乐大明光"锦裤，深蓝、浅棕、米黄、素白四色丝线交替显花：驰骋的骑士与虎、熊、马、鹿在山间奔腾，四周云彩飞扬。其他如绢袜、锦手套、缀附帛鱼、紧系在女主人腰际之丝手绢，还有锦腰红呢绣花靴，靴面锁绣蔓草纹，头下为矩形锦枕。从上到下，都极尽华贵，人间少见。

值得一提的还有未穿着在身，但悬挂在女主人身侧衣架上的扇面形绸裙，以九幅茶色绢为面料拼缝，腰围154厘米，下摆边长达500厘米。它曾是女主人日常多穿的心爱之物，绢面磨损之小孔曾经细心补缀。静寂沙漠，皎洁月光，这袭大摆素色长裙，随女主人轻步曼舞，不知曾引发多少羡慕的眼光，留下过多少美好的回忆。女主人特别将它带在了身边，步入另一个世界，内心寄托的感情，是我们难以尽想的。

除这些主要随身衣物外，其他如栉带、腰带、冥衣、镜纽系带等，也无不是非锦即绢。唯一例外，是男主人头下一件锦枕外，还见另一长方形毛枕，以斜纹毛布为面料，显红、蓝、土黄相

1995年尼雅N1遗址出土的精绝王与王妃"王侯合昏千秋万岁宜子孙"锦被

间之几何条纹,内填动物毛。它应该也是男主人平日生活中已经习惯了的用物,逝后随行。毛布、动物毛构成的粗毛枕,既显沙漠生活的传统,自然也会是男主人戎马生涯中经常倚垫之物,带上它,自然也是情理中事。

据统计,只 M3,男女主人使用的不同锦料,就有 13 种,各种丝质衣物 31 件。"安辑"政策下,"万里相奉"的财货实在是不少的。不少锦料,估计在当年的中原大地,一般子民大概也是无缘入目的。在这些年蓬勃发展的新疆沙漠考古中,出土丝锦也不少,但品种如此多、保存如此好的锦,不仅在中原大地少见,就是在新疆,也是既往未见的珍品。这得益于尼雅沙漠环境之干燥,但更根本一点还是在于西汉王朝在西向中亚时,成功推行的"安辑"政策——和亲、屯田,极力贯彻的汉字推广、汉文化学习。后者尤其是十分重要的一环,它收获的是对国家主体文化的了解、认同。我们在精绝见到的当年全国用的识字课本《仓颉篇》木简,王室成员间成熟使用的汉隶书体字,对汉王朝礼仪制度的认同,尤其是精绝王子佩戴在身的"五星出东方利中国"锦护膊,不仅是这一政策推行过程的展示,更表明了它曾取得的厚重精神成果。

尼雅 N14 遗址出土的《仓颉篇》木简

四 "五星出东方利中国"锦护膊，未曾奔赴的战场

国内外都关注的"五星出东方利中国"锦护膊，出土在紧邻 M3 的 M8 中。M8 较 M3 深埋 45 厘米，两墓紧贴，最近距离不足 10 厘米，M3 挤压了 M8 一角。根据这一现象，不少大家、大文曾判定既是 M3 挤压了 M8 一角，肯定较其为晚；这观点影响不小，其实却是一个误判。中原大地墓在泥中，泥是实的，挤压上一角，上压之棺木肯定会较被挤压之墓为晚；但沙漠中的"沙"是流动的。近旁有人动沙，破坏了既往稳定，沙会立即流动。M8 后挖，埋葬又深了近半米，M3 原来已相对稳定的沙层，因此而向下流泻。因此，M8 营建动沙之日，就是 M3 之稳定遭受破坏之时。M3 离位，挤压了 M8 一个小角，M3 相对较晚的假象就此产生。在这篇小文中说这个题外话，是因为它们的早晚，会涉及精绝王庭败灭过程中不能轻忽的细节，这就不是小事了。

"五星出东方利中国"锦护膊，出土于较 M3 晚了一点点的 M8 中，挂附在墓主人身边的樺樒上。

M3 中的精绝王，身躯魁伟，但颈部、大腿骨上部都有明显的、深深的砍痕。贵为城邦领袖，颈动脉、股动脉两处要害遭刀砍丧命。东汉末至三国时，新疆南部鄯善—和田王国大地动乱频仍，作为鄯善属部之精绝此后再也不见于文献记录，落幕在这一时段中的珍贵细节，以另一种方式揭示了平实文字背后的血腥。

老王死去，王国陷于危亡之境。作为 M8 主人的精绝王子，面对这一社会巨变，从无法接受到挣扎、抗拒，采取一切可能的

1995年尼雅N1遗址
M8棺木揭盖

办法，企求改变命运，都是情理中事。在墓中为其随殉的陶罐上，墨书一个大大的"王"字，就正是面对家亡国破，在无尽伤痛中发出的悲沉呼喊：不能轻忽了他曾经的王子地位！不能轻忽了精绝王庭曾经的存在。从一般的文化心理去分析、推论，在局势动荡、绿洲城邦兴废频仍的昆仑山下，和田、鄯善、更远的东汉王朝，以及葱岭以西的贵霜，都是不可无视、在在角力的存在。在弹丸之地的尼雅，绿洲精绝是丝路不能轻忽、不能不倚重的城邦。从正常心理分析，当精绝王子的"王"之地位得到尊崇，没有外力挑战时，是没有必要以这种无力的方式宣示曾经的权力、

M8出土的带流罐上墨书"王"字

地位的！短短四笔一个"王"字，最后的笔触一横竟然还没有足够的墨汁，只见勉强的墨痕。事发当年的剧变、混乱，无力抵抗，若可触摸。

　　内心的呼喊、挣扎，是一回事；真实、亡了国的冷酷现实，是又一回事。M8，随精绝王子夫妇入土的衣物，再也不是像他父辈，由内到外、从上到下，不是丝锦，就是绢绮；小两口的随身衣物，已变化成了主体为棉布，盖被的材质，也由锦变成了棉布（当年新疆地区已种植非洲小棉），只是在显目的襟缘、腿脚、袖管处还用着锦绢，显露着王族的余晖。

　　还有一个可以一说的细节，入葬在 M8 中的王子，入土时并不是以一种正常方式，而是从头到脚都包覆在一块龟甲纹毛毯中，打开毛毯，才能见其庐山真面目，这也和躺在身边的王妃，判然不同。这一不正常的入土情景背后，今天已难考证原委。可以推论的只是，从老王命绝到王子入土这段不会太长的岁月中，在尼雅河精绝绿洲舞台上，发生过不少人间悲剧。王子绝命、入土的方式，给我们透露了又一点细节，可引发无尽的联想。

另一细节，也不能轻忽。王子身侧"丫"形木杈上，紧紧缠绕着"五星出东方利中国"锦护膊；对应的木杈另一小枝上挂着有"讨南羌"三字的冥裤形小锦片，及与之一道缀系，长达67厘米，宽3.4厘米的黄色绢带。"五星出东方利中国"锦射韝与弓、箭、弓袋、箭箙挂在一起，似乎在宣示：王子在突然殁命前，曾经要为"利中国"的事业奔赴需要前往拼杀的战场。但壮志未酬，世事已非。射韝，长方形，幅长18.5厘米，宽12.5厘米。麻布缘边，上下缘各连缀三条黄色绢带，每条长21厘米。足够紧紧使之捆绑在臂，纵横驰骋，获得上天护佑。

"五星出东方利中国"锦，是十分典型的东汉时期流行的通幅云气禽兽纹锦，画面布局宣示着东方汉帝国的强大，天下太平。缭绕云气中，有四种来自异域远方的瑞兽：灵禽世乐鸟（鹦鹉与孔雀图像的结合，传说中的"世乐鸟"，"有道之世"方得见）[4]、鸵鸟、有翼神兽、狮。这几种瑞兽是"四方来朝、天下太平"[5]的象征。传统中国的概念中，五色——青、紫、黄、白、黑，是世界的五方，是天下、宇宙的象征。这方织锦中用了五色，但以蓝代黑，以绿代蓝，对美的追求，是艺术家的取向。五色、五方，又与五星相联系，五星——金、木、水、火、土，同样是可以与五方、与世界相联想的。"五星出东方"，五星汇聚在黄河流域大地的上空，这是虽不易见却又可能得见的天文现象。在古代"占星术士"的心目中，是大吉之兆，是利于国家用兵、破灭西方夷狄之象。而这种天象，在终日俯首向地、平视大千世界的人们眼中，是难得关注的。宣传这一天象，自然就成为了国家军事动员、鼓舞士气，远征当年威胁汉王朝安全之羌狄、匈奴等

M8出土的"五星出东方利中国"锦护膊

M9出土的"讨南羌"裤形锦片（冥物）

夷族的重要手段，占星术士、艺术家、工艺师们呼应着国家愿望，很快也就有了这一工艺复杂、锦面华丽、寓意深刻的织锦出现，并长时间发挥着它不可轻估的思想、文化影响。

东汉（或东汉以后）中原王朝利用"占星术"，宣示自己的决策有上天的示意与护佑，制作"五星出东方利中国""讨南羌"锦，可以理解，也无可厚非。值得深究一步的，是为什么处于"夷狄"地位的精绝王子，会以那么虔诚、决绝的态度，在城邦濒危、十分艰困的形势下，仍然秉持这一观念，愿意佩戴这一宣示着中原王朝意旨的射鞲，即使走向冥世，也初衷不改？它强大的思想、理念之根，源在何方？

这一点，我们在前文的汉王朝西向新疆实施的"安辑"政策中，可以发现最主要的根源，即汉文化教育取得了"化育人心"的效果；经济领域的一系列措施，推进了城邦的经济发展；对王族的长时间不断的"赂遗"，也让这些利益获得者感受到了现实的幸福……虽然许多未见于文献，但出土文物已可提供清楚的说明。

值得庆幸的是，在浩如烟海的古文献中，竟也有一些断简残篇，直接呼应了相关历史事实，为我们提供了直接的说明。

优秀历史学家马雍不幸英年早逝，中亚史、西域史曾是他短暂而又闪光的学术生涯中着力的重点。在他存世不算多的著述中，《东汉后期中亚人来华考》一文，曾经首先揭示：《三国志·蜀志·后主传》裴松之注引《诸葛亮集》，述及蜀后主刘禅在建兴五年（227）曾下诏给诸葛亮，称"凉州诸国王各遣月支、康居胡侯支富、康植等二十余人诣受节度"。而在公元2世纪末，3世纪初贵霜王国败乱之时，曾有败挫的贵族率领余部东入新疆南部地区，而其集中居留的地点之一，就在尼雅河精绝绿洲之内。在这里出土的佉卢文资料中，多见"贵霜军""奥古侯贵霜军""军侯贵霜军"等。细审相关资料，寄居在精绝的人马，接受着精绝王的节制、管理，必须尽一定的经济、军事义务。[6]因此，这里的月支、胡侯支富，与虔心同属的精绝，关联会是十分密切的。甘肃悬泉置遗址，近年发掘中获汉简2万余枚，时代在西汉、新莽迄东汉永平、永元时期。有涉及精绝者，其一文为"送精绝王诸国客四百七十人"。470人，人多面广的西域使臣、商旅，简文就以"精绝王诸国客"为称。不大的精绝城邦，俨然居于"诸国客"之中心，这类零散的简文中，中原王朝对精绝之特别倚重、抬举，若可触摸。

在这样的历史背景下，再看精绝王子入土时仍戴着"五星出东方利中国"锦护膊，步入另一个世界，当年精绝一心向汉，在汉王朝统治西域的事业中，不怕肝脑涂地的心态，是十分清楚的。这是一页可以进一步发掘、分析，深入总结与认识的历史故实。

从精绝王陵 M3 中的精绝老王逝于非命，M8 中的精绝王子裹在毛毯中入土，在精绝大地上发生的变化，可以清晰感觉，但具体细节目前还无法厘清、复原。傍近 M8、居其西北、编号 M4 的墓葬，也是汉式矩形木棺，规制同于 M3、M8，但却入葬了 4 人，两男一女一幼儿。幼儿依傍女性。男性随葬有弓箭，女性手抱公鸡，身着棉布长袍，胸、背部各缀狩猎纹锦片。入葬者从上到下，从帽到裤，用的都是棉布、毛布，只上层男性依循汉制，用覆面，但覆面材质，已是棉布。M3、M8 中不见的生产工具如镰刀与野外生存必须随身的取火钻木，在 M4 中，已是重要随葬物。M3 → M8 → M4，早晚有序入葬的三代人，其物质生活、礼仪信仰的变化，活生生勾画出精绝王室从老王弃世到孙辈，已经从统治者跌落到了普通人群之中。

五　精绝服饰的变迁

衣帽服饰，应该是适应所在地区环境，也受制于物产可能，为身体保暖、劳动、生活方便而设计、制作完成的物品。实用当是核心，一旦成型，长期传承，会凝为传统，又具有了"美"的意涵，甚至会成为"我"与"非我"的标志物。这时的服饰，又具有了更高一层的政治属性。

当汉王朝步入西域,大量丝绸、绫绮、锦随之进入沙漠深处,精绝可以作为一个代表。它们会转生一些怎样的服饰,其中又可透见一些怎样的思想文化内涵?下面仍以站身在社会前列,又有可能最先接触这些丝织物的上层贵族为切入点,具体观察。

安卧在M3中的精绝王,在野外驰骋的传统毡帽上,缀附上了锦边;身着的薄棉袍右衽,在锦面、绢里间夹了一层羊绒、羊毛;贴体而穿的内衣,用了质较绸厚、保暖性更好的菱格纹暗花绮。值得注意的是这件内衣的形式,它不开襟,套头穿脱,高领达16厘米,领上有系带7条,可彼此交结严实,防止细沙渗入。最值得注意的还有他平日常穿、已稍磨损,但还不愿丢弃、挂在身边"丫"形衣架上的锦面深衣,右衽,里料为亚麻色平纹毛褐,其间薄衬毛绒。下裳,以湖蓝色丝绢为面,同样毛褐为里,间衬毛褐,未用毛绒,通长90厘米。这种衣、裳相连,汉地俗称"深衣"(《礼记·玉藻》),比较宽松、舒适,是上层社会人士休闲在家,随意穿着的。在塔克拉玛干沙漠中的绿洲城邦,它是值得关注的新样式。

夫人,大概也曾是和亲的主角,入土所服衣物,自然也颇有可关注之处。其一,是她贴身穿着的丝绸上衣,左衽,高领;显着短身,自上而下内收,尽显体型之美。领左侧附了一条宽12厘米,长40厘米的绢带,可用于围脖。这是实用的核心:衣服不仅要好看,更要有防风沙渗入肌肤之功的设计。其二尤堪注意,入土时同样穿着在身的丝绸夹衣,清清楚楚,竟然也是斜交领,左衽。春秋以来,不少著作都强调,左衽,是四夷的习俗,如《尚书·周书·毕命》:"四夷左衽,罔不咸赖";《论语·宪问》:"微管仲,吾其被发左衽矣!"这位受命和亲、远嫁精绝的华夏秀女,绸夹衣、贴身内衣,均以左衽为尚。而男主人,则从内及外,时时注意着右衽制的不可轻忽。这确实是一个可以进一步思考的文化现象。

在后继与王族关系密切的M8、M4中,男女主人衣服已远趋简单,外袍,往往对襟、腰束带;内衣均套头穿脱、高领、领部附带,以避沙尘。左衽、右衽之思,已可不再虑及。

政治与社会剧变,影响深远,服装一环,也是脱逃不了的。

六 王族的首饰

求服饰美,祈吸引世人目光,彰显自身不同于一般,是天性,可以说与人类共始生,同成长。但要做到最好,以最简单的方式达到最美的效果,却并不容易。"和"是一门很大的学问,值得仔细分析、认真研究。

为此,既要关注现实,也应从历史文化中汲取营养。后者是绝不可以轻忽、不能舍弃的一环。

1995年,在尼雅发掘精绝王陵,有不少难以忘却的细节,印象深深,于此也多有启示。举几个例子。

1. 王妃的红项链

打开精绝王棺盖,揭开基本未被沙尘掩覆的"王侯合昏千秋万岁宜子孙"锦被,面对基本保存完好的精绝王夫妇遗体,映入眼帘的是女主人头上包裹的红蓝交织的菱格纹丝织头巾。图案大方,色彩和谐。耳垂下有银质珠饰,堆叠、串系的珍珠,别具造型；颈下特别鲜艳、醒目的一串大红色项链，吸引了所有人的目光。

项链之珠粗细有序，配列均匀。是人们追逐的红宝石、红玛瑙，或是稀见的红珊瑚（在去墓地2公里多的王庭手工作坊中，曾见过珊瑚）？……联翩浮想随之涌现脑际：在黄沙漫布的尼雅沙漠中，月光如洗的静夜，升腾的篝火边，身材姣好的王妃，穿着心爱的茶白丝绸长裙，颈下戴着鲜红显目的项链，漫漫起舞，该是如何动人。

M3出土的精绝王妃颈部的红项链

M3出土的精绝王妃的红蓝菱格纹丝织头巾

经过几天的期待，终于到了解析这串红色链珠的时刻，轻轻碰触，不仅毫无宝石、矿物的骨感，反是柔软如棉。轻轻解开一点，十分认真细致地观察，才发现这引发大家无尽遐想的链珠，完全出人意料，竟不过是以鲜红、细薄的丝绸，包覆着纯净的棉花，扎捆出了56颗大小、粗细有序的圆珠形，粒粒串系，在王妃颈下熠熠生辉，平添无尽风采，让每一个不知就里的观者，远看近观都不能不惊艳其鲜丽珍奇；毕竟从无所见，自然也就引发无法尽说的臆想。于是会想定：毕竟是高贵不凡的汉家公主，才有可能享受如是稀见珍宝，满溢荣耀风光！

这实在是不同凡俗、聪明过于常人的设计与创造。

棉花，是身边随手可获的土产（汉代，精绝已种棉花），将之包覆在细密、柔软的红绸之中，扎成串珠。这在平常人家，难逃人们的细审与探究，秘密会很快被破解；但出现在汉家公主颈下，效果就绝然不同了：不论是红宝石、红玛瑙，甚至是红珊瑚，在汉家公主都是不难得到的珍宝，但这巧用特色的装饰物，在装饰工艺上是不可轻忽的成功，极富文化的营养。

就目前现存资料，今天已无法判明这一别出心裁的创造，究竟出自何人之手。但从王妃佩戴至死也未离颈下的情形分析，它十分可能就出自这位秀外慧中、勇毅过人、聪明伶俐、敢于挑"和亲"重担的青年女子本人之手。质软色白的棉花，在当年的中原还是人们不见的稀珍，以红绸包裹，垂挂颈下，较之矿物质宝石，其实更舒适宜人。没有办法取得人人向往、企求的奇珍异宝，也可以出奇制胜，取平常可用之物，做超乎常人想象之设计。我曾不止一次在说明前，请听讲座的友人猜其究竟。还真没有人想到它会是红绸包裹下的棉花珠！它的超凡不俗，在经历

2000多年风雨后,可以说至今仍是奇思制胜、夺人眼目。

2. 凤鸟形风帽

同为精绝王族,在 M5 出土的又一位女性遗体上,我们发现了仍保存完好、紧紧套牢在她头顶的凤鸟形绢帽。帽体平顶、圆筒形,紧贴头发,左右有长长下垂的丝质耳帔。沙漠中再多风沙,也不会入发、入颈。尤其令人关注的是筒状圆形帽体之前端,附以红绢做面、内实毛棉絮的凤头,凤头冠羽上翘,啄羽如真。如是绢帽随主人移步前行,凤鸟频频点头,更显女主人婀娜多姿的身形。造型特异,既实用又美观!除了尼雅,相近的诸多沙漠废墟,再无所见。

汉晋时期的精绝,作为丝绸之路沙漠道上的枢纽,五光十色的东西方物质文明,在这里交往来去,不仅极度开阔了精绝王国居民的视野,也曾无限催生了他们开放、创新的精神,这件作为实用物,仍然戴在精绝女性贵族头上的凤鸟形风帽,十分有力地宣示了大胆、开放、不拘成例、不受制传统,敢于张扬个性、展示美好的精神。这是丝路精神,值得肯定、传承、发扬!

3. 王的"琅玕"

稍稍专注先秦时期不多的传世文献,可以发现,一个发音朗朗、意涵似宝如玉的"琅玕"突然出现在人们的视野。这是既往不见、新显在人们生活中的瑰宝,《尚书·禹贡》《尔雅·释地》,尤其是《管子》中的多篇文字,都提及了"琅玕"。大概可以揣摩其意思,它是"石而似珠""似玉"。

琅玕多与"大秦"有关,是经过"昆仑"才进入中原的一种珍宝。作为滨海富邦齐国的财政管家管仲,面对上层集团中人对它趋之若鹜的现象,真是忧心忡忡。《管子》中说"怀而不见于抱，挟而不见于掖"，竟可价"辟千金"，它对国家财政金融的冲击，无法不让人忧心。

但这"琅玕"，究竟是什么宝物？经历 2000 多年，注家无数，但直到近年出版的各种权威辞书、辞典中，都还是不明所以。

这一谜团，也是在近年的精绝王陵发掘中，才得破解其究竟。

1906 年，斯坦因第二次进入尼雅。曾在精绝王廷的一处木质垃圾柜中，获得过 8 枚赠礼木札，标明赠送礼品均为"琅玕"。赠礼、受礼的都不是普通人，而是精绝王廷的核心人物：精绝王母、大王、王、小太子九健持一、且末夫人、太子美夫人，及身份不俗的"夫人春君""臣承德"等。尤其是具有汉式名字的"春君"，是人们宠奉的中心，收到的"琅玕"最多。

傍昆仑山北缘的尼雅沙漠中，出土了这批与"琅玕"直接关联的木简，可以说是已经触到其眉目，但斯坦因不明这一发现的学术价值，并未就此前行。

再碰这一论题，就到了 1995 年 10 月，我与精绝王陵的不期而遇了。在王陵中清理精绝王夫妇、小王夫妇等王廷成员随身衣物过程中，一个现象引起了我的强烈关注。如精绝王的贴身绮衣下，一根细细的皮线，就穿系着一枚蓝地白色眼睛纹的玻璃珠，与肌肤紧贴不离。类似的现象，在精绝王子、M1 中男性贵族成员身上，也都见到。它们是珍宝，但并不彰显示人，而是贴身秘藏，寻求的是护佑的神奇力量。

值得关注之处还有：斯坦因在精绝王廷垃圾柜中所见汉文木简，提及的"琅玕"是 8 枚，而在 1995 年 10 月发掘的王廷陵

精绝王贴身绮衣下的蓝地白色眼睛纹玻璃珠

M8、M1 出土的东汉琅玕

墓,共见出土玻璃珠也是 8 枚。

这类圆形玻璃珠,只从外观看,"琅玕状似珠也""石而似珠""似玉",与古籍描述类同。

诸多细节,无法不使人联想:先秦古籍中多有提及的"琅玕",与精绝王廷简牍提到的"琅玕"、王陵墓地中出土的玻璃珠,实际就是同一物,是当年人们心目中具有神奇力量的珍宝。

这一推论与相关玻璃珠的发展历程也可彼此呼应,互相支撑,多有契合之处。

相关玻璃珠,考古工作者在世界各地已经发现不少,考古学者长时期研究,将其命名为"蜻蜓眼",质为钠、钙玻璃。原产于北非尼罗河上的古埃及王国,时在公元前 1500—前 1300 年,一个不算太大的球体,其上一对大而有神的眼睛,占据了珠子的主体。当人们与之相视,似乎可以感觉"它神奇、若可洞察奥秘的目光,可以透视一切,包括你的灵魂世界"。古埃及的发明家,在献上这一新发明时,曾赋予它"天神之眼"的意涵,宣称"这眼神,拥有无比强大的力量,能驱走恶魔,护佑主人平安、幸福"。这是在充满苦难、不测风云的世界中,任何人都会尽最大力量寻求的神奇。包括手握巨大权力、财富的统治者，都无法拒却这一可以为他们带来安全、美好的珍宝。行文至此，真不能不由衷钦佩古埃及王国聪明的工艺师，他们不仅制作、发明了造型奇特、双目有神、小而不俗的玻璃珠，更呼应着世俗权势者内心的追求，让他们心甘情愿拱手交出沾满劳动者血汗的财富，换取无法验证的心理满足。

　　造型与文化思想的和谐统一，使这小小的玻璃球在公元前15世纪刚刚问世时，就极大影响了尼罗河三角洲，以及地中海周围、美索不达米亚平原、欧洲大地、伊朗高原，直至塔克拉玛干沙漠绿洲、黄河流域广大地区。研究古代玻璃的学者关善明，曾比较全面地统计分析过中国大地上出土的相关实物：自春秋末年至战国早期，在山西、河南、山东、湖北、湖南等多处贵族墓地中，先后发现的蜻蜓眼玻璃珠，总数即达400颗以上。战国晚期之后，四川、广东、甘肃各处也有所见。相关墓葬主人，可以追寻、考实的就有晋国大夫赵卿、吴王夫差的夫人（宋景公妹妹）、曾侯乙等，自然都不是寻常百姓人家。

　　精绝王陵出土的蜻蜓眼玻璃珠，借王廷遗址出土汉简破解了谜团，将相关玻璃珠与先秦古籍中的"琅玕"勾连在了一起，解了2000年无解的"琅玕"之谜。[7]充满神奇力量的"琅玕"在中国跌落神坛是在战国后期，一些历史上没有留下名字的能工巧匠，发明了以铅、钡为原料，外貌相似的蜻蜓眼玻璃珠。在湖北隋县曾侯乙墓出土过蜻蜓眼玻璃珠173颗，他夫人墓中出土24颗，外形与神化了的玻璃珠无异，测其成分，既不同于西方的钠、钙组合，也不是中原大地上已流行的铅、钡成分，而是二氧化硅与钾、钙的组合，是又一种植根在中国大地上的工艺创造。强大的社会需求,是刺激生产、发明的强大动力。实际并不复杂的玻璃生产工艺,在难明究竟前,曾经满溢神秘;而一旦洞悉其基本原理,就回落到人间大地,神奇蜻蜓眼就成为普通的玻璃球了。

琅玕,除造型新奇外,更重要的一点,是被赋予了人们普遍追求又极难获取的避邪、驱祸力量,可借此取得幸福、平安。其文化精神直击心灵深处的追求,外形则可助益这一意念的拓展。因为有强大思想文化的支撑,从公元前1500年在埃及问世,它在旧大陆上纵横驰骋了近2000个春秋,影响地域也十分广大。一种饰物走上历史舞台,并取得如是久远的影响,其值得总结与深入认识的文化内涵,难以轻估。

4. 一些希望不是多余的话

精绝王陵出土的文物,不论是衣,或者是饰,成功的作品都具鲜明、强烈的个性,其内涵是特定的文化。

精绝王妃颈部的红色项链,巧用特定的环境、社会地位,人们普遍存在的崇上心理,取身边平常物,制作了本是平常却装饰效果超群的饰件;王妃逝时还不能舍此项链,要带入地下世界,这里有深一步可认识的文化营养。而将之饰于普通精绝民妇之身,引发的效果可能就会十分不同。

M5中贵族女子头上的凤鸟形丝绸绢帽,是又一个可以剖析的实例。它的出现,与公元初年至三四世纪精绝王国在古丝绸之路上的枢纽地位,密不可分。东来西走的物质文明,使当年的精绝社会满溢开放的风气,一扫沙漠绿洲的闭塞。着帽的贵族女子,身材修长[8],或许她知道自己身形秀美,才设计了目前只见于她个人的风帽。随步行而凤鸟动,当年大概也吸引过无数欣

1995年在尼雅遗址

羡的目光。如果放在形体比较丰满、修长不足的女士身上,效果就会完全不同了。装饰物,应该与装饰者的个性特征相匹配。

这里,成功的内核,就是和谐揉杂、凝练着特定文化,呼应主体人物的社会身份、个性特点、独具的素养,甚至环境要求等。关注、实现了这一点,才有望与追求的和谐相得益彰,美美与共。而如果在这些方面疏忽、不相契合,则美好难期,甚至会收东施之讥,成为令人遗憾的败笔。文明古今能相益,面对精绝城邦曾经闪光的装饰鳞爪,确是可以吸收、品味的不朽精神。

2020年3月初稿,2020年8月改定。
时在胰头癌手术之后,病养之中,堪为纪念。
曾刊于《湖上》第十三辑《惠风在衣》上卷,
2022年春,西泠印社出版社

[1] 楎椸，按古礼规定，男女有别，不可彼此混用。汉《礼记·内则》（卷二十八）称"男女不同椸枷，不敢县（悬）于夫之楎椸"。《礼记·曲礼》（卷二）也谈"男女不杂坐，不同椸枷"。汉郑玄注："竿谓之椸，楎，杙也。"唐孔颖达疏："植曰楎，横曰椸，然则楎椸是同类之物。横者曰椸，则以竿为之，故云竿谓之椸。"尼雅遗址出土楎椸，基本形制为一尖状木杆，刮削光洁，下端可竖插入地，上端木杈可用以挂衣带。这类木杈，功能似"楎椸"。M3 内男女身旁之木杈架，当为精绝楎椸制度的具体表现。男女各一，其上女性悬裙，男性悬锦衣、皮腰带（带上附箭鞘、匕首鞘）、皮囊等随身用物。不互相混用。
[2] "N"，尼雅遗址的拼音首字母。N14 意为精绝王庭故址。
[3] "M"，"墓"的拼音首字母，M3 意为 3 号墓。
[4] 此议初见李零《"五星出东方利中国"织锦上的文字与动物图案》，载《文物天地》1999 年第 6 期。
[5] 《史记·天官书》。
[6] 王炳华《贵霜王朝与古代新疆》，《西域研究》1991 年第 1 期。
[7] 王炳华《琅玕考》，《玉文化论丛》第四辑，众志美术出版社。
[8] 此女子身高 161.5 厘米，逝前身材，当近 170 厘米左右。

楼兰故城研究及其他

20世纪80年代中,在香港中文大学一次学术研讨会上,我第一次得识饶宗颐先生。此后20多年,得机会多次到香港访学,每次都有幸得到饶公垂顾,也往往会有一次个人的餐聚,在了无拘束的氛围中,畅言所想所思,获益自然很多。最深切的感受之一,就是饶公对西域古代文明及其研究状况十分关心。这对僻处新疆、以西域文明研究为事业的我们来讲,既感到温暖,也受到鼓舞。研究工作既相当寂寞,20多年前的新疆工作环境还十分寒苦,有时也会感到冷风丝丝,这是任何环境中都难以免除的小小缺憾。只是较之对古代欧亚内陆宏富、复杂文明的解析,较之国内外关心这一历史篇页的友人、老师的期待与鼓励,这些缺憾就实在是完全不足为人道的琐碎了。能在西域文明研究的征程中,不时从饶公们的关切中获得精神上的支持与激励,我便是吸取到了努力前行的力量。

饶公的研究事业,从考古、历史、哲学到文学、艺术,从中国到印度、伊朗,面至广,且成就丰硕。这一切,堪为今人楷模,也会垂范长久。

楼兰，是西域大地上的蕞尔小国，却也是丝绸之路古代文明的一枝奇葩。它很早就进入了饶公的视野，也曾是他魂牵梦绕之地。在饶公大量画作中，"龙城""楼兰"等，是相当显目的主题，人们可以从中追寻到他的心路历程。

我大半生蜗居西域，以考古为业。有幸前后10次涉足罗布淖尔大地，进入故城楼兰，深切感受到楼兰王国曾有的荣衰和罗布淖尔荒原经历的沧桑。恭逢饶公95华诞，盛会空前，聊成《楼兰故城研究及其他》，以为祝祷之意尔。

一、孔雀河 —— 楼兰文明的母亲河

自20世纪初至八九十年代，罗布淖尔、楼兰，一直是国内外学术界热烈关注的课题。荒原上的早期文明，楼兰的兴起和衰落，斯坦因编定的LA古城究竟是否为楼兰古都，罗布淖尔湖曾否游移，以及古墓沟墓地的年代、小河墓地的文化内涵等，有过不少次热潮。对这些问题中的楼兰，我的结论是：西汉时期的楼兰王国及其都城，只能生发在孔雀河谷绿洲之中。这里水源丰沛，自新石器时代至汉晋，古代遗址云集。而在干旱地区，古代经济、政治中心，只能出现在主要河流之河谷、尾闾地带，这是一个基本规律。楼兰出现、繁荣在孔雀河，可以说是一种必然。

位于新疆东南部的罗布淖尔荒原，海拔不过780—800米；而西邻的塔里木盆地，海拔高度却在800—1400米之间。塔里木盆地西缘为世界屋脊帕米尔高原，西高东低的地势，使塔里木盆

孔雀河下游,当年的绿洲已成荒漠

2000年所见小河五号墓地,丛密列木与散乱的船棺厢板,古楼兰先民的成人、幼儿干尸散落其间,显示出明显乱挖的痕迹

地内众多的内陆河都自然流泻向罗布淖尔荒原，并汇聚而成烟波浩渺的罗布淖尔湖、台特马湖、喀拉库顺湖。塔里木河、车尔臣河、孔雀河是它们最主要的补给源。

孔雀河，源于北天山南坡，上游为开都河，汇入博斯腾湖后，下泻到罗布淖尔之河段，称为"孔雀河"。孔雀河全程长约500公里。这一流程中，两岸胡杨屏列，红柳依依，芦苇茂密，水色清碧，绝无沙河浑浊之景，故而人们称为"孔雀河"。孔雀河河谷两岸，成为罗布淖尔荒原早期居民最为理想的生息处，是有比较合理的自然地理、生态环境条件的。

迄今，在孔雀河水系内已经发现了新石器时代、青铜时代晚迄汉晋时期城镇、墓地、仓储、烽燧、佛教寺院等，各种遗存不下百处。[1]早期有黄文弼在孔雀河北岸、库鲁克山南麓的英都尔库什、阿尔特密希布拉克的发现，斯坦因编号的LE、LF、LI，贝格曼在小河以东的雅尔丹布拉克的发现；霍纳尔、陈宗器在楼兰地区周围发现石器遗址点五处；新疆考古所王炳华、侯灿、伊弟利斯、常喜恩、邢开鼎等多次在楼兰城周围采集到比较多的细石片、石镞、玉斧，在老开屏采集到20多件可以早到旧石器时代晚期的打制石器，配合石油物探在孔雀河下游河谷地带发现多处细石器、小型玉斧、玉镞。这大量考古资料表明，至少在1万年前，在孔雀河下游三角洲地带，新石器时代以细石器工具为特征的人类遗存是普遍存在的，并清楚显示这片地区当年曾是水草比较丰美，林深草茂，野兽出没，适宜进行狩猎、采集活动的处所。而在这众多的遗存中，孔雀河下游三角洲上的楼兰城内及城周围，几乎每次每个探险队员都可以觅见不少打制石器。从新石器时代起，这里一直就是人类经济活动的聚集点。[2]

青铜时代文化遗存，目前可见主要为墓地。古墓沟、铁板河、小河以及斯坦因发现的LF、LQ、LS、LT等处墓地，LE古城东北数座墓葬，除小河墓地位于孔雀河支流上，其他墓地，都在孔雀河北岸台地及孔雀河尾闾地带，墓地位置较高。墓主人生前居址，近年也有发现。他们以孔雀河河谷为生存活动之依托，从墓地观察，自然是没有问题的。

汉晋时期的遗址，主要也分布在孔雀河谷及河流下游三角洲地区。LA、LE这两座古城，LE傍近的汉晋时期古墓地，居卢訾仓故址土垠，孔雀河北岸老开屏汉代墓地，LA古城东北部汉墓，楼兰城中、城西北、城东北多处佛寺，营盘古城及其北部大型佛寺，等等，就是其中主要的一些遗存。LA古城中，已获大量汉晋简纸文书、佉卢文木简，清楚表明这座古城是东汉、魏晋时期西域长史府驻节地，也是当年这片地区的政治、经济、交通、文化中心。一个世纪以来，中外考古学者在这片地区已获得的考古资料充分地表明：孔雀河绿洲，毫无疑问就是罗布淖尔荒原上最主要的中心，是开发最早、历史最悠久、人烟最稠密、经济文化最发达的所在。这是若羌河绿洲、米兰河绿洲已见考古遗址绝不具备的特点。从总的自然地理形势及历史文化背景观察，作为罗布淖尔荒原上主要的绿洲王国——楼兰，只能出现在孔雀河水系绿洲，尤其是孔雀河尾闾三角洲之上。离开这一主要绿洲寻找楼兰王国故址，离开青铜时代至汉晋时期文明发育中心地区去寻找楼兰王国的遗存，只会南辕北辙，难有收获。

二、楼兰都城，从地理位置、遗存特征、已见文物看，就在遗址LA

LA古城，是孔雀河下游三角洲上已见规模最大的古城，是这片地区最主要的政治、经济中心，位置最近敦煌，濒临罗布淖尔湖，居于湖之西北部。参照《史记》《汉书》有关楼兰之记录，说楼兰位置"临盐泽"，"最在东垂，近汉，当白龙堆"，可以判定它就是古楼兰王国之都城，此可谓持之有故，顺理成章。只是长期以来，史学界对此总存歧见。关键之一，是古城内考古资料不能提供早于东汉以前的文物，与楼兰城活跃在西汉及西汉以前的背景难以统一。

1901年、1906年，斯文·赫定、斯坦因在LA城获汉文、佉卢文文书，文中有"楼兰""Kroraina"。所以希姆来、斯坦因、沙畹，均认为此城为西汉"楼兰"。"Kroraina"即为"楼兰"之原音。但在1914年，王国维在未能获见古城中主要出土文书资料的情况下，首先否定LA古城为楼兰国都，提出古城为前凉之"海头"。[3]此后近一个世纪以来，因LA古城中出土文物多属东汉魏晋时期，并不能与西汉前期楼兰国相关联，更引发各种议论，如楼兰都城在扜泥说[4]、楼兰始都LE说[5]等等。

我曾对罗布淖尔荒原考察多年，对各种观念反复斟酌后，是坚信楼兰王国始都就在LA古城之中的。这可以从三个方面进行说明。

首先，据历史文献记录，结合LA所在地理位置，只有LA古城能与楼兰都城相当。

《史记》《汉书》在说明楼兰时，都强调楼兰"临盐泽"，"最在东垂，近汉，当白龙堆"。而城址最近敦煌，又临罗布淖尔湖，"当白龙堆"（白龙堆就在罗布淖尔湖稍东北处。由敦煌至楼兰，白龙堆是必经处所，所以称"当"）的古城，只有LA可以相当。地处若羌的扜泥故城，与"盐泽"无涉，不算"近汉"，亦不"当白龙堆"。LE古城位置与LA近，但城内只见一区遗址，少见文物。这与先为楼兰国都，后为西域长史驻屯地的故楼兰城，不能统一。

说LA古城为楼兰都城，与班勇所论所见，可以完全统一。

班超之子班勇，出生、成长在西域大地，是当年东汉王朝熟悉西域地理、政治形势的第一人。东汉元初六年（119），邓太后"召勇诣朝堂会议……勇上议曰……又宜遣西域长史将五百人屯楼兰（此时，楼兰王国早已迁都到了扜泥），西当焉耆、龟兹径路，南强鄯善、于阗心胆……"[6]。著录于《后汉书》的班勇建言，可注意之点有三。其一，他将楼兰与鄯善并列。这说明东汉时，在楼兰王国迁都鄯善后，楼兰国虽已不存，但早已熟稔于人心的"楼兰城"，人们还是沿习惯在使用的。其二，班勇强调指明，楼兰"西当焉耆、龟兹径路"，这只有现在的LA古城可以相当。汉代，从LA西走，在孔雀河北岸、库鲁克山南麓，沿途烽燧相续。东—西方向一线铺展的古烽，已见近10座：孙基、亚克伦、卡勒泰、西尼尔、脱西克吐尔、沙鲁瓦克、萨其坎等；另在兴地沟南口，还有南—北方向古烽一列，清楚可见者有3座。前者通轮台，后者向车师，保存还基本完好。循此西进，可以至焉耆、龟兹。楼兰，作为汉王朝西出玉门关后的交通枢纽，于此可以得到清晰的揭示。如果像一些学者所说，楼兰都城不在 LA，而在阿尔金山脚下若羌绿洲上的扜泥，就完全说不通了。其三，有一支汉军驻屯在楼兰，对一心向汉的南道诸国，如阿尔金山脚下的鄯善、昆仑山北麓的于阗，军事上可以就近呼应；政治上，会是有力支持。这样做了，塔里木盆地南、北缘的丝路干线，可得畅通。班勇的议论清楚说明：楼兰、鄯善，分列南北，在东汉时期，人们是没有一点混淆的。

从历史地理学角度判定 LA 为故楼兰城址，还可以《三国志》所引《魏略·西戎传》中相关文字为据："……从玉门关西出，发都护井，回三陇沙北头，经居卢仓，从沙西井转西北，过龙堆，到故楼兰，转西诣龟兹，至葱岭，为中道……"可以看到，故楼兰城是与龙堆紧密毗邻、联系在一起的。所谓"龙堆"，就是罗布淖尔湖北面的雅丹群。过这片雅丹到 LA 城，距离不过 30 公里左右，一站驿程。这里的"故楼兰"，只能与 LA 相当。

据上引《史记》《汉书》《后汉书》及《三国志》所引《魏略·西戎传》的相关文字，可以看到在两汉、三国之时，中原大地人们对故楼兰城的位置是相当清楚、准确，并不含混的。

其次，判定 LA 古城为楼兰都城，可以得到城内出土文物的充分佐证。自斯文·赫定、斯坦因迄今，LA 城中发现过大量来自东西两方向的珍贵文物：西亚风格的玻璃器残片、西亚风格的晕染纹毛罽、贵霜钱币、佉卢文书及其上钤印的希腊神像封泥、粟特文书；中原风格的漆器，大量丝、绢、锦、铜镜、五铢钱，大量汉晋简纸文书，三棱形铜镞，等等，这些文物汇聚之地，只能是居于丝路要冲的交通枢纽城市。而在罗布淖尔，也只有地居冲要的古楼兰城，可以承当。

在出土之佉卢文、汉文简牍中，近20件写有"楼兰"，或是收文之地，或为发文之处。如是多不同文种的简、纸文书，均与"楼兰"相关，自然不是一个偶然现象，而只能判定，出土所在之地名，确为楼兰，而不能存在其他可能。古代西域，一个绿洲就是一个国家，因此，国与都城每每同名。东汉、魏晋，楼兰国虽早已失亡，楼兰城却一直存在，而且一直还以"楼兰"之名发挥着社会功能。楼兰国，在公元前77年南迁若羌前，已在这片土地上屹立有年，作为欧亚内陆交通枢纽之一，其盛名已广播荒原内外。楼兰南迁扜泥，是在西汉王朝精心策划、组织下，有序地、和平地迁徙。部分居民他去，城址仍在，居留未徙的居民自然仍会以"楼兰"故名为称。变化，只是化为在西汉王朝直接统治下，其交通枢纽、丝路经济中心功能得到了进一步的强化。这一形势下，楼兰城的经济、社会影响，只可能更加强大。所以，从实际情形看，孔雀河下游三角洲上的楼兰城，绝没有因为"楼兰国"他迁而遭受打击，而是仍以"楼兰"之名，屹立在丝路干线之上，发挥其影响。这就是古城出土的文书资料，依旧会冠以"楼兰"的原因。

对相关文书，包括佉卢文书与楼兰的关系，黄盛璋在他刊发的《楼兰始都争论症结解难与LA城为西汉楼兰城新论证》及其续编[7]，对相关分歧进行了清理、剖析，对LA古城为楼兰都城所在，可以说已进行了比较全面、多方面的论证。

除LA城所在位置、出土文物外，根据LA古城现有遗迹，也可觅得早于汉晋的早期文化层。

对楼兰古城的发掘，从一开始就是无序、混乱，不符合考古学发掘规程的。斯文·赫定1901年进入楼兰LA，11天中，农民工在城内有数的几处居住遗存中，随处乱掘；1906年，斯坦因进入 LA，同样如是。他重点在西域长史府故址、三间房西侧的垃圾堆中进行发掘。他同样没有对这一遗存认真清理，谈不上到达文化层底部，而只为得到"很多写在木板同纸片上的中国文书"，"写在木板、纸片以及绢上的佉卢文书"，再有一件粟特文残纸，就十分满足了。1980年，新疆考古所在楼兰城调查、试掘，也有探沟处于这一垃圾堆上，探沟同样没有交代文化层情况，只说"发现残木简60枚，纸文书一件"[8]。而这处垃圾堆，我曾多次仔细观察，实际至今并未有完整、严谨、科学的清理。

楼兰古城的标志性建筑之一"三间房"及其附近的佛塔

尤其引人注意之处是，如果从这一文化遗存北侧剖面观察，实际可以清楚看到，在汉晋时期西域长史府建筑遗存之下，深度1.0至1.3米后，还明显可见早期文化层：它东西长近2米，厚20—40厘米。从只暴露一点的剖面，可见文化遗物有：草屑、骆驼粪、兽骨杂片、烧炭碎粒等物。它是深压在汉晋时期文化层下面的早期遗存。至于这一文化层，是否确早到西汉前期，甚至更早，它包含怎样一些文化内涵，则只能期待今后考古学者进一步的发掘了。

楼兰故城（LA遗址）现存遗迹，可搜寻到早期遗存，还有一个线索。认真观察LA古城城垣遗迹，可以清楚看到相关建筑，存在不同特色。除红柳、苇墙的居住房屋建筑外，还有土建遗存。而土建遗存，又有土坯与垛泥版筑之别。出土了大

汉居卢訾仓故址土垠全景

量魏晋时期文书的西域长史府故址以"三间房"为代表（斯坦因编号为LAII），建筑物是比较坚固的土坯房屋。土坯规格分别为42×23×10厘米、47×27×10厘米。土坯宽大、致密，经历1600多年罗布淖尔荒原东北季风吹蚀，至今保存基本完好。曾经使用了土坯的建筑物，除三间房，还有古城东北佛塔、古城西北郊古烽、古城东墙外一区巨型（高达10米）军事防卫性质的建筑，这类建筑物，从三间房曾出土最晚到北凉时的文书，可以得出结论：它们都是古城中的晚期遗存。

与这种土坯建筑形成最明显对照的土建遗存，是垛泥构建的古城。楼兰城墙，保存十分不好。但只要认真辨析，略近方形的土建城墙，虽不少地段已被风力夷平，但断续相继的残存墙迹，还可以看得清楚。张骞在第一次西域之行返回时，观察到"楼兰

姑师邑有城廓"(《史记·大宛传》)。所以,楼兰城之始建,是早在西汉王朝通西域之前的。现存城墙,确也清楚显露早期比较粗率、比较原始的特征。我曾多次对楼兰城墙细作观察,可以肯定地说,它绝非"夯筑"[9],不同于疏勒河一带长城所见一层芦苇,一层土,十分平整有序的构筑工艺,它明显是垛泥筑墙的成果。垛泥层厚薄不一,垛泥层间厚度,分别有0.15米、0.45米、0.6米、0.7米、0.8米。一些地段,土层之间可以看到夹杂红柳、芦苇,但并不见平匀铺展。[10]正因如是粗率,难经长期东北季风吹蚀,保存甚差。进入楼兰遗址之中,如不仔细搜寻观察,一般都难见到古城墙迹痕。新疆地区已经发现的,与古楼兰城背景相近的相关古城遗存,如尼雅遗址所见两座古城(N2附近,及尼雅南城)[11]、克里雅河下游可早到西汉(或更早)的圆沙古城[12],都可以发现相类的特征。垛泥筑墙,这是比较原始的特点,也是新疆地区最早期古城的特色,与汉代红柳与夯土相继的建筑工艺是明显不同的。

与楼兰城墙垛泥筑法相比较,在西汉统治西域后,在中原王朝主导下修筑之城堡的工艺是完全不同的。可以举两个实例进行比较。一是与楼兰古城相去只20多公里的土垠。土垠遗址内,出土过72枚西汉木简,其中3枚有西汉纪年。这是在公元前1世纪西汉王朝构建的一处前进基地,用为仓储、邮置。[13]土垠遗址保存虽不好,东墙、南墙已遭毁损,但西墙、北墙之西段却仍然保存完好。它们是高1米上下的夯筑土墙,夯层厚8—10厘米,墙体平直,至今仍相当严实。西汉时期,筑城用夯,是一个明证。

证据之二,是东汉时期,耿恭苦守的疏勒城,位置在今天山

楼兰古城东北约 24 公里的一处遗址，编号 LE，也曾出土汉文文书、木简、五铢钱

北麓奇台县南郊的石城子。它是为控扼匈奴南入吐鲁番的一条径道而修筑的军城。我曾多次考察，现场印象是：古城依山，东侧临深涧，北、西、南部却是夯土筑就的城墙，夯层厚10厘米上下。[14] 这座军城，东汉时在匈奴的强攻下被毁。其时代与土垠一样，比较单纯，也可以得出明确结论：东汉王朝修城，也是用夯实的土墙，而绝不是粗疏简陋、工艺原始的垛泥垒土。

与 LA 楼兰故城不同，处于西域长史府直接控制之下的、同一地区的 LE 古城、LK 古城，使用的方法才是一层红柳，一层土，平整均匀、经过夯实的土城墙。它们与 LA 城墙垛泥法同样明显存在差异。

楼兰故城城墙，部分墙段（如东墙中段，南墙）在垛泥时，土层中，夹有芦苇、红柳，是可以用作测年的良好材料，用这些物料进行碳十四测年，对判定古城修建年代，可提供比较理想的资料。希望这一工作，在今后的新疆文物保护工作中可以进行。

三间房西北地层剖面上可以清楚观察的早晚文化层叠压关

系,以及楼兰故城土墙构筑工艺明显的早期原始特征,都在说明:我们今天,还不能以十分不完备的楼兰城考古工作为据,就判定这座古城不可能早到西汉或西汉以前。它的城墙,就是明显具有早期特征的最大文物遗存之一。古城文化层在近2000年的厉风吹蚀中,确已消失近尽。但进行严格、科学的发掘,很难说就不会在魏晋遗址下面,找到西汉或较西汉更早之楼兰文物。从斯文·赫定、斯坦因至今的100多年,这里确实没有进行过严谨、细致的科学发掘。而在以保护为前提的方针下,去规划、安排这一工作,是十分必要的。

明明古城仍沿称楼兰,前凉之西域长史李柏,自然也驻节在楼兰城中。但他在致焉耆王的信函中,却故弄玄虚说信函写在"海头"。这是一个小的悬疑,最大可能是事涉军事机密,有保密之需,故布疑阵;也有可能故意标新求异,示亲切,求风雅。毕竟,地处罗布淖尔湖西北,居湖水之上游,称其为"海头",也并无大碍。但不论如何,当年的前凉西域长史,就驻节在古楼兰城中,这已为古城中大量出土的简、纸文书所反复证实。

三、去楼兰,立鄯善,兴屯田,
西汉王朝强化西域交通路线管理

自张骞通西域,至公元前60年设西域都护,西域大地进入西汉版图,半个多世纪中,新疆大地的政治形势可以说是风云激荡,变化迅猛。这一过程中,楼兰由于其特定的交通冲要地位,始终处于政治漩涡的中心。公元前176年,匈奴进入西域,击月

氏,"定楼兰、乌孙、呼揭及其旁二十六国,皆以为匈奴"(《史记·匈奴列传》)。因此,公元前2世纪后期西汉通西域,所面对的形势复杂艰难。匈奴控制着天山以北广大地区,塔里木盆地各绿洲王国也程度不等地羁属于匈奴。刘彻雄才大略,确定通西域战略后,不论形势如何险恶,坚持初衷。面对不同环境,采取不同策略,区别对待,"可安辑安辑之,可击击之"(《汉书·西域传》)。大宛与汉王朝对抗,阻绝汉通西亚径路,汉王朝就不惧困难,倾力动员,远征大宛;乌孙虽属匈奴,但又与匈奴有隙,则厚赂以结乌孙,嫁细君、解忧,使乌孙离匈奴而亲汉;小国仑头不自量力,全力抗汉,不处置将误大计,即予屠灭;楼兰,则为又一典型。

楼兰,是一个蕞尔小国,但地理位置却十分冲要。它最近汉,控扼汉王朝进入西域的咽喉,汉王朝必须周全处理,不留隐患。如何面对汉王朝通西域的这一新形势,同样是楼兰统治集团面临的全新问题。历史进程表明,他们既不能正确估计内外形势变化,也完全没有驾驭这一事变的能力。

汉通西域之初,楼兰已在匈奴统治之下60多年。匈奴在楼兰大地的政治、军事、文化各方面影响,是不可轻估的。只从军事上看,匈奴游骑从伊吾(哈密绿洲)、车师(吐鲁番)入楼兰,或由匈奴控制西域的"僮仆都尉府"驻地(今库尔勒一带),沿孔雀河入楼兰,均相当便捷。楼兰,很难摆脱匈奴的军事控制。

军事上受制,政治依附,文化相通,经济上不仅感受不到开通欧亚大陆交通路线的利益,而且徒增许多负担。楼兰,对汉通西域,难有热情。张骞自中亚返国后,汉"使者相望于道,诸使外国一辈大者数百,少者百余人";"一岁中使多者十余,少者五六辈"(《史记·大宛列传》)。居于交通孔道的楼兰,导引交通、负水担粮,负担沉重。因而,楼兰采取了追随匈奴与汉王朝对抗、破坏汉通西域的方针。"王恢数使,为楼兰所苦",而且,它"又数为匈奴耳目,令其兵遮汉使"。前108年,面对这一形势,刘彻命令王恢伺机"击破"楼兰。这是西汉王朝与楼兰第一次冲突。楼兰受到打击,口头上对汉王朝表示"降服贡献",但实际矛盾并未消除。

汉与楼兰第二次冲突,发生在公元前104—前103年间,李广利征大宛之时。匈奴感到威胁,但无力正面阻击,采取了"遣骑因楼兰候汉使后过者,欲绝勿通",将楼兰拖下了与汉朝对抗的水潭。西汉王朝又一次"捕楼兰王,将诣阙,簿责王",要争取楼兰改变亲附匈奴的初衷。楼兰王道出了苦衷:"小国在大国间不两属,无以自安。愿徙国入居汉地。"西汉王朝这次没有进一步苛责楼兰,而是让楼兰王返回,要求他同样为汉王朝"候伺匈奴",疏离了楼兰与匈奴的关系。这是汉与楼兰斗争的第二回合。

西汉王朝对如何处置楼兰,是十分用心的。楼兰只是新疆东部的弹丸小国,地理环境寒苦,"乏水草",对导引汉使,供应水、粮、草料,难胜负担;此外,也还有汉王朝"吏士"在需求不能满足时对楼兰的骚扰。因而楼兰总是心向匈奴,提供情报;并曾先后"遮杀"过汉卫司马安乐、光禄大夫忠、期门郎遂成,以及安息、大宛朝汉的使臣(《汉书·傅介子传》)。在汉、匈尖锐的矛盾前,楼兰往往都选择了站在匈奴一边。虑及数十年中,汉王朝曾一次次联络、宽宥、倚重楼兰,却总是一次次遭遇挫折;军事上重罚楼兰虽不存在困难,可以如对待仑头一样屠城灭国,但难得西域人心。在总结历史、分析形势、权衡利害后,霍光最后决策：清除楼兰亲附匈奴的代表人物，命令傅介子刺杀楼兰王；同时册立人在汉朝、内心亲汉的楼兰王弟尉屠耆为新王，迁楼兰国政治中心到若羌，"更名其国为鄯善"。为消除匈奴利用楼兰阻抗西汉通西域的努力，对鄯善实施和亲，赐宫女为夫人，下嫁尉屠耆，以进一步坚定他亲附西汉王朝的决心。在尉屠耆返国时，"为刻印章"（接受汉王朝册封），"备车骑辎重"，由"丞相将军率百官送至横门外"，给予了极高的礼遇，向西域大地清晰宣示了西汉王朝全力支持尉屠耆的决策。

更楼兰为鄯善，自然不只是简单的国名改变，而是表明：作为楼兰国，这时已画上了句号。楼兰国子民南迁鄯善，再也不在与匈奴地域毗邻的孔雀河下游，而是到远离了匈奴影响的阿尔金山脚下的若羌河谷。空间远离，荒漠、沙碛隔阻，来自匈奴的影响极度削弱。

这是汉与楼兰斗争的第三个回合。虑及楼兰故土这一交通隘口的重要性，远迁楼兰至新地，实际为西汉王朝直接控制自孔雀河河谷西走的交通线，保证开拓西域战略的顺利实施，扫清了道路。历史进程表明，这是一个英明、果断的决策。代价稍小，而战略利益巨大。公元前60年，西域归于西汉王朝版图这一重大事件，与这次南迁楼兰，强化与匈奴的斗争，存在密切关联。

汉王朝如此决策，有两方面的收获：其一，割断了匈奴对楼兰的实际影响，大大强化了对丝路南道的控制；其二，直接控制孔雀河谷，保丝路北道交通安全，有利于汉通西域战略的全面展开。

说楼兰南迁鄯善后，孔雀河下游原来楼兰王国领地成为了汉王朝直接控制的领土，《史记》《汉书》并未见明确的文字记录，目前在楼兰故城内也没有见到与此相关的文物,并不足以为这一结论提供直接证明。但逻辑推论,楼兰国南迁,其交通冲要之领地绝不可能拱手让于匈奴;最直接的办法,就是在去除了摇摆不定的楼兰王后,西汉王朝自己直接控制、管理这条交通隘道。这一点,在故城附近已获西汉考古资料中得到证明。

杀楼兰王尝归这件事,发生在公元前77年。与此时段大略相当,在楼兰故城东北30多公里处,黄文弼发现过土垠遗址,曾见72支西汉木简,有汉宣帝黄龙元年(公元前49年)、汉元帝永光五年(公元前39年)、汉成帝河平四年(公元前25年)、汉成帝元延五年(公元前8年)等纪年简,虽然没有见到直接衔连汉昭帝时去楼兰、立鄯善的简牍文字,但也可说这批简牍表现

20世纪80年代楼兰故城中出土的汉晋时期断简残文

了公元前77年楼兰南迁后,这片土地上的政治、经济形势。毕竟,弃置成垃圾的物料,只能是当年实际生活存在物的一小部分。这一小部分废弃物,又能重现于2000年后的人间,更会是小部分中的小部分。仅见的72支木简,已清楚表明宣、元、成帝时,土垠遗址为西汉王朝直接统治下的仓储、邮置,自然也就表明了楼兰王国领土上新呈现的政治、经济生活现实。

认真检视出土的72支西汉木简,与军事组织、政治官员相关的木简即达9支,如"都护军侯张□""左部左曲侯""右部后曲侯丞""后曲侯""左部后曲侯""右曲侯""□部军守司马""左右部司马""伊循都尉左""伊循卒史左"等[15],他们在西汉王朝"西域都护府""戊己校尉"营下,都是重要佐吏。相当程度上表明土垠及去土垠不远的楼兰大地,这时已成为西汉王朝努力建设的军事、交通、屯田中心。

西汉王朝必欲去楼兰、置鄯善,目的是保障自敦煌经楼兰入轮台之交通路线安全。不论军事上与匈奴对抗,还是保证使节、商旅交通给养,粮草供应,均为第一要务。因此在孔雀河谷绿洲(楼兰是其中心城镇)组织屯田就成为头等大事。在土垠西汉木简中,有相当数量可以表明西汉王朝从中原大地移民屯垦的事实。如"里公乘史隆家属畜产衣器物籍""霸陵西新里田由""应募士长陵仁里大夫孙尚""小卷里王护""右六人其二亡士四士妻子""男□□孔六□""家属六人官驼二匹食率匹二升""士南阳郡涅阳石里宋钧亲妻玑年三十私从者同县同里交上"等[16],在72支木简中,所占比例也不算少,表明中原大地农民应募西迁的事实。他们或个人,或全家,家属、私从、畜产、衣器物都随身来到了罗布淖尔大地。祖籍地涉及河南、陕西等处,说明这曾是一件波及面相当广的大事。只可惜正史中未见明文著录。东汉、魏晋阶段，大量出土文字资料表明，楼兰故城，当年已是西域长史府驻地、屯田中心。楼兰绿洲屯田事业，其发端，最大可能就是从南迁楼兰、置立鄯善时开始的。

楼兰南迁后，西汉王朝不仅大力经营、建设楼兰故土、土垠绿洲，对诚心归附了西汉的尉屠耆也全力支持。《汉书》载明，首要一点，就是应尉屠耆之求，在伊循驻兵屯田。这对稳定尉屠耆统治，震慑亲匈奴势力，有着举足轻重的影响。西汉王朝曾为此投入大力，考古发现为此提供了有力证明。

1989年10月，我偕刘文锁、肖小勇在若羌县进行考古调查。在米兰吐蕃戍堡东偏南5°，约2公里外，发现了一处西汉时代遗址。遗址在米兰河西岸。地表沙梁起伏，在两道东西向沙梁间，有几个风蚀土墩。土墩下、洼地上散见大量西汉特征的文物：大量砂质灰陶片，器表饰细绳纹；钻孔陶片、陶纺轮、石磨盘、三棱形带铤铁镞、鱼鳞形甲片、五铢钱、炼碴、玉石料

楼兰出土的汉五铢钱
等中原钱币

等。遗物大概分布在 200×500 米范围内。钱币具有西汉武帝时期特征，细绳纹灰陶罐、三棱形铁镞、鱼鳞形甲片，都具有西汉时期特征[17]，与伊循屯地颇可以联系。

与这区汉代遗址相去不远，为一规模宏大、至今地表痕迹清晰的灌溉渠系遗存。这一灌溉遗存，被新疆生产建设兵团农二师水利工程师饶瑞符发现，并最先报道。我们据其测定的渠系图，对遗址进行了认真的踏查。这区灌渠，由 1 条总干渠、7 条支渠、大量斗渠与毛渠组成。总干渠长约 8 公里，7 条支渠分别长 4—5 公里。渠宽 10—20 米，高近 3 米。灌溉面积达 30 平方公里。灌渠引老米兰河水，依地形，顺地势展开，双向灌溉，灌地面积可达 4 万—5 万亩。曾经从事过垦殖的土地，测算达 1.7 万亩。[18]还有一个值得注意的考古文化现象，这片地区，目前为人们关注的东汉以后的佛教寺院、吐蕃戍堡等遗址所叠压，有力支持了这一灌溉渠时代相对较早，不可能晚于东汉，应与西汉伊循屯地相关联的结论。

据伊循屯地遗迹、老米兰河西岸规模相当大的汉代居址可以推论，西汉王朝支持鄯善尉屠耆政权的努力，不可小视。它的规模、力度，绝不是《汉书·西域传》所说"汉遣司马一人，吏士四十人，田伊循以填抚之"[19]，这样一个象征性的行动。伊循屯田，其实际规模是远远较此为大的。土垠遗址出土汉简有"伊循都尉"文字。"都尉"的品秩是"比二千石"，较之品秩"六百石"的"司马"，地位隆重得多。伊循屯田，西汉时曾有大规模发展，于此可以推见。只可惜史籍失录。

楼兰，直接进入西汉王朝控制之下，自楼兰沿孔雀河西走，可以直入塔里木盆地东北焉耆、渠犁、尉犁；伊循成功屯田，尉屠耆统治地位巩固，沿昆仑山北麓西走，也成为了更便于交通的路线。丝路南、北道交通顺畅，西汉王朝开拓西域的政治事业，于是获得迅猛发展。试看以下事实：

公元前 77 年，与伊循屯田同时，汉王朝以扜弥国太子赖丹为校尉将军，屯田轮台。

公元前 72 年，西汉王朝与乌孙联军，大败匈奴，匈奴实力大伤。

公元前 68 年，汉遣郑吉屯田渠犁；秋后，率所将田士攻车师，并在车师屯田。

公元前 65 年，龟兹王绛宾娶解忧女弟史为夫人。龟兹强化了与西汉的政治关系。

公元前 62 年，西汉王朝命郑吉为"卫司马""护鄯善以西南道使者"。

公元前 60 年，匈奴日逐王降汉。西汉王朝在乌垒设西域都护府，任命郑吉"并护车师以西北道"，为都护，"汉之号令颁于西域"，"匈奴僮仆都尉由此罢"。"匈奴益弱"，"不得近西域"。

从公元前 77 年汉王朝直接控制楼兰绿洲，迁尉屠耆至鄯善后，西域大地政治、经济形势如是迅捷巨大的变化，是与西汉王朝灭楼兰、建鄯善，加强南、北道建设，集中力量打击匈奴等一系列举措，存在密切关联的。

四、地居冲要，楼兰之勃兴、沉落均与交通关联

青铜时代即已满溢生命活力的孔雀河绿洲，在公元前 2 世纪

成为亚欧交通路线上的枢纽,其中心城市楼兰,举止动静,都会使西域大地、河西走廊受到震动。这里虽是雅丹丛集,戈壁、沙漠纵横,交通相当困难的一片土地,却随时随处都能感受到东方长安、西部贵霜、西南亚波斯的政治、经济、文化信息,感受到它们点点变化投射下的影响。而到4世纪以后,楼兰却突然从人们的视野中淡出,更慢慢化为荒漠、废墟,成为了今天没有生命气息的死域。

与楼兰的消失、死灭相呼应,傍楼兰而居、曾烟波浩渺的罗布淖尔湖,也成了今天一望无际的盐滩。

桑田沧海,绿洲化烟,成了楼兰考古中无法回避的最大问题:这一切,究竟是如何发生的?今天的人们,从中可以得到怎样的启示、经验和教训?

在具体展开历史、考古分析前,首先关注这片土地上两个最基本的事实。

从卫星上看罗布淖尔湖,形似一个大耳朵,耳轮表现着湖水的缩减,1972年终至最后寂灭

干涸的罗布淖尔湖盆

近年台特马湖区地貌

首先，从上新世末期到更新世初期，欧亚大陆再次发生强烈的地壳运动，青藏高原大幅抬升，印度洋的西南季风（其运行高度只有3500米）再无可能越过青藏高原进入新疆塔里木盆地。加上盆地东、西、北面也有高山隔阻，太平洋、大西洋湿润气流也无法进入，导致盆地内很难形成降水，干旱气候得以形成：极少降水、冷热变化剧烈、风沙活动频繁。

地质地理学家在罗布淖尔荒原台特马湖以南、罗布淖尔湖盆中心曾分别钻井，通过孢粉分析得到的结论是：去今2万年（晚更新世至全新世）以来，古代植物与现代植物种类、群落基本一致，不见喜温的蕨类植物孢子，而以耐旱、耐盐的麻黄、藜、蒿为多，占比最高可达98.2%，说明这时期，罗布淖尔地区是明显的干旱气候环境。[20]

第二，罗布淖尔地区，地势低凹，是塔里木盆地内众多河流的汇聚中心，古代曾是泽国，罗布淖尔湖最大面积曾达2万平方公里。清朝末年，仍达2000多平方公里。塔里木河、孔雀河、车尔臣河等是其主要补给源，历史上入湖水量盛大，随历史进展而日愈减少，终至断流。

以罗布淖尔湖最大补给源塔里木河为例。关于塔里木河水量，历史上没有测量统计资料。徐松《西域水道记》（成书于1823年）描写"塔里木河，河水汪洋东逝，两岸旷邈弥望"，可以看出水势之盛大。

20世纪50年代，在塔里木河主要支流和田河、叶尔羌河、克孜尔河、阿克苏河汇流处的阿拉尔水文站统计，塔里木河年流量为56.2亿方。因为上游用水量增加了17.1%，至1994年，下泄流量只有39.4亿方。上、中游用水量，至20世纪90年代，已超过塔里木河总水量的90%。塔里木河下游已出现了用水危机，阿拉干、罗布庄出现了干涸无水的情况。

这类情形，成书于1910年的《新疆图志》就有过记录："塔里木河下游罗布庄各屯，当播种时，上游库车以西，城邑遏流入渠，河水浅涸，难于灌溉。至秋始泄水入河，又苦泛滥。"河的下游，播种需水季节不能保证灌溉，秋收不再用水之季，水则大流至达泛滥。

新疆大地无雨，农业悉凭河水灌溉。地在河流尾闾地带的罗布淖尔，一旦出现全疆各地人口增加、农业生产发展的形势，命运会十分可悲。

楼兰古城，主要补给源是孔雀河。孔雀河，1921年塔里木河冲决轮台大坝，经拉因河入孔雀河，水势一度盛大。1952年，在拉因河上筑坝，河水重归塔里木故道，入台特马湖。孔雀河出铁门关后，主要灌溉了库尔勒、尉犁绿洲，20世纪50年代后，库尔勒、尉犁农业不断扩大，孔雀河下泄水量趋少。1958年"大跃进"，修普惠大坝，截水灌普惠农场。20世纪70年代后，更截孔雀河水济塔里木河，孔雀河渐至断流。[21]

分析楼兰兴废、罗布淖尔变迁，引述了两大段相关气候、水文研究资料。所以如是，在于人类活动既可影响环境，又深受环境制约，彼此不能分割。分析历史时期古代绿洲、城镇的兴废、发展，必须遵行这一基本原则。

从气候角度观察，自2万年前至今，新疆大地就处于十分严酷的自然地理环境。从干旱地区农业经营特点分析，人类所在绿洲，其兴衰、变化，与水关系至密。而水的变化，并不在于冰川雪水减少，而在于全流域中水的再分配、使用完全受人的干扰。人类有组织的活动，导致水在不断重新分配中。而这一点，完全足以导致一个古老绿洲的毁灭，一个新兴绿洲的繁荣。

古代居民人口稀少时，罗布淖尔荒漠、孔雀河水系内，曾是人类理想的生存空间，自1万年前的新石器时代至4000年前的青铜时代，直至西汉，可以说都是如此：水足、草丰、林木茂盛，可渔可牧，适宜发展农业生产。青铜时代的古墓沟墓地，一个聚落才43人；作为孔雀河中下游最神圣的一处墓地——小河，前后持续数百年，全部墓葬也才200多座（加上被破坏者，共发掘167座），从墓地透视聚落人口，并不多。据《汉书·西域传》粗略统计，西域各绿洲王国人口，总共也不过20多万人。如是空阔的地域、充沛的水源、稀少的人口，生存状况自然可以无虑。两汉时期，汉王朝政府可以在这片地区驻军、屯田，保障使节、商旅来去，也充分显示这一绿洲可以接纳的广阔空间。

楼兰城内出土大量汉文简牍，止于4世纪30年代。作为当时西域政治中心的楼兰城，应该就是在这一时段陨灭的。

关于楼兰城废弃的原因有多种观点，不同学科的研究者各有视角。但任何一个重大的社会变化现象，都不会是个别因素作用的结果，而必须从多个角度综合剖析，方可望恢复历史的本来面目。

前苏联地质学家西尼村在20世纪50年代考察过罗布淖尔地区后，发表了《亚洲中部气候变迁的大地构造因素》[22]，提出罗布泊地区"吹蚀作用的加强，沙漠面积的扩大，河水水量的减少，植物的衰亡及人类与动物生存条件的恶化"，是所有变异的根本点。美国地理学家亨廷顿（Huntington）和特林克列尔（E.Trinkler）持有相同观点。在分析楼兰绿洲的废弃时，其持论精神与此一致，但表述得更加直接、具体："关于楼兰城及其周围遗址废弃原因……河道变迁可能是最直接和最重要的"，"楼兰故城的废弃时间，基本上就是孔雀河下游改道断流时间"[23]。

其实，从前述钻井孢粉分析，可见去今2万年以来，这片地区就一直是一个干旱的环境。其间或有短时期的降水变化、风沙活动异常、局部地区生态改变，但都是在一个大的干旱环境下，有限地区、有限时段的变化，并不存在持续变干的情形。除了地质年代上的证据，罗布淖尔地区已获文物和考古资料表明，青铜时代的罗布淖尔人，面对的就是一个特别干燥的环境，这一时段古尸屡见，就是生动说明。大概恒定的冰川融雪水，在人口稀少时，可以满足人类及其生存的需要；而在人口大增、农业发展、绿洲扩大后，自然流淌的水系，就在不断的蓄水、引水、灌水工程中，变得不再能自然流淌。局部，尤其是河流下游缺水、无水，就会成为不可避免的结局。这时，绿洲就会变成荒漠。

在具体分析楼兰古城兴废时，除了要关注上述虽有变化却早就存在的基本环境因素，绝不可以疏忽古城命运变化当年曾经面对的社会政治形势。

4世纪初，晋朝统治趋于崩毁。中原大乱，士民西走，日月相继。统治河西走廊有年的张氏家族军政势力膨胀。314年，晋封张实为"都督凉州诸军事、西中郎将、凉州刺史、领护羌校尉、西平公"，西域诸国悉在其统治之下。323年，张实更受封为"凉王""西域大都护"。324年，前凉王张骏击败赵贞。

327年，前凉在吐鲁番地区设置高昌郡。335年，张骏派军击降焉耆。焉耆、车师前部、于阗、鄯善都入贡于前凉。河西、西域悉入前凉版图。4世纪30年代，新疆形势如是变化，直接效果之一，是自河西走廊进入西域的交通线路发生了相当大的改变。

前凉张氏集团攻高昌，降焉耆，控制鄯善、于阗，目的同样是控制丝绸之路新疆段，以获取贸易利益。当楼兰、吐鲁番、焉耆均已被其直接控制时，立即会面对一个具体问题：由河西走廊进入塔里木盆地，是一仍其旧从敦煌入楼兰，沿孔雀河西走焉耆，还是由河西走廊入伊吾、高昌进入焉耆？前者是汉代以来的传统老路，但沿途多为戈壁、沙漠、雅丹，缺水少草，交通补给不易；后者则路途比较平坦，绿洲聚落相继，路况、供应较之楼兰道要平顺许多。

为拓展丝路贸易计，前凉的抉择是变易交通路线，开拓自高昌入焉耆的新途。证明是：在平定赵贞后，前凉立即在吐鲁番绿洲内设高昌郡。军政重心移置高昌后，原踞楼兰的西域长史府自然撤守。河西走廊过楼兰入塔里木盆地的路线，转移为经过高昌西行。楼兰在丝路上重要的政治、经济地位，自此不复存在。可以说，楼兰之兴衰，核心因素就在其丝绸之路冲要地位的起落。楼兰名城，成兴在交通，衰废也在交通！

西域长史府不居楼兰，与丝路交通密切关联的屯田、农业生产中心他移，有组织的、严密而强大有力的灌溉系统罢废，馆驿、传置等与丝路相关的接待、通信联络设置撤销，很快使楼兰绿洲从繁荣兴盛转化为衰颓冷落。与此同时，高昌的中心地位冉冉升起。后来的高昌王国、隋唐时期盛极一时的西州文明，都是与此密切关联的。

楼兰绿洲之衰落，实际是一个逐步推进的过程。

晋十六国、南北朝以后，一些考古资料表明，经过孔雀河绿洲的交通路线，偶尔还有商旅走动。1980年，新疆考古所考古队在罗布淖尔湖东北一处山梁上，发现过"开元通宝"钱币970多枚，出土古钱不远处的山坡上，还有一条古道痕迹。[24]灰黄色的土路，在深色砾石地貌夹峙下相当明显。这近千枚古钱就遗弃在路边，既表明唐代这条路还可以通行，也表明在这条路上来去的行旅，确是十分稀少。

历史文献方面也有证据。公元7世纪中，踞于吐鲁番盆地的高昌王国，在西突厥支持下，垄断丝路交通，重税盘剥。焉耆王国就此曾建议李世民，重开经过楼兰绿洲的"碛路"，撇开高昌。但这会伤害高昌、西突厥的经济、政治利益，于是直接引发了639年高昌与西突厥处月、处密部联兵，攻击焉耆，陷焉耆五城，大掠居民的事件。这件事也表明，一旦有需，经过楼兰西行，入焉耆的"碛路"重新启动还是存在可能的。这也具体说明，唐代孔雀河下游并没有断流，如果已断流至无水无草，还怎么可能行走？

其实，孔雀河下游断流，是20世纪50年代后，上、中游不断截流灌溉、筑坝、堵水，引孔雀河水入塔里木河、济铁干里克绿洲，才出现的。孔雀河最后断流，是在20世纪60年代以后，人们有意识改变其流向才出现的严酷现实。

在极度干旱地区，不论自然绿洲，还是人工绿洲，其生命都是脆弱的。改变其生存状态，导致其兴衰，最有力因素是人，是人类社会有组织的力量。楼兰古城、孔雀河尾闾三角洲的兴盛、衰废，十分生动地展示了这一真理。认清这一过程，不仅可以帮助分析古代文明、古代城镇的历史发展轨迹，尤其可以吸取到历史的教训：人类文明的兴衰，关键的因素，实际还是人类自身，在于人们如何对待自然，对待社会。这才是最最根本、最最紧要的。

五、其他几个相关问题

100多年的楼兰考古，提出了许多需要关注的问题。

第一，与楼兰故址所在密切关联，有涉及扜泥、伊循的问题。扜泥是鄯善王国的都城，我已在前文中指明，它的故址当在若羌，本来这在《汉书·鄯善传》中是十分明确的："当汉道冲，西通且末七百二十里"，这一地理位置只能与若羌绿洲相当。20世纪50年代，黄文弼先生在今若羌县城南6—7公里处，曾获见"且尔乞都克"古城，周720米，黄氏判其为扜泥故址所在。[25]但今天已难觅其踪。

同在《汉书·鄯善传》中，提到鄯善"国中有伊循城，其地肥美"，汉王朝曾应尉屠耆之请，在伊循屯田。鄯善国都在若羌河绿洲，则国内可称"地肥美"的所在，只能是东80公里的米兰河绿洲。它濒河、土层厚（15米）、地肥。20世纪80年代后，米兰遗址区不仅发现了设计合理的灌溉渠系[26]，附近还发现了一区汉代遗址，近10万平方米的范围，有大量汉式绳纹灰陶片、西汉五铢钱、三棱形铁镞等，与伊循屯地可以呼应。[27]

伊循屯地确定，扜泥故址可依，《水经注》等后期史籍中关于伊循、扜泥比较混乱的文字记录，当可厘清。

楼兰、扜泥、伊循城作为鄯善王国境内三个城镇坐标点，坐实明确后，有关史籍文字便可条理顺畅。至于斯坦因发现并标示为 LE、LK 的两座古城，规模都不大。LK 与邻近的 LL、LM 等遗址，地处楼兰与伊循、扜泥之间；LE 居楼兰古城东北，是楼兰保卫东北方向安全的一区军事性质城堡，城内除偏北位置有一座台基建筑外，不见其他居址。这两座古城，与楼兰成犄角之势，主在防卫。从地理位置观察，当为汉晋西域长史府属下的军事防卫、屯田机构，时代在东汉以后。

第二，罗布淖尔湖游移问题。

斯文·赫定提出罗布淖尔湖以 1500 年为周期南北方向游移的观点，产生了巨大影响。这虽不是考古学的研究范围，但又与楼兰考古、楼兰古代文明的研究存在一定关联。20 世纪 80 年代以来，罗布淖尔地区的综合考察已取得重要进展，所以在此也稍予涉及。

根据已获勘探测量资料，测定湖底沉积物年代及通过孢粉分析，可清楚得出结论：罗布淖尔湖水没有发生过游移，也不可能发生游移。

从罗布淖尔湖心钻探取得的沉积物及孢粉，证明自 2 万年以来，罗布淖尔湖沉积作用一直持续未停，始终是有水环境。地形测量，湖盆所在是塔里木盆地的最低点，海拔只 780 米，因此是盆地自然的汇水中心，其海拔高度较喀拉库顺低 10 米多，湖水不可能倒流进入南边的喀拉库顺湖。由于入湖泥沙含量少，湖水干涸后形成坚硬的盐壳，我们考察期间，用金属工具砍挖都极困难，大风也极难吹蚀，湖底地形，难能发生吹蚀变化，因而难以出现斯文·赫定逻辑推论下的水体游移。罗布淖尔湖水体大小变化，主要受补给源影响。当塔里木河汇入孔雀河，流泻入罗布淖尔湖时,沿途湖沼很少,水量损耗也少,罗布淖尔湖水体会比较大,位置也偏北;当塔里木河南流入台特马湖、喀拉库顺湖时,罗布淖尔湖水体会相对缩小。罗布淖尔湖,从历史上观察,只有形状大小之变化,而无游移他走的可能。[28]

第三,鄯善王国境内,楼兰,尤其是尼雅出土文物中,随处可以见到贵霜的存在。楼兰出土之佉卢文简牍,提到在楼兰(Kroraina)城中有贵霜之"军侯",他们占有不少土地,可以出卖。简文中有"朕""伟大国王"的自称。那么,这所谓的"朕""伟大国王"与东汉、魏、晋时期,实际控制、管理楼兰城的西域长史府是什么关系呢?进入鄯善王国境内的贵霜流民,究竟是什么状态?是真正的"朕""伟大国王",还是不过只是失国流亡贵族?揆诸相关史实,贵霜失国,部分权贵、军民在故土没有立足之地后,又来到了他们祖先月氏人曾经活动过的土地,在经过鄯善收容得以立足后,仍然念念不忘往昔曾有的光荣,不忘在生活中仍以"朕""伟大国王"自命,这是一个逻辑上能够说通和成立的故实。一国之边裔,相邻国家内发生重大政治、军事变故,是很容易被波及的,特定情况下,也会成为失国统治集群的寄寓之处。古今都不难觅见这类实例,而贵霜在鄯善王国境内存在的故实,也是一个例证。

第四,罗布淖尔地区、塔里木盆地南缘沙漠之中,埋藏着太多的历史遗存,从中国全局看西域,站在欧亚内陆看中国,看西域,加强这一地区科学、严谨、细致的考古工作,是十分必要的。过去曾长期局限有关工作展开的物质条件已经改观,有计划开展这方面的工作已有现实可能。以罗布淖尔地区为例,可以先组织室内研判,利用遥感地图分析水系,再根据水系细致部署,对文物考古遗存展开认真踏查。不求速度,但求严谨。在将遗存情况摸清后,有计划地选择个别、少数考古点,进行科学发掘。在对发掘资料进行多学科的分析、认识后,进行验证,展开新一步的野外工作。积以时日,持之岁月,当可揭开楼兰大地考古文化新的一页。楼兰大地如此,若羌、且末、安迪尔、雅通古斯……一步步,均可依次推进完成。它们对西域早期文明史、中国史、欧亚内陆史研究,会做出应有的贡献。我在新疆考古舞台上跋涉一生,体会良多,能如是做,当可无愧于"新疆考古"这一称谓了。

2009 年初稿,2010 年 9 月改定于中国人民大学静园

[1] 见黄文弼《罗布淖尔考古记》,线装书局,2009 年;A. 斯坦因《西域》《古代楼兰》《亚洲腹地》;新疆考古所自 1979 年至 2005 年间历史调查资料;夏训成主编《中国罗布泊》,科学出版社,2017 年,412—415 页。
[2] 侯灿《论楼兰城的发展及其衰废》,《高昌楼兰研究论集》,新疆人民出版社,1990 年。
[3] 王国维《观堂集林》卷第十七《史林九·〈流沙坠简〉序》,河北教育出版社,2003 年,409 页。
[4] 马雍《新疆所出佉卢文文书的断代问题》,《文史》第七辑,中华书局,1979 年;孟凡人《楼兰新史》,光明日报出版社、新西兰霍兰德出版有限公司,1990 年。
[5] 林梅村《楼兰国始都考》,《汉唐西域与中国文明》,文物出版社,1998 年,279—289 页。
[6] 《后汉书》卷四十七《班梁列传》。
[7] 黄盛璋《楼兰始都争论症结解难与 LA 城为西汉楼兰城新论证》及续编,《吐鲁番学研究》2000 年第 1、2 期。
[8] 侯灿《楼兰古城址调查与试掘简报》,《文物》1988 年第 7 期。

［9］ 穆舜英《神秘的古城楼兰》，新疆人民出版社，1987年，88页，称"间隔厚80厘米的夯土中夹芦苇秆和红柳枝"。
［10］ 参见《楼兰古城址调查与试掘简报》，《文物》1988年第7期。
［11］ 王炳华《西域历史考古论集》，中国人民大学出版社，2008年，503页。
［12］ 新疆文物考古研究所《和田地区文物普查资料》，《新疆文物》2004年第4期。
［13］ 王炳华《"土垠"遗址再考》，《西域文史》第四辑，科学出版社，2009年，61—82页。
［14］ 王炳华《天山东段考古调查纪行（二）》，《新疆文物》1988年第1期。
［15］ 黄文弼《罗布淖尔考古记》;《罗布淖尔汉简考释》，《西北史地论丛》，上海人民出版社，1981年，309—320页。
［16］ 黄文弼《罗布淖尔考古记》;《罗布淖尔汉简考释》，《西北史地论丛》，331—335页。
［17］ 中国科学院塔克拉玛干沙漠综考队考古组《若羌县古代文化遗存考察》，《新疆文物考古新收获（续）：1990—1996》，新疆美术摄影出版社，1997年，549—554页。
［18］ 饶瑞符《米兰汉唐屯田水利工程查勘——从米兰的灌溉系统遗址看汉唐时代的屯田建设》，《新疆巴州科技》1981年第1期。
［19］《汉书·西域传》。
［20］ 夏训诚主编《中国罗布泊》，科学出版社，2007年，134—136页。
［21］《中国罗布泊》，134—136页。
［22］ Б.М.西尼村《亚洲中部气候变迁的大地构造因素》，《地理译报》1956年第4期。
［23］《中国罗布泊》，229页。
［24］ 穆舜英《神秘的古城楼兰》，72页，图版14。
［25］ 黄文弼《新疆考古发掘报告（1957—1958）》，文物出版社，1983年，48—49页。
［26］ 饶瑞符《汉唐时代米兰屯田水利初探》，《水利史研究会成立大会论文集》，水利电力出版社，1984年。
［27］《若羌县古代文化遗存考察》。
［28］《中国罗布泊》，233—240页。

探寻「小河」

缘起

小河,是孔雀河下游一条小小的支流,流程很短,没有自己的大名。1934年瑞典考古学家F.贝格曼在偶然发现这里有墓葬群的罗布猎人奥尔德克导引下来这里考察时,无以表示地点,随意给出了"小河"这个名称。虽名不见经传,但这处奇特的墓地,却是罗布淖尔荒原上早期文明的重要集存点之一。罗布淖尔大地上早期人类的思想、追求,他们曾经创造的文明,与周邻地区的关系,他们同世人关注的古楼兰文明的关联……这些问题,历史文献均未留下过任何记录,但在这一小河流域,在小河流域的五号墓地上,却有着厚重的凝集。所缺乏的只是考古学者的关注。只要他们进行精细操作,这些存留在沙碛下、枯裂木柱间的历史文化遗痕,当有可能为人们带来新知识,新的历史信息。也只有经过这第一步,各相关学科的学者才有可能汲取到必要的养分,从而有望在新疆早期居民的历史文化、思维理念、原始宗教信仰、与西部欧洲的关联,以至他们的艺术创造、生产工艺、物质文明等方面做进一步的阐发。

因为有这么一层因缘,所以半个多世纪以来,小河五号墓地一直牵动着新疆考古学者的心怀。

探访小河,进一步分析、认识小河,是考古学家深藏的希望,但也是十分艰苦而寂寞的事业。它深处在无人的荒漠之中,走近它要付出常人难以想象,也轻易不愿付出的代价,说得严重点,甚至是自己的生命。它与现实的物质利益相去太远,因此,应该想到它的相关职能部门及其领导人安坐在自己的软椅上,很难想到它;过分清贫而无奈的知识分子,即使不时想到它,多年追求它,却又无力走近它。试想,进入罗布淖尔沙漠,一个面积10万—20万平方公里的无人地带中,要水、食品,要指示方向的工具,要驮载装备的汽车、骆驼,还要现代的记录、摄影设备……这件事,哪有那么容易!

但是,20世纪30年代外国考古学者就已经到了这无名的小河,而且1939年在斯德哥尔摩就通过《新疆考古研究》向世界宣布了它的存在,提出了它的许多值得人们进一步索解的历史文化现象:丛丛密密的奇怪列木,木柱上血红的色彩,蛇纹的图形,白种人形象的干尸,性具突出、高大如真人的男女木雕,沙丘上大量醒目暴露的棺板(当年最早发现它的奥尔德克就把它称为"千口棺材"的坟地)……那么多费解的、不同寻常的历史文化现象,作为新疆考古学者,早应该去进行应有的分析、研究,责无旁贷地向世界、向人类揭示这保留在中国新疆大地上的文化遗存。但是,这一步,迈得实在过分艰难。眼看20世纪最后的阳光即将消隐入历史长河之中,我们这些确实关心小河的中国人,一些普通的知识分子,更强烈意识到,绝不应该将中国人民在20世纪30年代即已沉积心灵深处的遗憾,带到开拓人类新纪元的21世纪中去!无论面对怎样的困难,必须付出怎样的代价,也应该想方设法进入目前无人活动、无人关注,自然也没有引起相关领导部门注意并予以保护的小河遗址中去,看看它的现状,通过尽可能的努力,引起同胞的注意,用老百姓的方法推进早就应该进行的小河研究事业!

这一十分朴素,多少有点苍凉也有点感人的追求,得到了深圳古大唐影视广告公司几位艺术家的共鸣,他们愿意为此提供虽微薄但却必要的资助与支持。

于是,在20世纪的最后几天,我们共同走向了罗布淖尔荒漠,进入到无人的小河沙漠地带,去圆一些中国人的梦!

2000年12月末,王炳华在刚刚发现的、周遭不见一点人类活动痕迹的小河五号墓地前

在徒步考察小河沙漠的日子里,我们睡在最冷到零下24℃的单层帐篷中(个中滋味,如入冰柜),在矿泉水冻成冰坨,馕也无法咬开,摄像机、发电机都不能正常工作的状况下,硬是胜利昂然地站在了小河墓地前!当时,我们确实为自己完成的这件不大的小事感到骄傲!中国老百姓,中国知识分子确实是好样的!

2000年12月29日,作为主要当事人,我在北京大学正大国际会议中心向学界友人介绍了这一发现,说了它的意义,谈了不少我们的感受。不少媒体做了报道,称赞这是中国考古工作者"迎接新世纪的最新发现"。但也有些小小的遗憾,比如,中央电视台一位记者在听过介绍,面对我们取得的摄像资料时,竟然说这一激动人心的消息"新闻含量不足",而不愿通过电视媒体向海内外播放。这之中可能有其说不出的苦衷,但也真让我们吃惊和感到悲凉。不过,遗憾的时间不长,在随后由中央电视台组织进行的塔里木河下游科学考察、采访、现场报道活动中,参与我们小河考察的吴仕广还是被请去做了向导,小河墓地还是作为最重要的发现向全世界进行了报道。虽然没有提及我们此前艰难的寻觅与令人兴奋的发现,但终是通过电视媒体向世界宣告了这是中国学者的成功,实现了中国人民的一点希望。这对我们已经完成的考察活动,自然也是一个安慰。

我们的小河考察,虽只过去一个多月,但说起来,总还是在上一世纪——20世纪最后完成的事业。不少文化界的朋友关心这一考察工作,希望我作为虽已太迟,但还是第一个到达小河墓地的中国考古学者,说说对小河及小河考察活动的认识;在关于小河的新闻报道中,由于种种因素,也出现了一些误会,其中之一是把我们的小河考察与后来的塔里木河下游科学考察混同为一，一些并不是我的观点也被放在了我的头上，这当然是我不敢掠美、不能承当的。总之，为了已完成的小河探察，为了30年代以来压在中国人民心头的沉重的记忆，更为了今后对小河的保护、探查、发掘、研究，我还是决定先写下这些初步的断想。

小河情结

新疆考古工作者，实际是从来也没有忘却小河的。

在新疆考古中，一个不容忽视的现象是：20世纪30年代前，出于大家都了解的政治、历史背景，不少重要的考古调查、考古发现，都与西方学者联系在一起。对这一文化现象，几十年来，大家在不能不使用相关资料成果的同时，对帝国主义学者掠取文物、破坏文化遗存的行为，也没少进行揭露、批判。我们这些把一辈子精力都与新疆考古联系在一起的考古工作者，感受更加复杂。我们既不能不冷静面对20世纪30年代以前西方学者曾经进行过的考古活动，更希望通过自己的努力，不仅对他们做过的工作进行验证，而且在既有工作基础上，更科学，更全面，更具体，也就是更深入地揭示古代西域文化的真谛。四五十年来，我们进行了认真的努力，也取得了不少令世界学术界为之瞩目的成果，这自然让我们，也让中国人民自豪。但是，重要的遗憾之一，就是还有几个20世纪30年代前西方学者已经进入过的沙漠深处的废墟，我们还未进入；或者即使有了初步调查（如丹丹乌里克），可以进行深入一点工作了，却又遭遇暗中的手脚，而无法具体开展工作。这中间有个人的不足,但应该说更多却是外界的局限与干扰。在这有限几处古代废址中,常令我萦怀的就有小河墓地。

为了解小河,我曾进行过不止一次的努力。

一件事情是还在"文革"后期,既是业务工作需要,也为不把学过一点的英文完全忘却,我借到了贝格曼的 *Archaeological Researches in Sinkiang*。慢慢啃,也尝试用中文翻译,翻出一点就请当时的邻居新疆工学院英语教授汤金生先生帮助审校。这些事情留下来的一点纪念,是在"文革"后,择其中"小河"一章部分译文,刊布在了新疆博物馆资料室编印的《新疆和中亚考古译文集》上,只是时间已到了 1985 年。

另一件事情是 1979 年的楼兰考古。1978 年中央电视台与日本 NHK 合作筹拍"丝绸之路"系列纪录片,中方总编导屠国壁找到了我,邀请帮忙设计路线和踩点。其中一个问题,拍"丝绸之路"不能没有楼兰,但当年罗布泊因为原子弹试验,还是军事禁区。于是议定,进入楼兰的手续由中央电视台办,而我们负责找到楼兰,还有世人悬念中的"楼兰公主"——实际就是贝格曼在小河墓地中曾经见过的面容俏丽、楚楚可人的一具女尸。1979 年,我曾因此带领一支考古队进入孔雀河下游,寻找小河墓地。在孔雀河下游一条已经干涸的小河河口,我和考古队的邢开鼎、刘玉生等人曾经深入相当一段距离,但历经种种曲折,没有找到。但是我们发现并发掘了同样也在孔雀河谷的古墓沟(现在有人称它为"太阳墓")。在古墓沟,自然也见到了古代女尸、婴尸,其特殊的墓葬形制、古远的罗布人形象等信息刊布后,当年也轰动一时。附带说一下,在这同时,古墓沟考古队还抽出一支人步行进入楼兰，因为当年到罗布淖尔地区工作实在不易，兼任中科院新疆分院副院长的彭加木、中科院地理所的黄盛章及沙漠所的夏训诚也以考古队成员的名义，一起来到了罗布淖尔并进入楼兰，考察了附近环境。这是一件小事，但现在不少文章总是连篇累牍地重复：中国学者第一次进入楼兰工作是在1980年，这就把1979年实际闯开罗布淖尔之梦的楼兰考古抛在了楼兰探察历史之外，实在是一个不应有的疏漏。

这次楼兰考古，虽然没能进入小河，留下了一点遗憾，但"小河"没有被中国学者遗忘。

走向小河

2000年12月6日至11日，历时6天，我们新疆考古、文物保护、地理、野生动物保护、旅游资源考察等学科的工作人员与深圳古大唐《西域纪行》摄制组一道，徒步迈向了埋藏着神奇小河墓地的罗布淖尔沙漠，并胜利寻觅到了小河墓地。

我们的队伍相当小，除了我这个年已65岁的考古学者，还有与我在沙漠一道工作过多年的张树春，可以通过照片向世人介绍小河的摄影家李学亮，巴州文物保管所副研究员何德修，巴州国旅老总、在沙漠中方向感极强的吴仕广、彭戈侠，古大唐影视工作者方军、曹东江、余南、苑永昌，新购的5峰骆驼的小司令蒙古族青年才外（他是和硕县一个乡的水管员，也是第一次带骆驼）。考察队本来还有沙漠学家夏训诚，动物学家、近年专注于野生动物保护的袁国映，另有两位女性——地理学领域的专家、蒙古族的奥云格力及汉族的张耀鸿，因为各种因素留在了营地。11 个人，5 峰骆驼，背负着饮水、食品、简易帐篷，摄影、摄像装备……一步一个脚印，毅然迈进了孔雀河下游荒漠。

小河墓地，除贝格曼 20 世纪 30 年代进入过一次外，66 年中，再未有人进入过这片地区。这里没有居民，没有准确、具体的经纬位置。能不能在最短时间里，选择最近捷的路，走到小河墓地，关系我们探察的成败：冬日严寒，我们的体力、装备、物资，都不允许在这样的沙漠探索中耽误过久，考察路线的任何失误，都有可能引发意想不到的灾难，甚至是比考察本身失败更严重的后果。

我们将前进营地——也是我们考察活动的基地，设置在孔雀河下游库鲁克塔格山南麓、古河谷北岸台地上的一处荒漠中。择

2000 年 12 月，深入沙漠寻找小河。骑在骆驼上居前者为王炳华

傍晚卸下骆驼驮载的物资,在沙漠中升起篝火,烤馕和罐头就是晚餐。站立者为王炳华,与队员畅言考察小河的重大意义

清晨收捡行装准备装驼上路

定营地的原则是这个点要与小河五号墓地距离最近，因而放在了与小河墓地南北正对、理论上是走向小河最为便捷的地点。这对我们经费十分有限、却又充满未知数的考察，实在是极为要紧的环节。当然，如果对贝格曼当年地图的测算出现大的误差，我们会立即自食其果。所幸我们的测算、设计都基本准确，这为后来的考察成功奠定了不错的基础。

出发营地选的是正确的，但徒步深入荒漠、雅丹、沙漠中后会遇到怎样的艰难，考察人员中谁也没有数。我们都明白，从走出营地的那一刻开始，我们就离开了熟悉的世界，愈来愈向一个未知与无法把握自己命运的陌生环境中深入。

走到小河墓地，整整花费了96个小时。唯一可以帮助我们把握前进方向的，就是地球卫星定位仪，凭借它我们不断调整自己的行进方向，并随时随处捕捉每一个有用的罗布荒漠的历史文化信息：古河道，没有被沙漠完全覆盖的不止一处古人类遗存如陶片、磨石、炼碴、朽碎了的铜器残片、人的森森白骨等，还有枯死并倾倒在地的粗大胡杨，稀稀落落的红柳，慢慢减少、最后完全消失无痕的种种兽迹……不少现象让我们清楚感受到，我们走过的这片寂寞无垠的荒原、沙漠，当年也是河水泛波，野兽出没，罗布淖尔人生存劳作，并对世界、对未来寄托过无数理想的美好家园。只是所有这一切，最后都在不断的运动变化中走向了寂灭！

步行第3天，我曾经有过动摇。身畔连绵起伏的沙丘无边无际，沙峰相对高度总有20—30米。我们每走一步，都无法克制地退半步。一次次拔起深没入沙中的脚向前迈步，着实要耗费不小的气力。难料又遇一场冬日少见的大风，厉风扑面、飞沙弥漫，昏沉沉的天伴随着每个人的脚步，我们愈走愈慢，愈走愈艰难。根据测算，小河墓地还在 30 公里以外，我们只靠干馕、冰水支持的体力，能顶得住吗？这时，我与方军因为腿伤，已经上了一路丢弃给养后的骆驼，较之步行的同志自然省却了不少体力；我个人无虑了，但能不能保证全体探险者都安全回到营地呢？我的忐忑不安、犹豫难决，却被步行的同志所阻断：再坚持 3 个小时，看看地貌变化！就是这可贵的 3 个小时的坚持，顽强意志的坚持，无法舍弃事业追求的坚持，最后保证了探寻小河计划的成功。

第 4 天中午，小河墓地终于出现在了我们的面前，通过卫星定位仪测量，小河墓地的准确位置，记录在了我们的笔记本中。它与我们通过贝格曼地图粗略推定的位置，差了大约 4 公里。

小河墓地找到了！这虽然算不得什么了不起的辉煌事业，但却总算是实现了中国考古学者期盼了 60 多年的愿望，使中国人民想起来就难免不感到遗憾的小河考古，在 20 世纪最后的十几天中翻开了新的一页！我们有充分的理由为自己的付出高兴。古大唐的影视艺术家真实地记录了这一考察过程，记录了我们的辛劳与喜悦，读者们当可从其《西域纪行》系列纪录片中感受到我们的付出和欢乐。

墓地断想

小河五号墓地，绝非一般的墓葬。

它地理位置不同一般，气势超凡，形制特殊，积淀了太多有特点的历史信息。只是外表粗浅观察，也立即会引发人们许许多多的猜测。在已见新疆考古遗存中，它是一处必须深入一步工作、有望帮助我们化解许多历史文化谜团的地方！

考察第 4 天，我们进入了一片地势相当开阔、平坦的地带。数量不多但形状优美、低缓的小沙包，稀稀落落的怪柳，破除了冬日荒漠上的凄凉与单调。这是我们预测的小河墓地所在，但却不见小河墓地的踪影。

我们选择了一处地势相对稍高的红柳沙包，站在顶上满怀期待地用高倍望远镜向四面瞭望、搜索。并没有费太大的功夫，就在东方一处十分显目的高高耸立的圆丘形沙包上，发现了丛丛列列、密密麻麻的直立木杆，一如贝格曼当年刊布的小河墓地照片上的情景。后来测算，这处墓地与我们站立处相去有 4 公里多。

它高耸的地势，4 公里外就可以被人清楚捕捉，这是何等不同一般！

时光虽已流逝 66 年，但小河墓地总的形象并未显出什么大

走向小河途中所见枯死的胡杨林

小河墓地远眺

王炳华在认真观察遗址区中最粗大的"男根"立木

的变化,依然是 20 世纪 30 年代初呈现在人们面前时的样貌。

墓地所在沙丘,因应着罗布淖尔荒原上东北季风的运动,呈现自东北向西南方向铺展的长圆形,面积达 2400 多平方米,高出地表六七米。在四周低矮小沙丘簇拥下,显得特别高大。沙丘顶部密植 100 多根高 3—4 米、直径总有 25 厘米左右的多棱形木柱,其间竖插 10 多根卵圆形立木;墓地中心,相当显著的是一根中段八棱形、顶部尖锥状的立木,满溢神秘韵味。大部分立木顶端尖锐,但数千年厉风吹蚀、烈日暴晒,都已劈裂、发白。这丛丛列木之东端及圆丘中部,有两排保存相当完好的圆木栅墙。栅墙立木粗大,最粗直径可达 50 厘米,下部有粗绳捆绑。它们排列整齐如线,不稍错乱,顶部也十分平齐,具显当年经营的细心、匠心。它们正当东北季风的来路,是为了阻抑每年春季必然到来的东北劲风对墓地的吹蚀,卫护封土的安全,还是作为墓地的界域?或另有特殊的寄托?费人思考,又难得要领。在墓地最东部,至今还耸立着一根高约 3 米的多棱形木柱,柱体刻凿几何形横槽。这类几何形刻纹的木柱,当年在墓地不止有一根,这一立柱旁边的斜坡上就还见四五根倾扑在地。据说,当年奥尔德克发现墓地时,立柱所在曾经有过一座小木屋,厚厚的木板构成了小屋的墙和顶,屋顶上还盖了牛皮。木屋内墙则涂染成红色,屋内地面散置牛头。就在小屋中部,奥尔德克挖出一口内盛女尸的棺木。报道此事的贝格曼 1934 年到小河墓地时,并未能觅见木屋、女尸、木棺的痕迹。我们在立柱四周踯躅,除一些在烈日暴晒下过分开裂的白色板块外,再难觅见一点遗痕。

墓地沙丘上,层层叠叠、错乱散落的是难以尽数的弧形棺板,它们大小不一,厚薄不同,粗略统计,总数当在 140 具以上。部分白骨、浅棕色毛发的儿童干尸、尖顶毡帽、尸体裹身的粗毛布、草编小篓散落在棺板间。从沙丘上部极少数保存基本完好的棺具看,棺板均作弧形,两块弧形箱板并合,楔以两档,其上覆盖小木板块,更覆以牛皮,即成就为一具完整的木棺,人体包裹在粗毛布中,安卧其间。个别形制完好的木棺,两端还各立一根小木桩。这种埋葬方法、随身衣物的特点,十分准确地表明了它们与楼兰古城附近曾经发掘过的早期墓葬、与我 1979 年在古墓沟发掘的青铜时代墓地同属一个文化体系,毫无疑问是早期罗布淖尔古文明的代表。

在墓地北边不到 100 米处的一道沙垄下,当我们正快步向墓地靠近时,眼睛虽小却目光锐利的驼工才外,意外发现了一躯保存基本完好的木雕女性像。雕像身高 140 厘米,宽胸细腰,臀部丰硕,腿部曲线流畅,肌肉健壮有力。只是左小腿已断折,两手

2000 年末,王炳华等在小河墓地北部发现多个真人大小的木雕人像,标本未取,只留下了这张照片

则显示前后摆动的行进姿势。贝格曼当年在小河墓地曾觅见过一件高143厘米、阴茎突出的男性雕像,两件分别高158厘米、134厘米的女性木雕像,当时雕像上涂染的红色还未消退尽净。我们这次所见女性雕像,无论身高还是两手前后摆动的形体特征,都与贝格曼所见不同。墓地当年曾经竖立不少男女木雕像,借以寄托人们对强大生殖能力的追求,传递了十分明显的文化信息。

说小河墓地透露着古代罗布淖尔居民追求强大生殖能力的文化精神,当然不只是根据这几件木雕人像。贝格曼当年在小河墓地发掘过12座墓葬,出土了近200件文物,其中有多件木雕的男性生殖器,应为木祖。其中一具木祖,木材中部掏空,内置蜥蜴头骨,木壁涂染成红色。一些并非实用的木质棒形器上还有精心雕刻出做吞食状的蛇形。蛇脊满刻菱形格,用以表示蛇身鳞片状花纹。文化人类学的知识告诉我们,在古代先民的意识中,蛇与蜥蜴都有象征男根的含义,表示着对生殖能力的追求。赵国华先生在其名著《生殖崇拜文化论》中,对此曾有过深刻的剖析。由这些集合于此的文物可以想见,古代小河地区的居民曾在这处高高耸立的沙丘上,以特殊的方式进行过祈求人类繁衍的祭祀活动。

从这一角度看,小河墓地不只是一般的葬埋之所,更多是这片地区古代先民进行神圣祭祀活动的圣地,是他们心目中的神山,其中蕴含的丰富历史文化信息还远远没有被发掘出来,须待我们进一步的深入工作。

墓地上一具已暴露的棺木中,可以看到一个小孩的干尸。小孩浅色的头发、高高的鼻骨,颇可以透见其白种人的特征。这一文化信息,与20多年来新疆考古界已取得的古代罗布淖尔居民的体质人类学研究结论是一致的。在这片地区,距今约4000年的青铜时代的居民，从种族上分析，主要为白种人。而步入公元前后的楼兰王国时期，居民的种族成分有了明显的变化，蒙古人种的居民成了这里的重要人口组成部分。他们种族成分虽不同，民族也殊异，但都是后来西汉王朝属下的楼兰国的子民。

贝格曼在对小河的发掘中还获得过一种重要的考古资料：在墓地东侧发现的近500粒白色小珠。瑞典自然史博物馆R.勃根哈恩博士取少量标本进行显微分析，发现它们的材料是海菊类贝壳。而这种海菊贝，只出产在亚洲东部的海域。如是，这类制珠材料至少来自2000—3000公里外的我国东部地区。在去今4000—3000年，祖国内地与罗布淖尔荒原，已经存在交通联系，有着物资交往。

小河墓地是超乎寻常的，这根源于当年小河居民虔诚的原始宗教信仰，根源于他们对自身生殖能力的追求。检索贝格曼当年发掘的12座古墓，墓葬中基本都只有墓主人随身的衣物，一个草篓，几束麻黄，不多的麦粒及干结的粟米粥，一点也见不出贫富的差异。观察今天暴露在沙丘表面的棺葬，也都只是大同小异的棺板。人们虽从事着简单的农业，饲养着牛、羊，但社会并没有显目的分化。奠基在社会矛盾之上的国家权力自然也还没有出现。那时的小河居民，还没有构造出自己的王国，因而也不可能出现一个凌驾在众人头上的国王，驾驭芸芸众生的生活。据贝格曼报道，当年在小河墓地安卧于K号棺木中的女尸，面容俊俏，柳眉高扬，直直的鼻梁，薄唇启处皓齿微露，似乎还凝固着她千年以前恬静的微笑，楚楚动人。于是有人附会，这一美丽的女子当是楼兰女王。但这时的罗布荒漠上，既然还没有出现从激烈社会冲突中脱胎出来的王国，所谓美丽的女王，也只能是一个美好遐想了。

小河墓地给人的悬念太多,可资分析的资料又太少。更多的历史奥秘,还有待考古学者的手铲去一点点发掘。我们期待着明天。

小河母亲

将小河墓地与去它不远、同在孔雀河谷的古墓沟墓地比较,人种、葬俗、文物特点多相一致,其历史年代自然相近,参照古墓沟大量的碳十四测年资料,当也是去今近4000年的人类遗存。

从墓地所在高大沙丘、人体每每化成干尸看,当年的罗布淖尔地区,自然也是十分干旱、存在沙漠的土地。但有孔雀河支流小河滋养,这里的居民可以种植小麦、粟,也有草场可以饲养牛、羊。人们盖房、包棺、穿鞋都用牛皮,牛的饲养业也不会太弱。麻黄草在在可见,入葬的尸体都有麻黄枝随身。胡杨丛生,因此,土葬的棺木也不难获得。而小河清洌的流水,是这批有着浅黄色头发、面容美丽的罗布居民的母亲,是这流淌的小河,让荒漠有了生命、绿色,有了小河流域纯朴无华的居民对未来更美好生活的追求、渴望。他们年复一年、十分虔诚地在沙丘上进行祭奠,寻求子孙世代繁衍,是这美好愿望最集中的表现。

但现在,除了小河古墓引发人们追求罗布淖尔古代文明的真谛,这里没有一棵树,不长一棵草,没有一点人间的气息。四顾茫茫,唯见黄沙漫漫,它已化成了一片死亡之海。沧海桑田,3000—4000年中,罗布淖尔大地的环境发生了惨烈的改变。

关键,可能在于河水的改道、干涸,及其背后的社会因素。

举一个近期的例子。66年前(1934年),贝格曼寻觅小河墓

尉犁县境内的大西海子水库。水库储水之日，也就是孔雀河下游罗布淖尔湖最后寂灭之时

地，曾经在宽20米的小河上划过小船，在小河下游发现过水质盐化的小湖泊。但只短短66年，小河化成了沙床，盐水湖只余湖底的盐壳。

孔雀河的最后断流，在于上游人多了，地多了，因之截水成库，于是下游化成荒漠。这是社会发展、人力干预下的河水再分配。河水变化的后面，是人、社会的因素在发挥决定性的作用。这一近期内发生的变化，自然不能作为小河地区在古代环境恶化、居民他去、墓地失落的充分原因，真实原因还需要进一步的探讨。但是，水，水的背后相关社会与人的因素，却总是干旱、生态脆弱地带环境变化的最主要根据。

考察小河墓地，寻求失落在小河流域的古代文明，无论如何，不能疏忽了小河流域环境变化这一严酷的现实。虽然小河很短，只是孔雀河支出的一条小溪流，它滋润的土地不算大，养育的人也不会很多，然而在这里曾经展开的悲剧一幕，却确实有着历史的、经典的意义：不论在非洲还是在中国，因为缺水、水质污染而导致的人间悲剧，不是已一次又一次向人们提出过警示么！小河的历史，自然值得我们进行十分严肃的思考。

小河遗址，到丝绸之路上闻名中外的楼兰古城，距离不过100多公里。在小河墓地西约4公里处，还保存着一座汉代以后的烽火台。这提示我们，古代丝路从楼兰而西，小河附近也曾是一个站点。负水担粮以供丝路上的旅人来去，曾经也是古代小河居民做出过的历史奉献。以楼兰为中心向西行进的汉代丝绸之路北道，在魏晋时期发生过剧烈的改变。4世纪中期以后，楼兰古城最终沉落于历史的尘埃之中。小河地区居民的历史命运，与这一大的形势变动，自然也少不了关联。

并非题外话

"古大唐"是一个不大的由几个有志艺术家集合而成的影视广告制作实体。方军到过新疆，有感于西部人的淳朴、古代文明的悠长、民族民俗的多彩多姿、山河的壮丽，于是激情勃发，要用纪实的手法向世界介绍新疆。民间企业，想干就干，立即筹钱，开拍《西域纪行》，于是，也就有了小河考察一幕。

不论从哪个方面讲，考察小河，介绍小河墓地，第一次用中国人的摄像机向世人展示小河流域地理环境及神秘墓地的方方面面，都是很有积极意义的。做这件事的是一群普通人，用个人的微薄力量，做着中国人民早就希望做的一件事，也是新疆相关管理部门早就应该做的一件事。它于国家民族，于文物保护，于西部开发的崇高事业……都有积极的意义。

但后来的发展,却并不那么让人舒心。

拍电视、买骆驼、请专家、组织器材物资,这都是公开进行的事,相关管理机构自然也都有了解。但令人费解的是,他们不是具体过问,或参与指导、协助,而是想当然地判定这些人是要私闯军事禁地,不经办理手续拍摄楼兰古城,因之可以罚一大笔款,于是不惜工本,派5个人,大冬天在小路上长时间设卡。不意摄制组只是进入了没有人烟、没有任何文物保护点的一片荒漠。还是这么几个所谓管理文物的人,在中央电视台进行塔里木河下游的科学考察时,随手就拿出来5万元,向石油物探部门租了两台德国产的沙漠运输车,尾随塔河考察队而进,希望抓点什么材料。而中央电视台的活动每天都在电视上进行着实况直播,其关心塔河环境保护、关心西部开发的拳拳之心,每个电视机前的观众,都可以直接感受。

做事的与管事的,两群人,竟有如此强烈的反差,如此鲜明的对比,让人感到悲凉,让人感到无奈。

改革开放,西部大开发之时,却还有这些目光短浅的行为,怎么说得过去呢?

我们真希望,通过20世纪末、21世纪初,在孔雀河下游、塔里木河下游展开过的这些事,引发出一些更深的思考。

西部开发这一崇高的事业,不仅吸引着全国人民的关注,也使许多有志之士,满怀激情投身到它的洪流中。

不能与这一建设洪流相适应的、陈旧的、落后的东西,终会在这一洪流中被荡涤,被冲刷,被淘汰,谓予不信,请拭目以待!

小河：凝聚原始文化精神的殿堂

　　早期人类步入文明社会，有了文字，开始记录下自己的思想、信仰、社会生活中的种种大事，其历史发展才得可能有一个粗略的轮廓；而在此之前，可以说是一片混沌。在这片混沌中捕捉到一星半点光明，则须凭借考古工作者追寻到的部分历史迹痕。近年再次调查、发掘的孔雀河流域小河五号墓地的最大价值，就在于它可以为罗布淖尔荒原上青铜时代先民的精神文化，提供有说服力的物质资料，使我们可以据此对于遗存主人的种族，指导其精神生活的核心信仰，及由此而生的种种社会实践，包括物质及精神文明生产活动等许多过去从未曾见于文献记录的一些大事，获得启示，从而更深入地剖析早期人类的一部分精神生活世界。

一

　　罗布淖尔荒原上小河五号墓地，是 20 世纪 30 年代新疆考古中的一项重要成果；20世纪末，得到进一步的认识，受到关注。

20世纪初，当地猎人奥尔德克发现了这片墓地，事隔20多年，瑞典考古学家F.贝格曼于1934年进行了发掘。共掘墓葬12座。墓地奇特造型及出土文物资料均刊布于1939年斯德哥尔摩出版的《新疆考古记》[1]一书。特别引起人们注意的是以下几个文化现象：

1. 墓地位于一座高出地表近8米的沙山上。四周地势平展，沙山颇见突兀。

2. 沙山上满植4米多高的巨型列木柱，东、西两边见两道木墙。列木柱作多棱形，其间杂有木人、"桨"形木器，木柱外表曾涂成红色。

3. 墓地东部曾有一木构屋形墓棚，内葬女性。

4. 所掘12座墓葬，葬俗一致。单人置于船形胡杨木棺中，棺外包生牛皮。棺前、后均植"木桩"。墓主人仰身直肢，头戴尖顶毡帽，腰下束毛布带，身裹毛毯，脚穿牛皮鞋。

5. 死者或化为干尸，一具女性木乃伊"额部高高隆起，有漂亮的鹰钩鼻"。

6. 随殉文物中，不见陶器，见少量铜片、草篓、木质冥箭。古尸随身都见一包麻黄枝，一个草篓。草篓内盛麦粒或已干结之粟米羹，也有奶酪类物。最引人关注者为女性墓主随殉木质男性生殖器，中空，内中填毛或已干死的蜥蜴。另见木雕，作蛇吞物品形象。

7. 墓地地表采集之珠饰，材料为只产于亚洲东南部的海菊蛤属之面蛤（sowerby）。

关于墓地时代，贝格曼判定是早于汉代楼兰的早期文化遗存。

贝格曼注意到，他发掘前，墓地已被盗扰，而盗扰出土之文物，已流入日本，后被当年朝鲜总督府收藏。

自1934年发掘这片墓地后，因种种因素，考古学家再未能进入这片地区。

1979年，我领队发掘古墓沟，判定它是去今4000年的青铜时代遗存，揭开了罗布淖尔考古新的一页。[2]1980年穆舜英领队发掘铁板河。[3]1997年，我应邀至汉城（今首尔）工作，得以翔实、细致地观察了当年小河墓地出土而流入韩国的全部文物。[4]可以清楚得出结论：小河五号墓地与古墓沟、铁板河是同一类型的文化遗址。相关遗存，20世纪初斯坦因、黄文弼在孔雀河下游三角洲地带，也有过发现、报道。[5]据此，可以肯定这几处墓地同为孔雀河水系内青铜时代文化的重要遗存。

1979年，对孔雀河北岸一处风蚀土丘顶部的汉代墓葬进行发掘，背景为孔雀河谷。发现、发掘该处墓葬者均为王炳华一人

2000年12月,我在深圳古大唐影视公司支持下,进入小河墓地调查,对这里浓烈的生殖崇拜文化现象有强烈的感受。这件事,经过媒体广泛宣传,引起了社会各界对小河的关注。[6]

2002年,新疆考古所伊弟利斯领队进入小河墓地调查并发掘墓葬4座,墓葬保存完好。[7]发掘资料除进一步验证、重现了贝格曼报道外,有一些文化现象特别引起了人们的关注:墓地自上而下埋葬三层,经历过一段时间。上层为M1、M3,部分已遭破坏。M1,头档前立木呈棱形,立木边插箭3支,墓主人性别不详;M3,少年,立木为胡杨杆。中层为M2、M4,保存完好。M4墓葬发现一女性干尸,身佩木质男性生殖器,木棺前所植列木,形如男根。其旁,相去50厘米为M2,其中入葬一高135厘米的木雕男性人像,衣、帽、鞋咸备,殉物一如其他墓中入葬男性,有弓箭类物品入殉。这具男俑之棺木档前,竖立的是一件桨形木,为女阴象征。M2以下,叠压又一座墓葬,立木已现,作男根形。我曾就近细致观察过相关文物,柱高约60厘米,木柱上部是以柔软的红柳枝条弯曲成的女阴形像。立柱、女阴形象均涂成红色。此墓主人,因棺木叠压在M2以下,尚未能见其性别及随殉物品。我们判定,墓地上一些多棱形木柱,可能是男性生殖器的象征物,桨形木为女阴的象征物,于此可以得到比较清楚的说明。在这处墓地上,当年人们曾进行祈祷生殖、繁衍的活动,而核心就是祈求墓地的主人所在氏族群体能获取强大的生殖能力。

生殖崇拜观念,是一个值得人们认真思考、深入分析的早期先民思想信仰。结合现有的考古、民俗学资料分析,可以见出,它的后面可能蕴含着把握古代先民精神世界核心的一个密码。

小河墓地中心的一根多棱形立木

二

根据贝格曼1934年发掘的12座墓葬、新疆考古所2002年发掘的4座墓葬资料，可以得出结论：这片造型奇特的古墓地，是罗布淖尔荒原上孔雀河水系内十分重要的一处历史遗迹。它不只是孔雀河中游小河地区青铜时代先民一般安葬逝者的处所，由于在安葬死者时有过一系列庄严的原始宗教举措，它还保留下了当年曾弥漫在这片土地上的浓烈的生殖崇拜信仰，从而使它可以当之无愧地成为这片土地上、这一历史时段内的思想文化殿堂，值得我们认真分析、探索，求取其中的精神文化营养。

这一时段先民浓烈的生殖崇拜观念，至少可以从下述五点得到说明。

1. 随葬男根

女性逝世后入葬时，腰下垂挂木雕男性生殖器。这是予人深刻印象的一种葬埋习俗，在新疆考古所及贝格曼的发掘中均见报道。只是贝格曼的报道比较粗略，不见细节；新疆考古所的报告，则相当具体、准确。引述如次：M4号墓"棺内葬一成年女性……尸体右侧腰部麻黄草上放置木祖、皮囊、羽饰各一件。颈肩部堆放一些碎牛、羊耳"。关于木祖，另一处文字曾予具体说明："木祖，在墓主人腹部右侧……内部掏空并填以筋绳、苇草及毛发。"[8]

在埋葬女性的M4北约50厘米，同一层位M2，为一形如真人的男性木偶葬，同样是木棺，殉物齐备，一如真人。这一男性木偶墓，与M4并列，同时入葬，可能是M4女性墓的伴葬物。

小河墓地出土的女尸，腰间有随葬木雕男根

小河墓地中出土的木雕男性生殖器，在贝格曼《新疆考古记》相关报道中，共见5件。对这5件出土物，贝格曼有过综合性的介绍：其中有4件"是另一种由两个类似的半块组成的复合体，在它们中段的凹进部分用毛绳将其捆绑在一起。每个半边的内部是中空的"。有一个"显示了一个完整的标本，虽然它的部分毛绳已腐烂，毛绳与木头之间有一层羽毛。在它中空的内部有几块蜥蜴颅骨。目前还不能说是否其他的这类物体中也包含一些内容"。还有一个"展示的半边，其内部被涂成红色"。"这些物体总的形状是一个男性生殖器，并且有理由相信它们是一种护身符，或者是生育祭奠中的用具"，"我们共发现了两个完整个体和3个半边，其尺寸从9厘米到11厘米不等"[9]。

结合《新疆考古记》中刊发的照片，对这些不是十分明晰的文字，可以清楚得出结论：它们就是形象逼真的木雕男性生殖器，与上引M4出土之木祖，可以彼此呼应。稍有遗憾的是，贝格曼对这些木雕男根的出土细节，没有详作交待。

以形象逼真的木雕男性生殖器作为女性逝者的随葬物，系附在她们的腰部，其中寄托的思想应该是比较清楚的：这时的小河居民已经意识到，男性在子孙后代的繁衍中具有不可替代的地位，当女性进入另一个世界时，除随葬日常生活必需的食品及可以辟邪的麻黄枝外，能完成繁衍子嗣这一重要使命的男根，是不能或缺的。所以必须精细制作出大小、形象一如实物的男性生殖器，携之同行。只有这样做，才可以帮助女性在未来的生活中，维持强大的生殖能力。

2. 蛇、蜥蜴崇拜

贝格曼在发掘小河墓地时，关注了有关对蜥蜴、蛇崇拜的相关文化信息。

在他编号为L号的墓葬中，出土过1件木质男性生殖器，其中有一个值得注意的细节，他曾较细描述："木制品……发现时，两个半边合在一起，在中段的凹陷部分缠绕着已经腐烂的红毛线，毛线的下面有一层羽毛。……两个半边内部有很深的凹槽，其中有一个大蜥蜴头部的几块骨头。"它通长11.5厘米，直径2.6厘米。[10] 为什么在祈求强大生殖功能的木雕男根的空腔体内放置蜥蜴头骨，是一个必须，也值得深入分析的问题。

在小河墓地出土物中，还见到蛇的崇拜物。在贝格曼编号为G的墓葬中，出土了1件"长而光滑的直木桩，雕刻成蛇形，蛇口中含一线轴形物体。蛇的背部刻许多小菱形，构成之字形条带，菱形内涂以红色。腹部为平面，刻横线，每两条横线之间有一排小锐角三角形，其内部也涂成红色"[11]。

与此相类，贝格曼还在墓地采集得一根相类文物（编号为5∶48），他对此做出相关说明："一根代表蛇的木桩，蛇口内衔一线轴形物体。沿蛇背部有双排之字形条带，在蛇体的两侧有两道呈曲线形延展的之字形条带，所有这些条带都由小三角形构成。"这根蛇形木桩残长57.8厘米，蛇口中衔物长14.2厘米。[12]

这两件蛇形木桩出土的具体情况，我们虽十分关心，但同样未见具体说明。对相关文化现象——木雕男性生殖器内置蜥蜴，贝格曼虽未做分析，而对蛇形木桩还是从民俗角度点明了它的内涵："此二蛇形物的确切用途尚无法确定，我们仅知道通常巫术及医药界都崇拜蛇。像青蛙是雨的象征一样，蛇被一些权威认为是促进生育的原始符号的进一步发展，蛇也经常被作为阴茎的象征。"[13]

贝格曼的这一揭示，应该说已接触到了问题的实质，可惜的是他没有能进一步比较具体地展开分析。

检索我国新石器时代以来的考古资料，关于蛇、蜥蜴的题材是相当不少的。如新石器时代仰韶文化庙底沟类型的陶器残片上，见到过捏塑的蜥蜴像；甘肃甘谷县西坪出土庙底沟类型彩陶瓶上绘有人面蜥蜴纹；大汶口文化、江南地区印纹陶上见到过蛇形纹图像。华夏民族的始祖神女娲、伏羲，所取形象也是蛇身人首。这些，自然都不会是偶然的文化现象。赵国华在其论著《生殖崇拜文化论》中深入分析过华夏民族龙纹的起源，认为它源出的形象有多种，如"蛇""鳄""蜥蜴"。其中主要一个源头就是蜥蜴，也就是至今人们俗称的"马蛇子"。而它们都曾是古代人类用以象征男根的动物。有了这个文化背景，对小河墓地随葬文物中既有木雕男根，又在中空的男根内置形若男根的蜥蜴头骨，以及对木雕蛇形木柱、草篓上的蛇形折曲纹等，就不难理解其内涵：均与崇拜男根，祈求生殖繁衍能力密切相关联。小河先民曾采取各种办法实施生殖崇拜巫术，令人印象深刻。

3. 棺前立男根、女阴形木标

在贝格曼《新疆考古记》中，小河五号墓地留给人们的众多悬念之一，就是沙山上密如丛林的列木中，有桨形列木、多棱体的锥形列木等，它们究竟象征什么？有什么意义？人们几乎都是难得要领。

桨形立木，据《2002年小河墓地考古调查与发掘报告》，见于墓地地表的有近50根，"现立于地表的共10个……另有37个被移动了原位，散落在山坡间"。报告推断它们应是棺木"头档前部的立木"[14]。

新疆考古所在2002年发掘M1—M4，注意到相关立木，但未作申论："棺档外立木，特别是头档外立木，形制不一，不同性别的死者立木可能有所不同……是否有规律可循，还需在今后的发掘中观察。"[15]

调查、发掘报告措辞十分谨慎。但实际观察所掘M2、M4这两座墓葬棺前立木，其差别、性质是可以清楚捕捉的。

M2、M4，是一组处于同一层位、相去只50厘米的棺葬。M2为男性（主人用大小近同于真人的木偶代替），M4为女性。M2棺前立木为所谓"桨形"，M4棺前所列立木为"涂红的男根形"。这里，给我们清楚揭示的文化信息是：棺头立木，实际是男、女性器的象征物。女性棺档前立木作男根形，而男性棺头前立木作桨形，实际就是女阴的图形。

小河墓地的"男根"立木

小河墓地的"女阴"立木

如是发掘资料,使我们对墓地上近50座"桨形""类似芭蕉扇形"的列木,大量的圆锥形立木,有了进一步的思考:它们就是女阴、男根的象征物,在它们的后面,清楚显示着这片墓地的灵魂,它祈求生殖的精神文化实质。

4. 男根柱头上的卵圆形环

新疆考古所2002年对小河五号墓地的发掘数量不大,但所获历史文化信息十分丰富,其中又一具有典型意义的资料,就是男根形立木上附着的卵圆形环。具体资料有二:

其一,见于M4棺木头档前的立木。简报描述为:"立木,置于棺前。呈男根形。高146厘米,径15厘米左右。为一不很规整的五棱形柱,顶端渐收成尖,并涂红。距顶下25厘米处,有一草编竖杆被毛线绳缠绕在木柱上。毛线绳缠绕高度为13厘米。"

这一被"毛线绳缠绕在木柱上"的"草编竖杆"是否为完整形象,竖杆上部有没有破损痕迹,发掘者未予关注,简报文字也

小河墓地的"男根"立木上附以卵圆形环,为两性结合的象征

未涉及，但从所附线图看，它实际完全可能只是一个残部。其完整形象，应如 M2 下面压着的另一座木棺前的立木形象，简报刊布了这一立木的照片，此为其二，可惜的是未做文字描述。

据照片资料可以看得清楚：立木通体涂红，在立木顶端是一个草编的卵圆形环状物，用毛线绳紧紧捆绑在立木上。按通例，这一立木是男根的象征物，而其上绑附的草编卵圆形环状物，从外形看，无疑是一个形象酷似女阴的图形。完整构图，正是体现着两性的结合，与祈求强大生殖能力相关，它们用为棺档前立木，是一种巫术实践，精神内核是渴望逝者也能承担子嗣繁衍的神圣使命。

做这样的推论，得到不少民俗、原始宗教资料支持。

在古埃及，这种环柄十字形图案，是很普遍的存在。它典型的形象，是在 T 形顶上加上一个椭圆形小圈，如图形♀。这个图形，也是古埃及的一个象形字，读作"ankh"，意为"生命""不朽"。在古代埃及的神话传说中，这种环柄十字是人类的精灵"卡"的标志。人们认为它是丰育神奥西里丝与伊西丝（太阳神霍鲁斯之母）结合的象征，是自然界繁殖力的符号，因而被称作"生命钥匙"[16]。

在埃及法老阿赫那顿墓内，曾发现过一幅雕刻。如手掌形的太阳光，四向散射。其中一只手执环柄十字形的"生命钥匙"，送到国王阿赫那顿的鼻子前，赋予他新的生命，使其得到永生。[17]古代埃及从第十八王朝（约公元前 1580 年）到罗马时代，死者随葬往往有一册《死亡书》，内容包括了祈祷文、咒语、神话等文字，并附图画。图画上有复活的人，两手都执环柄十字形生命钥匙。这一信仰图像，以后逐步流传到美索不达米亚地区。如尼尼微（今伊拉克北部底格里斯河畔）、帕尔米拉（今叙利亚大马士革北 220 公里处）出土的雕刻品上，就见到相关图案。在古代波斯、印度，同样见到相关纹饰。[18]

在小河五号墓地中所见这一环柄十字形图像，其文化内涵、图形设计与古埃及"生命钥匙"图形、思想内涵，是相当一致的，流行时间也相当接近。这种外在形象的一致，内在文化思想的相通，应该不是偶然的现象。它具体表明，古埃及关于生命之源的理念，不仅影响了西亚、南亚、中亚西部大地，而且还远及新疆孔雀河流域。而联系古墓沟发掘资料，又可推见，在孔雀河青铜时代早期（去今 4000 年左右），相关理念还并不见存在；但在小河墓地晚期（去今 3650 年左右），已是当地居民崇奉的信仰。这揭示着当年的孔雀河流域居民与西部世界，有着联系、交流。

5. 列木与"宇宙树"、祭天木柱

小河五号墓地，最显目的特征是一座高出地表达 7—8 米的小沙山，山上是密密丛丛的列木。20 世纪 30 年代，贝格曼涉足于此时，得到的最深刻印象就是"山顶长满了胡杨林。林中树干直立，相互靠得很近，树干笔直，看上去简直就像枯立木"。

我在 2000 年 12 月探寻这处墓地，远在 4 公里外，以望远镜观察周围地貌、地物，最突出的印象，也是那浑圆的沙山上密密麻麻的树干，不同寻常，宛若没有树叶的森林。直至走到近前，才看清楚它们不过是沙山上人工竖植的胡杨木杆。

2002 年新疆考古所调查这处墓地时，进行了统计、绘图，"沙山表面密密丛丛矗立着的木柱十分醒目"，"现存 140 根"，"大多高出地表 2—4 米，直径多为 20 厘米以上"，"多棱形立木

小河五号墓地：列木构成的木墙，暴露于地表的棺板，令人难明其意的巨型木柱，及翼形木板

截面为6—20棱不等，部分立木的顶部变细，顶端尖锐，"这些立木根部表面多有残留的红色，说明立木曾被染成红色"[19]。

这沙山顶部形如密林的立木，以十分强烈的视觉冲击力让人们产生悬念。这一精心完成的设置，其中究竟蕴含怎样的思想，寄托怎样的追求，是我们不能不认真探索的一个问题。

我的推论是：这高高耸立在沙山上、形若丛林的列木，显示着当年小河居民心灵深处对生命树、宇宙树的崇拜，是为亲人构建自由上下的天梯，在其上寄托着他们的希望。

在全世界，古代先民曾流行过对树木的崇拜，产生过上通宇宙、天庭的"宇宙树""生命树"的神话。

古代中国曾流行过对"宇宙树"的崇拜。《山海经·海内经》

中记有建木，称它"青叶紫茎，玄花黄实，名曰建木，百仞无枝，有九欘"。"建木"实在太高大了，所以是"众帝所自上下"的天梯。与"建木"相仿的通天树，还有《玄中记》中提到的"扶桑"，也是一种"无枝木"，"上至于天，盘蜿而下屈，通三泉"，是人们可以上天入地的阶梯。在《山海经·海内西经》中还有一段文字，说是"海内昆仑之墟，在西北，帝之下都。昆仑之墟，方八百里，高万仞。上有木禾，长五寻，大五围。面有九井，以玉为槛。面有九门，门有开明兽守之，百神之所在"。这众神所在的昆仑之墟，其上的"木禾"，也是高大无比的神树。与此相仿的观念，古代印度也见存在。《黎俱吠陀》中道及的"阎浮树"，它是能"将苍天与大地分劈开来的树木"，"其树之顶上达于天"；古代埃及也有过类似的信仰，认为天是一棵大树，以其阴影笼罩大地，星辰是树枝上的果实。见于古代埃及的绘画，图像是太阳正从天树顶上升起；北欧地区的古代神话中，神树名伊格德拉西尔（yggdrasill），它的树荫可遮蔽宇宙，而其根、干、枝，则将苍天、大地及地下世界连接在一起。凡此等等，可以说明在古代世界各地，都曾有过"宇宙树""生命树"的传说，它们居于高山之上，高大无比，可以通天入地，是人类通向天堂，与天神交往的途径。[20]

更值得注意的一点，是在这类生命树、宇宙树信仰的基础上，还进一步发展、衍化出了似树的祭天木柱。古代印度诗歌《吠陀》中就有相关表述：用被视为"宇宙树"的树木加工成祭柱后，这一祭柱就成为了"天柱"，可作为人们上天的阶梯。在我国，《山海经》中关于"建木"的描述，也明显具有"柱"的特征，它"百仞无枝，有九欘，下有九枸"。高达百仞的建木，不生枝杈，只在其顶部有九根回曲的枝条。这没有枝叶的木杆，更像是一根立柱。在西亚地区如亚述、腓尼基及米坦尼印章上的"太阳与圣树"纹图案就比较清楚地显示了柱状立木顶端如宇宙中的太阳这样一种思想。[21]

在一般回顾过古代世界关于"生命树""宇宙树"及用作祭祀的"天柱"这类传说、信仰后，再回到小河墓地，认真注视沙山上丛丛列列的木柱，可以联想：这些列木与古人用作祭天的木柱及其背后的"宇宙树"信仰是密切关联的。它们是古代小河居民将"宇宙树"信仰形象化的产物。

小河五号墓地所在沙山，高出地表 7.7 米。在四周地势缓平、只见微小沙丘的环境里，它是地势最高的所在，是最接近宇宙、可以交通天庭的处所；人们对这些高高的天柱，曾进行过十分精心的加工，不仅削出多面棱形，而且通体涂红；因此，它们绝不仅仅是为了固定流沙，使墓冢不受季风影响的设置，而是与一定的巫术、宗教活动相关的装置，是供逝者灵魂上天入地的天梯。

还有一个细节可以注意，就是这些立柱之顶部，不少曾经削得尖细。因此，不能排除在这些尖细的顶部，曾经榫接过横木类的"楣"；如是，与《山海经》中关于"建木""百仞无枝，有九楣"的记述，就更为一致了。

古代中国与亚欧西部世界，在精神文化领域曾经有过联系、交流，孔雀河青铜时代遗存、小河墓地，有幸保存的一些细节，为我们开拓了广阔的认识空间。

三

小河五号墓地,既是安置逝者的墓冢,又是进行巫术祈祝活动的宗教殿堂。巫术祈祝活动与埋葬逝者结合在一起。贯穿其中的灵魂,重要核心之一,就是当年人们思想观念中占有统治地位的生殖崇拜。

埋葬死者,是虔信死者虽已没有了生命活动,但还存在着灵魂。这些亡灵,进入另一个世界,仍然有着生殖繁衍的能力,有着相应的愿望与要求。这能力、愿望,对于他们生前所在的聚落、群体也会产生影响。因此,必须认真而庄严地通过一系列巫术、原始宗教的祈祝活动,妥当安排。

墓地所在较之地表是高高耸立的沙山;沙山上密植可以交通天地的"建木";棺前植立的象征男根、女阴的立柱,木柱上的环形♀纹;女性随身的木雕男性生殖器,中空腔体内的蜥蜴头骨,吞食男根形物的蛇形雕刻……林林总总,传达给我们的文化密码、核心,总是与祈求人类生命力旺盛、生殖能力强大相关。

在人类历史的早期阶段,早期先民的意识深处有着强烈的生殖崇拜观念,并以各种方法祈求自身具有强大的生殖能力,这是全聚落、全社会人群的共同意志,它的背后实际是全体社会成员共同的精神追求。"存在决定意识",在这样一个看似十分玄妙的早期人类精神世界的领域中,同样可以捕捉到这一唯物主义精神的闪光。

在生产工具简单、生产能力低下的罗布淖尔青铜时代,人们的物质生活资料是十分贫乏的。古墓沟、铁板河、小河这几处墓

古墓沟出土的草编小篓

地发掘资料表明：人们入土进入另一个世界时，生者给他们准备的物质资料，只有一件包身的毛线毯、尖顶毡帽、牛皮鞋。小河居民有遮盖下腹的腰带。这些都只是日常衣物，因为长时期使用过，所以不少都已补缀再三，勉强可以护体。其他就只是一小包麻黄，一个小草篓，或截牛角而成的角杯，掏空胡杨而成的碗、盆，别无他物。通过草篓中的小麦粒、粟米粥干及毛布、角杯等物可以推论，他们的经济生活，是比较原始状态的旱作农业，同时辅以羊、牛饲养和渔猎（古墓沟见过破残渔网片、马鹿骨别针，小河见过鱼骨）。铁板河女尸包体毛布十分粗陋，补缀不知多少次，但仍不足以完全护体。出土时，头发、腋下、阴部满是体虱，其密集程度让人吃惊。这些现象，给人的最强烈的印象就是这一时段的罗布淖尔居民，物质生活资料极为贫乏，维持生存相当不易。

物质生活资料的贫乏，导致的最直接结果就是居民平均寿命低，婴幼儿死亡率高。古墓沟墓地，共发现古代墓葬42座，因

1979年古墓沟出土的幼儿干尸

为对墓地进行了全面的揭露、清理，所以，这些墓葬大概表现着当时孔雀河中游一个氏族群体在较短时段内的居民人数，人口数只有43。墓地中，最年长的是一位女性，死亡时已届老年，可能有60岁；大部分墓穴中的死者，多在壮年时期就告别了这个世界。这里出土的一具被人称为"美少女"的女尸，死亡年龄只不过20多岁。尤其值得注意的一个现象是：在整个墓地42座墓葬中，婴幼儿墓葬竟有14座，也就是说，当时的婴幼儿死亡率达整个居民集群的1/3。[22]

生产工具原始、生产能力低下，生产力的核心因素就是人类自身。这时，人们最关心的问题，自然就是居民集群中具有生产、狩猎、征战能力的成年人的数量。只有达到相当数量的成年人群体,才有可能完成围猎,才可以在因种种意想不到的矛盾而与异己集群发生冲突时,求得自身生存,也才可能保证正常农业、畜牧业生产的进行。总之,在这一历史时段内,人类自身的生产、发展,必然成为整个氏族、部落,一个居民集群内最为关注的中心问题。

这一客观的、物质的存在,决定着人们最重要的观念、思想之一,就是寻求一切可能的办法,增强自身生殖、繁衍的能力。恩格斯在其名著《家庭、私有制和国家的起源》1884年第一版序言中曾深刻揭示:"依据唯物主义的理解,历史上的决定要素,归根结底,乃是直接生活底生产与再生产。不过,生产本身又是两重性的:一方面是生活资料食、衣、住及为此所必需的工具底生产;另一方面是人类自身底生产,即种底蕃衍。"[23]正是这两种生产,制约着人类社会发展、进步的进程。而在人类社会的早期阶段,寻求人类自身生产,也就是生殖繁衍能力的改善、提高,曾是人们面对的一个核心问题。

四

小河墓地,是一处当之无愧的孔雀河青铜时代居民精神文化的殿堂。保留在这片墓地中的古代文化信息,是相当丰富的。我们在这篇小文中,只是就其精神文化之一角,进行了初步探索,类似的研究课题还有很多,有待一步步展开。罗布淖尔十分干旱的环境,几千年来几乎荒无人烟,都帮助减少了自然、社会的破坏因素,使小河墓地得以比较完好地保存下来,虽在20世纪初稍有破坏，但还是基本保持着其古老的面貌，成为值得我们认真关注的一处考古重地。

这样一区原始社会阶段的精神文化殿堂，不仅是新疆人民的财富，是全中国人民的历史文化财富，而且是全人类可以共享的精神文化财富。它保存在新疆罗布淖尔荒原，是新疆人民的幸运，也给今天的新疆人民，尤其是相关文物保护部门，增加了一份庄严的责任，要尽自己的可能，将这一份人类幼年时期的精神文化殿堂完好地保存下去，尽一份对人类文明传承、发展应尽的责任。

文物考古工作者的任务，是努力寻找失落的古代文明。面对已经清楚显示了其精神文化内涵的古代遗址、废墟，则必须尽一切力量，既揭示其历史文化特质，也尽到保护的责任。发掘，是以破坏遗址为代价而寻求其历史文明的行为，发掘本身不是目的，研究古代文明才是我们追求的目标。

小河就是一个只能少掘，而不能大掘甚至完全揭除的遗址。这方面，需要我们大家站得高一点，看得远一点，高屋建瓴，以全人类文明史的研究为责任，小河墓地的发掘、保护、研究，才有望步入一个新的高程。

[1] Folke Bergman, *Archaeological Researches in Sinkiang*, Stockholm, 1939.
[2] 王炳华《丝绸之路考古研究》，新疆人民出版社，1993年，183—201页。
[3] 穆舜英《楼兰古墓地发掘简况》，《考察与研究》1987年第7辑。
[4] 王炳华、王路力《汉城中央博物馆珍藏之新疆文物》，《西域考古历史论集》，人民大学出版社，2008年。

［5］黄文弼《罗布淖尔考古记》之 L.Π 古冢；斯坦因《亚洲腹地》之 LF 古冢等。
［6］王炳华《丝路北道与小河》，《丝路游》2001 年第 1 期。
［7］新疆考古所《2002 年小河墓地考古调查与发掘报告》，《新疆文物》2003 年第 2 期。
［8］新疆考古所《2002 年小河墓地考古调查与发掘报告》，《新疆文物》2003 年第 2 期。
［9］贝格曼著，王安洪译《新疆考古记》，新疆人民出版社，1997 年，101 页。
［10］贝格曼著，王安洪译《新疆考古记》，115 页。
［11］贝格曼著，王安洪译《新疆考古记》，112 页。
［12］贝格曼著，王安洪译《新疆考古记》，117 页。
［13］贝格曼著，王安洪译《新疆考古记》，87 页。
［14］新疆考古所《2002 年小河墓地考古调查与发掘报告》，11 页。
［15］新疆考古所《2002 年小河墓地考古调查与发掘报告》，13 页。
［16］芮传明、余太山《中西纹饰比较》，上海古籍出版社，1995 年，99—100 页。
［17］芮传明、余太山《中西纹饰比较》，110—112 页。
［18］芮传明、余太山《中西纹饰比较》，100 页。
［19］新疆考古所《2002 年小河墓地考古调查与发掘报告》，9 页。
［20］芮传明、余太山《中西纹饰比较》，第六章。
［21］同上。
［22］王炳华《丝绸之路考古研究》，183—201 页。
［23］恩格斯著，中共中央马克思、恩格斯、列宁、斯大林著作编译局译《家庭、私有制和国家的起源》，人民出版社，1999 年。

天山行

一

自 1960 年夏，我入住乌鲁木齐，迄今已经 62 年。开门进出，抬头就见冰清玉洁的博格达峰，也就是丘处机说的"三峰突兀倚天"景象。因此，到了乌鲁木齐，曾以为自己可算是初识天山了，其实还真不是那么一回事。认真说，也就是触及其一点皮毛而已。

开始对天山有些了解，时在 1962 年 7 月，受命考古乌孙。由此，至 1964 年秋，前后有 3 年，主要工作在天山腹地之中，认真调查了天山木素尔岭以北、伊犁河以南的昭苏、特克斯、新源、尼勒克、巩留、察布查尔等伊犁哈萨克自治州直辖县区。交通工具除汽车外，主要是马。骑马行天山，确实多了认识天山的机会。对所有在县区地表所见土墩墓冢，完成了比较充分的踏查、记录，取得了基本概念；并择昭苏马场、萨拉霍布、夏台三地规模不等的几处墓冢进行了发掘，对部分土墩墓冢的时代、

1961年在伊犁地区调查，右一：王炳华

物质文化遗存，有了初步认识。[1]在这过程中，有两件事可以一提。一是身在天山腹地高山草场中，海拔已达2000米上下，虽远远高于孔老夫子登临即有"小天下"之威的泰山，但却绝无身在高山之感。一望无际的广袤草场，草高可及马腹。空气清新，蓝天白云，羊群、马群星布，驰行草丛中，似若远离人间。一天，稍得余暇，在向导伴同下曾放马西行，想一睹边界线上遗留至今的清朝界碑，不意却骑出了边界。界碑还未曾觅见，哈方哨楼上的哨兵便飞马疾驰而来，让向导吓出了一身冷汗；赶紧策缰回奔，这才避免了一场可能的"越境"事件。草场之十分广阔，自此给我留下了绝难忘怀的印象。其二，是在天山北麓昭苏县夏台发掘中，曾抽空西走，看已处边境的波马农场。场部附近有3座土墩规模稍大，若链线排列，令新疆考古所萌发了应做发掘的念头。至1976年，还真实现了国家历史博物馆考古队与新疆考古所的合作，对其中一座土墩进行发掘。可惜的是好事多磨，发掘工作开始不久，即因故停止。时间到了1977年10月，拓建公路，机械上马。路线涉及土墩，于是，很快推掉了当年准备认真发掘的土墩墓上层封土。封土下现出一片黄金器物，金面具、金甲胄、金罐、银壶，镶嵌的红宝石闪闪发光，诱发了难以遏制的贪欲。现场众人一哄而上，文物星散。消息传开，公安介入，通过法律的力量追回大小黄金器物70件。后又有文物工作者进一步努力，再追回9件。这件事曾轰动了文物考古界，也留下了多重沉思，及难以磨灭的遗憾。[2]

出土了大量金器的波马土墩墓，处天山腹地，东经88°15′，北纬42°41′处。它南傍天山，东近木扎特河，西邻哈萨克斯坦之纳林河，北濒特克斯河。年降水量高达400—500毫米，水量充沛，是十分优良的高山草场。地多黑钙土，广布禾本科及杂草类植被，自古迄今，一直是理想的畜牧业，尤其是性喜高草的良马繁殖地带。自波马西南行，直线距离不足200公里就是伊塞克湖，湖北岸发现过引人关注的"伊塞克金人墓"；更南行，入阿富汗北境，有出土过大量金器的、被判定为1世纪贵霜王族的遗存；自波马东行，抵阿拉沟东口，是后文将介绍的又一处大量金质器物出土地。掩卷沉思，这不在少数的古代游牧民族王国的重要陵寝，都深藏在天山腹地这片优良草场中，显示着一页古代游牧民族曾经存在、不该被遗忘的历史篇章。

现场记录，波马黄金宝石墓主人身边曾有白马一匹，土墩掘开时，白色皮毛并未完全朽损。将相关出土文物还原到历史生活中，可以清楚展示：蓝天下、绿草中、白马上，满身黄金甲胄的骑士，在随从簇拥中徐徐前行，信步散逸着威严、俊美。古代游牧民族少有文字留存，但如是精彩、美好、发人联想的画面，完全可以颠覆粗犷、"只识弯弓射大雕"的表象素描。

经过努力，追回来的近百件黄金、宝石器物，目前仍展存在伊犁哈萨克自治州博物馆中。有缘一睹其面目的观览者无不称赞其超乎想象的华贵、精美：镶红宝石黄金面具、宝相花镶红宝石金罐、黄金质虎把金杯、金质腰带、镶红宝石金杯、辫线金带、金质袖套、金指套、金质箭鞘、金戒指、包金剑鞘、错金银瓶，以及大量叶形、花卉形、心形金箔饰，曾穿着在身，但已经碎裂的绣珠锦袍、云气动物纹锦、"富昌"锦衣等，皆显示了墓主人不俗的身份、地位。只可惜不过几分钟的野蛮撕扯，终将一页难得保存至今，而且十分完好的古代游牧民族历史文明破坏得粉碎！叫人心痛！认真静想当年曾经在墓地上发生过的那一幕，真难以抑止从心底自然升腾出的沁透寒意的冰凉。

据介绍，当年散失的文物"多已被追回"，我真是不大相信这一判定。仅粗略想，如是不一般的墓葬主人，竟至今未见帽冠；金质袖套，只见一只袖子的局部；金质剑鞘，是断残的；小到主人的手指都有金质指套，但目前也只见两个半的存在——这与"全部"或"大部分"差得实在相当远。事隔这么多年，再想追回来全部或者大部分，看来也只能是一个难圆的破梦了。稍感慰藉的是，通过已收存在州博物馆展厅的部分黄金、宝石器物，总还是可以触摸到波马草原上曾经存在的一页辉煌，所以本文还是力求详予介绍，以寻求它不应被低估的影响。

1. 镶红宝石黄金面具：高17厘米，宽16.5厘米。重245.5克。以鼻脊为中线，用两块大金片铆合为一，锤揲出人面形：凸显了浓眉、大眼、络腮胡，威严、庄重。眉、眼、胡须均取红宝石镶嵌在金珠圈框中，圈框焊铆于金饰条，再将金饰条焊于面部合适位置。具体观察，如络腮胡，取宽1厘米的长条形金饰片，焊出

波马古墓镶红宝石黄金面具

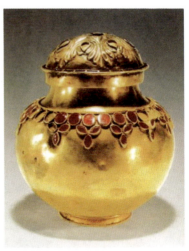
波马古墓宝相花镶红宝石金罐

波马古墓黄金浅腹小杯

波马古墓镶红玛瑙虎柄金杯

39个心形金珠框，心尖向下，其间镶大红心形宝石39颗。浓眉之构图，类同。黄金地，其上红宝石闪光，极显富丽、奢美。

2. 宝相花镶红宝石金罐：通高14厘米，口径7厘米，腹径12.3厘米，底径5.7厘米。重489克。器盖圆形，原来铆定在上的盖把已失，只余4个铆接点，记录着曾经遭遇的粗暴力量。盖把下为7叶花瓣；更外为7组有序铺展的宝相花，心蕊处曾镶嵌7颗水滴形红宝石。盖缘依次为矩形槽、链线、圆形环、三叶形花，其中曾镶嵌的红色宝石，少数尚存，大多已失。圈足底部，焊饰金珠链线。宝相花，在古代华夏，曾是人们熟悉的装饰图形；辫线、珍珠链线、黄金、红宝石，在中亚大地，多有所见。花瓣7叶，宝相花7组，凸显了"七"的意涵，应该也不是随意的安排。

3. 镶红玛瑙虎柄金杯：口径8.8厘米，腹径10.5厘米，底径7厘米，通高16厘米。重725克。广口，小流，深腹，平底。颈腹部焊虎形把手，虎体健硕，通体錾刻斑纹。金质杯体上，模压菱格，格内焊托座，其中满嵌红色玛瑙，稍显椭圆。满溢华贵，不同凡俗。

4. 黄金浅腹小杯：口径8厘米，底径近同，高只4厘米。杯体十分稳定，一侧见长条形指鋬。它不是大口喝酒、奶的工具，而是更便于主人浅斟细酌、品味醇香之器。由此可透见主人不一般的气质和追求。杯腹，与时代风尚统一，同样镶饰3列红宝石，图案显圆形、曲波形，部分已佚失。口沿下、平底上，绕饰辫线一周。

5. 错金单耳银瓶：口径7.4厘米，底径5.5厘米，通高17.2厘米。瓶口微侈，深腹小底。单耳已失，铆痕存留。颈部错金，宽2厘米，图像为两道平行的连续圆圈纹，构成边框，其间遍錾

波马古墓错金单耳银瓶　　波马古墓镶红宝石金戒指

四瓣菱形花,显示了游牧民族传统中比较少见的艺术图景。

6. 镶红宝石金戒指:镶椭圆形红宝石戒面,径 2.1×1.5 厘米。宝石周缘点焊两圈金珠,其下以密布之点状金珠构成三角形图案,此为古代中亚大地习见。值得注意之点还有:与戒面红宝石相对,指环手掌面,存焊铆之圆形金珠环绕的底座,其中曾同样镶嵌宝石,宝石已失。

7. 镶红宝石黄金剑鞘:已残。残长 21.4 厘米,宽 5.6 厘米。重 66 克。鞘面满饰点焊金珠;边缘为细密平行线,其间镶嵌 3 列红宝石。居中为指甲盖形,左右为肾状水滴形,周围金珠环绕,空隙处满填以小金珠构成的三角形、菱形。整齐铺列,繁而不乱,富丽不俗。

8. 包金剑鞘:已断残,残长 13.5 厘米。取整块金箔包覆于木质鞘面,接缝处焊实。鞘内残存铁剑一段,残长 7 厘米,宽 3 厘米,双刃。

9. 金带:已残。以长方形金板彼此套铆,呈合页状。互相连续,可成长带。每块金板长 3.7 厘米,宽 3 厘米,重 28 克。正

波马古墓镶红宝石黄金剑鞘

波马古墓包金剑鞘

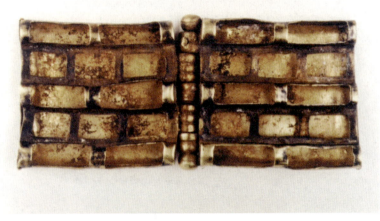

波马古墓金带（1）
波马古墓金带（2）

波马古墓黄金袖套

波马古墓黄金指套

波马古墓镶红宝石金箔花饰

面显长方形凹槽,同样曾镶嵌宝石等。

10. 金带:仅存 2 节。以 8 道辫线编成一组,彼此环扣连缀。残长 9 厘米,宽 3.1 厘米。

11. 黄金袖套:残长 35 厘米,粗端口径 15 厘米,细端口径 12 厘米。以薄金片锤揲、焊接而成。

12. 黄金指套:仅见 3 件,稍残。长约 6—7 厘米,直径 2—2.6 厘米。

13. 镶红宝石金箔花饰:多量。叶形、心形、花卉形,镶嵌红宝石。

据伊犁哈萨克自治州文管所负责人当年之报道[3],除上述金银器外,还发现过已十分残破的丝锦类织物碎片 16 件。其中,缀金珠或珍珠的菱纹绮、云气动物纹锦、"富昌"锦等,对判定墓葬时代、墓主人身份及其与中原王朝的关系,均具意义。

1. 缀金珠锦绣:双层,显然是衣服之残片。其一,残长 25 厘米,宽 13 厘米。面料用红色菱纹绮,背衬本色纱。面上缀圆形金珠,形成四方连续圆圈纹。圆圈纹内,缀小金珠,构成四瓣

波马古墓缀金珠锦绣残片

波马古墓云气动物纹锦

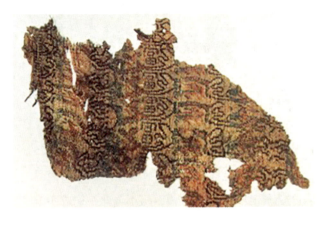

波马古墓"富昌"锦

形小花；小花四周，取丝线锁绣忍冬纹。其二，残长10厘米，宽11厘米。面为褐色绢，背衬淡黄色绢。取金珠、珍珠缀绣成塔形几何纹。两块不同面料，彼此拼连，构成珠服，堪称精细、豪华，可与古代文献中"珠服""珠襦"类记录联想。

2. 云气动物纹锦：在深褐色地上，以红、黄、绿色显示云气纹，其中穿插行进动作之虎类瑞兽图像。

3. "富昌"锦：经线显花，黄色地上，显横向云气纹，穿插不同形态动物及"富""昌"二字吉文。

"珠服"、云气动物纹锦、吉祥字纹锦，具有南北朝时期的风格。这自然也为觅求当年天山深处相关游牧民族王国提供了线索。史载，南北朝时段，在中原王朝与西域大地的政治、经济联系中，悦般曾在短时期内居于明显地位。他们在精神文化层面，曾鄙视柔然王国子民"不浣衣、不绊发、不洗手、妇人舌舐器物"，蔑称之"为狗国"。《北史·西域传》具体记录，这自视甚高的悦般，处身"在龟兹北，地方数千里，众可二十万"，一度与向西域拓展的北魏王朝，在反对柔然的军事斗争中有过共同语言。北魏太平真君九年（448），悦般曾遣使北魏"朝献"，北魏随后命董琬、高明携礼物回访，双方关系密切。出土了大量黄金宝石器的波马农场，正处在史文揭明的悦般王国腹地。[4]特定的时空背景，奇美的黄金、宝石用器，与具有北魏王朝特色的丝锦织物，粗线条地为我们勾勒了悦般王国曾有的闪光文明，及其不俗的美学追求。只是不无遗憾，在天山腹地短暂闪烁过光彩的悦般，在与柔然的角逐之中竟很快就走向远方，消失在了我们的视野之中。

二

与乌孙考古可以并提,第二次稍深一点感悟和认识天山,是1976年的阿拉沟考古行。1976年的乌鲁木齐,"文革"之余威仍炽。因修建吐鲁番—库尔勒铁路,沿线不断有文物出土的传闻时时入耳。这激发了我进入天山的渴求。扪心自问,这愿望背后,自然不敢说是个人有怎么高的觉悟;更真实的,还是想避开无休无止的"批判"运动,因为内心真是十分地疲惫。于是,我向领导请缨进入天山,做点文物保护工作。我这个基本逍遥在运动大潮外的普通考古工作者,进入天山做点分内的事,对运动的进行无妨大体。因此,请缨很快得到两派领导人的首肯,只是说明:"没有任何工作经费,困难得个人克服。"没有想到的是,我的这一行动,后来却得到了铁道兵指挥部门的热情欢迎。对我的困难,他们的回答是:"所有问题,我们解决!"

铁师指挥部给了我无法再多的支持:助我抢救了近百座古代墓葬,其中包括了出土大量黄金器物的塞人贵族墓;借铁道兵运输车,我穿越了不少隘口、达坂,甚至一直行进到了伊犁河谷;东走西行,南穿北越,看到了超乎想象的水丰草美的广阔世界。没有铁道兵的帮助,凭当年办公室都还没有的"考古研究所",是很难取得只有实践才可认识到的天山又一面目的。

这次工作,不但没有发生原来想象中的困难,反而如鱼得水,可以说是"心想事成"。

阿拉沟的工作断续做了3年,吃、住均在与铁路施工关系十分密切的机械连,出门就是车轰鸣、人集聚的工地。来去发掘现场,总能见到一小片砂质纯净、砂色淡青的细砂,考古人都基本具有的辨土知识使我疑问顿生。一有机会,我就请教工地师傅,问相关纯净细砂与他们有无关联。得到的回答也总一致:"我们不用这种细砂。"不厌其烦的追索,终引得一位师傅的思考,说他记得在初抵工地时,这里似乎有过一座大石堆。但施工迅捷,地貌、地物大变,石堆所在,已难说得准确。问者有心,答者无意;曾有的大石堆与现场存在的淡青细砂,立即使我在脑海中逻辑构架了一幅图景:石堆与堆下细砂,也许说明这里存在身份不俗的一座大型石冢。这里真应该再一次感谢铁道兵领导的支持、信任。在限时必须完成的修路任务下,他们还是接受了我"可能存在大墓"的预判,还立即设法为我调派了足够的工人,用了不到两周时间,硬是从施工现场废物堆中清理出来一座长6.56米,宽4.22米,深7.1米的大型竖穴木椁墓。葬穴中,8层巨大松木构架的木椁仍存。残朽的木棺灰痕内,一青年女性直卧其中。头盖骨上曾经钻了一个0.5厘米的小孔,孔壁光洁,无新生骨质之迹痕。这十分可能是努力挽救她生命的脑部手术,带走了她求生的希望。女性衣服已朽,但自头部以下直至胸、腹部位,满积着朱红色朽衣灰。多种样式的金箔花饰,散布四周的虎纹圆金牌,对虎纹金箔带,鬣毛丛丛、显球状尾端的狮形金箔,无不传递着西亚大地的文化消息。其他还有兽面纹银牌,一件方座承兽铜盘,盘中伫立一对狮形小兽,用菱纹链式罗包裹的细黏土饼,漆器,内置羊骨(旁有小铁匕首)的木盘及6件细泥制红陶,轮、轴曾经包银的木质冥车,以及珍珠、玛瑙等小件饰品……应该还是基本完好保存的塞人贵族巨冢[5],自然惊动了原本冷静、有秩序的铁道施工现场。面对帮助了我工作的铁道兵、民工,我绘

阿拉沟古墓出土凤鸟纹丝绣

声绘色的介绍,不仅使我一下子成为了"明星",也大大方便了我进一步的阿拉沟考古,而且还很快催生了一篇纯民间的故事传说,在应该如何阅读和认识古远的、多有神奇古怪的文字时,给了我难得的启迪。[6]

阿拉沟考古,收获相当丰硕。我也尽了一个文物考古工作者面对大型基建时,应该承担的责任和应该尽的一份义务。相关出土文物,有力揭示了未见于文献记录的历史篇页;混迹在众多石堆、竖穴、丛葬墓中,少量具有塞人文化特征的竖穴木椁墓如鹤立鸡群,不仅出土了黄金制器,还见到了来自长江流域、具有楚文化特征的凤鸟纹丝绣、漆器。而相类风格、早到公元前5—前4世纪的文物,就曾见于俄罗斯南阿尔泰巴泽雷克古冢之中。阿拉沟出土物时代稍晚,但也能早到公元前3世纪前后。文献记录中曾见、大家也一直乐于引用的"张骞凿空",在这些战国文物面前引发了深一步的思考:早在张骞凿空以前,东西文明交流,其实是早已出现在了天山峡谷之中的。这类峡谷,与文献中屡见的丝路干线虽从未发生过关联,但出土文物揭示的史实,较社会

阿拉沟古墓出土高座承兽铜盘

上层文人的记录,不仅早行一步,而且更加具体、清晰。[7]

1. 凤鸟纹丝绣:稍残,出土于第 28 号竖穴木椁墓中。在长、宽均约 17 厘米的黄色绢地上,用绿色丝线锁绣凤鸟图案。残存凤鸟之躯体、微曲的腿和爪。显具长江流域公元前 5 世纪前后楚地丝绣图案风格。

2. 高座承兽铜盘:喇叭形座,承方盘,分部件铸造,最后焊连一体。方盘中伫立二兽,似狮形。出土时,狮形兽下可见曾燃烧过却未燃尽的小木条。通高 32 厘米,方盘边长 29.6 厘米,边高 3.2 厘米。作为祭器入土,与袄教崇拜有关。

其他如印迹在黏土饼上的菱纹链式罗;胎朽,漆仍存的黑地红彩云纹漆盘;量甚多、器实小的各式金质花饰片等,因 50 年前装备、费用极有限,未能留下可人的照片,这里只能文字带过。

阿拉沟竖穴木椁墓中的大量黄金带饰,与长江流域的凤鸟纹刺绣、菱纹罗、漆器,共存于同一墓穴中,确切展示了公元前 3 世纪以前东亚大地与中亚西部、南西伯利亚地区曾有的文化交流。它揭示了这样的历史信息:古代草原游牧民族,在这一物质文明交流中，有过不能轻估，但却长期被轻估了的奉献！这是我们应该努力进一步认识、补充完善的古代历史篇章。

三

断续两年多的天山阿拉沟考古，打开了我感受、认识新疆古代文明的又一扇窗扉：竖穴木椁墓中具有塞人文化特征的大量金器、拜火教特征的青铜祭祀台，与先秦时期楚文化风格的凤鸟纹刺绣、漆器共存一室。地点在从未见之于文字记录的天山峡谷中。这显示出，最晚到战国时期，欧亚大陆间确已存在民族、文化的联系，而天山峡谷是其天然通道。这虽未具体、清晰见于文献记录，却是有幸留存在大地上的真实史迹！

迄止于1978年初，虽备历艰难，但我确已实现了认识自阿拉沟峡谷东口西及于伊犁河谷间的交通道途的目标。决心自然而生：我应该改变方向，循天山峡谷东行，觅求与阿拉沟河谷所见相关或不一定相关的考古遗存，拓展对天山历史文化的深一层认识。

位于天山北麓的乌鲁木齐，正当中天山断裂带的北口。天地造物，变化万千。由乌鲁木齐南入天山腹地，折西行，可入阿拉沟。天山山脉南北屏列的三道山脊，其间数说难尽的盆地、草场、溪流、河谷，景色万千。而自天山中距阿拉沟不远的小草湖折转东行，竟然就在毫无穿山行进的感受中，步入了吐鲁番盆地。曾经突兀眼前的天山山脊，就在并不显目处悄悄消失了踪迹。只有北侧高5445米、终年堆冰积雪、威严冷峻的博格达峰在清晰宣告：你并没有走出天山，还是行走在天山腹地之中。而与博格达峰对应，构成吐鲁番盆地南缘的觉罗塔格山，还远在 100 公里以外，目力难及。天山，真可当得起以"天"为名：在新疆历史舞台上，曾经演出过多少历史大剧的吐鲁番，其实，也只不过就是巍巍天山中的一块小小盆地而已！

吐鲁番盆地，面积达 5 万平方公里。步入其中，自然也就没有身处高山之中的感觉。它地势莽平、云量稀薄、阳光辐射强烈。夏日，在吐鲁番盆地中行进，迎面来风，热可灼人。将之与西邻阿拉沟峡谷比较，地势、水文、自然环境，决然是两个不同的世界。阿拉沟及其更西的天山大地，一直是古代游牧民族纵横驰骋的舞台；而吐鲁番向为农业、园艺生产之天堂。彼此地域相邻，自然地理形势却是如此迥然不同。

步入东天山，内心深处曾隐隐希望再遇的塞人黄金大墓，没有见到；但个性迥异、历史文化绝不较塞人金器逊色的古城、古堡、古冢和各式文物，也真是随处可见、可遇。一页页具有新意的历史图景，随时会在身边展开；古代欧亚大陆上各具个性的异质文明间曾经有过的交往、联系、一幕幕变化，具体、鲜活。在近半个世纪前第一次完成的考古考察中，曾不断遭遇的视觉冲击，今天提笔，不少仍然还能鲜活奔来笔下……实事求是地说，全部细聊这一切，真可以成就一本不错的小书，它少见于前人的著录，而多是个人行脚中具体、实在的感受。这自然不能是这篇小文的任务，但也完全可以择要叙说一点比较关键的收获。看去是相对孤立、粗线条的勾勒，但总不离天山，可以从不同时空了解天山中曾经展开的历史、文化篇页，也希望由此引发同道、同好的联想与思考。

（一）姑师与苏贝希古墓地

在西汉王朝开拓西域大地的伟大事业中，姑师与楼兰，是司马迁在《史记》中投注过稍多目光的政治实体。姑师人的活动舞台，主要当在与楼兰毗邻的吐鲁番盆地之中。但关于姑师（后称"车师"）人，他们的种族、语言、经济、社会生活、宗教信仰等，在《史记》中却均付阙如，没有一字道及。我们确实相当幸运，刚刚步入吐鲁番大地，就在火焰山中吐峪沟内的苏贝希，迎面撞上了正被当地农民在"取肥"大旗下开掘着的战国时期古冢。时代在公元前三四世纪的战国，空间在吐鲁番。时空双维，彼此结合，从逻辑上让我们自然想到了早见于文献，长久念兹在兹的古代先民"姑师"。这真可以说是踏破铁鞋无觅处，见面未曾费功夫，内心之喜悦，是无法细说的。

"苏贝希"，突厥语，意为"水之源"。在极度缺水的吐鲁番、火焰山腹地，"苏贝希"这个词十分强烈表明了古代祖先对这片河谷寄托的深情。

苏贝希所在的河谷内，四季清流不断。这自然成为了古代姑师人的福地。他们生于斯，长于斯，逝后也安葬于斯。住地与葬地毗邻，活着、逝后，都期求有这片福地的荫庇。

新疆考古人对苏贝希墓地认真、细致的发掘，持续有年。出乎我们意料的，是墓葬虽居处近水的沟谷，但因气候十分干燥，不少早期入土的姑师居民竟然基本保存完好，还成为了自然的"干尸"：深目高鼻，眉弓高耸，狭长面形，黄褐色卷发，是相当典型的欧洲人形象。仰身平卧于长方形竖穴内。因为没有受到后期干扰、破坏，入土当年的安排为我们大概认识姑师民族的物质生活、思想观念，提供了不少具体、清晰的细节。这较当年的

《史记》，在了解普通人一环，是翔实、丰富得无可比拟的。在历史上，普通人的生活少有可能进入高层的视野；但普通的、底层的社会群体，会在特定环节或时期，为最终改变社会发展进程发挥难以估量的决定性影响，这又往往是高层决策者们难以了解、理解的！文献，表明高层的思考、决策；考古，有可能揭示同时代中底层社会的状态。彼此互补、成全，有力助益今人对历史的深一层思考。

从 1978 年偶遇、初见姑师古冢，到稍后带着研究目的进行认真发掘，吐峪沟内先后共发掘了相关古冢 96 座，见到了比较完好的古尸 14 具，死者随身的各类衣、物、食品、工具、武器、马具等珍贵文物数百件，自此，人们才具体对姑师的物质遗存，有了进一步分析、认识的可能。在这一文化工程中，吕恩国、柳洪亮、邢开鼎等新疆考古人，都曾奉献过心力！

种植小麦、粟，饲养羊、牛、马，是当年姑师人的主要生产方式。小麦的种植、改良，初始于西亚美索不达米亚沃土；而粟之最早栽培，是在我国华北平原。我们今天看小麦、粟共存一室，十分平常。但这一"共存"背后生动、具体展现的亚洲东西部大地早就存在的古远联系，是很可以引起进一步深思的现象：文明异质，彼此互补、交流，是相互的需要。这可以说是人类与之共始终的精神内核。亚洲东部华夏大地与西部世界的实际交流，最早完成在民间。它较之官方记录的张骞西行，其实早得太多太多。

毛布、毛毯、皮草制品，是当年姑师人的服装用料。厚达 0.5 厘米的盔式毡帽，既御风保暖，一旦有异己力量间的冲突，还是十分理想的安全防护品，一般刀、镞难有可能穿透如是厚

发掘中的苏贝希古墓地

苏贝希古墓地的墓穴

毡,伤害到头部。与男式盔帽鲜明对比的是女性头上高高耸起的高尖毡帽,最高可达43厘米,十分引人注目。方法是先将发辫盘结于头顶,再将高一尺多的尖细毡帽与辫结盘连,再用毛线网套牢、固定,最后成就了女子可以引人注目、远远即被关注的形象。问题在于,毡帽引人关注是绝对可以实现的,但行动不便。进一步推敲,这可能只是节日、庆典时的盛装,是"礼"服,目的主要是收获异性的目光。平日生活、劳作,大概会卸去这一负担。在告别这个世界时殓以盛装,自然是情理中事。我们也因此得窥当年姑师女性对美好生活的用心追求。

冬日的新疆,西风凛冽。姑师男女均以羊皮大衣御寒。对襟、翻领是通常样式,但男女也见小的差别:男性下身为别具特色之高腿皮裤,裤腿上端具皮绳,细绳与腰带系连;小腿着高腰皮靴。女性之裘皮大衣,袖长而细,细得连手臂穿过也难。但披在身上骑马飞驰时,细袖可以随风飘曳,显得绰约多姿。下身是比较厚实的毛布长裙,多显彩色几何纹;脚着皮质短腰靴。相关服饰,满足了冬日保暖之需,但一点也没有疏忽在这一前题下可以取得的装饰效果。姑师先民对生活的热爱,对美好事物的用心追求,给2500年后的我们留下了太多可以深思的感受。

苏贝希古墓地中发现的随葬陶器中盛有小米

　　墓中出土，保存基本完好的食品，算得上相当丰富：羊腿、肋排、羊头，甚至完整的小羊羔，都还可以在食案上看到。羊肉曾是古代姑师民族主要的蛋白质来源，与粟饼、粟米蒸饭、已具面条形状的粟粉面条，共置于同一食案上。这并不让人费解，只是粟粉做成的面条不能不引发我深一层的思考：它清楚揭示，距今2500年前后的姑师人，应付生存之需，满足改善日常生活之求，曾在饮食一环倾注过难以尽说的努力，显示了不能轻估的创造性智慧，有值得我们汲取的文化营养。必须注意之点，在于粟粉是不具备黏合能力的粉状物，烤饼可以，但绝难制作成为面条。与汤水共食的面条，不言自明，会是干燥环境下人们内心的渴望。但要实现这一追求，却绝非易事！于细微处见精神。我国饮食文化史研究界领军人物赵荣光教授经多年研究，在民俗学调查中得到启示，并亲手实验，揭明了其中奥秘：我国北方大地多见沙蒿，沙蒿籽粉是富含黏性，也可以食用的一种食材。取沙蒿籽粉加入粟粉内，不超过5%的比例，粟粉黏性即可极度增强，和水后拨捻，粟粉有可能产生长达50厘米的粟条。这改进了粟粉加工工艺，创造出了一种新的面食形式：劳作一天后和水而入口，在十分干燥、取水较难的吐鲁番大地，确实可更好满足人们的肠胃需求，也改善了普通人的饮食生活。随逝者进入另一个世界的食品，子孙们没有疏忽面条，可以多少看出人们对这类新面食的高度肯定。我们从中可以得到的启示是：只要有需要，人们去努力，任何看去难以实现的愿望，都是有可能成功的。人类的创造力，在需要面前迸发出的智慧，绝对不可以轻估！这是我们今天可以深深记取、思考、接受、发扬的真理。

值得关注、细细思考的诸多文物，凝结着苏贝希古代居民历史文化的细节，还相当不少。苏贝希的男性成员，身边总有用作取火工具的钻木，而钻木取火也是当时人人必须掌握的生存技能。它和弓箭、加工精细的鞍具一样，都是游牧民族必备的生存工具。面对这些与游牧民族生存、活动息息相关的文物，我们曾十分认真地反复检视：有没有马镫？或有没有与马镫功能相近的装备？结果都是否定的。马镫，在改善骑乘方式、增进骑速、助益安全等诸多环节中具有重要性。这是关心游牧文化研究的学人注目的一个焦点。从保存相当好的苏贝希墓地可以得出结论：在公元前4世纪前后，镫具还没有出现在古代新疆地区骑士们的生活中。

苏贝希发掘中引发特别关注的又一文化现象，是在一具古尸胸部见到了严重外伤后曾缝合创口，力图挽救伤者生命的努力。这具可能记录着外科手术的古代人体标本，从医疗史研究角度，可以说是怎么估价也不为过的。古尸为男性，可惜出土时已不幸遭遇破坏，我们在现场看到的肢体已不完整，但看得出上身胸部、两肋生前曾受严重外伤。外伤发生后，亲人（或土医）曾用马鬃毛进行创口缝合，缝合的伤口仍然清晰，只是相关努力并没有成功。创口看不到一点愈合、生长的痕迹。值

苏贝希Ⅲ号墓地 M3 出土男尸胸部见手术缝合痕

得注意的是，在受伤并最终逝去的男子身旁，放置了两只小皮袋。其一，内盛黄绿色粉状物；其二，为暗褐色结晶体，稍显透明。逻辑推理，它们十分可能与对男子实施的救护存在关联。但十分遗憾的是，迄今为止，仍未有人就此做进一步的药物学分析。作为与这一考古项目有密切关联的个人，笔者当年是可以促进相关分析研究前行的，但却没有为此尽到应尽的责任，这有认识上的局限、财力上的困难，但不论如何说，总是留下了难以弥补的损失。

（二）哈密五堡青铜时代遗存

1978年的天山行，值得落笔的又一重大发现是在东天山尾闾地段的哈密绿洲上，发现并发掘了五堡青铜时代遗址。它内蕴的历史文化，特色鲜明，可以为认识亚欧大陆早期文明揭开全新的一页。

五堡，地处哈密市西约60公里的沙碛荒漠中。位置比较偏僻，地势比较低凹，气候干燥。从考古学角度说，又是一片未曾工作过的处女地，确实是较为理想、值得认真探查的所在。工作展开，还真很快就体会到相关小气候环境带来的好处：一处面积达5000多平方米的早期墓地，展现在我们面前。试掘，即看到了时代古远的五堡居民营造的墓地，保存得相当完好。有意无意间沉入地下的有机物、无机物，大多不朽。许多足可以展示其生活常态的细节，让我们不仅看到了当年五堡人的物质生活，也能捕捉到他们精神文化的鳞爪。

小小的五堡绿洲，依傍东天山下泄的白杨沟小溪，汇集了天山冰川雪水、地下潜流，水质纯净，只是水量实在太小。吮吸着白杨沟小溪而存活的五堡，自然也只能是一区弹丸之地。

自 1978 年发现、试掘五堡古冢，至 1991 年，前后共 3 次，在墓地东部一隅共发掘墓冢 114 座：十分简单的竖穴，以胡杨木盖顶，大量麦草、粟秆塞缝，阻沙土下泄。墓主人入土前，下肢均极度上曲至胸前，侧身安卧于底部木质尸床上。整个墓穴面积不足 1 平方米。座座小穴，比邻铺展，但绝不见彼此叠压、打破的现象，说明当是同一时期内入土的同族成员。入土的人体及随葬物品，保存完好。随殉小件青铜器、手制陶器、木器、石器，是哈密等新疆东部地区青铜时代考古文化的典型特征。但就在这样一种组合下，在一座墓葬男主人的身下，却发现了一件，也是全墓地仅见、人工锻造的小铁牌！青铜时代的墓地，手制陶器、木器、石器共存的随殉文物中，却出土了明显具有春秋晚期特色的人工锻造铁牌！而且还置于墓主人身下，是认真、精心的处置。按常理，时代绝对无法统一的文物不可能共存于同一墓穴之中，这一文化现象成为了一个无法回避而必须合理阐释、破解的历史谜团。

五堡古墓地，本想在第一次试掘后就收手的遗存，因着这一无法理解的考古文化现象，不能不进行一次又一次的验证性发掘。工作规模不算大，但前后持续了 13 年。直至 1991 年，谜团一直没有获得可以破解的直接证明；但每次工作都十分认真，也取得了预想不到的新的启示、收获，得到了另一些值得与大家共享的新知识。

在 1986 年组织的规模稍大的验证性发掘中，为杜绝可能的疏漏，我们十分小心，没有请任何一名农民工帮助清理墓穴沙土，而是从北大考古学系邀请了高年级的同学 4 人，其中有今天的古玉研究专家古方，才华横溢，后步入了文学殿堂的王连葵，远去了美国的赵永蘷，还有长期主持着荆州博物馆工作的王明钦。这原本是可以略去不提的工作碎片，这里如此细说，实际是希望强调：为破解1978年发掘中的谜团，在当年既穷又少力的新疆考古所，我们真是曾十分认真，做过不同一般的努力。

"青铜时代"是一个冷冰冰的、大家都认可的时代概念：人类脱离了石器工具，知道使用金属了。这是一个持续数千年的漫长的历史时段。在如是不算短的时光隧道中，五堡居民究竟处在一个什么位置，必须索解。因此，1978年发掘后，曾取墓地中出土木质遗物，送请国家文物局碳十四实验室进行绝对年代测定。送了4组资料，结论在去今3300—3000年[8]，较之"青铜时代"前进了一大步。但同一墓地，入土时代本相去不远，早晚却差了有300年上下，自然并不能让人满意。因此，当年说五堡，就总是模糊着说：它们是时在去今3000年前后的遗存。但坦白讲，我在了解这一模糊的绝对年代后，内心还是相当满意的：因为，去今4000—3000年前，在亚欧大陆，曾经有过一段气候突变频仍、居民迁徙频繁的岁月。历史学家因爬梳有限文献，就此说过不少。核心观点之一，就是欧洲大地土著居民南下和斯基泰人东行，多展开在这一时段之中。如果将五堡古冢中不少稀见、引人关注的文化现象放在这一历史背景中去慢慢品味，似乎可以感受到一点相关巨变沉落其中的微痕。毕竟，新疆居处亚欧大陆的腹心，较之东亚华夏文明中心地区，在这里是可以感应到更多旧大陆上地理、气候、人类文明的变化轨迹的。这是作为新疆考古人应该认真抓住的机遇，因为，机遇确实是可遇而不可求的！

在五堡展开过的规模不算太小的验证性发掘,并没有能捕捉到可以直接破解出土小铁牌谜团的答案。但大量新见、重复展开的文化现象,还是极度丰富了我们对"青铜时代"这一理论概念的具体认识,并且是在任何阐释"青铜时代"的著述中没有,也不可能有的具体知识:同在"青铜时代"的理论大旗下,不同环境中的具体实体却是景色万千、特色各异。如五堡大量保存完好的毛纺织物,大量以硬质木材为材料、精心制作完成的农业生产工具,保存完好的古尸,及诸多十分反常的景象……不少都值得一说,以助深一层的思考。

首先是五堡的毛纺织物。

托环境之玉成,死者随身的帽、衣、裤、鞋,铺垫的毡,大多不朽,具体而生动地展示了他们日常生活的情景。它们不仅极大开阔了我们的视野,让我们可得一睹3000多年前五堡绿洲上人们的生活常态,而且给了我们十分强烈的启示:我们,号称"考古学家",其实,对古远祖先们生活的实态、他们对美好的热烈追求及不受拘束地让自己的创造性思维转化为现实的努力……是知之极少、极少的。

帽:头戴尖顶毡帽,或以粗毛线编织成的尖帽。尖顶,是共性,也是绝不会被忽略的最大特点。这是他们在长期游牧、骑行驰骋生活中揣摩、总结出的智慧结晶。斜面、尖顶,行进中受风面小,不易被吹落。软毡、编织毛线,紧贴头部,自然也合体、保暖,相对舒适。因此,在欧亚草原上,这是人们普遍喜爱、流行时间长、流行地区广的一种帽式。适应环境之需、实际生活之求,成为它能在大范围、长时间内受到人们欢迎的最本质原因。古代波斯王宫石雕图上镌刻的斯基泰人都有引人注目的尖顶帽,

五堡古墓出土的尖顶毛线编织帽

不少著述很随便地就将尖顶毡帽作为了斯基泰人的专有特征。揆之情理，其实是很可以做另一番思考的。这是因为波斯宫廷石刻时间其实相当晚，而欧亚草原上的古代游牧人，在劳动、生活中选择并使用这种尖顶帽，年代则是十分早的。在阿尔卑斯山中发现的冰人戴着这种帽子，哈密五堡居民也戴着这种尖顶帽。类似的考古资料，可以罗列不少。亚欧草原上的斯基泰勇士喜好这一帽饰，自然也不奇怪；但如果见到这种毡帽，就判定为"斯基泰"，就不一定是科学的事实了。

谈及帽，还必须稍费笔墨，介绍一位古五堡女子曾十分得意的毛线头箍，她生前使用，逝后带进了墓穴。在1978年的发掘中，这又是仅见：十分鲜明，不惧标新立异、独立在群，难免会招来异样目光。这可以让我们感受到，当年五堡绿洲的居民社群中对"异常"存在的宽容，对创新有过的赞许，真是可贵的积极的人文精神，是社会可以更快前行不可或缺的文化气度！

这种毛线头箍，具体形式是将长一米多的毛线搓捻成较粗的线穗，端头结成圆形箍，可以紧紧箍牢在头额部，也束紧了披肩的长发。纯白色、长一米多的毛线穗，垂披在身后。不论是轻步行进，或是骑马纵情奔驰，披散在身后的线穗会迎风而扬起，为主人平添难以叙说的风韵！它是墓地中仅见的一件，社群还不会习以为常；它不落俗套，敢于突破旧规，创出新意，生动表明了女主人不一般的对美好的追求！头箍实物，目前保存在哈密博物馆。我愿意特别介绍，不仅在于其说明这青年女子超常的创造智慧，而且希望人们可以关注到当年五堡绿洲居民社群对这一新创意的接受，甚至可能还有赞许，没有这些，这件文物大概也是难以进入土穴，又最终重现在人们视野的。

毛布衣物：青铜时代五堡人，在毛纺织工艺一环，已经取得的不俗成就，十分值得人们关注。笔者在纺织工艺一环是真正的外行，因此，难以对此揭示得准确。但织物毛线细匀、组织致密，每平方厘米之经纬线，最密可达50根，是可以数得清楚的。织造工艺，除平织外，也见斜纹，还有少量的通经断纬之缂织物，一点绣品。他们对色彩有不一般的悟性，大量出土的衣物，褐色素面所占比例较小，入目的大多是以红、黄、绿、白、黑色线，巧妙布局，显示大小方格、宽狭条纹，配色和谐大方。真难轻估他们在图像设计方面，取得的不俗成就。笔者在毛纺织工艺领域见解太浅，一支秃笔，评说无力，这里只随手择少量实物标本，略做介绍，希望读者可以由此稍见其短长：

1. 褐色毛布长袍：取四幅毛布缝合，圆领，套头。腰部束带，可尽显女性形体的秀美曲线。更可注意者，在长袍袖口、边襕处，缀附一条宽一厘米多的蓝色条带，多了一丝春色，平添不凡的风采。

2. 竖条纹毛布袍（残）：棕色毛布面，满饰青黑色宽条带。宽条带内夹织多条黄色细丝条，使黑色宽条带稍显轻松氛围。

3. 斜纹毛布袍（残）：棕色地，满饰红、蓝色条纹，与彩色方格横竖交错。绿、白、红色线纹相间铺展，条带宽狭不一，方格布局整齐。

4. 红地绣花长袍：出土时仍穿着在女主人身上。取蓝、黄、白色毛线，绣小三角形。大量小三角组成等腰大三角形图块，满饰于红色地纹毛布上，极显华贵不俗。全墓地仅此一见。

5. 棕色布袍：平纹、深棕色地上显黄色宽条带。条带中夹织蓝、绯红色细条纹，色泽典雅。

五堡古墓出土的
褐色毛布长袍

五堡古墓出土的
竖条纹毛布袍

五堡古墓出土的红地绣花长袍（局部）

五堡古墓出土的彩色方格纹毛布

6. 长袍（残）：姜黄色地，满体青色宽条带，其中夹织黄、红色细条纹，色彩和谐怡人。

7. 方格纹毛布：姜黄色地，以红、黄色线显示细密的小方格，简单，朴素，大方。多见，是五堡人喜好的织物图案，应透显着族群文化内涵的密码。

缂花毛布裤腿：无腰无裆。裤腿以一幅毛布对折成型。裤上端预留线头，编成流苏，以增美感。裤管中部，用缂织工艺，成白色菱形小花，铺展在黑色条纹上，折曲展开，对比鲜明。裤管上端，以毛线带紧系于腰带上。相关裤形，新疆早期遗址（如吐鲁番苏贝希）多有所见。

认真分析，古远时期，制裤，要剪裁出与裆、臀部分合体并舒适的曲线，是比较难的一环。缝制也不易。既要求腿部之保暖，也要安全、利于行走，当非易事。避开臀、裆合体之难题，保证腿关节之温暖，伸屈自由，行走方便，如是套裤，实为比较理想的设计。这种裤在古代欧亚草原地带曾有广泛分布，历时也长，应该也是适合环境、人体要求的产物。

求"背后"赞许一例，至今难以忘怀。1978年发掘五堡，一具男尸上衣曾十分强烈地吸引过我的关

五堡古墓出土的缂花毛布裤腿

五堡男尸上衣颈后部彩色绣纹

注。男尸保存完好，在他同样保存完好的褐色毛布上衣上，于后颈部位，取鲜丽的红、蓝色毛线，绣饰了引人注目的菱形纹，鲜艳夺目。绣线粗看散乱，没有章法，细辨则为交错之菱格，其实也清晰。记得当年我在工地，曾手托这一绣纹，脑海中突然蹦出从事贵州苗绣研究的友人认真说给我的一段话：苗族少女，很小就要开始学绣工，稍长就要开始绣织婚后不能或缺、可以背负婴幼儿的背篼；背篼图案没有成例，多由主人自心灵深处流泻，因而极富个人创意。绣者力求在人人均备的背篼上显示个人的聪明智慧，博取来自背后的赞美，并认为只有这种不当面称"好"，"来自背后的赞美"，才是真正的赞美！3000 年前五堡小村中的青年男子，与远在贵州山区的苗族少女，遥隔千万里，相去数千年，却都有不企求迎面的称"好"，而追求"来自背后的赞美"，真是灵犀在心，让人不能忘怀。他们背后鼓励创新，期待生活中多姿多彩的努力，值得我们认真思考。至少，我在五堡墓地上不愿随便放手的瞬间，应该就是他们当年曾经在内心闪动过的追求吧！这曾让我又想：一种发自内心美好愿望的自由的创造，凝结着真实的对美的追求，不论在当年还是在 3000 年后的今天，绝不会因为时光流逝就变得暗淡无光！

五堡古墓出土的花毡色彩艳丽

毛毡：是不经纺织而造就毛纱成品。厚实，防潮，可吸附沙尘，对长期居停在毡帐中的游牧民族，实际用途数说难尽。它们太普通，太平常，往往就是取本色毛绒，粗细不分，捻压平实，可以铺地就完成使命。与地面色近、彼此和谐的毛毡，进入牧区在在可见，多以为常。但在五堡发掘中，见过大量本色毛毡后，竟还不止一见有红色、蓝色方块图案的毡块。3000年前的五堡人，追求变化，追求新的美好的努力，真是无处不在！大方格的彩色毡，真难说它就有了怎样美好的效果，但主人求新、求异、求变、求美的努力，希望在平淡的毡幕中出现新的色彩，显示新的活力，而且敢于行动、实践的精神，还是让我得到积极的启示：新的美好、成功，就是在如是环境中才可以萌发、成长的！

细想五堡出土的毛纺织物，也就是十分简单的线、条、方格、三角等几何形。有限的几种原色与元素，变化组合，却呈现了如万花筒一般复杂、不同的图形。凝结其中的文化精神值得我们认真思考。

60年的新疆考古生涯，经手、目验过的早期毛纺织物标本，可以说相当不少，但确没有见到与五堡出土物相近、相类的图像。解开这一谜团，或需进一步开阔视野，到过去我们接触不多，所知也少的欧亚草原世界上去驰骋、搜求，觅源头与发展的余绪。广阔的欧亚大陆上，中国西部世界与欧亚草原世界曾经存在的物质、精神联系，真是并不少的。在熠熠生辉的中国纺织史舞台上，我们在"丝织"一环，已经为人类文明史奉献了不朽的篇章，而在毛纺织一环，还有太多应予补充、加强的环节。记得1978年，五堡毛织物标本出土后，时在新疆考古所工作的王路力曾持标本前去上海纺织科学研究院学习、请教，高汉玉先生见后曾叹为精品，过目的老技工师傅甚至说："它们真可以与我们上海在20世纪40年代的毛呢织物一比高低。难以相信是3000年前的手工织品！"这些话至今仍言犹在耳，但相关领域的研究却前行不多。一辈子考古新疆，最大感悟之一，是许多古代兄弟民族活动的重要舞台，如新疆大地，我们在太长时间里没有重视了！大家记得她是祖国的西部边隅，而没有关注她还是华夏文明与欧亚世界联系的重要通途！就以毛纺织一环为例，这些年，有多少精彩的文物问世！作为中华民族大家庭的重要成员，生存、发展在西部边疆大地的游牧民族，许多方面都曾有过闪光的奉献。毛纤维短，不如丝线之绵长，表现花纹图像会受到局限。但局限也是动力。因势而动，在新疆大地不止一处3000年前青铜时代遗址内，我们就见到通经断纬之缂织工艺已应求而生。利用通经断纬让小梭穿行，同样可以显示复杂、美好的图像。这一工艺，后来影响及中原，在缂丝工艺一环也出现过惊人的华章。华夏文明，吸收、熔铸过不同民族的文化养分，才得造就了今日她无可取代的十分芳华！

五堡古墓出土的无辐车轮

再说说五堡木器及其他。

剖析五堡所在环境,就是干旱沙漠中一区小小的绿洲,四周确也不见古代早期冶金必需的铜、锡矿藏,主人再有相关采掘、冶炼、制作青铜工具的知识、技能,也难成无米之炊,而必须另觅生存、生活之途。有过不少辉煌建树的五堡人,自然不会吊在一棵树上叹命运之多舛,而是积极在荒漠中观察、认识木质致密、材质坚硬的胡杨、红柳、枣树,并以之为材,加工、制造了可以在绿洲农业中一展身手的诸多工具:长达1米多,可以直立操作、便于挖土、端部呈三角形的掘土器,让翻土、播种不再困难,长期使用,端头锐利、光洁;长方形的平头、薄刃木铣,铲土、平土,也很顺手,长期使用,破裂损坏,随即穿孔,用皮绳加固,再用;其他如日用小木桶,外表绘饰红色三角形;长期在沙砾地带穿行的无辐木质车轮,轮体嵌入无数细碎石粒、粗砂,记录着行进的艰难……林林总总,都可以感受到古代五堡人虽没有金属工具,但面对环境显示出的创造性智慧与积极的开拓

五堡古墓中有的干尸身躯完好，头颅已失

精神。

去今 4000—3000 年的青铜时代，在乌拉尔山东西，考古学者发现过可称辉煌的青铜冶炼、制作工场；在新疆伊犁河流域，发现过奴拉赛铜矿采掘、冶炼的遗址，发现过多种青铜生产工具……五堡人没有这样的机遇，虽然他们也有过不弱的冶金技能（如难以说明的人工锻造小铁牌），但生存舞台上没有可以加工的金属原料，他们也只能徒叹奈何，并在自身领有的舞台上另谋生存、发展之途！

理论是高度凝练的！但人类资以生存、发展的地理环境，千差万别，各有千秋。说五堡遗址主人进入了"青铜时代"，却不能不以他们生存所依的木器，细致辨析木材上留存的砍、削、凿迹痕，作为存在金属工具的立论基础。这看去有点离谱，实际却是紧贴事实、富含创见性的判定。具体的历史进程，较之简单的理论架构，是色彩万千、个性各异的。考古工作者具体认识相关史页，只有遵从这千差万别的个性存在，感受、认识人类与生存环境、异己力量共处前行的过程，了解祖先曾有的积极建树,不可免的种种错失,方能吸取到可称"丰富"的文化营养。不如此,而以所谓规律性的概念去左右自己的具体研究,就难免步入歧途了!

(三)五堡古尸出土乱象,血亲复仇现场?

1986年在五堡组织、实施的验证性发掘,是希望破解青铜时代遗址中发现的小铁牌谜团。发掘规模不小,数量近百,旧日谜团未获解,而十分反常、满溢仇恨与暴力的墓穴,给我们提出了新的难题。

葬埋亲人的墓地,是故去亲人的福地,地位神圣。但墓穴打开,呈现在我们面前的,不少竟是满穴狼藉、仇恨充溢的现场:原来安卧的死者,不少颈骨被强力扭断,头颅抛掷在一角;大腿,不少经暴力撕扯,骨肉断离;屈肢侧卧的遗体,被拽离穴底,掷于墓穴泥壁下;带毛发的头皮硬生生被撕扯去,只留下白森森的光颅……目光所及,随处都可以捕捉到愤怒、怨仇、摧残、凌辱。古代世界曾经一度流行,且被视为天经地义的血亲复仇现场,竟那么具体、细微地呈现在我们面前。干旱沙漠地区的考古遗存可能保留的一切,真是多雨潮湿的大地上绝对无法想象的!

时代进步,古老的"血亲复仇"观念,今天的人们已少有了解,但它却曾是人类早期信奉、确实存在的文化精神。在个体力量相对弱小、个体安全与利益跟所在的家族与氏族密切关联时,任何一个个体遭遇异己力量伤害时,往往会被视为是对其所在家族、氏族的伤害。组织、实施报复,就被视为神圣的义务。如是文化,可以形成强大的内在凝聚力,从而也为家族、氏族群体的安全构筑了不可轻估的精神文化屏障。而实施报复的形式,既可以针对加害方的所有成员,也可以指向个别的特殊成员。古代中国和亚欧其他地区,都曾经历过这一发展阶段,留下过不少的文字记录,《周礼》《礼记·曲礼上》等典籍有"父之仇弗与共戴天,兄弟之仇不反兵,交游之仇不同国"的相关记录;《春秋公羊传》有"不复仇,非子也""父不受诛,子复仇可也"。《周礼·司寇处》设"朝士",具体任务就是登录仇家姓名,"杀死仇人可无罪"。一个有名的实例,春秋时,伍子胥为报父、兄被楚王冤杀之仇,灭楚后曾掘楚平王尸,鞭三百,被传为美谈。这些,都是崇尚"血亲复仇"的产物。

如是血亲复仇习惯,在古代西亚、欧洲也曾同样流行。《旧约全书》说希伯来人坚守"以命还命,以眼还眼,以牙还牙,以手还手,以脚还脚,以烙还烙,以伤还伤,以打还打"的精神。在英格兰,以盎格鲁-撒克逊习惯法为基础汇编成的《埃塞尔伯特法》,也收录了不少相关条文,表现着这一精神。如杀人不施行血仇,加害人必须赔付"偿杀金";不同等级的社会成员,如奴隶、平民、贵族、教士,身份不同,偿杀金的数额也不一样。这是社会发展,生命的价值受到重视而出现的用金钱赔偿以了结相关恩怨的新规,"要么接受长矛,要么收买长矛"。方法有了变化,但"血亲复仇"的内核还是可以触摸的。

相关文字曾断续与闻,只是没有想到,在新疆哈密青铜时代的墓冢中,竟得见到可能相关的历史图景。它是中原传统文化在新疆的投射,还是曾有欧洲居民东行,让可能与盎格鲁-撒克逊子民存在关联的"血亲复仇"文化留存在了新疆哈密地区?让人有着无尽的遐想。

接下来说点五堡古尸的花絮。

这是一个完全真实、笔者亲历全过程的故事。有关故实，今天的人们已逐渐淡忘，但一些平淡展开过的细节，其实是可以进一步思考的文化矿藏。

1978年，发现墓地中屡现、保存还比较完好的古尸，作为发掘者，一度是十分兴奋的：难得一见，有欧洲人形体特征，而且是文献少见的认识新疆古代居民及其文化的宝贵资料，可进一步分析、研究的空间是相当广阔的。但当年的新疆考古研究所，办公、研究处所主要也就是几间活动板房，自然不能作为保存、收藏、分析古代干尸的地方，为此，笔者无奈，曾找到当年（1980年）主管新疆文化的自治区党委宣传部部长。因为工作中有过几面之缘，就信心满满，希望得到支持：能拨一点点钱，让我们可以盖一两间能收存、分析古尸的土房。在听完汇报，也认真看过面呈的相关文字后，部长十分客气，亲切表示了他的同情、理解和支持，认真说："知道你们的难处，也知道这类古代干尸之珍贵、有价值。但自治区面对的许多问题，比如大家的吃饭问题，都还没有完全解决。活人的事，怎么也比死人的事情重要。古尸还是先放放……"我们普通小民，立足太低，自然没有想到过考古所希望的土房还可能关联着自治区的安危大局，只能反躬求诸己，让路前行了。在苦闷、无计、不知路在何方之时，友人提醒：不妨问问上海自然博物馆。超乎预想，也就是一通电话，竟柳暗花明，瞬间改变了五堡女性干尸的命运！"自博"领导不仅欢迎女尸，而且允诺全力支持，在收存、保护、分析、研究等诸多想到或没有想到的环节，都愿全力与新疆考古所合作！我曾背后揣想："自博"大概怎么也不会想到，天上会掉下一个

"林妹妹",这3000年前的新疆干尸就送给了上海自然博物馆。至于我们新疆考古所,愁绪顿消,因为好不容易在哈密干燥沙碛中发掘的古代人体标本,不会在我们手中损毁,总算为她找了一个合适的归宿。两家各遂所愿,于是合作十分愉快。今日提笔,想到当年曾为这件事尽过心力的徐永庆、何慧琴、李柳生等诸位友人,仍让人难释怀念之情!

实事求是分析,上海在其一百多年的历史进程中,毕竟是中国与世界走得最近的一个地区,自然也有了长时间积淀下的常人难及的精明。哈密女尸,从考古正剧中现身,随即遇到了意想不到的悲剧性磨难,最后在上海外滩有了一个喜剧性的收场,多少说明了这一思想文化背景。上海自然博物馆的领导、工作人员,既看到了哈密五堡女尸的科学研究价值,也观察、感应到了普通上海居民在这具3000年前的女尸身上寄托的悬念、揣想。他们很快又决定:应社会要求,在保护好的前提下,组织公开展览。这一展览收获了难以预想的巨大社会效益,好评如潮;而辛苦运营与劳动,也得到了应该、合适的经济效益!

新疆古尸展览,在当年的上海,曾成为人们生活中的一件大事:为一睹3000年前女尸真面目,观众还真不怕排队,从延安东路"自博"老馆大门一直排到了黄浦江外滩!女尸短长,一夜成为了人们街谈巷议的中心。后来,作为上海友好城市的日本大阪,甚至希望上海自然博物馆可以搭桥牵线,让新疆古尸也可以去大阪展览。这份影响,不可谓不深远!

思想引领着行动!同一件事,因为认识差异,视角有别,处置就很不一样,社会结果自然也完全不同。古尸从发掘、收存无处,到最后成为上海"自博"的宝贝,我这个全程参与者情绪起起落落，感受实在是太深太深了！

新疆啊新疆！如是辽阔、美好的土地，纯朴的人民，长期以来，你前行的脚步，为什么总是那么沉重、缓慢！缓慢得让人生忧、发愁！

新疆古尸命运的起落沉浮，也多少可以给我们一点启示：主事者的思想、境界，关键时刻决定着具体事物的命运。人民不具主事者的权威，但还是可以关心主事者的所作所为、所行所止。

最后说说松树塘、棺材沟、焕彩沟。

一道峡谷，既名"松树塘"，又名"棺材沟"，还名"焕彩沟"，一谷三名，满蕴历史文化情思。

峡谷距离五堡小村也就是咫尺之遥，地处东天山山脚。经南山口，越松树塘达坂，可以很方便抵达天山北麓十分有名的巴里坤草原，是交通天山南北的要隘，地势十分重要。

松树塘达坂，海拔 2600 多米，总长不过 24 公里。沿途上下漫布落叶松、云杉，郁郁葱葱；达坂下溪水长流，溪谷左右绿草如茵。不论是以马、驼代步，还是两腿缓行，翻越如是达坂都并不困难。

自古代伊吾（今哈密绿洲）入松树塘峡谷，峡谷口外，目前还可见古烽二三，显示着古道走向。进入峡谷不远，路畔有形若屋宇的巨型漂砾一块，其上有清人手书"焕彩沟"3 个大字，远远即可入目，清楚透示了清代文人对这条峡谷满溢不平常之赞颂。

古代伊吾，是西域大地东入华夏腹心的西大门。越松树塘达坂，直抵达坂北脚下的巴里坤草原。这是一片十分难得的水足草丰、宜牧宜农的可人盆地：东邻蒙古高原，北接阿勒泰山地，西贴准噶尔草场,是游牧民族可以纵横驰骋的广阔舞台,其难以比匹的重要战略地位,不言自明。

如是地理格局,决定了它必将成为北方草原游牧帝国与南部绿洲王朝间既可互补、交流,也存在差异、矛盾的经济格局。在特定情势下,利益的驱动也可能诱发冲突,让这里成为战争相向的冲突前沿。

达坂上下已经发现,并著录在册的汉碑唐刻,显露过一点碎片。

继班超任西域都护的任尚,在东汉永元五年(93)秋九月草肥马壮之时,在巴里坤草原取得过对匈奴首领于除鞬的战争胜利。

东汉永和二年(137),汉敦煌太守裴寂为报多次失败之仇,以攻为守,率郡兵3000人,在巴里坤草原让匈奴呼衍王折戟授首,河西四郡得安。

640年,李世民下令讨平在西突厥支持下甘为马前卒,企图以割据封堵丝路交通以谋一己私利的高昌王麴文泰。唐将姜行本曾在松树塘达坂峡谷当中,利用谷内林木资源制作了"冲梯""抛石机",急趋高昌城下。攻城战刚刚揭幕,麴文泰就吓死在了高昌土城内的卧榻上,黄粱一梦随之破灭。

这只是几件较大的历史碎片,更多已经失落的历史细节,在同为华夏子民的中原王朝与匈奴、鲜卑、柔然,乃至更后的突厥、蒙古、准噶尔等游牧王朝的角力中曾经展开过的大小历史画面里,更是数说难尽。

入唐以后,据裴矩的《西域图记》,自伊吾入蒲类,过北庭,最后抵达地中海周围的丝绸之路北道,成为了欧亚交通来去的大动脉；唐王朝在蒲类草原上新建的伊吾军城，至今仍然屹立，屯田、戍守，有力支撑过丝路北道的交通，维护过社会的安全。晚至19世纪中叶，左宗棠面对日益迫近的边境危机，力排众议，言西域大地之绝不可失！甚至扶棺率军西行，示决战决胜之坚强意志。任何侵略者的内心其实还是胆虚的，他们可以任意欺凌弱者，实际却也惧怕决死斗争的勇士。在沙俄、英帝国主义或明或暗驱使、支持下的浩罕阿古柏侵略者，终快速败北，凶酋授首。西域大地重获安全。那些曾重压在全国人民心里的浓浓乌云，终于飘散。

在这些关系国家安危的重大决战中，哈密、巴里坤，沟通其联系的天山峡谷、松树塘达坂，都曾有过令人难忘的记忆。

适宜的高程，理想的温度、湿度，天山峡谷松树塘自然成为了松杉浓密，绿草连片，人畜往来都会留下深刻印象的美好所在。"松树塘"这个名字也成为了人们一致认可的称呼，看似平淡，其实都是发自人们内心的赞颂之词，是自心灵深处流泻，并得到一致颂扬的所在：只要提及松树塘，人们面前立刻会显现那一个绿色、和谐，有树，有草，有水，适宜穿越的理想空间！

继"松树塘"之后，不知从什么时候开始，与"松树塘"一道，在社会生活中，又慢慢有了"棺材沟"这一与流血、痛苦相关，不被人喜爱，但却又不得不认可其存在的地理概念。它产生在民间，流淌在社会。它贴近实际，朴实无华，深深凝结着普通人对相关山沟内溢流的伤痛的思考。山沟位置冲要，在民族、阶级利益追求存在差异的历史进程中，军事冲突就不绝于途。每次血与火的冲突后，总会有难以数计的华夏儿女殒命在达坂南北、峡谷沟壑之中，也就少不了暴尸于野、白骨难收之愁。对此感受过太多的古代伊吾、蒲类大地的普通子民，自然就对此地有了"棺材沟"的指称。粗看，它只不过是普通人之间的评论，其实却表达了人民群众对相关现象的朴素情感，因此也流传很广、很远。

认真关注思考过民间俗称的"棺材沟"，并深一层虑及它可能会对戍边卫国勇士的精神产生腐蚀性影响的是清代名将岳钟琪。史载他是宋朝名将岳飞之后，为岳霖一系子嗣，"足智多谋，深沉刚毅"，是清朝前期权倾一时的"大将军"。他在平定准噶尔时，曾短期驻军在巴里坤。至今，巴里坤城南山麓，仍有他练军、习武的指挥台——一块巨石。康熙皇帝曾赐予岳家一副匾联："太平时节本无战，上将功勋在止戈。"能止戈、化干戈为玉帛，让人民得平安之福，其实正是智将最值得赞颂的一环。岳钟琪驻节巴里坤之时，人们称颂他在难眠之夜苦思的还是保边安民之大计。这过程中，他想过人们在"棺材沟"一名中沉落着的忧伤、痛苦，但忧伤不能止痛。只有每天在"岳公台"下苦练才能止戈息战，实现人民安居乐业之可能。于是，与"棺材"音近而意不同的"焕彩"二字涌现在他脑际，随即命部下在残留汉、唐字痕的巨型漂砾上，凿刻下了"焕彩沟"三个涂红的大字！冷冰冰、黑沉沉、与死亡紧紧相连的"棺材"二字，变为了与卫边、保民、建功立业相关的"焕彩"。同样的峡谷，两字之变，就让人感到了与春天、生命相关的美好存在。这是岳飞之后，岳钟琪的过人之处，是一个忧国忧民的军事战略家应有的人性光彩。

掩卷再想，小小地球，自人类出现，弱肉强食，能者称王，真就一直是一个并不和谐的世界。求得一方平安，不变作他人奴，任人鱼肉，必须要有一支强大的、可以卫护自身安全的军事力量。从这一角度想，岳钟琪变"棺材"为"焕彩"，还真能让人具体触摸到"岳家军"最值得记起的血性精神!

不同的视角看一条峡谷,展示了不同的认识,不同的诉求。

听说,为适应现代运输的需要,避开松树塘达坂曲折回环的山路与冬日大雪的封堵,近年已修建了一条绕过松树塘而来去巴里坤—哈密间的现代公路。这是可以理解的发展。但对于期求触摸古代新疆历史风云的人们,我倒是建议在适宜的季节,不妨走走南山口,遥望山口仍然屹立的二三古烽,目验入山口还遥遥可见的巨大漂砾,从其上"焕彩沟"三个鲜红的大字,细想从"松树塘""棺材沟"到"焕彩沟"的变化轨迹,心灵深处的获益,会是更广远而深刻、难以忘怀的。

2002 年 5 月 8 日初稿
成于上海青浦朱家角玲珑坊,抗疫、封足之时。

[1] 王明哲、王炳华《乌孙研究》,新疆人民出版社,1983 年。

[2] 王炳华《波马金银器研究》,《吐鲁番学研究》2004 年第 1 期。

[3] 安英新《新疆伊犁昭苏县墓葬出土金银器等珍贵文物》,《文物》1999 年第 9 期。

[4] 余太山《两汉魏晋南北朝正史西域传要注》(下册),商务印书馆,2013 年,450—454 页。作者曾详密考证,"公元 5 世纪中叶,悦般领地,当在裕勒都斯河谷以西、纳伦河谷以东、龟兹以北、伊犁河以南"。昭苏正踞其中。而太平真君九年及其稍后,悦般与北魏使节往来,"遣使朝献",是彼此关系最密切的几年。

[5] 王炳华《新疆阿拉沟竖穴木椁墓发掘简报》,《文物》1981 年第 1 期;相关文物,还曾刊于当年国家文物局主办的《文物特刊》第 40 期。

[6] 因墓穴深 7 米,出土大量金器后,人们拥挤围观,为安全,当时曾请了铁道兵战士持枪帮助维持秩序;为取墓中巨型卵石,请铁道兵用了起重机。这些

五堡墓地出土毛织物,最早接触者是王路力。她做清洗、图案及组织分析,再送相关标本至上海毛纺织研究院,高汉玉先生予以了悉心指导。此情此景仍历历在目。照片中为当年王路力分析毛织物的情景,是一个值得纪念的画面

工作细节,加之出土了的黄金狮、虎,被广为传播。事隔半年,我偕考古所同事沿阿拉沟、乌里斯台沟进行调查,觅求相关遗存信息,邀请沟谷内老年牧民座谈是常用方法。一次座谈中,一牧民发言说,他"在沟谷内生活60多年,从未见到什么出土黄金、珍宝的大墓。只是阿拉沟口,听说曾经有过大量黄金、珍宝的古墓葬。出土过黄金狮子、老虎。狮、虎太大了,人力搬不动,用了起重机,才能带出深深的墓坑。宝物太多,害怕老百姓拿,还请了解放军持枪把守,不准老百姓接近墓坑细看"。"你们找宝、挖宝,要到阿拉沟口去看看。"粗听,吸引了我们的注意力;细品,原来只是我们发掘工作的故事化。阿拉沟东口、大墓、黄金狮虎、起重机、持枪警卫的解放军……细节真实不虚,但极度夸张,又完全改变了事物的真相。

故事,有真实的内核;传说,会不断加工,不断增色;真实,会被改造成真假难辨的传闻。阿尔泰山有过的"独目人";昆仑山长过与天穹相连的"建木";《山海经》中诸多光怪陆离的人、物、神禽、异兽,用这一认读方法去思考、剖析,就有可能一点点地接近那些数千年前确曾存在过的故实。

[7] 《阿拉沟考古》,迟延半个多世纪,最近才得完成初稿,即将付梓。所见文物现在新疆博物馆展厅陈列。王炳华《西域考古文存》曾有介绍,兰州大学出版社,2010年,202—218页。

[8] 见中国社会科学院考古研究所编《中国考古学中碳十四年代数据集(1965—1991)》,文物出版社,1992年。

附录：王炳华西域考古撰著一览

王炳华，1935 年出生于江苏南通。1960 年毕业于北京大学历史系考古专业，同年到新疆，从事新疆田野考古、研究。40 年新疆考古实践，直接触摸沙漠戈壁中保存比较完好的古迹、文物，对古代亚欧物质、精神文化交流实况，有比较具体、深入的认识。

曾任新疆文物考古研究所研究员、所长。获评新疆有特殊贡献优秀专家。1992 年起，享受国务院政府特殊津贴。曾任台北大学客座教授。2011 年起任香港大学饶宗颐学术馆荣誉研究员。退休后曾受聘于中国人民大学国学院西域研究所，任特聘教授、博士生导师。现受聘为中国文化书院导师。

一、自 1960 年步入新疆考古舞台，迄今，已在新疆考古文化研究中工作 56 年。可分两个阶段：

（1）1960 年至 2000 年，以考察、调查、发掘、组织、领导考古发掘、探索西域文明为主；研究不足。

（2）2000 年至 2016 年，以思考、总结"新疆考古与西域文明"及教学、研究为主，仍有相当多的野外考古实践。如 2000 年寻找小河墓地；2003 年赴小河墓地发掘现场；2005 年从敦煌到楼兰的考察；2005 年领队赴蒙古塔米尔河发掘；2012 年去和田河、克里雅河探北方墓地；2014年重访尼雅故址；2016年的阿拉山口、霍尔果斯口岸、阿勒泰山南麓行；等等。一直未停息工作的脚步。

半个多世纪的考古，足迹及于新疆每个县区，及于阿尔金山、昆仑山北麓、天山南北麓及天山腹地、阿勒泰山南麓、蒙古草原、准噶尔盆地、塔克拉玛干沙漠周缘绿洲。穿越过塔克拉玛干沙漠，调查过帕米尔高原进入印度河谷山口（明铁盖），进入过阿富汗瓦罕走廊隧道。调查过克里雅河水系、尼雅河水系、孔雀河水系。

二、发现、考察过阿勒泰山南麓约20处早期彩绘岩洞、石人、鹿石遗址；天山腹地呼图壁生殖崇拜岩画。调查、首先报道过哈密白杨沟佛寺遗迹、喀什乌帕尔佛寺遗迹、卡克玛克河谷佛寺遗存。考察过丹丹乌里克、热瓦克、约特干、达玛沟、阿艾石窟。全面调查、试掘了唐葱岭守捉城故址，考察了帕米尔公主堡古址，坐实了唐银山道、白水涧古道、金岭道故址。考察、研究了唐伊吾军城、唐轮台、唐柘厥关、唐鸲鹆镇等故址。提出了乌孙、塞人等考古文化概念。

三、重点发掘、试掘过的古代遗址有：古墓沟、交河沟西、交河沟北车师、匈奴、晋唐墓葬、吐鲁番阿斯塔那古冢（晋唐）、哈密五堡墓地、天山阿拉沟古墓、昭苏乌孙墓、阿勒泰克尔木齐古墓、精绝王陵、精绝古城、巴里坤兰州湾子石构遗址；唐伊吾军城、葱岭守捉城；高昌城、交河城、唐轮台故城、喀拉玉尔衮遗址等。

四、对楼兰故城兴废、汉居卢訾仓故址、孔雀河青铜时代考古文化、康家石门子生殖崇拜岩刻、新疆境内古代丝路走向、人类活动与环境变化关系等有较深入的研究。

五、迄止于2023年，已刊考古报告、研究类文章136篇；已出版著作24部（部分合著）；主编丛书、资料8辑。

主要论著：

1.《新疆出土文物》（大型图录），文物出版社，1975年。（与马雍合著）
2.《新疆历史文物》，文物出版社，1977年。（与马雍合著）
3.《乌孙研究》，新疆人民出版社，1983年。（与王明哲合著）
4.《通俗新疆史》，新疆人民出版社，1986年。（与钱伯泉合著）
5.《吐鲁番的古代文明》，新疆人民出版社，1989年。
6.《新疆天山生殖崇拜岩画》，文物出版社，1991年。
7.《丝绸之路考古研究》，新疆人民出版社，1993年。
8.《新疆历史文物》，新疆美术摄影出版社，1999年。（与刘文锁合著）
9.《罗布泊——一个正在解开的谜》，新疆人民出版社，2000年。（与胡文康合著）
10.《访古吐鲁番》，新疆人民出版社，2001年。
11.《交河沟西1994—1996年度考古发掘报告》，新疆人民出版社，2001年。
12.《新疆古尸——古代新疆居民及其文化》，新疆人民出版社，2001年。
13.《沧桑楼兰：罗布淖尔考古大发现》，浙江文艺出版社，2002年。
14.《精绝春秋：尼雅考古大发现》，浙江文艺出版社，2003年。
15.《新疆访古散记》，中华书局，2007年。
16.《丝路传奇——新疆文物大展》，台湾历史博物馆，2008年。
17.《西域考古历史论集》，中国人民大学出版社，2008年。
18.《西域考古文存》，兰州大学出版社，2010年。
19.《丝路考古两题》，香港大学饶宗颐学术馆，2010年。
20.《解密吐鲁番》，浙江文艺出版社，2012年。
21.《悬念楼兰—精绝》，浙江文艺出版社，2012年。
22.《古墓沟》（考古报告），新疆人民出版社，2014年。
23.《原始思维化石——呼图壁生殖崇拜岩刻》，商务印书馆，2014年。
24.《楼兰尼雅》，浙江文艺出版社，2023年。

编辑资料：

1.《新疆考古三十年》，新疆人民出版社，1983年。（合作）
2.《尼雅考古资料》，内部刊物，1988年。（与王路力合作主编）
3.《新疆文物考古新收获（1979—1989）》，新疆人民出版社，1995年。（合作）

4.《法国西域敦煌学名著译丛》,中华书局。(与樊锦诗合作)
5.《隋唐五代墓志汇编 新疆卷》,天津古籍出版社,1991年。(合作)
6.《新疆考古发现与研究 第一辑》,《新疆文物》特刊,1996年。(主编)
7.《新疆文物考古新收获(续):1990—1996》,新疆人民出版社,1997年。(合作)
8.《孔雀河青铜时代与吐火罗假想》,科学出版社,2017年。

论文、散记:

1.《北疆发现许多游牧民族的古代墓葬》,《新疆日报》1961年11月30日。
2.《探讨新疆新石器时代经济文化发展状况等问题》,《新疆日报》1962年1月20日。
3.《特克斯县出土的古代铜器》,《文物》1962年7—8月合刊。
4.《覆面、眼罩及其他》,《文物》1962年7—8月合刊。
5.《盐湖古墓》,《文物》1973年第10期。
6.《吐鲁番新出土的唐代绢花》,《文物》1975年第7期。
7.《从出土文物看唐代以前新疆的政治、经济》,《新疆历史论文集》,新疆人民出版社,1977年。
8.《新疆阿拉沟发现春秋至汉代少数民族墓葬群》,《文物特刊》1977年第40期。
9.《乌市南山矿区发掘一批古代车师墓葬》,《新疆日报》1978年3月17日。
10.《古车师墓葬》,《新疆画报》1978年第4期。
11.《建国以来新疆考古的主要收获》,《文物考古工作三十年(1949—1979)》,文物出版社,1979年。
12.《新疆东疆和南疆地区考古新发现》,《新疆考古》(内刊)1979年第1期。
13.《吐鲁番出土唐代庸调布研究》,《唐史研究会论文集》,陕西人民出版社,1980年;《文物》1981年第1期。
14.《"刘平国刻石"及有关新疆历史的几个问题》,《新疆大学学报》1980年第3期。
15.《新疆阿拉沟竖穴木椁墓发掘简报》,《文物》1981年第1期。
16.《震动世界的古楼兰女尸》,《广角镜》1981年第102期。
17.《揭开楼兰之谜》,《广角镜》1981年第102期。

18.《在古楼兰人的"天国"门口徘徊》,《广角镜》1981年第102期。
19.《楼兰古城——罗布淖尔地区考察之一》,《科学实验》1981年第3期。
20.《干涸了的罗布泊——罗布淖尔地区考察之二》,《科学实验》1981年第4期。
21.《奇异的雅丹地貌——罗布淖尔地区考察之三》,《科学实验》1981年第6期。
22.《古楼兰人的"天国"——罗布淖尔地区考察之四》,《科学实验》1981年第9期。
23.《乌孙名王翁归靡》,《新疆历史人物》,新疆人民出版社,1982年。
24.《乌孙历史上几个重大问题的探讨》,《新疆社会科学》1982年第3期。
25.《新疆犁耕的起源和发展》,《新疆社会科学》1982年第4期。
26.《汉朝第一位西域都护——郑吉》,《新疆日报》1982年5月8日。
27.《新疆古代农业小议》,《新疆日报》1982年6月5日。
28.《荒漠深处的古代文明——孔雀河考古生活追忆》,《新疆日报》1982年10月27日。
29.《从考古资料看新疆古代的农业生产》,《新疆社会科学研究》1982年第10期。
30.《公元前7—2世纪的新疆地区》,《中亚文明史》(英文版)第二卷第九章,联合国教科文组织,1983年。(与马雍合作)。
31.《孔雀河古墓沟发掘及其初步研究》,《新疆社会科学》1983年第1期。
32.《吐鲁番考古收获》,《敦煌研究》(法文版)第二卷,1983年。
33.《新疆农业考古概述》,《农业考古》1983年第1期。
34.《古墓沟人社会文化生活中几个问题》,《新疆大学学报》1983年第2期。
35.《回顾1982年的新疆考古工作》,《新疆社会科学研究》1983年第8期。
36.《阿克苏县喀拉玉尔衮等古代遗址》,《新疆考古三十年》,新疆人民出版社,1983年。
37.《"丝绸之路"新疆路段考古述略》,《新疆社会科学研究》1983年第10期。
38.《对新疆古代文明的新认识》,《百科知识》1984年第1期。
39.《"丝绸之路"南道我国境内帕米尔路段调查》,《西北史地》1984年第2期。
40.《新疆哈密甫乔克发现新石器时代晚期墓葬》,《考古与文物》1984年第4期。
41.《1983年新疆考古工作的重要收获》《新疆社会科学研究》1984年第8期。
42.《西汉以前新疆和中原地区历史关系考索》,《新疆大学学报》1984年第4期。
43.《哈密古墓地发掘简况》,《考察与研究(总第四辑)》,上海科学技术文献出版社，1984年。
44.《古代新疆塞人历史钩沉》,《新疆社会科学》1985年第1期。
45.《天山东部的石雕人像》,《新疆文物》1985年第1期。
46.《从考古资料看"丝路"的维护及局部路段变迁》,《公路交通年史研究》1985年第3期。
47.《从考古资料谈"丝绸之路"的几个问题》,《新疆交通史志资料选辑》1985年第3期。
48.《乌孙王难兜靡死于大月氏考》,《西域史论丛》第二辑，新疆人民出版社，1985年。
49.《新疆地区青铜时代考古文化试析》,《新疆社会科学》1985年第4期。
50.《1984年新疆考古工作收获》,《新疆社会科学研究》1985年第12期。
51.《新疆细石器遗存初步研究》,《干旱区新疆第四纪研究论文集》,新疆人民出版社，1985年。
52.《高昌名将张雄》,《新疆历史人物》第二集，新疆人民出版社，1985年。
53.《唐朝著名廉吏裴矜》,《新疆历史人物》第二集，新疆人民出版社，1985年。
54.《乌孙历史上杰出的政治家猎骄靡》,《新疆历史人物》第二集，新疆人民出版社，1985年。
55.《巴里坤县兰州湾子三千年前石构建筑遗址》,《中国考古学年鉴1985》,文物出版社，1985年。
56.《远古到春秋战国时期的新疆》,《新疆风物志》,新疆人民出版社，1985年。
57.《中国历史大辞典·民族史卷》新疆史文物古迹（62条）,《新疆历史研究》1985年第2期。
58.《"丝路艺术"断想》,《新疆艺术》1986年第6期。
59.《新疆出土彩陶》,《新疆社会科学》1986年第4期。
60.《新疆东部发现的几批铜器》,《考古》1986年第10期。
61.《中国名胜辞典（第二版）：新疆》（252条），上海辞书出版社，1986年。
62.《访法印象》,《新疆日报》1986年。（9篇连载）
63.《访法观感》,《新疆文物》1986年第2期。
64.《中国美术全集：印染织绣（上）》条目（3条），人民美术出版社，1986年。
65.《古代丝路建筑》部分子目说明，1986年。
66.《"中道"故实》,《丝路游》1986年第2期。
67.《新疆库车玉其土尔与唐安西柘厥关》,《新疆社会科学研究》1987年第2期。

68.《唐安西柘厥关故址并有关问题研究》,《西北史地》1987 年第 3 期。
69.《南道行》,《丝路游》总第 3 期,1987 年。
70.《中亚地区铁器时代考古文化》(译稿),《新疆文物》1987 年第 1 期。
71.《雕刻在岩壁上的史页》,《新疆社会科学研究》1988 年第 1 期。
72.《呼图壁县康家石门子生殖崇拜岩雕刻画》,《新疆文物》1988 年第 2 期。
73.《唐西州白水镇初考》,《新疆社会科学》1988 年第 3 期。
74.《丝绸之路草原道》,《丝路游》总第 6 期,1988 年。
75.《天山东段考古调查纪行》(一)—(三),《新疆文物》1988 年第 2、3、4 期。
76.《研究原始舞蹈的珍贵刻石》,《新疆艺术》1988 年第 4 期。
77.《哈密五堡出土小麦研究》,《农业考古》1989 年第 1 期。
78.《丝路考古新收获》,《今日中国》1990 年第 3 期。
79.《天山古代生殖崇拜岩画》,《今日中国》1990 年第 4 期。
80.《唐代以前的吐鲁番水利》,《吐鲁番学研究专辑》,1990 年。
81.《贵霜王朝与古代新疆》,《西域研究》1991 年第 1 期。
82.《从考古资料看丝路开拓及路线变迁》,《西域研究》1991 年第 3 期。
83.《新疆古尸发掘及其初步研究》,《新疆文物》1992 年第 4 期。
84.《楼兰考古新收获》,(日)《朝日新闻》,1992 年。
85.《苏贝希古代墓葬》,《人民画报》,1992 年。
86.《交河古城的兴衰及保护》,《新疆文物》1993 年第 3 期。
87.《新疆考古中所见古代水利工程》,《干旱地区坎儿井灌溉国际学术讨论会文集》,新疆人民出版社,1993 年。
88.《"礼失而求诸野"——浅谈大湾玉璋》,《南中国及邻近地区古文化研究》,中文大学出版社,1994 年。
89.《从古遗址的分布特点看绿洲生态环境的变迁》,《新疆文物》1994 年第 1 期。
90.《近年新疆考古中所见唐代古迹》,《唐研究》第一卷,北京大学出版社,1995 年。
91.《从考古资料看塔克拉玛干沙漠环境变迁》,《新疆考古发现与研究》第一辑,1996 年。
92.《寻找消失在沙漠深处的精绝文明》,《中华文化画报》1996 年第 1—2 期。
93.《新疆民丰尼雅遗址》,《历史》1996 年第 6 期。
94.《塔克拉玛干沙漠历史时期人类活动与环境变化的关系》,《干旱区研究》1995 年增刊。

95.《尼雅考古回顾及新收获》,《中日日中共同尼雅遗迹学术调查报告书》第一卷,1996年。
96.《略说近年新疆考古的主要收获》,(韩国)《中亚研究国际学刊》第一辑,1996年。
97.《新发见にわく新疆尼雅遗迹》,《人民中国》(日文版)1996年第12期。
98.《新疆新出于阗文木牍文书研究》(合著),《敦煌吐鲁番研究》第二卷,北京大学出版社,1997年。
99.《吐鲁番交河沟西墓の調査について》,(日本)《文化遗产》1997年第4期。
100.《失落在沙海中的精绝古国》,《地理知识》1998年第3期。
101.《尼雅95一号墓地3号墓发掘报告》,《中日日中共同尼雅遗迹学术调查报告书》第二卷,1998年。
102.《新疆所见玉器暨研究》,《东亚玉器》第1册,1998年。
103.《西域考古写春秋》,《甘肃文史资料选辑》第51辑,甘肃人民出版社,2000年。
104.《丝路北道与小河》,《丝路游》2001年第1期。
105.《新疆岩画概观》,(韩国)《中亚研究国际学刊》第六辑,2001年。
106.《新疆波马出土金银器》(英文),《古代中国所见丝路艺术》,2002年。
107.《阿拉沟古堡及其出土唐文书残纸》,《唐研究》第八卷,北京大学出版社,2002年。
108.《阿勒泰山旧石器时代洞窟彩绘》,《考古与文物》2002年第3期。
109.《历史风尘中的吐峪沟》,《丝路游》2003年第1—2期。
110.《生殖崇拜:早期人类精神文化的核心——新疆罗布淖尔小河五号墓地的灵魂》,《寻根》2004年第4期。
111.《新疆考古中所见生殖崇拜遗痕》,《古代内陆欧亚与中国文化国际学术研讨会论文集》,2005年;《欧亚学刊》第七辑,2007年。
112.《阿尔泰山中的彩绘岩画》,(美国)《丝路基金会会刊》总第三辑,2005年第1期。
113.《新疆考古、文物资料概述》,《西域文史》第一辑,科学出版社,2006年。
114.《精绝王陵考古二三事》,《西域历史语言研究集刊》第一辑,科学出版社,2007年。
115.《从考古资料管窥西域服饰文化》,《丝绸之路:设计与文化》,东华大学出版社,2008年。

116.《"土垠"遗址再考》,《西域文史》第四辑,科学出版社,2009年。
117.《丝路葱岭道初步调查》,《丝绸之路》第151期,2009年6期。
118.《罗布淖尔考古与楼兰—鄯善史研究》,《西域文史》第五辑,科学出版社,2010年;《古今论衡》总第23期,2011年。
119.《唐置轮台县与丝绸之路北道交通》,《唐研究》第十六卷,北京大学出版社,2010年。
120.《"土垠"为汉"居卢訾仓"故址说》,《古今论衡》总第22期,2011年。
121.《琅玕考》,《玉文化论丛》2011年第4辑。
122.《汉晋西域所见汉文简牍透视》(与刘子凡合著),《西域文史》第六辑,科学出版社,2011年。
123.《伊循故址新论》,《西域文史》第七辑,科学出版社,2012年。
124.《说"七"——求索青铜时代孔雀河绿洲居民的精神世界》,《西域历史语言研究集刊》第五辑,科学出版社,2012年。
125.《楼兰研究五题》,《庆贺饶宗颐先生九十五华诞敦煌学国际学术研讨会论文集》,中华书局,2012年。
126.《新疆考古中所见萨满崇拜》,《欧亚学刊》第十辑,2012年。
127.《新疆孔雀河青铜时代居民崇"七"与"人日"崇拜习俗》,《礼与中国文化——第五届"东岳论坛"礼仪中国学术研讨会论文集》,中国社会科学出版社,2012年。
128.《"天山峡谷古道"刍议》,《唐研究》第二十卷,北京大学出版社,2014年。
129.《谈谈"吐火罗"的译称"大夏"》,《文史知识》2014年第2期。
130.《一种考古研究现象的文化哲学思考——透视所谓"吐火罗"与孔雀河青铜时代考古文化研究》,《西域研究》2014年第4期。
131.《加强考古研究 深入认识西域文明》,《西域研究》2015年第4期。
132.《西域考古中所见佛教遗存》,《2015丝绸之路与泾川文化学术讨论会论文集》,2015年。
133.《考古行脚五十年》,《探索西域方明——王炳华先生八十华诞祝寿论文集》,中华书局,2017年。
134.《楼兰古国兴衰与环境变迁的考察》,光明日报"光明讲坛",2019年3月。
135.《〈瀚海零缣〉序言》,《瀚海零缣》,中华书局,2019年12月。
136.《尼雅考古,精绝服饰中的时代精神》,《湖上》总第13期"惠风在衣"上卷,2021年。